2024
国家统一法律职业资格考试

历年客观试题精讲

主编 桑　磊
编著 吴志伟

民诉法
[章节版]

历年经典客观题，配套教材大纲，章节自测
十余位法学专家学者倾力奉献，全新解读；深度解析命题思路，点拨答题方法

扫码进题库

中国法制出版社
CHINA LEGAL PUBLISHING HOUSE

图书在版编目（CIP）数据

2024 国家统一法律职业资格考试历年客观试题精讲：
章节版．民诉法／桑磊主编．—北京：中国法制出版
社，2024.6
　　ISBN 978-7-5216-4156-1

　　Ⅰ.①2… Ⅱ.①桑… Ⅲ.①民事诉讼法–中国–资
格考试–题解　Ⅳ.①D920.4

　　中国国家版本馆 CIP 数据核字（2024）第 032521 号

策划编辑：李连宇
责任编辑：李连宇　黄丹丹　刘海龙　潘环环　　　　　　封面设计：拓　朴

2024 国家统一法律职业资格考试历年客观试题精讲：章节版．民诉法
2024 GUOJIA TONGYI FALÜ ZHIYE ZIGE KAOSHI LINIAN KEGUAN SHITI JINGJIANG：ZHANGJIEBAN. MINSUFA
主编／桑　磊
经销／新华书店
印刷／三河市华润印刷有限公司
开本／787 毫米×1092 毫米　16 开　　　　　　　　　　印张／11　字数／320 千
版次／2024 年 6 月第 1 版　　　　　　　　　　　　　2024 年 6 月第 1 次印刷

中国法制出版社出版
书号 ISBN 978-7-5216-4156-1　　　　　　　　　　　　总定价：261.00 元（全八册）

北京市西城区西便门西里甲 16 号西便门办公区
邮政编码：100053　　　　　　　　　　　　　　　　　传真：010-63141600
网址：http：//www.zgfzs.com　　　　　　　　　　　编辑部电话：010-63141811
市场营销部电话：010-63141612　　　　　　　　　　印务部电话：010-63141606

本书二维码内容由桑磊法考提供，用于服务广大考生，有效期截至 2024 年 12 月 31 日。

目　录

法律文件简称对照表

简称	全称
北仲规则	北京仲裁委员会仲裁规则
查封、扣押、冻结规定	最高人民法院关于人民法院民事执行中查封、扣押、冻结财产的规定
担保制度解释	最高人民法院关于适用《中华人民共和国民法典》有关担保制度的解释
公司法规定（二）	最高人民法院关于适用《中华人民共和国公司法》若干问题的规定（二）
环境民事公益诉讼解释	最高人民法院关于审理环境民事公益诉讼案件适用法律若干问题的解释
简易程序规定	最高人民法院关于适用简易程序审理民事案件的若干规定
九民纪要	全国法院民商事审判工作会议纪要
买卖合同司法解释	最高人民法院关于审理买卖合同纠纷案件适用法律问题的解释
贸仲规则	中国国际经济贸易仲裁委员会仲裁规则
民法典婚姻家庭编解释（一）	最高人民法院关于适用《中华人民共和国民法典》婚姻家庭编的解释（一）
民间借贷规定	最高人民法院关于审理民间借贷案件适用法律若干问题的规定
民事调解规定	最高人民法院关于人民法院民事调解工作若干问题的规定
民事证据规定	最高人民法院关于民事诉讼证据的若干规定
民诉解释	最高人民法院关于适用《中华人民共和国民事诉讼法》的解释
审判监督程序解释	最高人民法院关于适用《中华人民共和国民事诉讼法》审判监督程序若干问题的解释
诉讼时效的规定	最高人民法院关于审理民事案件适用诉讼时效制度若干问题的规定
民法典合同编通则解释	最高人民法院关于适用《中华人民共和国民法典》合同编通则若干问题的解释
执行程序解释	最高人民法院关于适用《中华人民共和国民事诉讼法》执行程序若干问题的解释
执行和解规定	最高人民法院关于执行和解若干问题的规定
执行异议和复议规定	最高人民法院关于人民法院办理执行异议和复议案件若干问题的规定
仲裁法解释	最高人民法院关于适用《中华人民共和国仲裁法》若干问题的解释
仲裁司法审查报核规定	最高人民法院关于仲裁司法审查案件报核问题的有关规定
仲裁司法审查规定	最高人民法院关于审理仲裁司法审查案件若干问题的规定
专利纠纷规定	最高人民法院关于审理专利纠纷案件适用法律问题的若干规定

第一章　民事诉讼与民事诉讼法

1. 大华公司拖欠潘某劳动报酬 5 万元，双方经人民调解委员会调解达成协议，大华公司在一个月之内向潘某支付 5 万元。1 个月后，大华公司并未向潘某支付劳动报酬。关于对潘某的救济方式，下列说法正确的是：（2023 年回忆版）

A. 向劳动争议仲裁委员会申请仲裁

B. 就调解协议直接向法院起诉

C. 持调解协议向法院申请强制执行

D. 持调解协议向法院申请支付令

2. 柳某驾车不慎将任某撞伤，双方经当地的人民调解委员会调解，就赔偿数额达成协议。关于人民调解委员会解决民事纠纷，下列哪一说法是正确的？（2023 年回忆版）

A. 具有法定性，调解协议不应违反《民法典》侵权责任编规定

B. 具有强制性，可根据调解协议申请法院强制执行

C. 具有公权性，其性质属于国家机关

D. 具有程序性，应严格按照合法的调解程序进行调解

3. K 市 F 区的成达公司与新加坡籍专家李某订立劳动合同，聘请其担任技术总监，年薪 800 万元，约定发生争议应提交 K 仲裁委员会仲裁解决。后因成达公司经营不善，共拖欠李某工资 1200 万元。K 市中级法院管辖标的额为 1000 万元以上的涉外民事案件。关于对李某的救济方式，下列哪些表述是正确的？（2020 年回忆版）

A. 向 K 市 F 区的人民调解委员会申请调解

B. 向 K 仲裁委员会申请仲裁

C. 向 K 市中级法院起诉

D. 向 K 市中级法院申请支付令

4. C 市 S 区甲公司与 C 市 Y 区乙公司签订机械设备租赁合同，该设备在 Y 区使用。合同未约定履行地，但约定如合同履行发生纠纷，应向 D 县仲裁委员会申请仲裁。合同履行过程中，乙公司被并入丙公司，后因甲公司拖欠租金 10 万元发生纠纷。关于本案的纠纷解决方式，下列哪些说法是正确的？（2018 年回忆版）

A. 丙公司可以和甲公司自行协商达成和解协议

B. 因主体变更导致仲裁协议无效，双方应当通过诉讼解决

C. 根据合同约定丙公司应向 D 县仲裁委员会申请仲裁

D. 丙公司可向 Y 区法院起诉

5. 2015 年 4 月，居住在 B 市（直辖市）东城区的林剑与居住在 B 市西城区的钟阳（二人系位于 B 市北城区正和钢铁厂的同事）签订了一份借款合同，约定钟阳向林剑借款 20 万元，月息 1%，2017 年 1 月 20 日前连本带息一并返还。合同还约定，如因合同履行发生争议，可向 B 市东城区仲裁委员会仲裁。至 2017 年 2 月，钟阳未能按时履约。2017 年 3 月，二人到正和钢铁厂人民调解委员会（下称调解委员会）请求调解。调解委员会委派了三位调解员主持该纠纷的调解。如调解委员会调解失败，解决的办法有：（2017-3-95）

A. 双方自行协商达成和解协议

B. 在双方均同意的情况下，要求林剑居住地的街道居委会的人民调解委员会组织调解

C. 依据借款合同的约定通过仲裁的方式解决

D. 通过诉讼方式解决

1. ［答案］AD　　［难度］中

［考点］民事纠纷的解决方式

［命题和解题思路］本题以用人单位不履行因拖欠劳动报酬达成的调解协议为素材，对劳动争议案件的纠纷解决方式予以考查。本题有明确的解题法律依据，难度不高。**因拖欠劳动报酬达成调解协议但不履行有两种处理方式：其一是申请劳动争议仲裁，不服再提起诉讼；其二是申请支付令，法院裁定终结后再提起诉讼。** 总之，无论

何种情形，就调解协议均不能直接向法院起诉，据此可排除选项 B；调解协议不能成为执行根据，据此可排除选项 C。

[选项分析]《劳动争议调解仲裁法》第 5 条规定，发生劳动争议，当事人不愿协商、协商不成或者达成和解协议后不履行的，可以向调解组织申请调解；不愿调解、调解不成或者达成调解协议后不履行的，可以向劳动争议仲裁委员会申请仲裁；对仲裁裁决不服的，除本法另有规定的外，可以向人民法院提起诉讼。据此，大华公司不履行达成的调解协议，潘某可以向劳动争议仲裁委员会申请仲裁。选项 A 正确。但潘某不能直接依据调解协议向法院起诉。选项 B 错误。

《人民调解法》第 31 条第 1 款规定，经人民调解委员会调解达成的调解协议，具有法律约束力，当事人应当按照约定履行。同法第 33 条第 2 款规定，人民法院依法确认调解协议有效，一方当事人拒绝履行或者未全部履行的，对方当事人可以向人民法院申请强制执行。据此，经人民调解委员会调解达成的协议，仅具有法律约束力，需要经过司法确认才具有强制执行效力。选项 C 错误。

《劳动争议调解仲裁法》第 16 条规定，因支付拖欠劳动报酬、工伤医疗费、经济补偿或者赔偿金事项达成调解协议，用人单位在协议约定期限内不履行的，劳动者可以持调解协议书依法向人民法院申请支付令。人民法院应当依法发出支付令。据此，双方就拖欠劳动报酬达成调解协议后，用人单位大华公司不履行，潘某可以向法院申请支付令。选项 D 正确。

2. [答案] A　　[难度] 易

[考点] 人民法院调解与诉讼外调解的区别、民事诉讼的特征

[命题和解题思路] 本题在表面上看是案例题，实则属于表述题，是对人民调解委员会的性质理解予以考查。解题依据是《人民调解法》，涉及知识点以往极少命题，这充分体现了客观题考查面广的规律。解答本题可运用排除法，了解人民调解委员会主持达成的调解协议不属于执行根据可排除 B 选项；知晓人民调解委员会属于群众性自治组织可排除 C 选项；掌握民事纠纷诉讼和非讼解决的区别可排除 D 选项。

[选项分析]《人民调解法》第 3 条第 2 项规定，人民调解委员会调解民间纠纷，应当遵循下列原则：不违背法律、法规和国家政策。据此，本案为侵权纠纷，调解协议不应违反《民法典》侵权责任编的相关规定。A 选项正确。

《人民调解法》第 33 条第 2 款规定，人民法院依法确认调解协议有效，一方当事人拒绝履行或者未全部履行的，对方当事人可以向人民法院申请强制执行。据此，人民调解委员会主持达成的调解协议并非执行根据，经司法确认后才具有强制执行效力，不能根据调解协议申请法院强制执行。B 选项错误。

《人民调解法》第 7 条规定，人民调解委员会是依法设立的调解民间纠纷的群众性组织。据此，人民调解委员会不同于法院，不具有公权性，其不属于国家机关。C 选项错误。

在各类民事纠纷解决方式中，作为公力救济的民事诉讼具有严格程序性，法院和当事人均须按照民事诉讼法设定的程序实施诉讼行为。相比而言，作为非讼纠纷解决方式的人民调解程序性较弱，没有严格的程序规则。D 选项错误。

3. [答案] AC　　[难度] 中

[考点] 民事纠纷的解决方式

[命题和解题思路] 民事纠纷的解决方式经常在客观题中命题，本题以拖欠工资为切入点，考查劳动争议案件的纠纷解决方式。涉及《劳动争议调解仲裁法》规定的调解、仲裁、起诉以及申请支付令等多种方式的选择。本题采用"移花接木"之法设置陷阱，将民商事案件约定仲裁的情节"嫁接"到劳动争议案件中。若不了解劳动争议仲裁和普通民商事仲裁的区别，很容易陷入"仲裁排斥诉讼、仲裁能否排除支付令适用"的错误解题逻辑之中。正确解题应首先确定案件的性质为劳动争议案件，可适用劳动争议仲裁解决，这就排除了普通仲裁委员会的管辖，可排除选项 B 的干扰。了解督促程序的非讼特点，即不适用级别管辖规定，可排除选项 D。

[选项分析]《劳动争议调解仲裁法》第 10 条第 1 款规定，发生劳动争议，当事人可以到下列调解组织申请调解：（1）企业劳动争议调解委员会；（2）依法设立的基层人民调解组织；（3）在乡镇、街道设立的具有劳动争议调解职能的组织。

据此，劳动争议可通过调解解决，李某向成达公司所在的 K 市 F 区人民调解委员会申请调解，符合上述规定。选项 A 为正确答案。

《仲裁法》第 77 条规定，劳动争议和农业集体经济组织内部的农业承包合同纠纷的仲裁，另行规定。据此，**《仲裁法》解决一般民商事纠纷，劳动争议案件不适用《仲裁法》的规定，而应适用《劳动争议调解仲裁法》**。换言之，劳动合同中约定发生纠纷到一般的仲裁委员会申请仲裁无效，而应向劳动争议仲裁委员会申请仲裁。选项 B 错误。

《劳动争议调解仲裁法》第 47 条规定，下列劳动争议，除本法另有规定的外，仲裁裁决为终局裁决，裁决书自作出之日起发生法律效力：（1）追索劳动报酬、工伤医疗费、经济补偿或者赔偿金，不超过当地月最低工资标准 12 个月金额的争议；（2）因执行国家的劳动标准在工作时间、休息休假、社会保险等方面发生的争议。该法第 50 条规定，当事人对本法第 47 条规定以外的其他劳动争议案件的仲裁裁决不服的，可以自收到仲裁裁决书之日起 15 日内向人民法院提起诉讼；期满不起诉的，裁决书发生法律效力。据此，成达公司拖欠李某 1200 万元工资，显然超过当地月最低工资标准 12 个月金额，李某不服仲裁裁决，可以向法院提起诉讼。李某为新加坡籍，本案为涉外案件，依题干表述应由 K 市中级法院管辖。选项 C 为正确答案。

《劳动争议调解仲裁法》第 16 条规定，因支付拖欠劳动报酬、工伤医疗费、经济补偿或者赔偿金事项达成调解协议，用人单位在协议约定期限内不履行的，劳动者可以持调解协议书依法向人民法院申请支付令。人民法院应当依法发出支付令。据此，成达公司拖欠李某工资，李某可以向法院申请支付令。又根据《民诉解释》第 23 条规定，债权人申请支付令，适用《民事诉讼法》第 22 条规定，由债务人住所地基层人民法院管辖。据此，李某应向成达公司住所地 K 市 F 区法院申请支付令，而非 K 市中级法院。选项 D 错误。

4. ［答案］AD　　［难度］难
　　［考点］民事纠纷的解决方式、特殊地域管辖、仲裁条款独立性原则的适用

［命题和解题思路］民事纠纷的解决方式属于高频考点，命题最容易在仲裁制度上"动手脚"。本题运用"无中生有"之计，捏造"当事人选择区县仲裁委员会"的情节设置陷阱，该套路早在司考时代已使用。为增加试题难度，附带对租赁合同纠纷的管辖法院和仲裁条款的独立性等知识点予以综合考查。正确解题的关键环节是识破命题人虚构仲裁机构的招数，否则很容易误选 C 项。

［选项分析］和解是指民事纠纷的双方当事人，就争执的问题进行协商并达成协议，从而消灭争执的行为。其适用并无严格的程序限制，只要双方当事人同意，任何类型的民事纠纷都可以选择和解。选项 A 正确。

《仲裁法解释》第 8 条第 1 款规定，当事人订立仲裁协议后合并、分立的，仲裁协议对其权利义务的继受人有效。据此，乙公司被丙公司合并，乙公司与甲公司签订的仲裁协议对丙公司有效，除非当事人签订协议时另有约定。题干表述并未言明当事人另有约定，因此主体变更后仲裁协议仍然有效。根据题干表述，本案仲裁协议是无效的，但并非因主体变更，而是双方约定的 D 县仲裁委员会不存在导致。选项 B 错误。

《仲裁法》第 10 条第 1 款规定，仲裁委员会可以在直辖市和省、自治区人民政府所在地的市设立，也可以根据需要在其他设区的市设立，不按行政区划层层设立。据此，区、县不能设置仲裁机构。**甲、乙两公司约定的 D 县仲裁委员会根本不存在，这也导致本案的仲裁条款无效。本案不能向 D 县仲裁委员会申请仲裁**，选项 C 错误。

仲裁条款无效，当事人可就该纠纷进行诉讼救济。本案为机械设备租赁合同纠纷，《民事诉讼法》第 24 条规定，因合同纠纷提起的诉讼，由被告住所地或者合同履行地人民法院管辖。《民诉解释》第 19 条规定，财产租赁合同、融资租赁合同以租赁物使用地为合同履行地。合同对履行地有约定的，从其约定。据此，S 区是被告住所地，Y 区是合同履行地，S 区和 Y 区法院对本案均享有管辖权。选项 D 正确。

5. ［答案］ABD　　［难度］中
　　［考点］民事纠纷的解决方式（内容）、仲裁委员会的设立机制

[命题和解题思路] 命题人通过编撰小案例，表面上考查民事纠纷的解决方式，实则还暗含对仲裁委员会设立机制的考查。民事纠纷的解决方式在历年考试中偶有考查，考生要根据题干案例判断可选择的纠纷解决方式，相关试题均难度不高。命题人在题干表述时运用"无中生有"之计，以约定不存在的仲裁委员会作为答题干扰信息。"细节决定成败"。考生如果粗心大意，对题干信息未加详查，很容易掉入陷阱。判断纠纷解决方式类试题，考生一定要重点关注仲裁的可适用性。只要当事人同意，和解和诉讼外调解的适用基本不受任何限制。相较于和解和调解，仲裁的适用具有较为严格的条件要求，这也是命题人容易"动手脚"之处。

[选项分析] 和解，是指民事纠纷的双方当事人，就争议的事项进行自主协商并达成协议，从而解决纠纷的行为。纠纷发生后的任何阶段，当事人都享有自行和解的权利，选项 A 正确。

诉讼外调解，是指双方当事人在第三方的斡旋下，就民事纠纷进行平等协商，在互谅互让的基础上达成解决民事纠纷协议的行为。只要双方当事人同意，诉讼外调解并无时间、次数、程序等限制。虽然正和钢铁厂人民调解委员会调解失败，但双方还可以请求其他人民调解委员会进行调解。选项 B 正确。

选项 C 是重点干扰项。本案中，双方约定向 B 市东城区仲裁委员会仲裁。根据《仲裁法》第 10 条第 1 款规定，仲裁委员会可以在直辖市和省、自治区人民政府所在地的市设立，也可以根据需要在其他设区的市设立，不按行政区划层层设立。据此，B 市东城区仲裁委员会根本不存在。当事人约定的仲裁机构不存在，可视为仲裁协议没有约定仲裁委员会，仲裁协议无效。本案不能通过仲裁程序解决，选项 C 错误。

本案是借款合同纠纷，属于法院的主管范围。人民调解委员会调解失败，当事人当然有权向法院提起诉讼。选项 D 正确。

第二章　诉

试　题

📖 **1.** 万力公司与振邦公司签订设备租赁合同，后万力公司发现振邦公司违规使用设备，遂发函告知须按章操作，振邦公司未予理会。万力公司提起诉讼，请求法院确认振邦公司违规使用设备，解除双方之间的设备租赁合同，判令振邦公司返还设备并支付违约金。关于本案诉的类型，下列表述正确的是：（2023 年回忆版）

　　A. 请求确认违规使用设备是确认之诉

　　B. 请求解除设备租赁合同是形成之诉

　　C. 请求返还设备是给付之诉

　　D. 请求支付违约金是给付之诉

📖 **2.** 赵某因钱某拖欠其借款而起诉，获得生效胜诉判决后，申请法院强制执行钱某持有的甲公司股权，法院裁定冻结该部分股权。后隐名股东孙某提出执行异议，被法院裁定驳回，孙某遂以自己是实际出资人为由提起诉讼，要求暂停对股权的执行并解除冻结措施。关于孙某提起诉讼的

类型，下列哪一说法是正确的？（2022 年回忆版）

　　A. 消极确认之诉

　　B. 积极确认之诉

　　C. 变更之诉

　　D. 给付之诉

📖 **3.** 房某认为其债务人江某与周某恶意串通，通过虚假交易方式将江某的财产转移至周某名下，遂向法院起诉，请求判决撤销江某和周某之间的买卖合同，并判令周某将买卖合同所涉款项交付给自己，用于偿还江某拖欠的债务。关于房某向法院提出的请求之间的关系，下列判断正确的是：（2022 年回忆版）

　　A. 诉的主体合并

　　B. 诉的客体合并

　　C. 诉的重叠合并

　　D. 诉的预备合并

📖 **4.** 朱某向杨某借款 10 万元，借期 1 年，双方约定利息 1 万元，到期不归还借款支付罚息 2 万元。后朱某到期未偿还借款，杨某起诉要求朱某归

还本金并支付利息和罚息。关于本案诉讼标的的数量，下列哪一表述是正确的？（2021年回忆版）

　　A. 仅有一个诉讼标的

　　B. 本金和利息一个诉讼标的，罚息一个诉讼标的

　　C. 本金一个诉讼标的，利息和罚息一个诉讼标的

　　D. 本金、利息、罚息共三个诉讼标的

5. 陈某向黄某借5万元，到期未归还，陈某追款时因情绪激动将黄某打伤。黄某向法院起诉要求陈某赔偿医疗费等损失。诉讼过程中，陈某向该法院起诉黄某偿还借款。关于陈某的起诉，下列哪一说法是正确的？（2019年回忆版）

　　A. 两案有法律牵连关系，构成反诉，应合并审理

　　B. 两案有事实牵连关系，构成反诉，应合并审理

　　C. 两案有因果关系，构成反诉，应合并审理

　　D. 不构成反诉

6. 李某驾车不慎追尾撞坏刘某轿车，刘某向法院起诉要求李某将车修好。在诉讼过程中，刘某变更诉讼请求，要求李某赔偿损失并赔礼道歉。针对本案的诉讼请求变更，下列哪一说法是正确的？（2015-3-37）

　　A. 该诉的诉讼标的同时发生变更

　　B. 法院应依法不允许刘某变更诉讼请求

　　C. 该诉成为变更之诉

　　D. 该诉仍属给付之诉

7. 刘某与曹某签订房屋租赁合同，后刘某向法院起诉，要求曹某依约支付租金。曹某向法院提出的下列哪一主张可能构成反诉？（2014-3-43）

　　A. 刘某的支付租金请求权已经超过诉讼时效

　　B. 租赁合同无效

　　C. 自己无支付能力

　　D. 自己已经支付了租金

8. 甲县的葛某和乙县的许某分别拥有位于丙县的云峰公司50%的股份。后由于二人经营理念不合，已连续四年未召开股东会，无法形成股东会决议。许某遂向法院请求解散公司，并在法院受理后申请保全公司的主要资产（位于丁县的一块土地的使用权）。关于许某的财产保全申请，下

列说法正确的是：（2014-3-97）

　　A. 本案是给付之诉，法院可作出保全裁定

　　B. 本案是变更之诉，法院不可作出保全裁定

　　C. 许某在申请保全时应提供担保

　　D. 如果法院认为采取保全措施将影响云峰公司的正常经营，应驳回保全申请

9. 关于诉的分类的表述，下列哪一选项是正确的？（2013-3-37）

　　A. 孙某向法院申请确认其妻无民事行为能力，属于确认之诉

　　B. 周某向法院申请宣告自己与吴某的婚姻无效，属于变更之诉

　　C. 张某在与王某协议离婚后，又向法院起诉，主张离婚损害赔偿，属于给付之诉

　　D. 赵某代理女儿向法院诉请前妻将抚养费从每月1000元增加为2000元，属于给付之诉

10. 关于反诉，下列哪些表述是正确的？（2013-3-80）

　　A. 反诉的原告只能是本诉的被告

　　B. 反诉与本诉必须适用同一种诉讼程序

　　C. 反诉必须在答辩期届满前提出

　　D. 反诉与本诉之间须存在牵连关系，因此必须源于同一法律关系

详 解

1. ［答案］CD　　［难度］难

［考点］诉的分类

［命题和解题思路］法考时代尤为强调理论化命题，本题即以小案例形式对三类诉的类型予以综合考查。考查着眼点很细致，仅粗略掌握三类诉的内涵很难准确作答，难度颇高。选项A和选项B是主要干扰项，了解确认事实不属于确认之诉，可排除选项A；准确掌握形成之诉应基于形成诉权提起，可排除选项B。

［选项分析］确认之诉，是指原告请求法院确认与被告之间是否存在某种民事法律关系的诉。确认之诉的目的在于确认当事人之间的法律关系是否存在，并不包括确认事实和事实关系。据此，振邦公司是否违规使用设备属于事实，需要用证据予以证明。万力公司请求确认振邦公司违规使用设备不属于确认之诉。选项A错误。

形成之诉，又称变更之诉，是指原告请求法

院以判决改变或消灭既存的某种民事法律关系的诉。形成之诉必须是原告基于形成诉权（如撤销权）提起的诉讼，而一般普通形成权（如解除权）并不需要通过诉讼方式行使，只要单方意思表示到达对方即可发生效力。据此，万力公司请求解除设备租赁合同属于确认之诉，并非形成之诉。选项 B 错误。

给付之诉，是指原告请求法院判令被告向其履行特定给付义务的诉。根据给付内容的不同，给付之诉分为财产给付之诉和行为给付之诉。据此，万力公司请求振邦公司返还设备属于行为给付之诉，请求振邦公司支付违约金属于财产给付之诉。选项 C、D 均正确。

2. ［答案］C　　　［难度］难

［考点］确认之诉、给付之诉、变更之诉

［命题和解题思路］本题以案外人异议之诉为素材，对诉的分类理论予以考查。可从案外人异议之诉的诉讼目的入手，结合各类诉的内涵作出判断。本题属于不折不扣的超纲题，且学界对执行异议之诉的类型存在争议，只能借助于大陆法系国家民事诉讼理论通说作答，以单选题形式考查着实过分，命题严谨性存疑。

［选项分析］消极确认之诉，是指原告起诉要求法院确认其主张的法律关系不存在的诉讼。据此，孙某起诉的目的不在于请求法院确认不存在某种法律关系，不属于消极确认之诉。选项 A 错误。

积极确认之诉，是指原告起诉要求法院确认其主张的法律关系存在的诉讼。据此，孙某起诉的目的在于请求法院停止对股权执行，而非确认他与其他主体之间存在某种民事法律关系，不属于积极确认之诉。选项 B 错误。

变更之诉，又称形成之诉，是指原告请求法院以判决改变或消灭既存的某种民事法律关系的诉。据此，孙某提起案外人异议之诉，其目的在于要求法院变更现有的执行法上的关系，即撤销执行机构的不当执行，因此属于形成之诉（又称变更之诉）。选项 C 为正确答案。

给付之诉，是指原告请求法院判令被告向其履行特定给付义务的诉讼。据此，孙某起诉要求停止对股权执行，并非要求被告完成给付义务，不属于给付之诉。选项 D 错误。

根据大陆法系的形成之诉理论，形成之诉包括两个类型：实体法上的形成之诉和诉讼法上的形成之诉。实体法上的形成之诉所产生的法律效果属于实体法上的内容，如解除婚姻关系、撤销合同等；诉讼法上的形成之诉所产生的法律效果属于诉讼法上的内容，如再审之诉、第三人撤销之诉、案外人异议之诉、撤销仲裁裁决等。

3. ［答案］AD　　　［难度］难

［考点］诉的合并

［命题和解题思路］为顺应理论化命题趋势，本题对诉的合并这一纯理论型考点予以考查。本题属于超纲题，考查的是主观预备合并之诉。考生若不掌握诉的合并的基本类型，面对本题将会茫然无措，有些概念甚至可能初次听说。解题的关键在于明确两项诉讼请求的内在逻辑关系及其指向的对象，再结合各类诉的合并的内涵方可对其类型作出准确判断。命题人故意隐去"若不能获得支持"这一关键信息，无疑增加了判断难度，需要根据起诉撤销合同所作判决的法律后果推导作答。

［选项分析］诉的主体（观）合并，是指将数个当事人合并到同一诉讼程序中审理和裁判。据此，房某起诉撤销买卖合同的被告是债务人江某，而后一个诉讼请求指向的对象则是周某。因此房某向法院提出的请求属于诉的主体合并。选项 A 正确。

诉的客体（观）合并，是指将同一原告对同一被告提起的两个以上的诉或者反诉与本诉合并到同一诉讼程序中审理。本题是原告房某分别针对江某和周某提出诉讼请求，不属于客体合并。选项 B 错误。

诉的重叠合并，又称为诉的竞合合并，是指原告基于两个以上的诉讼标的，提出单一的诉讼请求，请求法院就各个诉讼标的作出判决。本题显然与诉的重叠合并无关，选项 C 错误。

诉的预备合并，是指原告将主请求与预备请求以特定顺序一并提出，若主请求成立，法院则不必就预备请求作出判决。据此，法院判决周某将买卖合同所涉款项交付给房某，其前提是房某起诉撤销买卖合同的诉讼请求未能获得法院支持。若法院判决撤销江某和周某之间的买卖合同，则周某应当返还财产，其不再需要支付买卖合同的对价。因此，本案属于诉的预备合并。选项 D 正确。

> **理论拓展**
>
> 诉的预备合并可分为主观的预备合并与客观的预备合并。诉的主观预备合并，是指原告的请求有序位地分别指向两个以上没有共同关系的被告的诉讼。诉的客观预备合并，是指原告针对同一被告有序位地提出两个以上请求的诉讼。预备合并之诉的处理方式是，当首位的请求不能成立时，后序位的请求继续进行审理；如果首位的请求得以成立，后序位请求不再审理。

4. [答案] A　　　[难度] 难

[考点] 诉讼标的

[命题和解题思路] 本题属于纯粹的理论型考点，以借款纠纷为切入点，考查诉讼标的数量的识别。本题存在学术争议，依据不同学说会得出不同答案。建议考生根据法考辅导用书的通说观点作答，即诉讼标的是民事权利义务关系，本金、利息和罚息则是基于本案诉讼标的（民间借贷合同关系）向法院提出的具体诉讼请求。

[选项分析] 根据法考辅导用书表述，诉讼标的是指当事人之间争执并要求法院作出裁判的民事权利义务关系。据此，无论杨某起诉要求朱某支付的是本金、利息还是罚息，均依据双方发生争议要求法院裁判的民间借贷合同关系。因此，本案虽然有三项不同的诉讼请求，但诉讼标的仅有一个。选项 A 为正确答案，其余选项均错误。

5. [答案] D　　　[难度] 中

[考点] 反诉的条件

[命题和解题思路] 反诉制度在以往偶有考查，但相较于以往试题，本题考查角度更细，难度更高，考查的是反诉和本诉的牵连性认定。反诉属于理论型考点，其认定标准虽有《民诉解释》第 233 条的明文规定，但仍需结合案情予以细致分析。本题也可运用技巧解答，选项 D 与前三项形成互斥关系，实在记不清反诉的认定情形时，可大胆选择选项 D。

[选项分析] 法律上的牵连包括两者源于同一法律关系和两者源于相关联的法律关系。黄某起诉陈某一案是侵权法律关系，而陈某起诉黄某一案则为借款合同法律关系。两案的法律关系既非同一，又无关联，两案并无法律上的牵连，选项 A 错误。

反诉与本诉的事实牵连关系，是指反诉与本诉的诉讼请求基于相同的社会生活事实。据此，黄某诉陈某一案依据的是陈某打伤黄某的事实，而陈某起诉黄某一案依据的是黄某借款不还的事实。两者事实不同，没有事实牵连关系。选项 B 错误。

因果关系，是指一个诉的诉讼请求成立或者不成立将导致另一个诉的诉讼请求成立或者不成立。据此，本题中两个案件不存在谁导致谁成立或者不成立的问题，两案并无因果关系，选项 C 错误。

《民诉解释》第 233 条第 2 款规定，反诉与本诉的诉讼请求基于相同法律关系、诉讼请求之间具有因果关系，或者反诉与本诉的诉讼请求基于相同事实的，人民法院应当合并审理。如前分析，陈某的起诉不符合该款规定的认定反诉的三类情形，不构成反诉。选项 D 为正确答案。

6. [答案] D　　　[难度] 难

[考点] 诉讼标的（概念、诉讼标的与诉讼请求的关系）、给付之诉（内容）、变更之诉（内容）

[命题和解题思路] 本题属理论型考题，在考查诉的分类理论基础上，进一步细化到对诉的客体要素——诉讼标的理论的考查。命题人祭出了民事诉讼基础理论"撒手锏"，此类考题可谓死磕法条派考生的"五指山"。考生如欲翻越此山，在复习中还是要对诉的要素、诉的分类、诉的合并以及反诉等基础理论多下点功夫。本题 CD 两项互斥，互斥选项中往往蕴含正确答案。当运用正常解题方法山穷水尽之时，别忘了互斥选项解题技巧这一柳暗花明之策。

[选项分析] 诉讼标的是指当事人之间争执并要求法院作出裁判的民事权利义务关系。无论是要求李某将车修好，还是要求李某赔偿损失并赔礼道歉，都是基于双方之间的因撞车产生的侵权法律关系。因此，本案的诉讼标的并未变更。选项 A 说法错误。变更诉讼标的的实际上是要求法院对新的民事权利义务关系作出裁判，这会为被告应诉和法院审理带来困难。因此，在诉讼过程中，诉讼标的不允许任意变更。从这个角度也可以排除选项 A。

选项 B 可从诉讼理论和法律规定两个层面作出判断。从理论上说，诉讼请求是指基于特定民事法律关系向法院提出的具体裁判要求。在不变更诉讼标的的前提下，可以变更诉讼请求。从法律规定看，《民事诉讼法》第 54 条规定，原告可以放弃或者变更诉讼请求。被告可以承认或者反驳诉讼请求，有权提起反诉。《民诉解释》第 232 条明确规定，在案件受理后，法庭辩论结束前，原告增加诉讼请求，被告提出反诉，第三人提出与本案有关的诉讼请求，可以合并审理的，人民法院应当合并审理。据此，原告在案件受理后，法庭辩论结束前有权变更诉讼请求。选项 B 说法错误。

变更之诉，是指原告请求法院以判决改变或消灭既存的某种民事法律关系的诉。本案中原告刘某并未请求改变或消灭既存的民事侵权法律关系，在诉讼过程中刘某仅变更诉讼请求，这与变更之诉完全是"风马牛不相及"。选项 C 说法错误。

给付之诉，是指原告请求法院判令被告向其履行某种特定给付义务的诉讼。无论是修车，还是赔偿损失或赔礼道歉，都属于履行特定给付义务。刘某向法院起诉要求李某将车修好，是积极的行为给付之诉。后来刘某要求李某赔偿损失并赔礼道歉，前者属于财产给付之诉，后者属于积极的行为给付之诉。选项 D 为正确答案。

易混淆点解析

诉讼标的不同于诉讼标的物。**诉讼标的是当事人之间发生争议的民事法律关系，而诉讼标的物则是民事法律关系指向的对象。**例如，原告依据钢材买卖合同起诉要求被告交付钢材，本案的诉讼标的是买卖合同关系，而本案的诉讼标的物是钢材。任何一个案件都应当具有诉讼标的，但并非所有的案件都存在诉讼标的物。再如原告起诉与被告离婚，本案的诉讼标的是婚姻法律关系，本案没有诉讼标的物。

----

7. [答案] B　　[难度] 难

[考点] 反诉与反驳的区别

[命题和解题思路] 自 2012 年将"反诉与本诉之间存在牵连关系"列为新增考点后，命题人已经连续三年命题考查反诉制度，每年的考查角度和考点均不尽相同，做到了"常考常新"。考生解答本题应首先准确把握反诉与反驳的主要区别，

再结合曹某的不同主张，对其法律性质作出判断。

[选项分析] 选项 A，曹某提出的是时效抗辩，曹某并没有提出独立的诉讼请求，时效抗辩以刘某提起的诉讼为前提，不具有独立性，因此曹某的主张不是反诉而是反驳。选项 A 排除。

选项 B，曹某的主张实质上是请求法院确认租赁合同无效，这是消极的确认之诉。租赁合同一旦被认定为无效，曹某将不需要依照租赁合同向刘某支付租金。曹某的主张是独立的反请求，属于反诉。换个角度看，即便刘某没有起诉要求曹某支付租金，曹某也可以起诉请求法院确认租赁合同无效，这进一步明确了本选项主张的独立性。选项 B 为正确答案。

选项 C，曹某提出无支付能力，他既没有提出独立的反请求，也没有否定刘某要求支付租金的诉讼请求。曹某的主张既不是反诉也不是反驳。选项 C 排除。

选项 D，曹某提出的是清偿抗辩，主张因自己的支付行为导致刘某的诉讼请求不成立。但曹某并未提出独立的反请求，因此，曹某的主张是反驳而非反诉。选项 D 排除。

易混淆点解析

反诉与反驳都是被告依法享有的诉讼权利，其目的均在于使原告的诉讼目的无法实现。两者也存在明显的区别：

不同点	反诉	反驳
性质	被告向原告提出独立的反请求，具有诉的性质	并不提出独立的诉讼请求，没有诉的性质
前提	以本诉存在为前提	以否定对方全部或者部分诉讼请求为前提
独立性	不因本诉的消灭而消灭	因原告撤诉而失去意义

----

8. [答案] CD　　[难度] 难

[考点] 变更之诉（特点）、保全的担保、保全的申请和裁定

[命题和解题思路] 命题人主要考查公司诉讼中的财产保全制度，为增加难度，还附带考查了诉

的分类理论。公司诉讼中申请保全是否需要担保的规定，与民事诉讼法中诉讼保全的担保规定不一致，命题人以此作为命题陷阱，考生复习时如果没有特别留意，仅运用一般诉讼原理去推导，极可能造成误选。AB 选项并不互斥，不可能都对，但有可能均错误。考生深思后准确判断本案是变更之诉，满心欢喜笃定勾选 B 项，那可就"大意失荆州"了。法考容不得马虎大意，细节决定成败。

[选项分析] 选项 A 和 B 都涉及诉的类型判断。本案是解散公司诉讼，当事人行使《公司法》规定的形成权，目的在于改变既有的法律关系状态，因此属于变更之诉。选项 A 错误。选项 B 对诉的类型判断正确。但不可作出保全裁定，不符合《公司法规定（二）》第 3 条的规定。选项 B 错误。

选项 C 是重点干扰项，考查解散公司诉讼中保全的担保。根据题干表述，许某申请的保全是诉讼中保全。考生如果不熟悉法律规定，简单根据保全理论，认为诉讼中保全是可以而非应当提供担保，那就会漏选 C 项。《公司法规定（二）》第 3 条规定，股东提起解散公司诉讼时，向人民法院申请财产保全或者证据保全的，在股东提供担保且不影响公司正常经营的情形下，人民法院可予以保全。据此，在解散公司诉讼中，申请人提供担保是法院同意保全申请的必要条件之一。选项 C 正确。

选项 D 考查解散公司诉讼中保全的适用条件。根据《公司法规定（二）》第 3 条规定，不影响公司正常经营是法院允许保全申请的另一个必要条件。反言之，如果法院采取保全措施会影响公司的正常经营，法院就应当驳回保全申请。选项 D 正确。

易混淆点解析

解散公司诉讼的保全不同于普通的诉讼中保全。诉讼中保全法院可以要求申请人提供担保，是否需要申请人提供担保完全交由法院裁量；而解散公司诉讼中的保全，当事人必须提供担保。

9. [答案] C　　[难度] 难

[考点] 确认之诉（特点）、给付之诉（特点）、变更之诉（特点）

[命题和解题思路] 在传统印象中，似乎熟练掌握法条即可搞定民事诉讼法考题，考生带着这种刻板印象看到本题可能会一筹莫展。考试大纲中民事诉讼基本理论的考点不多，诉是最典型的代表，考生应当熟练掌握诉的要素、诉的分类等相对抽象的理论。涉及民事诉讼基本理论的考查内容和一题多问的命题形式，四个选项都有一定的迷惑性，使得本题成为民事诉讼法中难度等级最高的考题。真正的确认之诉在表述中没有出现"确认"二字，直白写出"确认"的却非确认之诉，在你慨叹命题人"耿直"时浑然不觉就掉入了命题陷阱，可见命题人的"套路"的确很深。相较于本考点之前的试题，本题首次使用非讼案件作为干扰项，难度倍增。考生解答诉的分类考题时，要首先判断案件类型，这可以轻松排除作为干扰项的非讼案件。对于试题的文字表述，要透过现象看本质，探究当事人起诉的实质目的，将其与各类型诉的概念逐一比较后作出判断。本题直接选择难度较高，可以使用排除法，对各选项从易到难逐一排除。

[选项分析] 选项 A 是重点干扰项。试题表述中明确使用了"确认"二字，很容易使考生误认为该案是典型的确认之诉。客观而言，确认之诉的诉讼请求中也往往会出现"确认"二字。如果考生忽略了诉的分类理论的适用前提，只是将每一种诉的本质特征和试题文字表述机械对比，往往可能作出错误判断。诉以存在民事争议为前提，因此，诉的分类理论仅针对民事诉讼案件而言，以不存在民事争议为制度基础的非讼案件并不适用诉的分类理论。孙某的目的是让法院确认其妻无民事行为能力，该案在性质上是认定公民无民事行为能力案件，法院应当适用特别程序审理。本案在性质上是民事非讼案件，不属于任何诉的类型。选项 A 错误。

选项 B 也有一定的迷惑性。判断某一个诉属于何种类型，要考虑当事人的诉讼请求。试题表述是"申请宣告自己与吴某的婚姻无效"，虽然并未出现"确认"二字，但实质上周某向法院起诉的目的就是请求法院确认其与吴某之间的婚姻关系无效。婚姻一旦被确认无效，那就自始无效。易言之，周某让法院确认其与吴某之间不存在婚姻关系，属于典型的消极确认之诉。选项 B 错误。

选项 C 同样会对考生造成困扰。如果考生没有仔细斟酌，看到"离婚"马上联想到变更之诉，则会误认为 C 错误。张某和王某的婚姻关系已通过协议形式解除，张某起诉王某的诉讼请求并不是离婚，而是主张离婚损害赔偿。由此可见，张某的诉讼目的不在于变更婚姻关系，而是要求王某履行给付离婚损害赔偿的义务。因此，本案并非形成之诉，而是给付之诉。选项 C 为正确答案。

选项 D 也是干扰项。民事法律关系由主体、客体和内容三个要素构成，任何一个要素的变化都构成民事法律关系的变更。民事法律关系的内容包括民事权利和民事义务，本案要求前妻增加抚养费，改变了原来法定抚养义务的内容，这是对本案民事法律关系内容的变更。赵某代理女儿起诉要求前妻增加抚养费，表面上看，赵某起诉的目的是获得前妻更多的抚养费给付。实质而言，给付抚养费是以双方约定或者法院判定的抚养义务内容为前提。如果不对原来的法定义务作出改变，那现在的主张就于法无据。因此，赵某起诉的实质目的仍然是对民事法律关系的变更，本案属于变更之诉。选项 D 错误。

疑难解析

一般而言，只有给付之诉才具有给付内容，才能申请法院强制执行。但**不能将是否具有给付内容作为判断给付之诉的唯一标准**。在选项 D 中，对民事法律关系内容的变更构成变更之诉，变更之诉中也可能有给付内容，不履行该给付义务也会遭到强制执行。

当事人提起各类型诉讼的目的各不相同。为了变更既有民事法律关系的诉是变更之诉；要求对方履行特定给付义务的诉是给付之诉；请求法院判断是否存在某种民事法律关系的诉属于确认之诉。在给付之诉和变更之诉中有时也需要对是否存在民事法律关系予以确认。**判断诉的类型要透过现象看本质，考虑当事人提起该诉的最终实质目的。**

10. ［答案］AB ［难度］中
［考点］反诉的条件（由本诉的被告向本诉的原告提出、反诉应当在本诉的进行中提出、反诉与本诉必须适用同一种诉讼程序、反诉与本诉之间存在牵连关系）
［命题和解题思路］"反诉与本诉之间存在牵连关系"是 2012 年增加的考点，当年关于反诉虽

然命制了两道考题，但均未涉及该考点。在本题中该考点终于"大显身手"，重点干扰项就是考查对牵连关系的认知。在备考时，除了重点关注当年新增考点外，对近两年命题时未涉及的次新考点也要适当关注。本题考查了反诉的成立条件，属于理论型考题，只要考生熟悉相关内容，即可轻松得分。如果考生对知识点内容掌握不熟，机械地遵循"绝对性表达必错"的应试技巧，很可能造成误选。须知任何解题技巧都有其适用的限度，"尽信技巧不如无技巧"。

［选项分析］A 选项考查的是反诉的主体。反诉中当事人具有同一性与特定性，即反诉与本诉的当事人完全相同，但诉讼地位相互对换。本诉的被告是反诉的原告，本诉的原告则成为反诉的被告。选项 A 表述正确。本选项在 2012 年卷三第 80 题中已作为干扰项考查过。

B 选项考查的是反诉的适用程序。反诉制度的目的在于通过法院将反诉与本诉合并审理，进而在同一诉讼程序中解决相关联的民事纠纷，以提高诉讼效率，避免矛盾裁判。反诉必须与本诉适用同一种诉讼程序，否则反诉无法并入本诉的审理程序。选项 B 表述正确。

C 选项考查的是反诉的提出时间。反诉须在本诉进行中提出。根据《民诉解释》第 232 条规定，在案件受理后，法庭辩论结束前，原告增加诉讼请求，被告提出反诉，第三人提出与本案有关的诉讼请求，可以合并审理的，人民法院应当合并审理。因此，反诉提出的具体时间是法院已经受理了本诉，法庭辩论终结前。选项 C 时间表述错误。

选项 D 是重点干扰项，考查反诉牵连性的内涵。根据《民诉解释》第 233 条第 2 款规定，反诉与本诉的诉讼请求基于相同法律关系、诉讼请求之间具有因果关系，或者反诉与本诉的诉讼请求基于相同事实的，人民法院应当合并审理。概言之，反诉与本诉存在的牵连关系，是指两者存在法律上或事实上的联系。法律上的牵连分为两种情况：两者源于同一法律关系或者两者源于相关联的法律关系。选项 D 中，前半句表述正确，反诉与本诉之间必须存在牵连关系。后半句错误，反诉和本诉的牵连并不仅限于同一法律关系，还包括相关联法律关系或事实上的牵连。选项 D 错误。

第三章　民事诉讼法的基本原则与基本制度

第一节　基本原则

📶 **1.** 黄某购买了佳和公司生产的电热水器，后因质量问题发生纠纷诉至法院。法院组织双方当事人采用线上视频方式质证，佳和公司同意，黄某明确拒绝。法院遂以黄某拒绝理由不正当为由，认为黄某放弃了质证的权利。法院的行为直接违反了下列哪一民事诉讼法基本原则？（2022年回忆版）

A. 对等原则

B. 同等原则

C. 诚信原则

D. 在线诉讼原则

📶 **2.** 胡某通过互联网平台购买汪某出售的商品，因商品质量发生纠纷，胡某诉至杭州互联网法院。法院受理后决定线上开庭，胡某同意，汪某以其不具备网上开庭条件为由拒绝。关于本案的审理方式，下列哪一说法是正确的？（2022年回忆版）

A. 法院应依职权适用线上审理

B. 法院应线下开庭审理

C. 可以采取胡某线上开庭、汪某线下开庭的方式

D. 法院应裁定驳回胡某起诉，告知其向普通法院起诉

📶 **3.** 根据《民事诉讼法》规定的诚信原则的基本精神，下列哪一选项符合诚信原则？（2014-3-37）

A. 当事人以欺骗的方法形成不正当诉讼状态

B. 证人故意提供虚假证言

C. 法院根据案件审理情况对当事人提供的证据不予采信

D. 法院对当事人提出的证据任意进行取舍或否定

📶 **4.** 关于民事诉讼基本原则的表述，下列哪一选项是正确的？（2013-3-45）

A. 外国人在我国进行民事诉讼时，与中国人享有同等的诉讼权利义务，体现了当事人诉讼权利平等原则

B. 法院未根据当事人的自认进行事实认定，违背了处分原则

C. 当事人主张的法律关系与法院根据案件事实作出的认定不一致时，根据处分原则，当事人可以变更诉讼请求

D. 环保组织向法院提起公益诉讼，体现了支持起诉原则

📶 **5.** 关于检察监督，下列哪一选项是正确的？（2013-3-49）

A. 甲县检察院认为乙县法院的生效判决适用法律错误，对其提出检察建议

B. 丙市检察院就合同纠纷向仲裁委员会提出检察建议，要求重新仲裁

C. 丁县检察院认为丁县法院某法官在制作除权判决时收受贿赂，向该法院提出检察建议

D. 戊县检察院认为戊县法院认定某公民为无民事行为能力人的判决存在程序错误，报请上级检察院提起抗诉

第二节　基本制度

📶 **1.** 合议庭评议吴某诉马某侵权纠纷一案后，通知双方在2023年8月1日宣判。马某于7月31日向法院申请本案书记员刘某回避，主张刘某是吴某妻子的表妹夫，庭审结束后方才知晓上述情况。关于对马某回避申请的处理，下列哪一说法是正确的？（2023年回忆版）

A. 书记员不属于法定的回避人员，应驳回申请

B. 申请不符合回避的法定事由，应驳回申请

C. 回避申请超过申请期限，法院可不予答复

D. 应当延期宣判，对回避申请予以审查

📶 **2.** 齐某因拖欠甲公司货款被诉至法院，其提出管辖权异议被裁定驳回。齐某怀疑本案燕法官对其有偏见，申请其回避，法院不予准许。诉讼过程中，甲公司将法定代表人变更为韩某，齐某发现韩某和燕法官是同学，遂又向法院申请燕法官回避。关于本案，下列哪一表述是正确的？

（2022年回忆版）

A. 齐某不能再申请回避，只能申请复议

B. 如果燕法官回避，齐某可再提出管辖权异议

C. 燕法官应暂停参与本案工作

D. 法院应裁定不予回避

3. 陈某因租赁合同纠纷向甲区法院起诉，要求被告范某支付租金并承担违约责任。庭审过程中，范某得知本案合议庭中人民陪审员许某曾向陈某借款，遂申请许某回避。关于本案的回避，下列哪些表述是错误的？（2018年回忆版）

A. 范某申请回避时，必须提供证据材料

B. 范某应向甲区法院院长提出回避申请

C. 许某的回避应由甲区法院院长决定

D. 对于回避决定，许某可向甲区法院申请复议

4. 不同的审判程序，审判组织的组成往往是不同的。关于审判组织的适用，下列哪一选项是正确的？（2016-3-35）

A. 适用简易程序审理的案件，当事人不服一审判决上诉后发回重审的，可由审判员独任审判

B. 适用简易程序审理的案件，判决生效后启动再审程序进行再审的，可由审判员独任审判

C. 适用普通程序审理的案件，当事人双方同意，经上级法院批准，可由审判员独任审判

D. 适用选民资格案件审理程序的案件，应组成合议庭审理，而且只能由审判员组成合议庭

5. 某区法院审理原告许某与被告某饭店食物中毒纠纷一案。审前，法院书面告知许某合议庭由审判员甲、乙和人民陪审员丙组成时，许某未提出回避申请。开庭后，许某始知人民陪审员丙与被告法定代理人是亲兄弟，遂提出回避申请。关于本案的回避，下列哪一说法是正确的？（2015-3-36）

A. 许某可在知道丙与被告法定代理人是亲兄弟时提出回避申请

B. 法院对回避申请作出决定前，丙不停止参与本案审理

C. 应由审判长决定丙是否应回避

D. 法院作出回避决定后，许某可对此提出上诉

详　解

第一节　基本原则

1. ［答案］D　［难度］中

［考点］同等原则和对等原则、诚信原则、在线诉讼原则

［命题和解题思路］2021年《民事诉讼法》修正时新增了在线诉讼原则，并将诚实信用原则修改为诚信原则。本题遵循"逢新必考"规律，以小案例形式，对四个民事诉讼法基本原则的内涵及适用予以考查。了解同等原则和对等原则的适用必须要有涉外因素，可排除选项A和B的干扰。把握法院行为的本质属于变相强迫当事人接受在线诉讼，这自然违反了当事人同意方可适用在线诉讼的规定，据此可准确作答。

［选项分析］《民事诉讼法》第5条规定，外国人、无国籍人、外国企业和组织在人民法院起诉、应诉，同中华人民共和国公民、法人和其他组织有同等的诉讼权利义务。外国法院对中华人民共和国公民、法人和其他组织的民事诉讼权利加以限制的，中华人民共和国人民法院对该国公民、企业和组织的民事诉讼权利，实行对等原则。据此，同等原则和对等原则的适用，要和外国人、无国籍人、外国企业和组织、外国法院有关，本题显然并不涉及。选项A和B均错误。

《民事诉讼法》第13条第1款规定，民事诉讼应当遵循诚信原则。据此，诚信原则要求当事人或其他诉讼参与人在民事诉讼中行使诉讼权利或履行诉讼义务，以及法官在民事诉讼中行使国家审判权进行审判行为时，应当公正、诚实、守信。要求法官不得滥用自由裁量权，充分尊重和保障当事人的程序权益，不得进行突袭裁判。本案中法院的行为与诚信原则并无直接关系，选项C错误。

《民事诉讼法》第16条第1款规定，经当事人同意，民事诉讼活动可以通过信息网络平台在线进行。据此，法院适用在线方式审理案件，必须获得当事人同意，不同意的当事人，对其应适用线下方式审理。黄某不同意在线质证，对其应采用线下质证方式，而非认为黄某放弃了质证的权利，法院的做法属于变相强迫黄某接受在线诉讼，这显然直接违反了在线诉讼原则。选项D为正确答案。

2. ［答案］C　　［难度］中

［考点］在线诉讼原则

［命题和解题思路］本题遵循"逢新必考"规律，对民事诉讼法新增的在线诉讼原则适用条件予以考查。为增强迷惑性，案情表述涉及互联网法院审理规则，了解**互联网法院审理案件并非一定要线上开庭可排除选项A**；准确把握在线诉讼的适用条件是"当事人同意"而非"双方当事人同意"，即可排除干扰，准确作答。

［选项分析］《最高人民法院关于互联网法院审理案件若干问题的规定》第1条规定，互联网法院采取在线方式审理案件，案件的受理、送达、调解、证据交换、庭前准备、庭审、宣判等诉讼环节一般应当在线上完成。根据当事人申请或者案件审理需要，互联网法院可以决定在线下完成部分诉讼环节。据此，互联网法院审理案件并非全部在线进行，依职权适用线上审理的表述过于绝对。选项A错误。

《民事诉讼法》第16条第1款规定，经当事人同意，民事诉讼活动可以通过信息网络平台在线进行。据此，法院适用在线方式审理案件，前提条件是获得当事人同意，但须注意此处并未规定经双方当事人同意。这意味着，对同意在线审理的当事人，法院可对其适用线上审理方式；对不同意在线审理的当事人，对其应适用线下方式审理。据此，选项C为正确答案，选项B和D均错误。

3. ［答案］C　　［难度］易

［考点］诚信原则（对当事人、其他诉讼参与人和法官诉讼行为的要求）

［命题和解题思路］本题主要考查不同主体违反诚信原则诉讼行为的识别。诚信本就与道德密切相关，考生完全可以依照内心朴素的道德观进行判断。虽然采用一题多问形式，但选项表述直白，根据生活常识，欺骗方法、故意作伪证、任意取舍或否定证据，当事人、证人、法院如此任性妄为岂能符合诚信原则。这是典型的容易题，不可错过。

［选项分析］民事诉讼法的诚信原则，强调法官、当事人和其他诉讼参与人在民事诉讼中应当做到公正、诚实、守信。它禁止当事人以欺诈方法形成不正当诉讼状态，选项A不符合诚信原则。

诚信原则要求其他诉讼参与人应当本着诚实和善意的心态实施诉讼行为，证人故意作伪证不符合诚信原则。选项B错误。

法官在审核证据时要依照法定程序，运用法律规定、逻辑推理和日常生活经验法则，最终得出是否采信的结论。对于当事人提供的证据，法官只要依据法定程序和标准作出判断，不论最后采信与否，都不违反诚信原则。选项C为正确答案。

认证是承审法官的职权，法官在认证时任意取舍或否定证据，则属于滥用司法裁量权。滥用权力行为当然不符合诚信原则，选项D错误。

4. ［答案］C　　［难度］难

［考点］同等和对等原则（同等原则）、辩论原则（对辩论权行使的保障）、处分原则（内容）、支持起诉原则（含义）

［命题和解题思路］民事诉讼法的基本原则频繁受到命题人的关注，是不折不扣的重点。命题人以一题多问的形式对五个基本原则综合考查，考查范围广。选项B是大陆法系辩论主义的内容，有超纲之嫌；选项D又涉及相对冷僻的支持起诉原则。考生要根据选项前面的表述判断属于何种基本原则，然后再判断其与后面的结论是否匹配。试题理论性较强，需要作出两次判断，整体难度颇高。考生应对此类试题，必须准确把握每一项基本原则的内涵和适用条件。

［选项分析］选项A考查了平等原则和同等原则的识别。《民事诉讼法》第5条规定了同等原则，该原则强调在诉讼权利义务方面同等对待中国当事人和外籍当事人（包括无国籍人）。《民事诉讼法》第8条规定了诉讼权利平等原则，该原则强调在诉讼权利义务方面法院平等对待原告、被告或第三人等不同诉讼地位的当事人。外国当事人在我国进行民事诉讼适用同等原则和对等原则，本国当事人之间的民事诉讼适用诉讼权利平等原则。选项前面的表述体现了同等原则，而非诉讼权利平等原则。选项A错误。

选项B考查了约束性辩论原则（辩论主义）的内容。根据通说，辩论主义有以下三个内容：第一，只有当事人提出并加以主张的事实，法院才能予以认定；第二，对当事人双方都没有争议的事实，法院必须照此予以认定；第三，原则上只能就当事人提出的证据进行调查。选项B违背了辩论主义的第二项要求。考生还可通过处分原则与约束性辩论原则的区别作答。处分原则的适用主体是当事人，适用对象是当事人享有的民事权利和诉讼权利；而约束性辩论原则的适用主体是法院，适用对象是事实和证据认定。选项表述的是法院在事实认定方面的问题，显然违背了约束性辩论原则，而非处分原则，也可排除 B 选项。

《民事诉讼法》第 54 条规定，原告可以放弃或者变更诉讼请求。这是原告根据其享有的处分权对其主张的实体权利自由处置的结果。前半句表述是干扰信息，无论当事人主张的法律关系与法院根据案件事实作出的认定是否一致，当事人都有权变更诉讼请求，其依据就在于处分原则。选项 C 为正确答案。

《民事诉讼法》第 15 条规定，机关、社会团体、企业事业单位对损害国家、集体或者个人民事权益的行为，可以支持受损害的单位或者个人向人民法院起诉。环保组织提起公益诉讼时的诉讼地位是原告，而支持起诉原则是支持受害方向法院起诉，案件的原告仍是受害方。环保组织的行为与支持起诉原则存在本质区别，选项 D 错误。

5. [答案] C　　[难度] 难

[考点] 检察监督原则（抗诉和检察建议）

[命题和解题思路] 2012 年《民事诉讼法》修正时增加了检察建议制度，"抗诉和检察建议的启动"随即成为 2013 年增加的考点。命题人以一题多问的形式对抗诉和检察建议的适用范围作出考查。利用特别程序、仲裁案件、跨区域监督作为干扰项，巧妙地将法律规定用小案例形式阐述，题目难度颇高。选项 D 在命制时需要考生通过特别程序的救济方式或者再审程序的适用范围推导作答，《民诉解释》出台后根据规定即可直接排除。考生解答本题，除了熟悉抗诉和检察建议的适用范围、适用情形等法律规定外，还要具备将案例语言抽象还原为法律规定的能力。

[选项分析] 选项 A 考查能否跨区域检察监督。《民事诉讼法》第 219 条第 2 款规定，地方各级人民检察院对同级人民法院已经发生法律效力的判决、裁定，发现有本法第 211 条规定情形之一的，或者发现调解书损害国家利益、社会公共利益的，可以向同级人民法院提出检察建议。乙县法院生效判决适用法律错误，属于《民事诉讼法》第 211 条第 6 项规定的法定再审情形，应当

由同级的乙县检察院进行法律监督，而不能由甲县检察院越俎代庖。选项 A 错误。

选项 B 考查能否对仲裁检察监督。《民事诉讼法》第 14 条规定，人民检察院有权对民事诉讼实行法律监督。具言之，检察监督是对民事诉讼活动中法院审判权和执行权的运行实施监督。仲裁机构是民间组织，检察院无权向仲裁委员会提出检察建议。同理，检察机关也不能对人民调解委员会、公证机关等进行法律监督。选项 B 错误。

选项 C 考查能否对审判人员的违法行为检察监督。《民事诉讼法》第 219 条第 3 款规定，各级人民检察院对审判监督程序以外的其他审判程序中审判人员的违法行为，有权向同级人民法院提出检察建议。除权判决隶属于公示催告程序，属于上述法条中的"其他审判程序"，收受贿赂自然是"违法行为"，此时丁县检察院有权向丁县法院提出检察建议。选项 C 为正确答案。

选项 D 考查能否对特别程序进行检察监督。认定公民无民事行为能力案件是特别程序案件，根据《民诉解释》第 412 条明确规定，检察院对特别程序、督促程序、公示催告程序、破产程序以及解除婚姻关系的判决、裁定提出抗诉时，法院不予受理。这意味着对于上述案件，检察机关不能通过抗诉进行法律监督。选项 D 错误。

易混淆点解析

检察院法律监督的范围与身份无关，与职权密切相关。没有行使审判权或执行权的法官行为不在法律监督之列；人民陪审员虽然不是职业法官，但其行使审判权时的行为也要受到法律监督。

抗诉和检察建议都是检察机关履行法律监督的方式。两者存在以下主要区别：

不同点	抗诉	检察建议
适用对象	生效裁判有《民事诉讼法》第 211 条规定情形之一；调解书损害国家利益、社会公共利益	生效裁判有《民事诉讼法》第 211 条规定情形之一；调解书损害国家利益、社会公共利益；审判监督程序以外的其他审判程序中审判人员的违法行为

		续表
不同点	抗诉	检察建议
具体程序	提请上级检察院向其同级法院提出	向同级法院提出，并报上级检察院备案
审查内容	只进行形式审查	除形式审查外，还要对再审事由进行实质审查

第二节 基本制度

1. ［答案］C ［难度］难

［考点］回避制度

［命题和解题思路］本题以法庭辩论终结后当事人申请回避为素材，对回避的适用对象、法定事由、申请期限等知识点予以综合考查。考查情形并无法律明文规定，难度颇高。正确解题，首先需要了解当事人申请回避的时间节点，本案为逾期提出申请；其次，应当掌握当事人妻子的表妹夫并不属于近亲属，并非申请再审的法定情形。了解回避的适用对象可排除A选项。

［选项分析］《民事诉讼法》第47条第4款规定，前3款规定，适用于法官助理、书记员、司法技术人员、翻译人员、鉴定人、勘验人。据此，书记员属于回避制度的法定适用对象。选项A错误。

根据《民事审判指导与参考》2014年第3辑观点，如果全部庭审结束后当事人才知道回避事由，且该事由确属审判人员应当回避的情形，但申请回避的法定时间已过，人民法院对此仍需区别对待，依法作出处理。由于此时当事人已无申请回避权，人民法院无需就回避申请再向当事人作出口头或者书面决定，也可不答复当事人。经调查，审判人员与本案确有利害关系，该事由很可能影响案件的公正审理的，人民法院应当依照《民事诉讼法》第47条的规定，要求应当回避的审判人员自行回避。据此，马某超过法定期间申请回避，其主张对方当事人是书记员妻子的表妹夫，这显然不属于当事人近亲属的法定回避情形，法院无需向其作出决定，也可不予答复。法院不需要作出决定对申请予以驳回，也不需要延期宣

判予以审查。选项C正确。选项B和选项D均错误。

2. ［答案］C ［难度］中

［考点］回避制度

［命题和解题思路］回避制度属于次高频考点，以往试题主要围绕回避的程序规则予以命题，主要考查知识点记忆的准确度。本题独辟蹊径，考查方式更为灵活，部分选项并无明确解题依据，侧重考查回避的相关制度原理。知晓申请回避并无明确次数限定，可排除选项A；了解法律并未规定法官被申请回避后，其之前的行为无效，可辅助对选项B作出判断；法院处理回避申请应当用决定而非裁定，可排除D选项。

［选项分析］《民事诉讼法》及其司法解释并未规定当事人申请回避的次数，只规定不服决定可以复议一次。本案中齐某因出现新理由再次申请燕法官回避，并不违反法律规定。选项A错误。

选项B是主要干扰项。《民事诉讼法》及其司法解释并未规定法官被申请回避后，其之前的行为无效。结合案情表述，如果燕法官回避，是因为其与变更后的原告公司法定代表人存在同学关系，而在该回避情形出现之前，燕法官已经对齐某提出的管辖权异议申请作出裁定，况且当初齐某认为燕法官对其有偏见申请回避，未获准许，这也变相证明燕法官对管辖权异议的处理并无不当之处。因此，燕法官回避后，齐某若再提出管辖权异议，无疑会造成诉讼拖延，浪费司法资源。选项B错误。

《民事诉讼法》第48条第2款规定，被申请回避的人员在人民法院作出是否回避的决定前，应当暂停参与本案的工作，但案件需要采取紧急措施的除外。据此，因出现新情况，齐某申请燕法官回避，燕法官应当暂停参与本案工作。选项C正确。

《民事诉讼法》第50条规定，人民法院对当事人提出的回避申请，应当在申请提出的3日内，以口头或者书面形式作出决定。据此，法院对当事人的回避申请，应当以决定形式作出，不能适用裁定。选项D错误。

3. ［答案］ABD ［难度］难

［考点］回避制度

［命题和解题思路］回避制度在以往司考时代时有考查，本题以"人民陪审员回避"为切入点，

考查回避的申请程序、决定主体和救济方式等知识点。本题考查内容新颖且细致，如果复习不够仔细，仅凭历年真题展开复习很容易落入陷阱。命题人采用"偷梁换柱"之计，将《民事诉讼法》的规定巧妙替换后设置陷阱。此类试题对知识点的记忆精确度要求较高，准确掌握《民事诉讼法》规定方可做到"以不变应万变"。

[选项分析] 选项 A 是重点干扰项。《民事诉讼法》第 48 条第 1 款规定，当事人提出回避申请，应当说明理由，在案件开始审理时提出；回避事由在案件开始审理后知道的，也可以在法庭辩论终结前提出。据此，当事人提出回避必须说明理由，但并非必须提供证据材料。因为根据《民诉解释》第 96 条第 1 款第 5 项规定，涉及回避等程序性事项的证据，属于法院应当依职权调查收集的证据。选项 A 表述错误，当选。

《民事诉讼法》第 140 条第 2 款规定，开庭审理时，由审判长或者独任审判员核对当事人，宣布案由，宣布审判人员、法官助理、书记员等的名单，告知当事人有关的诉讼权利义务，询问当事人是否提出回避申请。据此，当事人提出回避申请，应向案件的审判长或者独任法官提出，而非向法院院长提出。选项 B 表述错误，当选。

《民事诉讼法》第 49 条规定，院长担任审判长或者独任审判员时的回避，由审判委员会决定；审判人员的回避，由院长决定；其他人员的回避，由审判长或者独任审判员决定。据此，人民陪审员属于审判人员，许某的回避应由甲区法院院长决定。选项 C 说法正确，不当选。

《民事诉讼法》第 50 条规定，人民法院对当事人提出的回避申请，应当在申请提出的 3 日内，以口头或者书面形式作出决定。申请人对决定不服的，可以在接到决定时申请复议一次。据此，法律赋予了申请人复议权，即范某有权申请复议；但被申请人并无复议权，许某对回避决定无权复议。选项 D 表述错误，当选。

4. [答案] D　　[难度] 中

[考点] 合议制度（合议制在不同审判程序中的运用）

[命题和解题思路] 命题人以表述题形式，对发回重审、再审以及特别程序案件的审判组织进行综合考查。选项内容均有明确的法律依据，难

度不高。为增加本题的迷惑性，命题人巧妙设计了诸多答题陷阱。选项 A 和选项 B 中"适用简易程序审理的案件"是分散考生注意力的干扰信息，考生应当聚焦于"发回重审"和"再审"。根据《民诉解释》第 257 条规定，发回重审和适用审判监督程序的案件不适用简易程序。因此，发回重审和再审案件不能由审判员独任审理；选项 C 中命题人采用"无中生有"之计，虚构"当事人双方同意，经上级法院批准"的情节巧设答题陷阱，不了解适用普通程序独任审理的条件很容易错选；D 选项并无干扰信息，客观上降低了试题难度。只要考生牢记选民资格案件的审判组织规定，就会使得命题人在前三个选项中的努力付之东流。

[选项分析] 选项 A 考查发回重审案件的审判组织。《民事诉讼法》第 41 条第 3 款规定，发回重审的案件，原审人民法院应当按照第一审程序另行组成合议庭。据此，无论原一审判决适用普通程序还是简易程序，发回重审后都应由合议庭审理。选项 A 错误。

选项 B 考查再审案件的审判组织。《民事诉讼法》第 41 条第 4 款规定，审理再审案件，原来是第一审的，按照第一审程序另行组成合议庭；原来是第二审的或者是上级人民法院提审的，按照第二审程序另行组成合议庭。据此，法院审理再审案件的审判组织也只能是合议庭。选项 B 错误。

选项 C 是重点干扰项，考查适用普通程序独任审理的条件。《民事诉讼法》第 40 条第 2 款规定，适用简易程序审理的民事案件，由审判员一人独任审理。基层人民法院审理的基本事实清楚、权利义务关系明确的第一审民事案件，可以由审判员一人适用普通程序独任审理。据此，只要符合上述条件，无须当事人双方同意，也无须上级法院批准，可由审判员适用普通程序独任审理。选项 C 错误。

选项 D 考查选民资格案件的审判组织。《民事诉讼法》第 185 条规定，依照特别程序审理的案件，实行一审终审。选民资格案件或者重大、疑难的案件，由审判员组成合议庭审理；其他案件由审判员一人独任审理。据此，选民资格案件和重大、疑难的特别程序案件只能由审判员组成的合议庭审理。选项 D 为正确答案。

易混淆点解析

每一类案件的审判组织均由法律明确规定，法院和当事人必须遵照执行。案件的审判组织具有法定性，不允许当事人合意变更，也不允许法院依职权变更。法律对发回重审和再审案件适用的原审程序类型未作限定，即普通程序或者简易程序案件发回重审或者再审时均不能由审判员独任审理。特别程序案件原则上由审判员独任审理，但重大、疑难的特别程序案件和选民资格案件只能由合议庭审理，审理特别程序案件的合议庭不允许陪审员参与。

5. ［答案］A ［难度］中

［考点］回避制度（回避的适用对象、回避适用的具体情形、回避的法律后果）

［命题和解题思路］2012 年《民事诉讼法》修正时增加了回避的法定事由，这可视为本题命制的由头。不过本题考查的仍是传统内容，并未涉及新增规定。命题人以小案例形式对回避的提出时间、法律效力、决定主体和救济方式进行综合考查，题目涉及《民事诉讼法》多个条文，具有一定的综合性。不过本题考查意图明显，没有设置干扰项，难度较低。考生只要认真复习回避法律规定，当可从容应对本题。

［选项分析］选项 A 考查申请回避的提出时间。《民事诉讼法》第 48 条第 1 款规定，当事人提出回避申请，应当说明理由，在案件开始审理时提出；回避事由在案件开始审理后知道的，也可以在法庭辩论终结前提出。开庭后，许某才知道合议庭组成人员丙与被告法定代表人是亲兄弟，此时法庭

辩论尚未终结，许某可以提出回避申请。选项 A 说法正确。

选项 B 考查申请回避的法律效力。《民事诉讼法》第 48 条第 2 款规定，被申请回避的人员在人民法院作出是否回避的决定前，应当暂停参与本案的工作，但案件需要采取紧急措施的除外。本案并未提及需要采取紧急措施，因此在法院作出是否回避决定前，被申请回避人员丙应当暂停参与本案工作。选项 B 说法错误。

选项 C 考查回避的决定主体。《民事诉讼法》第 49 条规定，院长担任审判长或者独任审判员时的回避，由审判委员会决定；审判人员的回避，由院长决定；其他人员的回避，由审判长或者独任审判员决定。本案中，丙是人民陪审员，作为合议庭组成人员属于审判人员的范畴。因此，丙是否回避应当由法院院长决定。选项 C 说法错误。

选项 D 考查回避的救济方式。《民事诉讼法》第 50 条规定，人民法院对当事人提出的回避申请，应当在申请提出的 3 日内，以口头或者书面形式作出决定。申请人对决定不服的，可以在接到决定时申请复议一次。据此，回避决定的救济方式是复议而非上诉。选项 D 说法错误。

易混淆点解析

申请回避时，被申请人应当暂停参与本案工作；但当事人不服回避决定申请复议，复议期间，被申请回避的人员，不停止参与本案的工作。

民事诉讼中所有的决定都不能通过上诉救济。回避决定通过向本院申请复议救济，罚款、拘留决定通过向上一级人民法院申请复议救济。

第四章 民事管辖制度

试 题

第一节 管辖概述

📶 **1.** 美国人汤姆在中国生活期间，花费 500 元向中国卖家网购一件衬衫，因衬衫质量问题产生纠纷，汤姆向互联网法院起诉。关于本案可适用的程序规则，下列哪些选项是正确的？（2021 年回忆版）

A. 决定线下开庭审理

B. 电子送达判决书

C. 审判员独任审理

D. 适用小额诉讼程序审理

📶 **2.** 关于管辖，下列哪一表述是正确的？（2014-3-39）

A. 军人与非军人之间的民事诉讼，都应由军事法院管辖，体现了专门管辖的原则

B. 中外合资企业与外国公司之间的合同纠纷，应由中国法院管辖，体现了维护司法主权的原则

C. 最高法院通过司法解释授予部分基层法院专利纠纷案件初审管辖权，体现了平衡法院案件负担的原则

D. 不动产纠纷由不动产所在地法院管辖，体现了管辖恒定的原则

第二节　级别管辖

📶 根据《民事诉讼法》相关司法解释，下列哪些法院对专利纠纷案件享有管辖权？（2015-3-77）

　　A. 知识产权法院

　　B. 所有的中级法院

　　C. 最高法院确定的中级法院

　　D. 最高法院确定的基层法院

第三节　地域管辖

📶 **1.** 甲市 A 区的马某与何某结婚后，因感情不和协议离婚，双方约定将存于甲市 B 区某银行的 50 万元存款和位于乙市 C 区价值 100 万元的房屋归马某所有。办理离婚登记手续后，何某搬往乙市 D 区生活。一年后，何某发现马某曾婚内出轨，向法院起诉请求将银行存款和房屋判归自己所有。关于本案的管辖法院，下列选项正确的是：（2023 年回忆版）

　　A. 甲市 A 区法院

　　B. 甲市 B 区法院

　　C. 乙市 C 区法院

　　D. 乙市 D 区法院

📶 **2.** 甲市乙县 A 公司与丙市丁县 B 公司签订 1000 万元的借款合同，约定 10 日内 A 公司向 B 公司出借款项，双方未约定合同履行地，也未约定发生纠纷的解决方式。A 公司到期未依约向 B 公司交付 1000 万元，B 公司对 A 公司提起诉讼，要求其履行出借义务。关于本案的管辖法院，下列哪一表述是正确的？（2022 年回忆版）

　　A. 只有乙县法院有管辖权

　　B. 只有丁县法院有管辖权

　　C. 甲市、丙市中级法院都有管辖权

　　D. 乙县、丁县法院都有管辖权

📶 **3.** A 区的甲公司与 B 区的乙公司签订买卖合同，约定合同履行地为 C 区，若合同履行发生纠纷

向守约方所在地法院起诉。后因商品质量发生纠纷，甲公司声称自己是守约方，向 A 区法院起诉乙公司。乙公司在答辩期内提出管辖权异议，主张自己才是守约方，应当由 B 区法院管辖。关于本案的管辖法院，下列说法正确的是：（2022 年回忆版）

　　A. 可由 A 区法院管辖

　　B. 可由 B 区法院管辖

　　C. 因双方都可能是守约方，A、B 区法院均有管辖权

　　D. 可由 C 区法院管辖

📶 **4.** A 区的甲公司与 B 区的乙公司签订合同，约定合同履行地在 C 区。两公司随后又达成补充协议，约定发生纠纷由 C 区法院管辖。后经乙公司同意，甲公司将合同转让给 D 区的丙公司，丙公司对补充协议并不知情。后丙公司起诉乙公司要求履行合同，乙公司主张转让合同无效。关于本案，下列哪一法院有管辖权？（2021 年回忆版）

　　A. A 区法院　　　　　B. B 区法院

　　C. C 区法院　　　　　D. D 区法院

📶 **5.** 柳某向曾某借款 10 万元，双方约定合同履行发生纠纷由柳某所在地的甲法院管辖，后曾某又与程某就该笔借款签订保证合同，约定合同履行发生纠纷由程某所在地的乙法院管辖。后因柳某拖欠借款发生纠纷。关于曾某的救济方式，下列哪些选项是正确的？（2021 年回忆版）

　　A. 向甲法院起诉柳某和程某

　　B. 向乙法院起诉柳某和程某

　　C. 向甲法院起诉柳某

　　D. 向乙法院起诉程某

📶 **6.** 甲地的徐某将一块玉石（价值 10 万元）借给乙地的黄某，黄某将该玉石拿到丙地展览期间被张某看中，黄某告知该玉石乃徐某之物，张某仍出价 20 万元购买，黄某遂将玉石卖于张某，后向徐某谎称将玉石以 15 万元的价格卖给张某，并立即向徐某转账 15 万元。事后徐某得知黄某以 20 万元的价格将玉石出售，遂起诉黄某，要求其返还多卖的 5 万元玉石款。关于本案的管辖法院，下列哪一表述是正确的？（2020 年回忆版）

　　A. 甲法院和丙法院

　　B. 乙法院和丙法院

　　C. 乙法院

　　D. 丙法院

7. 长城公司的货车在华天保险公司投保车辆损失险，该货车在甲区与一辆轿车相撞。轿车司机王某（住所地在乙区）应负事故全部责任，轿车的车主为李某（住所地在丙区），事发时李某将该车借给王某使用，轿车在君安保险公司（住所地在丁区）投保了交强险。华天保险公司赔偿长城公司损失后，提起代位求偿权诉讼。关于本案，下列哪些区的法院享有管辖权？（2018年回忆版）

 A. 甲区   B. 乙区

 C. 丙区   D. 丁区

8. 住所在M省甲县的旭日公司与住所在N省乙县的世新公司签订了一份建筑工程施工合同，工程地为M省丙县，并约定如合同履行发生争议，在北京适用《中国国际经济贸易仲裁委员会仲裁规则》进行仲裁。履行过程中，因工程款支付问题发生争议，世新公司拟通过仲裁或诉讼解决纠纷，但就在哪个仲裁机构进行仲裁，双方产生分歧。对此，下列哪一部门对该案享有管辖权？（2017-3-35）

 A. 北京仲裁委员会

 B. 中国国际经济贸易仲裁委员会

 C. M省甲县法院

 D. M省丙县法院

9. A市东区居民朱某（男）与A市西县刘某结婚，婚后双方住A市东区。一年后，公司安排刘某赴A市南县分公司工作。三年之后，因感情不和朱某向A市东区法院起诉离婚。东区法院受理后，发现刘某经常居住地在南县，其对该案无管辖权，遂裁定将案件移送南县法院。南县法院收到案件后，认为无管辖权，将案件移送刘某户籍所在地西县法院。西县法院收到案件后也认为无管辖权。关于本案的管辖问题，下列哪些说法是正确的？（2016-3-77）

 A. 东区法院有管辖权

 B. 南县法院有管辖权

 C. 西县法院有管辖权

 D. 西县法院认为自己没有管辖权，应当裁定移送有管辖权的法院

10. 主要办事机构在A县的五环公司与主要办事机构在B县的四海公司于C县签订购货合同，约定：货物交付地在D县；若合同的履行发生争议，由原告所在地或者合同签订地的基层法院管辖。现五环公司起诉要求四海公司支付货款。四海公司辩称已将货款交给五环公司业务员付某。五环公司承认付某是本公司业务员，但认为其无权代理本公司收取货款，且付某也没有将四海公司声称的货款交给本公司。四海公司向法庭出示了盖有五环公司印章的授权委托书，证明付某有权代理五环公司收取货款，但五环公司对该授权书的真实性不予认可。根据案情，法院依当事人的申请通知付某参加（参与）了诉讼。对本案享有管辖权的法院包括：（2015-3-95）

 A. A县法院   B. B县法院

 C. C县法院   D. D县法院

11. 甲县的葛某和乙县的许某分别拥有位于丙县的云峰公司50%的股份。后由于二人经营理念不合，已连续四年未召开股东会，无法形成股东会决议。许某遂向法院请求解散公司，并在法院受理后申请保全公司的主要资产（位于丁县的一块土地的使用权）。依据法律，对本案享有管辖权的法院是：（2014-3-96）

 A. 甲县法院   B. 乙县法院

 C. 丙县法院   D. 丁县法院

12. 关于管辖制度的表述，下列哪些选项是不正确的？（2013-3-79）

 A. 对下落不明或者宣告失踪的人提起的民事诉讼，均应由原告住所地法院管辖

 B. 因共同海损或者其他海损事故请求损害赔偿提起的诉讼，被告住所地法院享有管辖权

 C. 甲区法院受理某技术转让合同纠纷案后，发现自己没有级别管辖权，将案件移送至甲市中院审理，这属于管辖权的转移

 D. 当事人可以书面约定纠纷的管辖法院，这属于选择管辖

第四节　裁定管辖

1. 最高法院确定甲法院管辖案件的标的限额为3000万元。A公司向甲法院起诉B公司，要求其偿还2900万元货款，开庭审理时，A公司又要求B公司赔偿290万元违约金。对此，甲法院的下列哪一做法是正确的？（2020年回忆版）

 A. 案件已开庭，应不予受理赔偿违约金的诉讼请求

 B. 若B公司提出异议，甲法院认为受理时有

管辖权，增加诉请后应继续审理

C. 甲法院应告知 A 公司增加诉讼请求会超出管辖范围

D. 受理赔偿违约金的诉讼请求后移送有管辖权的法院审理

📶 **2.** A 市 H 区的马某在位于 B 市 M 区的甲电商平台上购买了货物，购物条款约定发生纠纷由 B 市 M 区法院管辖。发生纠纷后，马某向 A 市 H 区法院起诉，平台以有协议管辖条款为由提出管辖异议。A 市 H 区法院认为异议成立，遂将案件移送至 B 市 M 区法院。马某提出，管辖条款未提醒其注意，其购物时 B 市已成立互联网法院，协议管辖条款无效。对此，B 市 M 区法院的下列哪一做法是正确的？（2019 年回忆版）

A. 将案件移送 B 市互联网法院

B. 将案件移送 A 市 H 区法院

C. 继续审理本案

D. 报 B 市中级法院指定管辖

📶 **3.** 根据《民事诉讼法》和相关司法解释的规定，法院的下列哪些做法是违法的？（2014-3-78）

A. 在一起借款纠纷中，原告张海起诉被告李河时，李河居住在甲市 A 区。A 区法院受理案件后，李河搬到甲市 D 区居住，该法院知悉后将案件移送 D 区法院

B. 王丹在乙市 B 区被黄玫打伤，以为黄玫居住乙市 B 区，而向该区法院提起侵权诉讼。乙市 B 区法院受理后，查明黄玫的居住地是乙市 C 区，遂将案件移送乙市 C 区法院

C. 丙省高院规定，本省中院受理诉讼标的额 1000 万元至 5000 万元的财产案件。丙省 E 市中院受理一起标的额为 5005 万元的案件后，向丙省高院报请审理该案

D. 居住地为丁市 H 区的孙溪要求居住地为丁市 G 区的赵山依约在丁市 K 区履行合同。后因赵山下落不明，孙溪以赵山为被告向丁市 H 区法院提起违约诉讼，该法院以本院无管辖权为由裁定不予受理

第五节　管辖权异议

📶 **1.** 住所在 A 市 B 区的甲公司与住所在 A 市 C 区的乙公司签订了一份买卖合同，约定履行地为 D 县。合同签订后尚未履行，因货款支付方式发生争

议，乙公司诉至 D 县法院。甲公司就争议的付款方式提交了答辩状。经审理，法院判决甲公司败诉。甲公司不服，以一审法院无管辖权为由提起上诉，要求二审法院撤销一审判决，驳回起诉。关于本案，下列哪一表述是正确的？（2017-3-36）

A. D 县法院有管辖权，因 D 县是双方约定的合同履行地

B. 二审法院对上诉人提出的管辖权异议不予审查，裁定驳回异议

C. 二审法院应裁定撤销一审判决，发回一审法院重审

D. 二审法院应裁定撤销一审判决，裁定将案件移送有管辖权的法院审理

📶 **2.** 法院受理案件后，被告提出管辖异议，依据法律和司法解释规定，其可以采取下列哪些救济措施？（2016-3-78）

A. 向受诉法院提出管辖权异议，要求受诉法院对管辖权的归属进行审查

B. 向受诉法院的上级法院提出异议，要求上级法院对案件的管辖权进行审查

C. 在法院对管辖异议驳回的情况下，可以对该裁定提起上诉

D. 在法院对案件审理终结后，可以以管辖错误作为法定理由申请再审

详　解

第一节　管辖概述

1. ［答案］ABC　　　［难度］中

［考点］专门法院的管辖、小额诉讼适用的条件与范围

［命题和解题思路］本题主要考查互联网法院审理规则，附带涉及小额诉讼的禁止适用情形。题目考查内容较为生僻，考查面广，难度较高。解题时应首先判断 <mark>本案为涉外案件，不得适用小额诉讼程序审理</mark>，据此可排除选项 D 的干扰；其余选项均需依据《最高人民法院关于互联网法院审理案件若干问题的规定》的内容作答。

［选项分析］《最高人民法院关于互联网法院审理案件若干问题的规定》第 12 条规定，互联网法院采取在线视频方式开庭。存在确需当庭查明身份、核对原件、查验实物等特殊情形的，互联

网法院可以决定在线下开庭，但其他诉讼环节仍应当在线完成。据此，互联网法院可决定线下开庭，选项 A 正确。

《最高人民法院关于互联网法院审理案件若干问题的规定》第 15 条第 3 款规定，经告知当事人权利义务，并征得其同意，互联网法院可以电子送达裁判文书。当事人提出需要纸质版裁判文书的，互联网法院应当提供。据此，若当事人同意，互联网法院可电子送达判决书。选项 B 正确。

《最高人民法院关于互联网法院审理案件若干问题的规定》第 18 条规定，对需要进行公告送达的事实清楚、权利义务关系明确的简单民事案件，互联网法院可以适用简易程序审理。据此，即便需要公告送达，互联网法院也可适用简易程序审理案件。本题案情简单，标的额小，完全可以适用简易程序审理。又根据《民事诉讼法》第 40 条第 2 款规定，适用简易程序审理的民事案件，由审判员一人独任审理。因此，本案可由审判员独任审理。选项 C 正确。

《民事诉讼法》第 166 条第 2 项规定，涉外案件不适用小额诉讼程序审理。据此，因当事人汤姆为美国人，本案为涉外案件，不适用小额诉讼程序审理。选项 D 错误。

2. ［答案］C　　［难度］难
［考点］专门法院的管辖、涉外民事诉讼管辖的种类（专属管辖）、专属管辖

［命题和解题思路］试题以一题多问形式对国内管辖和涉外管辖各项制度进行综合考查，涉及面广，难度颇高。本题命制时选项 A 需要考生根据原《民诉意见》推断作答，现在可根据《民诉解释》规定直接作答，降低了难度。考生欲正确解题，首先要判断选项前半部分有关管辖制度的表述是否准确，然后再对具体制度与后半部分的管辖原则是否匹配进行分析。

［选项分析］《民诉解释》第 11 条规定，双方当事人均为军人或者军队单位的民事案件，由军事法院管辖。其潜台词是一方为军人的民事案件，不一定由军事法院管辖。选项 A 错误。

选项 B 是重点干扰项。根据《民事诉讼法》第 279 条第 3 项的规定，涉外专属管辖的适用范围是中外合资经营企业合同、中外合作经营企业合同、中外合作勘探开发自然资源合同。上述企业与其他国内外民事主体发生的民事纠纷，则不适用涉外专属管辖，可以由国外法院管辖。涉外专属管辖确实体现了维护司法主权原则，但本选项对涉外专属管辖的适用范围表述错误。选项 B 错误。

在修改《专利纠纷规定》之前，专利纠纷均由中院管辖。当事人不服，还要上诉到高级法院。法律之所以赋予基层法院专利案件管辖权，就是考虑到中院和高院审理此类案件的负担较重。这体现了平衡各级法院案件负担原则。选项 C 为正确答案。

选项 D 混淆了专属管辖与管辖恒定制度。《民事诉讼法》第 34 条是对专属管辖的规定，其中明确因不动产纠纷提起的诉讼由不动产所在地法院管辖。这与管辖恒定原则毫无关联，选项 D 错误。

> **易混淆点解析**
>
> 专属管辖与管辖恒定是两个完全不同的管辖制度，应严格区别。专属管辖是指特定类型案件专门由特定法院管辖，专属管辖属于地域管辖的一种。管辖恒定，是指确定案件的管辖权，以起诉时为标准：起诉时对案件享有管辖权的法院，不因确定管辖的相关因素在诉讼过程中发生变化而影响其管辖权。管辖恒定包括级别管辖恒定和地域管辖恒定。

第二节　级别管辖

［答案］ACD　　［难度］易
［考点］各级法院管辖的第一审民事案件
［命题和解题思路］知识产权法院是我国 2014 年开始设立的专门法院类型，《民诉解释》对专利纠纷案件的管辖法院也作出了调整，命题人以此为新素材命制了本题。本题属于法条识记题，未设计答题陷阱，是考试中绝对的送分题。考生只要熟悉《民诉解释》的相关规定，不难获得分数。B 和 C 两个选项互斥，别忘了互斥选项的解题技巧。

［选项分析］《民诉解释》第 2 条第 1 款规定，专利纠纷案件由知识产权法院、最高人民法院确定的中级人民法院和基层人民法院管辖。据此，并非所有的中级法院和基层法院对专利纠纷案件均享有管辖权，选项 B 排除，其余三项为正确答案。

第三节　地域管辖

1.　[答案] A　　　[难度] 中

[考点] 一般地域管辖

[命题和解题思路] 管辖是每年必考的重要考点，本题以离婚后财产纠纷为素材对一般地域管辖予以考查。解题的关键在于准确识别本案的案由，因为案由是确定管辖的依据。虽然本案财产分配涉及不动产，但并不属于不动产物权纠纷，而是离婚后财产纠纷，据此可排除专属管辖的干扰；对于离婚后财产纠纷的管辖并无特别规定，应适用一般地域管辖规则确定管辖法院。

[选项分析] 本案系马某与何某签订离婚协议并办理离婚登记手续后，因履行离婚协议中的财产分割约定而产生的纠纷，故本案案由应为离婚后财产纠纷。即使离婚后财产分配涉及不动产，但由于离婚后财产纠纷不属于物权纠纷，也不应适用不动产专属管辖，在管辖上适用一般地域管辖规则。《民事诉讼法》第22条第1款规定，对公民提起的民事诉讼，由被告住所地人民法院管辖；被告住所地与经常居住地不一致的，由经常居住地人民法院管辖。据此，本案应由被告马某住所地甲市A区法院管辖。选项A正确，其他选项均错误。

2.　[答案] A　　　[难度] 中

[考点] 特殊地域管辖

[命题和解题思路] 管辖向来是法考命题的重点，2022年多道客观题对此均有考查。本题以借款合同纠纷为素材，考查合同未履行时合同纠纷的管辖法院。解答本题的关键是准确理解《民诉解释》第18条的规定，理顺三款内容的适用关系。出借人完全未履行出借义务，应适用第18条第3款；若出借人部分未履行出借义务，则应适用第18条第2款。本题表面看来似乎对级别管辖有所考查，实则从选项设计看，级别管辖根本无须考虑。只要能确定由被告住所地法院管辖，答案自然水落石出。实践中主要以案件标的额来确定级别

管辖，每一级法院管辖的最低标的额无须掌握。

[选项分析] 本案为借款合同纠纷，根据《民事诉讼法》第24条规定，应由被告住所地或者合同履行地法院管辖。《民诉解释》第18条第3款规定，合同没有实际履行，当事人双方住所地都不在合同约定的履行地的，由被告住所地人民法院管辖。据此，因A公司完全未实际履行出借款项义务，双方又未约定合同履行地，只能由被告住所地法院管辖，即由乙县法院享有管辖权。选项A为正确答案，其余选项均错误。

3.　[答案] BD　　　[难度] 中

[考点] 协议管辖、特殊地域管辖

[命题和解题思路] 管辖是客观题每年必考知识点。本题以约定纠纷由守约方所在地管辖为切入点，对协议管辖是否有效以及合同纠纷的管辖法院予以考查。解题的关键是判断约定由守约方所在地法院管辖是否有效，是否守约需要进行实体审理，因此本案协议管辖因约定不明而无效。管辖协议无效后，合同纠纷只能根据特殊地域管辖确定管辖法院，根据法律和司法解释规定不难正确作答。

[选项分析] 《民诉解释》第30条第1款规定，根据管辖协议，起诉时能够确定管辖法院的，从其约定；不能确定的，依照民事诉讼法的相关规定确定管辖。据此，双方在合同中约定由守约方所在地法院管辖，涉案合同各方当事人是否构成违约属于需要进行实体审理的内容，并非能够在管辖异议程序阶段确定的事实，故"守约方"的约定并不明确，无法依据协议管辖确定管辖法院，本案为合同纠纷，只能根据特殊地域管辖确定管辖法院。《民事诉讼法》第24条规定，因合同纠纷提起的诉讼，由被告住所地或者合同履行地人民法院管辖。又根据《民诉解释》第18条第1款规定，合同约定履行地点的，以约定的履行地点为合同履行地。据此，本案可由被告乙公司住所地的B区法院或者双方约定的合同履行地的C区法院管辖。选项B和D为正确答案。

4.　[答案] B　　　[难度] 中

[考点] 协议管辖、特殊地域管辖

[命题和解题思路] 管辖绝对是法考命题的重点，属于每年必考内容。本题以合同转让为切入点，考查协议管辖对合同受让人是否有效，在此基础上又对合同纠纷的管辖法院进行考查。解题

时首先判断甲公司与乙公司之间的管辖协议对受让人丙公司是否有效力，在确定管辖协议对丙公司无效的基础上，丙公司起诉应根据合同纠纷确定管辖法院，再通过案情表述排除合同履行地，被告住所地法院管辖即为正确答案。

[选项分析]《民诉解释》第33条规定，合同转让的，合同的管辖协议对合同受让人有效，但转让时受让人不知道有管辖协议，或者转让协议另有约定且原合同相对人同意的除外。据此，因丙公司不知道存在补充的管辖协议，因此管辖协议对丙公司无效。《民诉解释》第18条第3款规定，合同没有实际履行，当事人双方住所地都不在合同约定的履行地的，由被告住所地人民法院管辖。据此，丙公司起诉要求乙公司履行合同，证明合同并未实际履行，双方当事人的住所地均不在约定履行地C区，本案应由被告乙公司住所地B区法院管辖。因此，选项B当选，其余选项均不正确。

5. [答案] ACD　　　[难度] 中
[考点] 协议管辖、必要共同诉讼

[命题和解题思路] 本题考查借款合同与保证合同协议管辖不一致时如何确定管辖法院，附带对当事人的确定予以考查。本题有明确的解题依据，但来自实体法司法解释，融合化命题趋势日益明显。因题干并未明确交代保证人程某的保证类型，解答本题应首先根据保证类型分别判断曾某起诉当事人确定的情形，再结合《担保制度解释》第21条有关管辖的规定即可准确作答。

[选项分析] 无论程某提供的是一般保证还是连带保证，曾某都可以将程某和柳某作为共同被告提起诉讼。《担保制度解释》第21条第2款规定，债权人一并起诉债务人和担保人的，应当根据主合同确定管辖法院。据此，曾某一并起诉柳某和程某，应根据借款合同约定向甲法院起诉。选项A正确，选项B错误。

无论程某提供的是一般保证还是连带保证，曾某都可以单独起诉债务人柳某。此时，应依据借款合同约定向甲法院起诉。选项C正确。

若程某提供的是连带保证，曾某可单独起诉程某；若程某提供的是一般保证，曾某起诉柳某未获执行后，亦可单独起诉程某。《担保制度解释》第21条第3款规定，债权人依法可以单独起诉担保人且仅起诉担保人的，应当根据担保合同确定管辖法

院。据此，若曾某单独起诉保证人程某，可根据保证合同约定向乙法院起诉。选项D正确。

6. [答案] C　　　[难度] 中
[考点] 一般地域管辖

[命题和解题思路] 管辖向来是民诉法命题的重点，每年必考。本题命题形式较为新颖，实体法和程序法融合度较高，虽然考点属于程序法的管辖制度，但正确作答必须借助于题干案例的请求权基础。无论命题人命制多么奇特的案例考查管辖制度，均应首先判断案件的实体法类型，这才能避免出现"南辕北辙"式错误；其次，还应熟知各项管辖制度的内在适用关系，即案件若不适用特殊地域管辖、协议管辖、专属管辖等规定，应根据一般地域管辖规则作答。

[选项分析] 黄某以20万元的价格将徐某所有的玉石出售，却对徐某谎称售价为15万元，将剩余5万元据为己有，徐某为此起诉要求黄某返还5万元。根据徐某的诉讼请求判断，本案的案由应为不当得利纠纷。民事诉讼法及其司法解释有关不当得利的管辖并无特殊规定，应适用一般地域管辖的规定。《民事诉讼法》第22条第1款规定，对公民提起的民事诉讼，由被告住所地人民法院管辖；被告住所地与经常居住地不一致的，由经常居住地人民法院管辖。据此，本案应由被告住所地的乙法院享有管辖权。选项C为正确答案，其余选项均错误。

7. [答案] ABD　　　[难度] 难
[考点] 特殊地域管辖

[命题和解题思路] 管辖制度向来是司法考试的重点，法考时代亦是如此。本题主要考查保险代位求偿权纠纷的管辖法院，附带涉及对适格当事人的判断。解答管辖类试题，应首先判断案件的法律性质，再根据法律规定结合案情表述作出判断。本题正确作答的关键点有二：首先，要明确保险代位求偿权诉讼的性质，即应以侵权纠纷而非保险合同纠纷确定管辖法院；其次，应根据《民法典》规定，对借用机动车案件的适格被告作出判断。解题依据涉及最高人民法院第25号指导案例，根据法考命题实务化特点，本题旨在提醒考生法考复习应关注指导案例等司法实践的经典案例。

[选项分析] 根据最高人民法院第25号指导案例的"裁判要点"，因第三者对保险标的的损害

造成保险事故，保险人向被保险人赔偿保险金后，代位行使被保险人对第三者请求赔偿的权利而提起诉讼的，应当根据保险人所代位的被保险人与第三者之间的法律关系，而不应当根据保险合同法律关系确定管辖法院。被保险人长城公司和王某之间属于侵权法律关系，《民事诉讼法》第29条规定："因侵权行为提起的诉讼，由侵权行为地或者被告住所地人民法院管辖。"

侵权行为地为事故发生的甲区，因此甲区法院对案件享有管辖权。《民法典》第1209条规定，因租赁、借用等情形机动车所有人、管理人与使用人不是同一人时，发生交通事故造成损害，属于该机动车一方责任的，由机动车使用人承担赔偿责任；机动车所有人、管理人对损害的发生有过错的，承担相应的赔偿责任。案情表述并未交代李某对损害发生有过错，因此，本案的适格被告应为轿车使用人王某和承保交强险的君安保险公司，王某所在的乙区和君安保险公司所在的丁区均享有管辖权。因此，本题的正确答案是选项ABD。

8. ［答案］D　　　　［难度］难

［考点］专属管辖、选定的仲裁委员会

［命题和解题思路］对不动产纠纷的案件类型作出新增规定，作为解题依据的《北仲规则》是2015年大纲增加的法律法规。命题人以案例题形式，表面上看是考查当事人约定仲裁规则时仲裁委员会的确定，实则还对专属管辖的识别作了考查。考查内容涉及仲裁和诉讼管辖制度，涉及面广，解题法律依据多，难度颇高。

考生解答本题的难点包括两点：一是通过合同约定判断仲裁协议是否有效；二是准确识别本案应当适用的管辖制度。两个难点环环相扣，正确解题缺一不可。本题是2017年民事诉讼法部分第一道考题，考生如果未能明察命题人的考查意图，迅速厘清命题及解题思路，会有"当头一棒"之感。

［选项分析］案件中双方约定，合同履行发生争议，在北京适用《贸仲规则》进行仲裁。北京市有中国国际贸易仲裁委员会和北京仲裁委员会两家仲裁机构。《贸仲规则》第4条第4项规定，当事人约定按照本规则进行仲裁但未约定仲裁机构的，视为同意将争议提交仲裁委员会仲裁。据此，本案可以由中国国际经济贸易仲裁委员会进行仲裁。而《北仲规则》第2条第1项规定，当

事人协议将争议提交本会仲裁的，适用本规则。当事人就仲裁程序事项或者仲裁适用的规则另有约定的，从其约定，但该约定无法执行或者与仲裁地强制性法律规定相抵触的除外。当事人约定适用其他仲裁规则的，由本会履行相应的管理职责。由此，当事人即便在北京仲裁委员会进行仲裁，也可以约定适用《贸仲规则》。综上，根据双方的约定并不能确定究竟应当由中国国际经济贸易仲裁委员会还是北京仲裁委员会进行仲裁。《仲裁法解释》第4条规定，仲裁协议仅约定纠纷适用的仲裁规则的，视为未约定仲裁机构，但当事人达成补充协议或者按照约定的仲裁规则能够确定仲裁机构的除外。对于仲裁机构双方存在分歧，显然并未达成补充协议，因此，本案应当视为双方未约定仲裁机构。

合同中对仲裁委员会没有约定，仲裁协议无效。本合同纠纷只能通过诉讼方式解决。根据《民诉解释》第28条第2款规定，农村土地承包经营合同纠纷、房屋租赁合同纠纷、建设工程施工合同纠纷、政策性房屋买卖合同纠纷，按照不动产纠纷确定管辖。据此，本纠纷应由不动产所在地M省丙县法院管辖。选项D为正确答案。

> **易混淆点解析**
>
> 虽然专属管辖在管辖制度中效力较高，但是这仅仅是针对诉讼案件的地域管辖而言。如果是符合专属管辖的合同纠纷案件，当事人双方书面合意选择某一仲裁机构进行仲裁，因有效的仲裁协议排除法院的司法管辖权，则该案应当用仲裁方式解决。

9. ［答案］AB　　　　［难度］中

［考点］一般地域管辖（一般地域管辖的原则规定、一般地域管辖的例外规定）、移送管辖（适用移送管辖的条件）

［命题和解题思路］《民诉解释》对夫妻一方离开住所地超过1年的离婚纠纷管辖法院作出调整，由原《民诉意见》规定的原告住所地变更为原告、被告住所地均享有管辖权。司法解释的修改为本题命制提供了新素材。民事管辖制度每年必考，可考内容较多，为增加难度，命题人对各类管辖制度大多采用组合方式进行考查。命题人以案例题形式，对三种管辖制度综合考查。管辖考题往往会涉

及较多地点，建议考生画个示意图，明确标注各地方的性质。厘清关系之后，再根据案情表述，结合法律规定逐一判断案件的管辖法院。

[选项分析]《民诉解释》第12条第1款规定，夫妻一方离开住所地超过1年，另一方起诉离婚的案件，可以由原告住所地人民法院管辖。此时原告住所地和被告住所地法院对案件均享有管辖权。《民事诉讼法》第22条第1款规定，对公民提起的民事诉讼，由被告住所地人民法院管辖；被告住所地与经常居住地不一致的，由经常居住地人民法院管辖。根据案例，刘某离开经常居住地A市东区已经3年，朱某起诉离婚，可以由原告住所地A市东区法院管辖，也可以由被告经常居住地南县法院管辖。选项A和B均正确。作为被告住所地的西县法院没有管辖权，选项C错误。

《民事诉讼法》第37条规定，人民法院发现受理的案件不属于本院管辖的，应当移送有管辖权的人民法院，受移送的人民法院应当受理。受移送的人民法院认为受移送的案件依照规定不属于本院管辖的，应当报请上级人民法院指定管辖，不得再自行移送。案件由南县法院移送而来，西县法院是被告的住所地法院，对案件确无管辖权，此时西县法院应当报请上级法院指定管辖，不得再自行移送。选项D错误。

10. [答案] AC　　[难度] 中

[考点] 协议管辖（条件）

[命题和解题思路] 协议管辖原来要求当事人必须做出明确唯一的选择，《民诉解释》对此作出重大修正，允许当事人在协议管辖中约定两个以上管辖法院。协议管辖制度的变迁为本题的命制提供了新素材。命题人以小案例形式考查考生对于《民诉解释》新规定的熟悉程度，考查内容仅涉及一个法律条文，考查面窄，难度不高。考生如果能准确判断命题人的考查意图，熟悉司法解释有关协议管辖的新规定，不难作出准确选择。

[选项分析] 本案是合同纠纷，根据《民事诉讼法》第35条规定，合同或者其他财产权益纠纷的当事人可以书面协议选择被告住所地、合同履行地、合同签订地、原告住所地、标的物所在地等与争议有实际联系的地点的人民法院管

辖，但不得违反本法对级别管辖和专属管辖的规定。五环公司和四海公司在合同中明确约定，因合同履行发生争议，由原告所在地或者合同签订地的基层法院管辖，两地均为与争议有实际联系的地点。根据《民诉解释》第30条第2款规定，管辖协议约定两个以上与争议有实际联系的地点的人民法院管辖，原告可以向其中一个人民法院起诉。此时，两个以上与争议有实际联系地点的法院对案件形成共同管辖关系。本案的原告是五环公司，其所在地A县以及合同签订地C县法院对案件均享有管辖权。本题正确答案是AC，BD均错误。

> **易混淆点解析**
>
> 对于合同纠纷，可能涉及协议管辖、特殊地域管辖、专属管辖等多种地域管辖制度，在适用时要注意先后关系。专属管辖效力最高，协议管辖次之，最后适用特殊地域管辖。具言之，遇有合同纠纷，应首先判断该纠纷是否属于专属管辖案件，如果不是，再看当事人之间是否就管辖法院有约定，无约定或者约定无效时才能适用合同纠纷的特殊地域管辖规定。例如，某案件是房屋租赁合同纠纷，根据《民诉解释》，该纠纷属于不动产纠纷，应由不动产所在地法院专属管辖。如果该案当事人约定了管辖法院，应属无效，因为协议管辖不能违反专属管辖。

11. [答案] C　　[难度] 易

[考点] 特殊地域管辖（民事诉讼法中规定的各类特殊地域管辖的适用）

[命题和解题思路] 2012年《民事诉讼法》修正时在特殊地域管辖中增加了公司纠纷，本题考点单一，未设答题陷阱，属于简单的法条记忆题，考生熟悉相关法律规定即可轻松得分。

[选项分析]《民事诉讼法》第27条规定，因公司设立、确认股东资格、分配利润、解散等纠纷提起的诉讼，由公司住所地人民法院管辖。本案是公司解散纠纷，应当由云峰公司住所地的丙县法院管辖。选项C为正确答案，其余选项均错误。

12. [答案] ABCD　　[难度] 中

[考点] 一般地域管辖（一般地域管辖的例外规定）、特殊地域管辖（民事诉讼法中规定的各类

特殊地域管辖的适用）、管辖权转移（管辖权转移与移送管辖的区别）、协议管辖（概念）

[命题和解题思路] 管辖制度无疑是经常受到命题人眷顾的高频考点。本题的难度在于命题人以一题多问的形式对管辖制度的四个考点进行综合考查，任何一项制度把握不准确都会造成误选。否定式设问还需要考生作出二次判断，建议将设问句中"不正确""错误"等词汇以醒目符号标识，避免因大意造成不必要的误选。本题 A 选项中"下落不明"是重要干扰信息，诱导考生根据一般地域管辖的例外规定作出错误选择。

[选项分析] 选项 A 考查考生对一般地域管辖例外规定的记忆准确度。根据《民事诉讼法》第 23 条第 2 项规定，对下落不明或者宣告失踪的人提起的有关身份关系的诉讼，由原告住所地人民法院管辖。原告住所地与经常居住地不一致的，由原告经常居住地人民法院管辖。"身份关系"是该条文中必不可少的关键信息。如果对下落不明或者宣告失踪的人提起的非身份关系诉讼，则适用一般地域管辖的原则规定，由被告住所地法院管辖。选项 A 并未明确案件类型，说法过于绝对导致错误，应选。

选项 B 考查考生对特殊地域管辖的熟悉程度。《民事诉讼法》第 31 条规定，因船舶碰撞或者其他海事损害事故请求损害赔偿提起的诉讼，由碰撞发生地、碰撞船舶最先到达地、加害船舶被扣留地或者被告住所地人民法院管辖。《民事诉讼法》第 33 条规定，因共同海损提起的诉讼，由船舶最先到达地、共同海损理算地或者航程终止地的人民法院管辖。据此，对因其他海损事故请求损害赔偿提起的诉讼，被告住所地有管辖权，但共同海损案件中被告住所地并无管辖权。选项 B 表述错误，应选。

选项 C 是重点干扰项，考查考生对移送管辖和管辖权转移的识别。本选项到底属于《民事诉讼法》第 37 条规定的移送管辖还是《民事诉讼法》第 39 条规定的管辖权转移，判断的关键是看移送法院对案件原本是否享有管辖权。移送管辖的前提是移送法院对案件没有管辖权，而管辖权转移的前提是移送法院对案件享有管辖权。从案例表述看，因为甲区法院对该合同纠纷没有管辖权才产生移送问题，此种情况应当是移送管辖而非管辖权转移。选项 C 表述错误，应选。"级别管

辖权"的表述是干扰信息，在司法实践中，移送管辖通常发生在同级法院之间，但如果考生误认为移送管辖只能在同级法院之间产生，将会得出甲区法院的行为属于管辖权转移的错误结论。

选项 D 考查考生对协议管辖和选择管辖的识别。协议管辖是指双方当事人在民事纠纷发生之前或之后，以书面方式约定特定案件的管辖法院。选择管辖是指两个以上的法院对诉讼都有管辖权时，当事人可以选择其中一个法院提起诉讼。从选项的表述看，这明显是协议管辖而非选择管辖。选项 D 表述错误，应选。

易混淆点解析

身份关系案件主要包括婚姻、继承、亲子、收养等类型。身份关系纠纷在民事诉讼法中存在诸多特别规定，考生在复习时要善于归纳总结。在以案例形式考查时，还要对案件性质进行准确识别。

《民事诉讼法》规定的特殊地域管辖中绝大多数都有被告住所地，只有公司纠纷、共同海损和海难救助案件的管辖法院没有被告住所地，这需要考生特别留意。

协议管辖和选择管辖存在明显区别。协议管辖是双方行为，需要双方当事人协商确定；而选择管辖是单方行为，由原告在起诉时自行选择。

管辖权转移和移送管辖的主要区别见下表：

不同点	管辖权转移	移送管辖
适用前提	移送法院对案件享有管辖权	移送法院对案件没有管辖权
性质	案件的管辖权发生移转	移送的是案件而非管辖权
作用	对级别管辖的变通和微调	主要用于纠正地域管辖错误，级别管辖错误也可移送
适用程序	上级法院单方决定移转（下移时需要报请其上级法院同意）、下级法院报请上级法院同意后移转	单方行为，无须受移送法院同意

第四节 裁定管辖

1. [答案] D   [难度] 难

[考点] 管辖恒定、移送管辖

[命题和解题思路] 本题以原告在庭审中增加诉讼请求超过法院受案标的额为切入点，对管辖恒定原则与级别管辖、移送管辖等管辖制度的适用关系予以考查。解答本题的关键在于准确把握原告增加诉讼请求适用管辖恒定原则的前提是不违反级别管辖。考生如熟知《最高人民法院关于审理民事级别管辖异议案件若干问题的规定》的内容可以直接作答，此外还可适用排除法解题。把握管辖恒定原则与级别管辖的适用关系，可排除作为主要干扰项的 B 选项；了解无论是否违反级别管辖，原告在诉讼过程中均可增加诉讼请求，受案法院并无告知义务，据此可排除选项 A 和 C。

[选项分析]《民诉解释》第 232 条规定，在案件受理后，法庭辩论结束前，原告增加诉讼请求，被告提出反诉，第三人提出与本案有关的诉讼请求，可以合并审理的，人民法院应当合并审理。据此，即便案件已经开庭，但法庭辩论尚未结束，原告有权增加诉讼请求，法院应当受理。选项 A 错误。

《最高人民法院关于审理民事级别管辖异议案件若干问题的规定》第 3 条规定，提交答辩状期间届满后，原告增加诉讼请求金额致使案件标的额超过受诉人民法院级别管辖标准，被告提出管辖权异议，请求由上级人民法院管辖的，人民法院应当按照本规定第一条审查并作出裁定。又根据《最高人民法院关于审理民事级别管辖异议案件若干问题的规定》第 1 条规定，被告在提交答辩状期间提出管辖权异议，认为受诉人民法院违反级别管辖规定，案件应当由上级人民法院或者下级人民法院管辖的，受诉人民法院应当审查，并在受理异议之日起 15 日内作出裁定：（1）异议不成立的，裁定驳回；（2）异议成立的，裁定移送有管辖权的人民法院。据此，原告 A 公司在庭审中增加诉讼请求，导致本案超过了甲法院的受案标的限额，被告 B 公司提出管辖权异议后，法院应受理予以审查，基于案情表述，本案被告的管辖权异议主张是成立的，甲法院应将案件移送有管辖权的法院审理，而非继续审理。选项 B 错误。

《民诉解释》第 232 条规定，在案件受理后，法庭辩论结束前，原告增加诉讼请求，被告提出反诉，第三人提出与本案有关的诉讼请求，可以合并审理的，人民法院应当合并审理。又根据《最高人民法院关于审理民事级别管辖异议案件若干问题的规定》第 6 条规定，当事人未依法提出管辖权异议，但受诉人民法院发现其没有级别管辖权的，应当将案件移送有管辖权的人民法院审理。据此，在诉讼中 A 公司有权增加诉讼请求，即便超过了法院级别管辖的规定，甲法院也并无告知义务，选项 C 错误。A 公司增加诉讼请求超过了甲法院受案标的额后，即使 B 公司未提出管辖权异议，甲法院也应将案件移送管辖。选项 D 为正确答案。

2. [答案] D   [难度] 中

[考点] 协议管辖、指定管辖

[命题和解题思路]《最高人民法院关于互联网法院审理案件若干问题的规定》是民诉法 2019 年法考大纲增加的两部司法解释之一，本题遵循"逢新必考"规律，以互联网法院为素材命题。本题表面上看来考查的是互联网法院集中管辖制度，实则是对格式管辖条款的效力以及指定管辖的适用情形予以考查。解题的关键在于判断本案的协议管辖是否有效，再结合受移送法院不得再次移送规则不难作出选择。

[选项分析]《民诉解释》第 31 条规定，经营者使用格式条款与消费者订立管辖协议，未采取合理方式提请消费者注意，消费者主张管辖协议无效的，人民法院应予支持。据此，虽然甲电商平台的购物条款对管辖法院有约定，但并未提请消费者马某注意，马某主张协议管辖无效，法院应予支持，即 B 市 M 区法院对本案并无管辖权。《民事诉讼法》第 37 条规定，受移送的人民法院认为受移送的案件依照规定不属于本院管辖的，应当报请上级人民法院指定管辖，不得再自行移送。据此，B 市 M 区法院作为受移送法院，其对案件无管辖权，不得再行移送，只能报请其上级 B 市中级法院指定管辖。选项 D 为正确答案。

3. [答案] ABC   [难度] 难

[考点] 管辖恒定（最高人民法院关于管辖恒定的有关司法解释）、特殊地域管辖（民事诉讼法中规定的各类特殊地域管辖的适用）、移送管辖（概念、适用移送管辖的条件）

[命题和解题思路] 管辖制度是民事诉讼法中不折不扣的重点内容，也属于每年必考范围。管

辖试题主要考查法条的识记和运用能力，理论性不强，考生只要熟悉法律规定、准确把握每一项管辖制度的内涵和适用条件，不难准确作答。命题人精心编制四个篇幅较长的案例，以此扰乱考生心神，起到"浑水摸鱼"的效果。本题采用一题多问以及否定式设问的命题形式，涉及多个考点，考查范围广，难度较高。选项D中"下落不明"是重要干扰信息，诱导考生根据一般地域管辖的例外规定作出错误选择。

[选项分析] 选项A违反管辖恒定原则。《民诉解释》第37条规定，案件受理后，受诉人民法院的管辖权不受当事人住所地、经常居住地变更的影响。A区法院已受理案件，李河虽搬到甲市D区居住，不影响A区法院行使管辖权，将案件移送D区法院错误。选项A应选。

选项B违反移送管辖制度。《民事诉讼法》第29条规定，因侵权行为提起的诉讼，由侵权行为地或者被告住所地人民法院管辖。乙市B区是本案的侵权行为地，乙市C区是被告住所地，两地法院对案件均享有管辖权。根据《民诉解释》第36条的规定，两个以上人民法院都有管辖权的诉讼，先立案的人民法院不得将案件移送给另一个有管辖权的人民法院。乙市B区法院受理后将案件移送乙市C区法院错误。选项B应选。

选项C是重点干扰项。本案标的额超过中级

法院管辖范围，应由丙省高级法院管辖。丙省E市中院在受理前发现自己无管辖权，不应受理，应当告知当事人向有管辖权的丙省高级法院起诉。丙省E市中院受理后，应当如何处理？根据《最高人民法院关于审理民事级别管辖异议案件若干问题的规定》第4条的规定，对于应由上级人民法院管辖的第一审民事案件，下级人民法院不得报请上级人民法院交其审理。该规定第6条规定，当事人未依法提出管辖权异议，但受诉人民法院发现其没有级别管辖权的，应当将案件移送有管辖权的人民法院审理。因此，丙省E市中院应当向丙省高院移送案件，向丙省高院报请审理该案的做法错误。选项C应选。

选项D考查合同纠纷的特殊地域管辖。本案属于合同纠纷，虽然被告下落不明，但并不符合《民事诉讼法》第23条第2项规定的身份关系诉讼类型。根据《民事诉讼法》第24条的规定，因合同纠纷提起的诉讼，由被告住所地或者合同履行地人民法院管辖。丁市H区法院既不是被告住所地，也不是合同履行地，对本案没有管辖权。受诉法院对案件有管辖权，是《民事诉讼法》第122条规定的起诉实质条件之一。根据《民事诉讼法》第126条，不符合起诉条件的案件，法院应当在7日内作出裁定书，不予受理。丁市H区法院以本院无管辖权为由裁定不予受理，完全符合法律规定。选项D不选。

易混淆点解析

法院对案件无管辖权时，不同程序阶段的处理方式不尽相同。具体如下：

案件受理前	案件受理后					
	当事人在提交答辩状期间提出管辖权异议		当事人未提出管辖权异议，并应诉答辩		当事人在答辩期间届满后未应诉答辩	
裁定不予受理，告知当事人向有管辖权的法院起诉	异议成立	异议不成立	不违反级别管辖和专属管辖	违反级别管辖和专属管辖	法院一审开庭前发现无管辖权	法院一审开庭后发现无管辖权
	移送管辖	裁定驳回	应诉管辖	移送管辖	移送管辖	应诉管辖

第五节　管辖权异议

1. [答案] B　　[难度] 中

[考点] 特殊地域管辖、管辖权异议的概念与条件

[命题和解题思路]《民诉解释》对应诉管辖的适用情形予以细化规定，命题人以此为素材，以合同纠纷为主线对合同履行地的确定以及应诉管辖的认定进行考查。本题采用案例题形式，考点具有一定的综合性，难度较高。A选项考查合

同未实际履行时，约定履行地法院是否有管辖权。BCD 三项均涉及是否认定应诉管辖，且 B 与 CD 两项互斥，可运用"互斥选项必有正确答案"的解题技巧辅助作答。

[选项分析]《民诉解释》第 18 条第 3 款规定，合同没有实际履行，当事人双方住所地都不在合同约定的履行地的，由被告住所地人民法院管辖。本案约定合同履行地是 D 县，合同尚未履行，甲公司和乙公司的住所地均不在 D 县，因此，本案的管辖法院应当是被告住所地 A 市 B 区法院，D 县法院对本案不享有管辖权。即便 D 县法院可以因甲公司应诉答辩获得管辖权，其理由也在于应诉管辖的规定，并非因为 D 县为双方约定的合同履行地。选项 A 错误。

《民事诉讼法》第 130 条第 2 款规定，当事人未提出管辖异议，并应诉答辩或者提出反诉的，视为受诉人民法院有管辖权，但违反级别管辖和专属管辖规定的除外。《民诉解释》第 223 条第 2 款规定，当事人未提出管辖异议，就案件实体内容进行答辩、陈述或者反诉的，可以认定为《民事诉讼法》第 130 条第 2 款规定的应诉答辩。本案乙公司向无管辖权的 D 县法院起诉，甲公司在提交答辩状期间未提出管辖异议，反而就付款方式等实体内容进行答辩，从表述看本案也不违反专属管辖和级别管辖规定，D 县法院因此获得管辖权。二审法院对于上诉人提出的管辖权异议，应当不予审查，裁定驳回。选项 B 为正确答案。

《民事诉讼法》第 177 条规定，原判决认定基本事实不清或者严重违反法定程序时，才会发回重审。本案与事实问题无关，主要看是否属于严重违反法定程序。《民诉解释》第 323 条规定，严重违反法定程序的情形包括：（1）审判组织的组成不合法的；（2）应当回避的审判人员未回避的；（3）无诉讼行为能力人未经法定代理人代为诉讼的；（4）违法剥夺当事人辩论权利的。由此，本案明显不属于发回重审的法定情形。选项 C 错误。

《民诉解释》第 329 条规定，人民法院依照第二审程序审理案件，认为第一审人民法院受理案件违反专属管辖规定的，应当裁定撤销原裁判并移送有管辖权的人民法院。本案并不违反专属管辖的规定，选项 D 错误。

> **易混淆点解析**
> 可适用应诉管辖的情形包括就案件实体内容答辩、陈述或者反诉。当事人既答辩又异议，视为提出管辖权异议，不适用应诉管辖。

2. ［答案］AC　　　［难度］中

［考点］法院对管辖权异议的处理、申请再审的条件（申请再审的事实和理由）

［命题和解题思路］本题命题人旨在考查被告提出管辖异议的处理方式及其救济措施。题目考点单一，考查范围窄，采用表述题形式，选项内容基本是对法律规定的简单重复，难度不高。选项 D 涉及法定的再审事由，这对考生的记忆准确性要求较高。选项 A 和 B 互斥，可以适用互斥选项解题技巧辅助排除。考生只要熟悉管辖权异议的救济措施，不难作出正确选择。

［选项分析］《民事诉讼法》第 130 条第 1 款规定，人民法院受理案件后，当事人对管辖权有异议的，应当在提交答辩状期间提出。人民法院对当事人提出的异议，应当审查。异议成立的，裁定将案件移送有管辖权的人民法院；异议不成立的，裁定驳回。据此，当事人显然应向受诉法院提出管辖权异议。选项 A 正确，选项 B 错误。考生如果忘记本条规定，也可根据常识排除 B 选项。除非受诉法院是高级法院，否则受诉法院的上级法院指代不明，当事人行使异议权将会受到影响。即便是向受诉法院的上一级法院提出异议，不服该异议还可以上诉，作为审案前提的管辖问题居然要惊动三级法院，如此大费周章岂不是浪费司法资源。

《民事诉讼法》第 157 条第 2 款规定，只有不予受理、驳回起诉和管辖权异议裁定可以上诉。选项 C 正确。

《民事诉讼法》第 211 条规定了 13 项申请再审的法定情形，其中并不包括管辖错误。选项 D 错误。管辖错误原本是法定的再审事由，但《民事诉讼法》2012 年修正时将其删除，考生如果熟悉《民事诉讼法》修正内容也可将本选项排除。

> **易混淆点解析**
> 管辖权异议裁定可以上诉救济，但不能再审。另外，并非所有的管辖权异议裁定均可上诉救济。法院对小额诉讼案件作出的管辖权异议裁定，当事人不能上诉。

第五章　当事人

试　题

第一节　原告与被告

1. 牛某超速驾驶机动车撞伤行人任某，机动车车主为刘某，被苏某盗窃后借给牛某驾驶，现任某拟起诉索赔。关于本案被告的确定，下列哪些选项是正确的？（2022 年回忆版）

A. 以刘某为被告

B. 以苏某为被告

C. 以牛某和苏某为共同被告

D. 以牛某为被告

2. 某路桥公司在一处公墓旁修路，施工中不小心碰倒了钱某舅舅的骨灰盒，导致骨灰洒落。钱某向路桥公司索要 100 万元精神损害赔偿遭到拒绝，因双方协商无果，钱某将路桥公司诉至法院。关于法院对本案的处理，下列哪一选项是正确的？（2019 年回忆版）

A. 裁定不予受理

B. 驳回钱某的诉讼请求

C. 全部支持钱某的诉讼请求

D. 部分支持钱某的诉讼请求

3. 马迪由阳光劳务公司派往五湖公司担任驾驶员。因五湖公司经常要求加班，且不发加班费，马迪与五湖公司发生争议，向劳动争议仲裁委员会申请仲裁。关于本案仲裁当事人的确定，下列哪一表述是正确的？（2017-3-37）

A. 马迪是申请人，五湖公司为被申请人

B. 马迪是申请人，五湖公司和阳光劳务公司为被申请人

C. 马迪是申请人，五湖公司为被申请人，阳光劳务公司可作为第三人参加诉讼

D. 马迪和阳光劳务公司为申请人，五湖公司为被申请人

4. 2015 年 4 月，居住在 B 市（直辖市）东城区的林剑与居住在 B 市西城区的钟阳（二人系位于 B 市北城区正和钢铁厂的同事）签订了一份借款合同，约定钟阳向林剑借款 20 万元，月息 1%，

2017 年 1 月 20 日前连本带息一并返还。合同还约定，如因合同履行发生争议，可向 B 市东城区仲裁委员会仲裁。至 2017 年 2 月，钟阳未能按时履约。2017 年 3 月，二人到正和钢铁厂人民调解委员会（下称调解委员会）请求调解。调解委员会委派了三位调解员主持该纠纷的调解。如调解成功，林剑与钟阳在调解委员会的主持下达成如下协议：2017 年 5 月 15 日之前，钟阳向林剑返还借款 20 万元，支付借款利息 2 万元。该协议有林剑、钟阳的签字，盖有调解委员会的印章和三位调解员的签名。钟阳未按时履行该调解协议，林剑拟提起诉讼。在此情况下，下列说法正确的是：（2017-3-96）

A. 应以调解委员会为被告

B. 应以钟阳为被告

C. 应以调解委员会和钟阳为共同被告

D. 应以钟阳为被告，调解委员会为无独立请求权的第三人

5. 程某诉刘某借款诉讼过程中，程某将对刘某因该借款而形成的债权转让给了谢某。依据相关规定，下列哪些选项是正确的？（2016-3-79）

A. 如程某撤诉，法院可以准许其撤诉

B. 如谢某申请以无独立请求权第三人身份参加诉讼，法院可予以准许

C. 如谢某申请替代程某诉讼地位的，法院可以根据案件的具体情况决定是否准许

D. 如法院不予准许谢某申请替代程某诉讼地位的，可以追加谢某为无独立请求权的第三人

6. 甲县的葛某和乙县的许某分别拥有位于丙县的云峰公司 50% 的股份。后由于二人经营理念不合，已连续四年未召开股东会，无法形成股东会决议。许某遂向法院请求解散公司，并在法院受理后申请保全公司的主要资产（位于丁县的一块土地的使用权）。关于本案当事人的表述，下列说法正确的是：（2014-3-95）

A. 许某是原告

B. 葛某是被告

C. 云峰公司可以是无独立请求权第三人

D. 云峰公司可以是有独立请求权第三人

第二节　共同诉讼

📶 **1.** 甲、乙、丙三人共同将丁的一辆汽车烧毁，丁起诉甲、乙二人要求承担赔偿责任，因丁爱慕丙之女而未起诉丙。关于法院对本案的处理，下列哪一说法是正确的？（2022 年回忆版）

A. 应追加丙为共同被告，如丙经传唤拒不到庭，法院可拘传

B. 应追加丙为共同被告，不到庭也不影响丙承担责任

C. 不必追加丙为共同被告，告知丁可对丙另行起诉

D. 可通知丙参加诉讼，若不来，则应在判决书中写明丙承担连带责任

📶 **2.** 甲向某银行贷款 100 万元，由乙提供担保。后甲又向该银行贷款 80 万元，由丙提供担保。两笔贷款现均已到期，甲无力还款，该银行就两笔贷款分别向法院起诉，法院决定将两个案件合并审理。关于本案，下列哪些说法是正确的？（2021 年回忆版）

A. 法院合并审理应当经乙、丙同意

B. 合并审理是诉的合并，应当经甲同意

C. 法院不应当合并审理

D. 本案是必要共同诉讼，应当合并审理

📶 **3.** 精神病人姜某冲入向阳幼儿园将入托的小明打伤，小明的父母与姜某的监护人朱某及向阳幼儿园协商赔偿事宜无果，拟向法院提起诉讼。关于本案当事人的确定，下列哪一选项是正确的？（2016-3-36）

A. 姜某是被告，朱某是无独立请求权第三人

B. 姜某与朱某是共同被告，向阳幼儿园是无独立请求权第三人

C. 向阳幼儿园与姜某是共同被告

D. 姜某、朱某、向阳幼儿园是共同被告

📶 **4.** 徐某开设打印设计中心并以自己名义登记领取了个体工商户营业执照，该中心未起字号。不久，徐某应征入伍，将该中心转让给同学李某经营，未办理工商变更登记。后该中心承接广告公司业务，款项已收却未能按期交货，遭广告公司起诉。下列哪一选项是本案的适格被告？（2015-3-39）

A. 李某

B. 李某和徐某

C. 李某和该中心

D. 李某、徐某和该中心

📶 **5.** 甲向大恒银行借款 100 万元，乙承担连带保证责任，甲到期未能归还借款，大恒银行向法院起诉甲乙二人，要求其履行债务。关于诉的合并和共同诉讼的判断，下列哪些选项是正确的？（2013-3-77）

A. 本案属于诉的主体的合并

B. 本案属于诉的客体的合并

C. 本案属于必要共同诉讼

D. 本案属于普通共同诉讼

第三节　第三人

📶 **1.** 李立与陈山就财产权属发生争议提起确权诉讼。案外人王强得知此事，提起诉讼主张该财产的部分产权，法院同意王强参加诉讼。诉讼中，李立经法院同意撤回起诉。关于该案，下列哪些选项是正确的？（2017-3-78）

A. 王强是有独立请求权的第三人

B. 王强是必要的共同诉讼人

C. 李立撤回起诉后，法院应裁定终结诉讼

D. 李立撤回起诉后，法院应以王强为原告、李立和陈山为被告另案处理，诉讼继续进行

📶 **2.** 丁一诉弟弟丁二继承纠纷一案，在一审中，妹妹丁爽向法院递交诉状，主张应由自己继承系争的遗产，并向法院提供了父亲生前所立的其过世后遗产全部由丁爽继承的遗嘱。法院予以合并审理，开庭审理前，丁一表示撤回起诉，丁二认为该遗嘱是伪造的，要求继续进行诉讼。法院裁定准予丁一撤诉后，在程序上，下列哪一选项是正确的？（2016-3-38）

A. 丁爽为另案原告，丁二为另案被告，诉讼继续进行

B. 丁爽为另案原告，丁一、丁二为另案被告，诉讼继续进行

C. 丁一、丁爽为另案原告，丁二为另案被告，诉讼继续进行

D. 丁爽、丁二为另案原告，丁一为另案被告，诉讼继续进行

📶 **3.** 赵某与刘某将共有商铺出租给陈某。刘某瞒着赵某，与陈某签订房屋买卖合同，将商铺转

让给陈某，后因该合同履行发生纠纷，刘某将陈某诉至法院。赵某得知后，坚决不同意刘某将商铺让与陈某。关于本案相关人的诉讼地位，下列哪一说法是正确的？（2015-3-38）

A. 法院应依职权追加赵某为共同原告

B. 赵某应以刘某侵权起诉，陈某为无独立请求权第三人

C. 赵某应作为无独立请求权第三人

D. 赵某应作为有独立请求权第三人

第四节 诉讼代表人

📶 某公司在其财务报告中虚构业绩上市发行，导致投资者利益受损。经韩某等80名投资者授权，投资者保护基金会提起特别代表人诉讼。法院依法认定共有5080名投资者受到虚假陈述影响，在公告期届满后15日内仅有范某一人声明退出诉讼。关于本案判决对投资者的约束力，下列哪一说法是正确的？（2023年回忆版）

A. 如代表人败诉，判决仅约束韩某等80名投资者，其他投资者可另行起诉

B. 如代表人胜诉，判决约束除范某之外的5079名投资者

C. 如代表人胜诉，判决约束全部5080名投资者

D. 如代表人败诉，判决仅约束基金会，所有投资者均可另行起诉

详 解

第一节 原告与被告

1. ［答案］BCD ［难度］中

［考点］原告和被告地位的确定

［命题和解题思路］当事人确定是法考命题的重点，本题以**出借被盗车辆发生交通事故**为素材，考查适格被告的确定。当事人适格看似属于民诉法考点，实则是对实体法规定的考查。解答本题，应首先根据《民法典》的规定，对出借被盗车辆发生交通事故应承担责任的主体予以明确，再结合连带责任的内涵对任某起诉的适格被告作出判断。

［选项分析］《民法典》第1215条第1款规定，盗窃、抢劫或者抢夺的机动车发生交通事故造成损害的，由盗窃人、抢劫人或者抢夺人承担

赔偿责任。盗窃人、抢劫人或者抢夺人与机动车使用人不是同一人，发生交通事故造成损害，属于该机动车一方责任的，由盗窃人、抢劫人或者抢夺人与机动车使用人承担连带责任。据此，本案属于盗窃的机动车发生交通事故，应由盗窃人苏某和机动车使用人牛某承担连带责任。又根据《民法典》第178条第1款规定，二人以上依法承担连带责任的，权利人有权请求部分或者全部连带责任人承担责任。据此，受害人任某起诉索赔，可将苏某或者牛某单独列为被告，也可以将苏某和牛某列为共同被告。选项BCD为正确答案，选项A错误。

2. ［答案］A ［难度］中

［考点］原告和被告地位的确定、起诉的条件

［命题和解题思路］从命题风格看，本题有点"不走寻常路"，因为民事诉讼法以往试题案情表述质朴无华、中规中矩。相比之下，本案案情略显离奇，有点"秀"的感觉，这完全是民法、刑法等实体法常用的命题套路。考生看到试题，应透过怪异的案情表述，准确判断考查意图，这是解题的关键步骤。"新瓶装旧酒"，表面上奇特的案情表述，背后考查内容却非常传统，主要涉及对适格当事人判断和起诉条件的考查。首先应判断外甥起诉是否属于适格原告，再根据原告不适格的处理方式准确作答。

［选项分析］《民诉解释》第69条规定，对侵害死者遗体、遗骨以及姓名、肖像、名誉、荣誉、隐私等行为提起诉讼的，死者的近亲属为当事人。据此，钱某舅舅的遗骨遭到侵害，应由钱某舅舅的近亲属作为适格原告起诉。钱某作为外甥，不属于近亲属，由其提起诉讼则属于原告不适格。《民事诉讼法》第122条第1项规定，原告是与本案有直接利害关系的公民、法人和其他组织。据此，民事起诉的实质条件要求原告必须适格。若原告不适格，《民事诉讼法》第126条规定，人民法院应当保障当事人依照法律规定享有的起诉权利。对符合本法第122条的起诉，必须受理。符合起诉条件的，应当在7日内立案，并通知当事人；不符合起诉条件的，应当在7日内作出裁定书，不予受理；原告对裁定不服的，可以提起上诉。据此，对钱某的起诉法院应裁定不予受理。选项A为正确答案，其他选项均错误。

3. ［答案］B　　［难度］易

［考点］劳动争议处理程序（劳动仲裁案件当事人的确定）

［命题和解题思路］命题人视野开阔，跳出民事诉讼法附录法律法规的藩篱，以经济法领域的《劳动争议调解仲裁法》作为命题依据，根据实体法规范考查特定案件中当事人的确定。在此提醒考生，对于民事实体法及其司法解释中的程序规则也要充分关注，复习时要善于归纳总结。本题考点单一，属于简单的法条记忆题，考生熟悉相关法律规定即可轻松得分。鉴于题目涉及主体较多，建议考生画出简图，明确标示各方的法律地位，避免误选。

［选项分析］

《劳动争议调解仲裁法》第22条规定，发生劳动争议的劳动者和用人单位为劳动争议仲裁案件的双方当事人。劳务派遣单位或者用工单位与劳动者发生劳动争议的，劳务派遣单位和用工单位为共同当事人。据此，因加班不发加班费，劳动者马迪与用工单位五湖公司发生争议申请仲裁，马迪是仲裁申请人，派遣单位阳光劳务公司和用人单位五湖公司均应为被申请人。选项B为正确答案。其余选项均错误。

> **易混淆点解析**
>
> 在劳务派遣关系中，涉及劳务派遣单位、用工单位和劳动者三方主体。**无论哪一方和劳动者发生劳动争议，劳务派遣单位和用工单位均应作为共同当事人。**

4. ［答案］B　　［难度］易

［考点］原告和被告地位的确定（最高人民法院相关司法解释中有关原告与被告地位的确定）

［命题和解题思路］命题人旨在考查调解协议纠纷当事人的确定规则。题目属于法条识记题，是考试中不折不扣的"送分题"，此类题目可遇而不可求，考生一定要笑纳。即便考生不了解法律规定，本题根据常识也可准确作答。本案因钟阳未按时履行调解协议引发，这完全与调解委员会无关，调解委员会作为民事纠纷解决机构，不会因此而成为诉讼被告，据此可以排除AC两项。同理，作为纠纷解决机构，案件处理结果与其不可能产生法律上的利害关系。反言之，如果案件果

真与其有法律上的利害关系，那该调解委员会就不能以纠纷解决者的身份出现，因为其已经失去了中立超然的解纷者地位。据此，可将选项D排除。

［选项分析］《民诉解释》第61条规定，当事人之间的纠纷经人民调解委员会或者其他依法设立的调解组织调解达成协议后，一方当事人不履行调解协议，另一方当事人向人民法院提起诉讼的，应以对方当事人为被告。据此，钟阳未按时履行该调解协议，林剑起诉应以钟阳为被告。选项B为正确答案。

5. ［答案］ABCD　　［难度］中

［考点］原告和被告地位的确定（争讼民事权利义务移转后当事人的确定）

［命题和解题思路］诉讼过程中争讼民事权利义务移转后当事人诉讼地位的确定是《民诉解释》的新增制度。命题人采用小案例形式，对诉讼过程中争讼民事权利义务移转后当事人诉讼地位的确定进行考查。试题案情表述直白，没有干扰信息，考点单一，解题法律依据明确。选项A是对法律规定的延伸考查，难度较高；BCD三项则是对司法解释规定的简单重复，很容易作出判断。

［选项分析］选项A是重点干扰项。《民诉解释》第249条第1款规定，在诉讼中，争议的民事权利义务转移的，不影响当事人的诉讼主体资格和诉讼地位。人民法院作出的发生法律效力的判决、裁定对受让人具有拘束力。据此，程某虽将债权转让给谢某，但不影响程某作为原告的诉讼地位，作为原告的程某当然有权申请撤诉。选项A正确。

《民诉解释》第249条第2款规定，受让人申请以无独立请求权的第三人身份参加诉讼的，人民法院可予准许。受让人申请替代当事人承担诉讼的，人民法院可以根据案件的具体情况决定是否准许；不予准许的，可以追加其为无独立请求权的第三人。据此，选项BCD均正确。

> **疑难解析**
>
> 对于诉讼过程中争讼民事权利义务转让后当事人的诉讼地位，各国向来存在当事人恒定主义和诉讼继受主义两种模式。当事人恒定主义，是指在诉讼过程中争讼民事权利义务移转后，由原来的当事人继续进行诉讼，但判决的效力及于权

利义务受让人。诉讼承继主义，则是指在诉讼过程中争讼民事权利义务移转后，由权利义务受让人替代原来的当事人参加诉讼。我国《民诉解释》采折中主义模式，即立法明确以当事人恒定主义为原则，以诉讼继承主义为补充。申言之，在诉讼过程中争讼民事权利义务移转后，原则上仍由原当事人继续进行诉讼，判决的效力及于受让人。受让人可以申请或者被追加为无独立请求权第三人参加诉讼。受让人如果申请替代原当事人参加诉讼，是否准许则由法院审查决定。

6. ［答案］A　　［难度］易

［考点］原告和被告地位的确定（最高人民法院相关司法解释中有关原告与被告地位的确定）

［命题和解题思路］2014 年最高人民法院根据修改后的《公司法》对三部公司法司法解释作出修正，这为本题的命题提供了素材。本题命题人视野开阔，跳出了民事诉讼法及其司法解释的范畴，以《公司法规定（二）》作为命题依据。本题提醒考生，对于民事实体法及其司法解释中的程序规则也要充分关注。题目考点单一，属于简单的法条记忆题，考生熟悉相关法律规定即可轻松得分。

［选项分析］

《公司法规定（二）》第 1 条规定，单独或者合计持有公司全部股东表决权 10% 以上的股东可以以原告身份提起解散公司诉讼。该解释第 4 条规定，股东提起解散公司诉讼应当以公司为被告；原告以其他股东为被告一并提起诉讼的，人民法院应当告知原告将其他股东变更为第三人；其他股东或者有关利害关系人申请以共同原告或者第三人身份参加诉讼的，人民法院应当准许。据此，许某是本案的原告，云峰公司是本案的被告，葛某可以成为共同原告或者第三人。选项 A 为正确答案，其余选项均错误。

第二节　共同诉讼

1. ［答案］C　　［难度］难

［考点］必要共同诉讼、普通共同诉讼

［命题和解题思路］本题将共同加害行为（狭义的共同侵权行为）作为素材，对其诉讼形态及当事人追加等程序规则予以考查。表面上看是民

诉考题，实则属于民法和民诉综合命题。解答本题，应首先根据案情表述，判断甲、乙、丙的行为构成共同加害行为，行为人之间应承担连带责任；再结合当事人理论，对连带责任的诉讼形态作出判断，学界对此存在固有必要共同诉讼、类似必要共同诉讼、普通共同诉讼等多种学说。若考生沉溺于观点争鸣，本题将难以作答。建议根据民事实体法规定连带责任的内涵入手分析，判断不必将甲、乙、丙列为固有必要共同诉讼人，据此可排除选项 ABD。需要强调的是，本题命题人采用的是普通共同诉讼说，因为若采用类似必要共同诉讼说，该判决的既判力会扩张至丙，丁不得再对丙另行起诉。

［选项分析］《民法典》第 1168 条规定，二人以上共同实施侵权行为，造成他人损害的，应当承担连带责任。据此，甲、乙、丙三人共同烧毁丁的汽车，属于共同实施侵权行为，应当承担连带责任。又根据同法第 178 条规定，二人以上依法承担连带责任的，权利人有权请求部分或者全部连带责任人承担责任。据此，丁只起诉甲、乙，当事人适格，法院不必追加丙为共同被告，可直接排除选项 A 和 B。

通知丙参加诉讼，丙不来要在判决中确定丙应承担的责任，这属于对丙缺席判决，其潜台词是丙必须参加诉讼，属于固有必要共同诉讼人，这明显不符合《民法典》关于连带责任的规定，选项 D 错误。

根据民法理论，共同加害人承担连带责任，赔偿权利人享有自由选择权，有权要求任何一个赔偿义务人承担全部赔偿责任，也有权要求赔偿义务人中的一人或多人承担部分的赔偿责任。据此，若丁要求甲和乙承担部分赔偿责任，就剩余赔偿责任丁可对丙另行起诉追偿。选项 C 为正确答案。

2. ［答案］AB　　［难度］中

［考点］普通共同诉讼、诉的合并

［命题和解题思路］相比必要共同诉讼，普通共同诉讼以往较少命题。本题另辟蹊径，对普通共同诉讼的识别予以考查，为增加难度，附带涉及诉的合并理论。解答本题，应首先对共同诉讼的类型作出判断，因两笔贷款的诉讼标的种类相同，应为普通共同诉讼；再结合普通共同诉讼的适用条件不难准确作答。了解诉的合并的内涵，

可确定 B 选项。

[选项分析]《民事诉讼法》第 55 条第 1 款规定，当事人一方或者双方为二人以上，其诉讼标的是共同的，或者诉讼标的是同一种类、人民法院认为可以合并审理并经当事人同意的，为共同诉讼。据此，**本案中甲向某银行先后贷款两次，银行起诉的两个案件的诉讼标的均为借贷合同关系，诉讼标的属于同一种类，经各方当事人同意，法院合并审理属于普通共同诉讼。**选项 A 为正确答案；合并审理可以节约司法资源、实现诉讼经济，符合普通共同诉讼的构成要件，法院可以合并审理，选项 C 错误；本案不属于必要共同诉讼，选项 D 错误。

诉的合并，是指将两个或两个以上彼此之间有牵连的诉合并到一个诉讼程序中审理和裁判。据此，银行起诉的两个案件存在牵连关系，合并审理属于诉的合并，选项 B 正确。

3. [答案] D　　　[难度] 中

[考点] 必要共同诉讼

[命题和解题思路]《民诉解释》对无民事行为能力人、限制民事行为能力人致人损害时当事人的确定规则作出调整，命题人以此为素材并结合《民法典》有关教育机构侵权责任的规定命制本题。本题是命题人巧妙结合实体法和程序法规范命制试题的典型范例。虽然本题仍沿用结合具体案例判断当事人诉讼地位的常用考查套路，但需要结合民事责任规定作出判断，难度较高。考生欲正确解题，需要全面了解《民诉解释》和《民法典》的相关规定，再结合无独立请求权第三人与必要共同诉讼中共同被告的基本特征作出判断。

[选项分析]《民诉解释》第 67 条规定，无民事行为能力人、限制民事行为能力人造成他人损害的，无民事行为能力人、限制民事行为能力人和其监护人为共同被告。因此，**无民事行为能力人、限制民事行为能力人造成他人损害，其监护人在诉讼中的地位不是法定代理人，而是共同被告。**监护人朱某应为共同被告，而非无独立请求权第三人。选项 A 错误。选项 C 没有提到共同被告朱某，也应排除。

选项 B 和 D 的差别在于幼儿园的诉讼地位。《民法典》第 1201 条规定，无民事行为能力人或者限制民事行为能力人在幼儿园、学校或者其他教育机构学习、生活期间，受到幼儿园、学校或者其他教育机构以外的第三人人身损害的，由第三人承担侵权责任；幼儿园、学校或者其他教育机构未尽到管理职责的，承担相应的补充责任。幼儿园、学校或者其他教育机构承担补充责任后，可以向第三人追偿。据此，在幼儿园未尽到管理职责时，可能会承担补充责任，判断幼儿园的诉讼地位必须从"补充责任"的内涵入手。补充责任是指因同一债务，在主责任人的财产不足以承担其应负的民事责任时，由补充责任人对不足的部分承担民事责任。因此，受害人应当将侵权人和幼儿园作为共同被告一并起诉，否则无法查清幼儿园是否尽到管理职责，其补充责任也难以得到落实。选项 B 错误，选项 D 为正确答案。

4. [答案] B　　　[难度] 易

[考点] 必要共同诉讼

[命题和解题思路] 2015 年《民诉解释》对有字号个体工商户的当事人确定规则作出调整，这为本题的命制提供了新素材。命题人采用小案例形式对个体工商户的当事人确定进行考查，解题法律依据只涉及《民诉解释》第 59 条，考查面窄，案情表述基本是对司法解释规定的简单重复，没有干扰信息，属于考试中的送分题。对考生而言，一分虽少，不可放过。

[选项分析]《民诉解释》第 59 条规定，在诉讼中，个体工商户以营业执照上登记的经营者为当事人。有字号的，以营业执照上登记的字号为当事人，但应同时注明该字号经营者的基本信息。营业执照上登记的经营者与实际经营者不一致的，以登记的经营者和实际经营者为共同诉讼人。据此，徐某开设的打印设计中心未起字号，应当以该中心个体工商户营业执照上登记的经营者徐某为当事人。徐某入伍后将该中心转让给李某，此时该中心的实际经营者为李某，广告公司起诉应当以徐某和李某作为共同被告。选项 B 为正确答案，其余选项均错误。

> **易混淆点解析**
>
> 没有字号的个体工商户，营业执照上的经营者是当事人，实际经营者与执照上经营者不一致的，两者是共同诉讼人；有字号的个体工商户，营业执照上的字号是当事人。

5. [答案] AD　　[难度] 难

[考点] 诉的合并、普通共同诉讼

[命题和解题思路] 本题中命题人以小案例形式，对诉的合并理论与共同诉讼制度结合考查。A和B选项考查诉的合并理论，难度颇高。考生欲准确作答，必须了解诉的内涵、诉的构成要素以及诉的合并类型等抽象理论，仅仅依靠记忆法条，对这两个选项将会无所适从。本题再次提醒考生务必准确把握考试大纲中涉及的民事诉讼基本理论。了解承担连带责任时共同诉讼类型的理论纷争和通说观点，不难对选项C和D作出准确选择。当然，本题选项A和B、选项C和D两两互斥，客观上降低了本题的难度。

[选项分析] 选项A和B都是考查诉的合并理论。诉的合并的意义在于提高诉讼效率，防止在相互关联的问题上作出彼此矛盾的裁判。根据诉的要素理论，诉的主体是当事人，诉的客体是诉讼标的。据此，诉的合并分为诉的主体合并和诉的客体合并。诉的主体合并，是指将数个当事人合并到同一诉讼程序中审理和裁判。诉的客体合并，是指将同一原告与同一被告提起的两个以上的诉或者反诉与本诉合并到同一诉讼程序中审理。概言之，诉的主体合并只是当事人的合并，诉讼标的仍然只有一个，不存在诉讼标的的合并。诉的客体合并则是两个以上诉讼标的的合并，而当事人并未增加。结合本案，涉及大恒银行、甲和乙这三方主体，法院将其合并到同一诉讼程序中审理和裁判，显然属于诉讼的主体合并。选项A正确，选项B错误。

选项C和D考查共同诉讼的类型。《民诉解释》第66条规定，因保证合同纠纷提起的诉讼，债权人向保证人和被保证人一并主张权利的，人民法院应当将保证人和被保证人列为共同被告。题干中，大恒银行向法院起诉甲、乙二人要求其履行债务，法院依法应当将甲、乙列为共同被告。但此时成立必要共同诉讼还是普通共同诉讼存在争议，学界观点存在固有必要共同诉讼、类似必要共同诉讼和普通共同诉讼的变迁。根据目前学界通说观点，债权人一并起诉债务人和连带保证人，成立普通共同诉讼。综上，选项C错误，选项D正确。

易混淆点解析

必要共同诉讼和普通共同诉讼的不同点详见下表：

不同点	必要共同诉讼	普通共同诉讼
诉讼标的的数量	仅有一个诉讼标的	若干个同种类的诉讼标的
共同诉讼人之间的内部关系	一人的诉讼行为经承认后对他人有效	一人的诉讼行为仅对自己有效
是否合并审理	必须合并审理	具有可分性，既可以单独起诉，也可以共同起诉
合并审理是否经当事人同意	无需当事人同意	当事人和法院均同意方可合并审理
各诉讼请求是否合一确定	合一确定、合一判决	各个请求分别确定

难点解析

诉的合并，是指法院将两个或两个以上相互存在牵连的诉合到一个诉讼程序中审理和裁判。诉的合并旨在提高诉讼效率，防止出现相互矛盾的裁判。诉的合并分为诉的主体合并和诉的客体合并。诉的主体合并，是指将数个当事人合并到同一诉讼程序中审理和裁判。引发诉的主体合并的情形包括：（1）必要共同诉讼或普通共同诉讼；（2）原告或被告在诉讼中死亡，数个继承人承受诉讼。诉的客体合并，是指将同一原告对同一被告提起的两个以上的诉或者反诉与本诉合并到同一诉讼程序中审理。被合并的数个诉之间，可能具有牵连关系，也可能不存在牵连关系。

第三节　第三人

1. [答案] AD　　[难度] 中

[考点] 有独立请求权的第三人（有独立请求权第三人与必要共同诉讼中共同原告的区别）、撤诉（对有独立请求权第三人参加诉讼后原告的撤诉问题）

[命题和解题思路] 命题人编制案例，让考生判断某当事人的诉讼地位，这是考试常用的考查

套路。本题亦是如此,首先考查财产权属纠纷中当事人的确定。但命题人并未止步于此,而是进一步延伸考查本诉撤诉后对第三人参加之诉的处理程序。题目包含两个考点,考查面较宽,难度较高。本题的两个考点无缝对接,解答本题应首先正确判断王强的诉讼地位,然后再结合法律规定,对原告撤诉后的处理程序作出选择。本题选项 A 和 B、选项 C 和 D 两两互斥,客观上降低了试题难度。

[选项分析] 选项 A 和 B 均考查案外人王强的诉讼地位。李立与陈山就财产权属发生争议提起确权诉讼,案外人王强主张该财产的部分产权。《民事诉讼法》第 59 条第 1 款规定,对当事人双方的诉讼标的,第三人认为有独立请求权的,有权提起诉讼。因此,王强应属于有独立请求权第三人。选项 A 正确,选项 B 错误。王强的诉讼地位还可从其诉讼主张和参加诉讼方式两个角度作出判断。首先,本诉中原被告双方均主张讼争财产的所有权,王强因对该财产主张部分所有权而参加诉讼,可见其诉讼请求既对抗原告李立,又对抗被告陈山。对抗本诉原被告双方当事人的只能是有独立请求权第三人,而不可能是共同诉讼人。其次,王强参加诉讼的方式是提起诉讼,以起诉方式参加诉讼的是有独立请求权第三人,而必要共同诉讼人的参加方式是法院追加或主动申请参加。

选项 C 和 D 均考查本诉撤诉后的处理程序。有独立请求权第三人王强参加诉讼后,原告李立申请撤诉。根据《民诉解释》第 237 条规定,有独立请求权的第三人参加诉讼后,原告申请撤诉,人民法院在准许原告撤诉后,有独立请求权的第三人作为另案原告,原案原告、被告作为另案被告,诉讼继续进行。据此,选项 D 正确,选项 C 错误。

易混淆点解析

必要共同诉讼原告与有独立请求权第三人存在明显的区别,需要详加辨别。

不同点	必要共同诉讼原告	有独立请求权第三人
争议的诉讼标的	诉讼标的的同一	与本诉的诉讼标的的不一致

续表

不同点	必要共同诉讼原告	有独立请求权第三人
争议的对象	同案被告	既对抗原告又对抗被告
能否提管辖权异议	特殊情况下可提管辖权异议	无权提出管辖权异议
诉讼行为效力	一人诉讼行为经其他共同诉讼人承认,对其他共同诉讼人发生效力	诉讼行为对自己有效
参加诉讼方式	申请参加或法院依职权追加	起诉

2. [答案] B　　[难度] 中

[考点] 有独立请求权的第三人(有独立请求权第三人与必要共同诉讼中共同原告的区别)、撤诉(对有独立请求权第三人参加诉讼后原告的撤诉问题)

[命题和解题思路] 命题人以案例题形式,对继承纠纷中当事人的确定以及本诉撤诉后的处理程序进行考查。试题以丁爽的诉讼地位作为答题干扰信息,考查面较宽,难度较高。解答本题的关键点在于正确判断丁爽的诉讼地位,如果误认为继承纠纷应当属于必要共同诉讼,那必然会造成错选。考生应首先明确三方当事人的诉讼地位,然后再结合法律规定,对原告撤诉后的处理程序作出选择。

[选项分析] 在丁一诉丁二遗产继承纠纷案中,丁一是原告,丁二是被告。在一审程序中,丁爽参加诉讼,同为被继承人的子女,其诉讼地位只能是共同诉讼原告或者有独立请求权第三人。这可从其参加诉讼方式和诉讼主张两个方面作出判断。首先,丁爽参加诉讼的方式是递交诉状,以起诉方式参加诉讼的只能是有独立请求权第三人,而必要共同诉讼原告的参加方式是法院追加或主动申请参加。其次,丁爽主张应由其继承系争的遗产,其诉讼请求既对抗原告丁一,又对抗被告丁二,对抗本诉原被告双方当事人的只

能是有独立请求权第三人。有独立请求权第三人丁爽参加诉讼后，原告丁一申请撤诉。根据《民诉解释》第 237 条规定，有独立请求权的第三人参加诉讼后，原告申请撤诉，人民法院在准许原告撤诉后，有独立请求权的第三人作为另案原告，原案原告、被告作为另案被告，诉讼继续进行。据此，选项 B 为正确答案，其余选项均错误。

> **易混淆点解析**
>
> 在遗产继承纠纷中，部分法定继承人起诉，其他法定继承人（除明确表示放弃继承权）应通知作为必要共同诉讼原告参加诉讼。如果部分继承人依据被继承人的遗嘱，主张全部或者部分财产的继承权，则该继承人应以有独立请求权第三人身份参加诉讼。

3. ［答案］D　　［难度］中

［考点］有独立请求权的第三人（有独立请求权第三人与必要共同诉讼中共同原告的区别）

［命题和解题思路］当事人是民事诉讼法在考试中不折不扣的重点，每年都会对其进行考查。命题人精心编制案例让考生判断案例中某个（些）人的诉讼地位，这是当事人部分常用的考查套路，本题则通过共有权关系对必要共同诉讼原告和有独立请求权第三人的识别进行考查。考生欲正确答题，首先要厘清案件各主体之间的民事法律关系，其次依据案情判断案件的诉讼标的，最后根据各主体的行为结合每一类当事人的内涵作出具体选择。

［选项分析］选项 A 是重点干扰项。考生如果没有仔细分析各主体之间的法律关系，片面注意共有权关系，很可能误选 A 项。本案中存在两个民事法律关系，一个是赵某和刘某对商铺享有的共有权关系，另一个是刘某和陈某之间的商铺买卖合同关系。本案的起因是合同履行发生纠纷，因此本案的诉讼标的是买卖合同关系。在本诉中刘某是原告，陈某是被告。共有权人赵某不同意将商铺让与陈某，首先判断其能否以必要共同诉讼原告身份被追加，赵某不是本诉的合同当事人，其共有权身份是与刘某之间的内部关系，这和商铺买卖合同的相对方陈某无关。因此，赵某不可能是必要共同诉讼的原告。据此排除选项 A。如果赵某和刘某共同与陈某签订商铺买卖合同，在

履行中发生纠纷，刘某起诉陈某，此时赵某就是必要共同诉讼原告，法院就可以依职权追加赵某参加诉讼。

根据设问句，本题考查的是在本案中相关人的诉讼地位。暂且不论赵某是否有权另行起诉，即便允许其起诉，那也是另外一个案件，与本案相关人员诉讼地位的确定无关。选项 B 完全跑题，排除。从案例中无法看出该商铺的所有权是否转移，如果商铺的所有权尚未发生变动，赵某无权起诉刘某侵权。主张赵某另行起诉的说法也很武断。

判断 C 和 D 的关键在于赵某对于刘某和陈某发生争议的买卖合同法律关系是否享有独立的请求权。赵某基于对商铺享有的所有权主张权利，其对本诉完全享有独立的请求权。在本诉中，无论刘某和陈某谁胜诉，都会损害赵某的利益。因此，在诉讼中赵某既要对抗刘某，又要对抗陈某。赵某是有独立请求权第三人。选项 D 为正确答案，选项 C 排除。

第四节　诉讼代表人

［答案］B　　［难度］中

［考点］证券代表人诉讼

［命题和解题思路］证券代表人诉讼是 2022 年法考新增内容，2023 年即予以命题，本题对证券特别代表人诉讼判决的约束对象予以考查。本题考点单一、解题依据明确，难度不高。正确解题的关键是，了解特别代表人诉讼"默示加入、明示退出"的诉讼参加方式，因范某声明退出，判决对其并无约束力，其余 5079 名投资者均会受到本案生效判决的约束。

［选项分析］《最高人民法院关于证券纠纷代表人诉讼若干问题的规定》第 34 条规定，投资者明确表示不愿意参加诉讼的，应当在公告期间届满后 15 日内向人民法院声明退出。未声明退出的，视为同意参加该代表人诉讼。对于声明退出的投资者，人民法院不再将其登记为特别代表人诉讼的原告，该投资者可以另行起诉。据此，证券特别代表人诉讼采用"默示加入"规则，公告期间届满后 15 日内只要未声明退出的投资者均应列为原告，无论判决结果如何，均受到生效判决的约束。因范某声明退出诉讼，该判决对其无约束力。选项 B 正确，其他选项均错误。

第六章　诉讼代理人

1. 2021 年 5 月 10 日，高二学生小赵（17 周岁）与高一学生小李（16 周岁）玩耍时，不慎将小李的眼睛弄伤。小赵之父老赵与小李之父老李就赔偿事宜多次协商无果，2022 年 5 月 10 日，向法院提起诉讼。关于本案的诉讼参加人，下列哪些说法是正确的？（2022 年回忆版）

　　A. 老赵为适格被告

　　B. 小赵为适格被告，老赵为其法定代理人

　　C. 老李为适格原告

　　D. 小李为适格原告，老李为其法定代理人

2. 甲有四个儿子，分别为乙（45 岁）、丙（35 岁）、丁（20 岁）、戊（17 岁，中学生）。甲去世后，遗留的两套房子都被乙占有，丙、丁、戊欲对乙提起诉讼，要求分割甲遗留的房产。戊不同意乙、丙、丁提出的分配方案，想要自己参加诉讼。乙认为自己就是戊的代理人，丙不愿意帮戊代理，丁愿意帮戊代理。关于本案，下列哪一说法是正确的？（2020 年回忆版）

　　A. 戊可以自己参加诉讼

　　B. 法院为戊在乙、丙、丁之外指定法定代理人

　　C. 戊可以委托丙代为参加诉讼

　　D. 戊可以委托丁代为参加诉讼

3. 律师作为委托诉讼代理人参加诉讼，应向法院提交下列哪些材料？（2015-3-78）

　　A. 律师所在的律师事务所与当事人签订的协议书

　　B. 当事人的授权委托书

　　C. 律师的执业证

　　D. 律师事务所的证明

4. 某市法院受理了中国人郭某与外国人珍妮的离婚诉讼，郭某委托黄律师作为代理人，授权委托书中仅写明代理范围为"全权代理"。关于委托代理的表述，下列哪一选项是正确的？（2013-3-42）

　　A. 郭某已经委托了代理人，可以不出庭参加诉讼

　　B. 法院可以向黄律师送达诉讼文书，其签收行为有效

　　C. 黄律师可以代为放弃诉讼请求

　　D. 如果珍妮要委托代理人代为诉讼，必须委托中国公民

1. [答案] AD　　　[难度] 中

[考点] 当事人适格、必要共同诉讼、法定诉讼代理人的范围

[命题和解题思路] 本题以限制民事行为能力人对限制民事行为能力人实施侵权行为作为素材，对适格当事人以及法定代理人的确定予以考查。把握"确认责任主体以侵权时为准、判断诉讼行为能力以起诉时为准"这一规则，并结合《民诉解释》的明文规定不难准确作答。

[选项分析] 《民诉解释》第 67 条规定，无民事行为能力人、限制民事行为能力人造成他人损害的，无民事行为能力人、限制民事行为能力人和其监护人为共同被告。据此，小赵在 17 周岁时对他人造成损害，小赵及其监护人老赵为共同被告，老赵属于适格被告。选项 A 正确。受害人小李虽然属于限制民事行为能力人，其本人为适格原告，其监护人老李并非适格原告。选项 C 错误。

《民事诉讼法》第 60 条规定，无诉讼行为能力人由他的监护人作为法定代理人代为诉讼。据此，法定代理人的适用对象是无诉讼行为能力人，包括无民事行为能力人或者限制民事行为能力人。诉讼行为能力是指当事人可以亲自实施诉讼行为，并通过自己的行为，行使诉讼权利和承担诉讼义务的法律上的资格，因此诉讼行为能力的确定应当以起诉时为准。起诉时，小赵已满 18 周岁，具有诉讼行为能力，无须法定代理人代为参加诉讼。选项 B 错误。而小李未满 18 周岁，仍无诉讼行为能力，应由其父老李作为法定代理人代为参加诉讼。选项 D 正确。

2. [答案] B　　　[难度] 中

[考点] 法定诉讼代理人的范围

[命题和解题思路] 本题考查无诉讼行为能力人的法定代理人如何确定，解题难度在于并无明确的法律依据，需要借助相关诉讼法原理推断作答，即必要共同诉讼中若确定一人作为其他必要共同诉讼人的法定代理人，这可能会存在利益冲突，因此应在必要共同诉讼人之外确定法定代理人。本题最适宜用排除法作答，无诉讼行为能力人不能自行参加诉讼，由此可排除选项 A；无诉讼能力人也无权委托法定诉讼代理人，据此可排除选项 C、D。

[选项分析] 戊为 17 岁中学生，题干并未言明以其劳动收入作为主要生活来源，因此属于无诉讼行为能力人。《民事诉讼法》第 60 条规定，无诉讼行为能力人由他的监护人作为法定代理人代为诉讼。据此，戊不得自己参加诉讼。选项 A 错误。

本案为遗产继承纠纷，丙、丁、戊起诉乙为必要共同诉讼，其中戊为无诉讼行为能力人，需要其监护人作为法定代理人代为参加诉讼。法定代理人可以依照自己的意志代理被代理人实施所有诉讼行为。在必要共同诉讼中，必要共同诉讼人内部存在利害关系，若由必要共同诉讼中一人作为其他人的法定代理人，可能会发生法定代理人损害被代理人利益的情形。而被继承人甲已死亡，不能作为法定代理人，因此法院应在甲、乙、丙、丁之外为戊指定法定代理人。选项 B 为正确答案。

应由监护人担任法定代理人，监护人的确定有争议的，应指定监护人，而非由被监护人委托。据此，选项 C、D 均错误。

3. [答案] BCD　　[难度] 易

[考点] 委托诉讼代理权的产生与消灭

[命题和解题思路]《民诉解释》对诉讼代理人需要提交的证明材料予以细化规定，命题人以此为素材命制本题。题目属于简单的法条识记题，未设置答题陷阱，考生只要熟记《民诉解释》的新规定，即可轻松得分。此类试题在考试中绝不多见，分数一定不要放过。

[选项分析]《民诉解释》第 88 条规定，诉讼代理人除根据《民事诉讼法》第 62 条规定提交授权委托书外，还应当按照下列规定向人民法院提交相关材料：（1）律师应当提交律师执

业证、律师事务所证明材料……据此，选项 B、C、D 为正确答案。

易混淆点解析

授权委托书是所有类型的诉讼代理人都需要提交的证明材料，除此之外，不同类型的诉讼代理人还需要提交以下证明材料：

诉讼代理人类型	提交的证明材料
律师	律师执业证、律师事务所证明材料
基层法律服务工作者	法律服务工作者执业证、基层法律服务所出具的介绍信、当事人一方位于本辖区内的证明材料
当事人的近亲属	身份证件、与委托人有近亲属关系的证明材料
当事人的工作人员	身份证件、与当事人有合法劳动人事关系的证明材料
当事人所在社区、单位推荐的公民	身份证件、推荐材料、当事人属于该社区或单位的证明材料
有关社会团体推荐的公民	身份证件、符合《民诉解释》第 88 条规定条件的证明材料

4. [答案] B　　[难度] 中

[考点] 委托诉讼代理人的权限、送达方式（直接送达）、涉外民事诉讼程序的一般原则（委托中国律师代理诉讼的原则）

[命题和解题思路] 本题以涉外离婚案件为主线，对离婚案件当事人出庭规则、直接送达、委托代理人权限和涉外民事诉讼的代理制度等知识点进行综合考查。命题人在选项 D 中采用"偷梁换柱"之技巧设陷阱，具有一定的迷惑性。题目涉及考点范围广，难度较高。解答此类综合性试题，要求考生在复习时必须牢记相关基础知识，尤其是法律的"但书"条款务必多加留意。

[选项分析] 选项 A 考查了离婚诉讼当事人出庭特殊规则。《民事诉讼法》第 65 条规定，离婚

案件有诉讼代理人的，本人除不能表达意思的以外，仍应出庭；确因特殊情况无法出庭的，必须向人民法院提交书面意见。本案是离婚纠纷，题干并未交代无法出庭的特殊情况，郭某虽然委托了代理人，但仍应当出庭。选项 A 错误。

选项 B 考查了直接送达制度。《民事诉讼法》第 88 条第 1 款规定，受送达人有诉讼代理人的，可以送交其代理人签收。此时，法院既可以向受送达人送达，也可以向其诉讼代理人送达，均属于直接送达。选项 B 为正确答案。

选项 C 考查了委托代理人的权限。《民诉解释》第 89 条第 1 款规定，授权委托书仅写"全权代理"而无具体授权的，诉讼代理人无权代为承认、放弃、变更诉讼请求，进行和解，提出反诉或者提起上诉。"全权代理"的黄律师无权代为放弃诉讼请求，选项 C 错误。

选项 D 是重点干扰项，考查了涉外民事诉讼的代理制度。《民事诉讼法》第 274 条规定，外国人、无国籍人、外国企业和组织在人民法院起诉、应诉，需要委托律师代理诉讼的，必须委托中华人民共和国的律师。选项中将"律师"换为"委托代理人"，"中华人民共和国律师"改为"中国公民"，在我国委托代理人并不限于律师，选项表述人为扩大了《民事诉讼法》第 274 条的适用范围。该条文的本意是外籍当事人在中国进行民事诉讼，如果聘请律师作为诉讼代理人必须聘请中国律师，外国律师只能以非律师身份担任诉讼代理人；如果聘请非律师的其他委托代理人，则不受国籍限制。选项 D 错误。

易混淆点解析

代表人诉讼中须被代表人同意的诉讼行为与需要当事人特别授权的代理人行为存在相似之处。具体如下：

须当事人特别授权事项	代表人诉讼中须被代表的当事人同意事项
代为承认、放弃、变更诉讼请求，进行和解，参加调解、提起反诉或者上诉	变更、放弃诉讼请求或者承认对方当事人的诉讼请求，进行和解

第七章　民事证据

试　题

第一节　民事证据的种类

📶 **1.** 甲起诉乙，请求返还借款 18 万元，并提供借条用以证明借款事实。关于本案，下列哪些情形可认定甲提供的借条内容真实存在？（2020 年回忆版）

A. 法院调解时，甲称借条原件遗失，现只有复印件，乙认可写过借条，若甲不主张利息，则自己可以返还 18 万元借款本金，最后双方未达成调解协议

B. 甲称借条原件被乙借走，现只有复印件，申请法院责令乙提交，乙认可该说法但称自己出具借条的借款金额为 8 万元，现借条原件已经遗失，无法提交

C. 甲当庭出示借条原件质证时，原件被乙一口吞下

D. 甲称借条原件在乙处，申请法院责令乙提交，乙认可，但称借条原件已经遗失无法提交

📶 **2.** 杨青（15 岁）与何翔（14 岁）两人经常嬉戏打闹，一次，杨青失手将何翔推倒，致何翔成了植物人。当时在场的还有何翔的弟弟何军（11 岁）。法院审理时，何军以证人身份出庭。关于何军作证，下列哪些说法不能成立？（2017-3-79）

A. 何军只有 11 岁，无诉讼行为能力，不具有证人资格，故不可作为证人

B. 何军是何翔的弟弟，应回避

C. 何军作为未成年人，其所有证言依法都不具有证明力

D. 何军作为何翔的弟弟，证言具有明显的倾向性，其证言不能单独作为认定案件事实的根据

📶 **3.** 战某打电话向牟某借款 5 万元，并发短信提供账号，牟某当日即转款。之后，因战某拒不还款，牟某起诉要求战某偿还借款。在诉讼中，战

某否认向牟某借款的事实，主张牟某转的款是为偿还之前向自己借的款，并向法院提交了证据；牟某也向法院提供了一些证据，以证明战某向其借款 5 万元的事实。关于这些证据的种类和类别的确定，下列哪一选项是正确的？（2016-3-39）

A. 牟某提供的银行转账凭证属于书证，该证据对借款事实而言是直接证据

B. 牟某提供的记载战某表示要向其借款 5 万元的手机短信属于电子数据，该证据对借款事实而言是间接证据

C. 牟某提供的记载战某表示要向其借款 5 万元的手机通话录音属于电子数据，该证据对借款事实而言是直接证据

D. 战某提供一份牟某书写的向其借款 10 万元的借条复印件，该证据对牟某主张战某借款的事实而言属于反证

📶 **4.** 哥哥王文诉弟弟王武遗产继承一案，王文向法院提交了一份其父生前关于遗产分配方案的遗嘱复印件，遗嘱中有"本遗嘱的原件由王武负责保管"字样，并有王武的签名。王文在举证责任期间书面申请法院责令王武提交遗嘱原件，法院通知王武提交，但王武无正当理由拒绝提交。在此情况下，依据相关规定，下列哪些行为是合法的？（2016-3-80）

A. 王文可只向法院提交遗嘱的复印件

B. 法院可依法对王武进行拘留

C. 法院可认定王文所主张的该遗嘱能证明的事实为真实

D. 法院可根据王武的行为而判决支持王文的各项诉讼请求

📶 **5.** 张某驾车与李某发生碰撞，交警赶到现场后用数码相机拍摄了碰撞情况，后李某提起诉讼，要求张某赔偿损失，并向法院提交了一张光盘，内附交警拍摄的照片。该照片属于下列哪一种证据？（2014-3-48）

A. 书证　　　　　B. 鉴定意见

C. 勘验笔录　　　D. 电子数据

📶 **6.** 甲公司诉乙公司专利侵权，乙公司是否侵权成为焦点。经法院委托，丙鉴定中心出具了鉴定意见书，认定侵权。乙公司提出异议，并申请某大学燕教授出庭说明专业意见。关于鉴定的说法，下列哪一选项是正确的？（2013-3-50）

A. 丙鉴定中心在鉴定过程中可以询问当事人

B. 丙鉴定中心应当派员出庭，但有正当理由不能出庭的除外

C. 如果燕教授出庭，其诉讼地位是鉴定人

D. 燕教授出庭费用由乙公司垫付，最终由败诉方承担

第二节　民事证据的分类

📶 **1.** 甲公司起诉要求乙公司清偿借款 20 万元，在庭审中提交了双方签订的借款合同作为证据。乙公司主张该笔借款已经清偿，并举示了打印的网上银行转账记录，内容是乙公司向甲公司转款 20 万元。甲公司主张该转账记录并非清偿该笔借款，而是乙公司的子公司丙公司清偿之前向甲公司的借款，因通过乙公司账户转款而产生的转账记录，并提交了其与丙公司签订的借款合同。关于本案，下列哪些说法是正确的？（2023 年回忆版）

A. 甲公司提交的其与丙公司的借款合同证据为本证

B. 乙公司提交的证据为本证

C. 丙公司应承担与甲公司之间借款合同真实性的举证责任

D. 乙公司提供的转账记录是电子数据

📶 **2.** 段某拖欠李某借款，李某催要无果后提起诉讼。李某向法院提交了一张复印的银行转账凭证，用以证明段某向其借款的事实。关于银行转账凭证的学理分类，下列哪些表述是正确的？（2022 年回忆版）

A. 间接证据　　　B. 直接证据

C. 传来证据　　　D. 本证

📶 **3.** 王某诉钱某返还借款案审理中，王某向法院提交了一份有钱某签名、内容为钱某向王某借款 5 万元的借条，证明借款的事实；钱某向法院提交了一份有王某签名、内容为王某收到钱某返还借款 5 万元并说明借条因王某过失已丢失的收条。经法院质证，双方当事人确定借款和收条所说的 5 万元是相对应的款项。关于本案，下列哪一选项是错误的？（2017-3-39）

A. 王某承担钱某向其借款事实的证明责任

B. 钱某自认了向王某借款的事实

C. 钱某提交的收条是案涉借款事实的反证

D. 钱某提交的收条是案涉还款事实的本证

4. 叶某诉汪某借款纠纷案，叶某向法院提交了一份内容为汪某向叶某借款 3 万元并收到该 3 万元的借条复印件，上有"本借条原件由汪某保管，借条复印件与借条原件具有同等效力"字样，并有汪某的署名。法院据此要求汪某提供借条原件，汪某以证明责任在原告为由拒不提供，后又称找不到借条原件。证人刘某作证称，他是汪某向叶某借款的中间人，汪某向叶某借款的事实确实存在；另外，汪某还告诉刘某，他在叶某起诉之后把借条原件烧毁，汪某在法院质证中也予以承认。在此情况下，下列哪些选项是正确的？（2017-3-80）

A. 法院可根据叶某提交的借条复印件，结合刘某的证言对案涉借款事实进行审查判断

B. 叶某提交给法院的借条复印件是案涉借款事实的传来证据

C. 法院可认定汪某向叶某借款 3 万元的事实

D. 法院可对汪某进行罚款、拘留

第三节　证据保全

甲县吴某与乙县宝丰公司在丙县签订了甜橙的买卖合同，货到后发现甜橙开始腐烂，未达到合同约定的质量标准。吴某退货无果，拟向法院起诉，为了证明甜橙的损坏状况，向法院申请诉前证据保全。关于诉前保全，下列哪一表述是正确的？（2013-3-46）

A. 吴某可以向甲、乙、丙县法院申请诉前证据保全

B. 法院应当在收到申请 15 日内裁定是否保全

C. 法院在保全证据时，可以主动采取行为保全措施，减少吴某的损失

D. 如果法院采取了证据保全措施，可以免除吴某对甜橙损坏状况提供证据的责任

详　解

第一节　民事证据的种类

1. [答案] BCD　　[难度] 难
[考点] 书证
[命题和解题思路] 2019 年《民事证据规定》修正时对文书提出命令作出调整，本题以"一拖

四"式小案例形式，对文书提出命令、妨害证明的法律后果、调解自认豁免等知识点予以综合考查。选项 B 是重要干扰项，乙部分自认属于干扰情节，不妨碍文书提出命令后果的施加，其与 D 选项并无实质差别。选项 C 虽有"吃借条"的酷炫情节，本质上来讲就是妨害证明行为，不难作出判断。

[选项分析]《民诉解释》第 107 条规定，在诉讼中，当事人为达成调解协议或者和解协议作出妥协而认可的事实，不得在后续的诉讼中作为对其不利的根据，但法律另有规定或者当事人均同意的除外。据此，虽然乙在法院调解中承认写过 18 万元的借条，但双方未达成调解协议，因此在后续诉讼中乙的陈述不发生自认的效力。甲手中只有借条复印件，无法与原件比对，法院不可直接认定借条内容为真实。选项 A 错误。

《民诉解释》第 112 条规定，书证在对方当事人控制之下的，承担举证证明责任的当事人可以在举证期限届满前书面申请人民法院责令对方当事人提交。申请理由成立的，人民法院应当责令对方当事人提交，因提交书证所产生的费用，由申请人负担。对方当事人无正当理由拒不提交的，人民法院可以认定申请人所主张的书证内容为真实。据此，乙承认借条原件在自己手中，就借款事实承担证明责任的甲可向法院申请文书提出命令。法院准许后，乙无正当理由拒不提交，法院可认定借条内容为真实。注意证据遗失不属于拒不提交的正当理由。选项 B、D 均正确。

《民诉解释》第 113 条规定，持有书证的当事人以妨碍对方当事人使用为目的，毁灭有关书证或者实施其他致使书证不能使用行为的，人民法院可以依照《民事诉讼法》第 114 条规定，对其处以罚款、拘留。《民事证据规定》第 48 条第 2 款规定，控制书证的当事人存在《民诉解释》第 113 条规定情形的，人民法院可以认定对方当事人主张以该书证证明的事实为真实。据此，乙吃掉借条原件，显然属于妨害证明行为，法院可以认定甲主张借款 18 万元的事实为真实。选项 C 正确。

2. [答案] ABC　　[难度] 中
[考点] 证人证言(证人资格、证人证言的效力)
[命题和解题思路] 命题人采用小案例形式，以证人为主线对证人资格和证人证言的效力进行

考查。证人证言考点近几年命题鲜有涉及，题目考点单一，未设计答题干扰信息，难度不高。考生只要准确把握《民事证据规定》有关证人的相关规定，不难作出正确选择。本题采用否定式设问形式，考生作答时要避免误选。

[选项分析]《民事证据规定》第 67 条第 2 款规定，待证事实与其年龄、智力状况或者精神健康状况相适应的无民事行为能力人和限制民事行为能力人，可以作为证人。==证人资格和民事行为能力无直接关联，判断无民事行为能力人和限制民事行为能力人能否作证的标准是证人的年龄、智力状况或精神健康状况是否与待证事实相适应==。选项 A 表述错误，应选。

证人具有不可替代性，因此不适用回避制度。案件当事人之外的第三人，即使其与案件的一方当事人有利害关系，只要其知晓案件的相关情况，均可作为证人作证。选项 B 表述错误，应选。

《民事证据规定》第 90 条第 2 项规定，无民事行为能力人或者限制民事行为能力人所作的与其年龄、智力状况或者精神健康状况不相当的证言，不能单独作为认定案件事实的依据。据此，并非未成年人的所有证言都不具有证明力。选项 C 表述错误，应选。

《民事证据规定》第 90 条第 3 项规定，与一方当事人或者其代理人有利害关系的证人陈述的证言，不能单独作为认定案件事实的依据。选项 D 表述正确，不选。

3. [答案] B　　[难度] 难

[考点] 书证（书证的概念与特征）、电子数据（电子数据与视听资料的区别）、本证与反证（划分的标准）、直接证据与间接证据（划分的标准）

[命题和解题思路] 证据制度无疑是命题人的"宠儿"，每年必会对其命题考查。同时，《民诉解释》明确规定了电子数据的主要类型及其与视听资料的识别。命题人精心编制案例，让考生判断案例中特定证据的法定类型或者学理分类，这是证据部分常用的考查套路，本题亦如此。相较而言，本题将证据的法定类型和学理分类结合考查，需要考生判断的知识点特别多，考查内容兼具深度和广度，难度更高。命题人试图通过增加选项考查内容将"水"搅浑，以此达到"浑水摸鱼"的效果。考生既要深入领会证据分类理论，又需要准确掌握

司法解释有关证据法定类型的新增规定。

[选项分析] 书证，是指以文字、符号、图案等表示的内容来证明案件待证事实的书面材料。银行转账凭证是以文字表示的内容证明转款的事实，因此它是书证。直接证据是指能够单独地、直接地证明待证事实的证据。银行转账凭证可以证明牟某向战某转过款，但这并不能单独证明借款事实，因此银行转账凭证对借款事实而言是间接证据。选项 A 错误。

《民诉解释》第 116 条第 2 款规定，电子数据是指通过电子邮件、电子数据交换、网上聊天记录、博客、微博客、手机短信、电子签名、域名等形成或者存储在电子介质中的信息。据此，牟某提供的手机短信是电子数据。该短信的内容是战某表示要向牟某借款 5 万元，这只能证明战某有借款意向，并不能直接证明战某已向牟某借款的事实，该短信属于间接证据。选项 B 为正确答案。

《民诉解释》第 116 条第 3 款规定，存储在电子介质中的录音资料和影像资料，适用电子数据的规定。据此，手机通话录音属于电子数据。通话录音的内容是战某表示要向牟某借款 5 万元，这同样只能证明战某有借款意向，并不能直接证明战某已向牟某借款的事实，该通话录音属于间接证据。选项 C 错误。

本证是负担证明责任一方提供的用于证明其主张的事实为真实的证据；反证是不负证明责任的一方提出的用于证明对方主张的事实不真实的证据。本案中存在两个争议事实：一是战某向牟某借款的事实；二是牟某向战某借款的事实。战某提供牟某书写的向其借款 10 万元的借条复印件，该借条可以证明牟某向战某借款的事实，对该事实而言借条属于本证。但该证据与战某向牟某借款的事实无关，不符合证据关联性的要求。对于战某向牟某借款的事实而言，该借条不能成为证据，而成为证据是判断本证或反证的基本前提。选项 D 错误。

> **易混淆点解析**
>
> 某项证据究竟是本证还是反证，是直接证据还是间接证据，必须结合具体待证事实作出判断。待证事实不同，对某项证据的类型判断会得出不同的结论。另外，对证据学理分类判断的前提是该证据符合客观性、关联性和合法性要求。

4. ［答案］AC　　［难度］中

［考点］书证（书证的提出）

［命题和解题思路］《民诉解释》新增规定了对妨害证明行为的处理，并对责令提交书证予以细化规定，这为本题的命制提供了新素材。命题人以案例题形式，对书证的提出、妨害证明行为的表现形式和违反文书提出命令的法律后果等知识点进行综合考查。题目的难度体现在"广"而非"深"，考查内容涉及法律条文较多，难度较高。部分选项对考生记忆的精确度要求较高，考生如果没有记牢书证持有人妨害证明行为的表现形式，容易误选B项。选项D中命题人采用"偷梁换柱"手法，认定该遗嘱证明的事实为真实不等于王文的各项诉讼请求均成立，两者完全是"风马牛不相及"。考生未能准确把握当事人违反文书提出命令的法律后果，容易误选D项。好在C和D两个选项互斥，起到提醒作用，考生可对比后作出选择。

［选项分析］选项A考查书证提出规则。《民事诉讼法》第73条第1款规定，书证应当提交原件，物证应当提交原物。提交原件或者原物确有困难的，可以提交复制品、照片、副本、节录本。又根据《民诉解释》第111条规定，《民事诉讼法》第73条规定的提交书证原件确有困难，包括下列情形：……（2）原件在对方当事人控制之下，经合法通知提交而拒不提交的……据此，遗嘱原件由王武保管，其无正当理由拒不交出，王文可以提交遗嘱的复印件。选项A正确。

选项B是重点干扰项，考查书证持有人妨害证明行为的表现形式。《民诉解释》第113条规定，持有书证的当事人以妨碍对方当事人使用为目的，毁灭有关书证或者实施其他致使书证不能使用行为的，人民法院可以依照《民事诉讼法》第114条规定，对其处以罚款、拘留。题干中王武的行为只是拒不提交遗嘱原件，并无毁灭或者实施致使书证不能使用的行为。因此，法院不能对王武采取罚款、拘留等强制措施。选项B错误。

选项C和D均考查违反文书提出命令的法律后果。《民诉解释》第112条第2款规定，对方当事人无正当理由拒不提交的，人民法院可以认定申请人所主张的书证内容为真实。据此，选项C正确，选项D错误。

5. ［答案］D　　［难度］易

［考点］电子数据（电子数据的概念）

［命题和解题思路］电子数据是2012年《民事诉讼法》修正时增加的证据类型，2013年考试大纲随即将其列为新增考点。本题考点单一，难度不高。考生需要根据题干案例，结合各类证据的概念，对光盘中照片的证据种类作出准确识别。直接判断有困难时，建议采用排除法作答。

［选项分析］选项A是重点干扰项。书证是指以文字、符号、图案等表示的内容来证明案件待证事实的书面材料。实际上，书证和电子数据都是以其记载的内容来证明案件事实，但书证与电子数据最大的区别是载体不同。书证一般表现在纸张等传统载体之上，而电子数据的载体是电子化数据系统，这是电子数据单独作为证据类型的最大特色。本案中照片的载体是光盘，不是传统载体，因此不是书证。选项A错误。

鉴定意见，是指鉴定人运用自己的专业知识对案件中的有关专门性问题进行鉴别、分析所作出的结论。交警不是鉴定人，其拍摄照片是对碰撞现场的客观记录，既不需要专业知识，也不是分析意见。因此，照片不是鉴定意见。选项B错误。

选项C可以从两个角度排除。首先，勘验笔录是勘验人员对被勘验的现场或物品所作的客观记录。交警仅对碰撞情况拍摄了照片，并未制作笔录，因此照片不是勘验笔录。其次，《民诉解释》第124条规定，人民法院认为有必要的，可以根据当事人的申请或者依职权对物证或者现场进行勘验。据此，勘验的主体只能是法院的工作人员。照片由交警拍摄，主体不符合要求。选项C错误。

根据《民诉解释》第116条规定，电子数据是指通过电子邮件、电子数据交换、网上聊天记录、博客、微博客、手机短信、电子签名、域名等形成或者存储在电子介质中的信息。交警用数码相机拍摄的照片，存储在光盘中，其形成和存储均在电子介质中，因此题干的照片属于电子数据。选项D为正确答案。

易混淆点解析

书证、视听资料和电子数据都是以其内容来证明案件待证事实，三者也存在明显的区别，具体如下：

区别点	书证	视听资料	电子数据
载体	纸张等传统介质	胶片、磁带（包括录音带、录像带）等	电子介质（如数码相机、数码摄像机、U 盘等）
读取方式	人的感官	录音机等硬件设备	更先进的软硬件设备

备注：存储于电子介质中的书证、视听资料等证据类型，均为电子数据

6. [答案] A　　[难度] 中

[考点] 鉴定意见（鉴定意见的提出）、当事人陈述（专业人士的出庭）

[命题和解题思路] 2012 年修正民事诉讼法时增加了专业人士出庭制度，同时规定鉴定人出庭义务，2013 年考试大纲将"专业人士出庭"列为新增考点。命题人以小案例形式对鉴定意见的提出和专业人士的出庭两个考点综合考查。考生只要熟悉民事诉讼法和相关司法解释的新规定，不难作出准确选择。

[选项分析] 选项 A 考查了鉴定意见的提出程序。《民事诉讼法》第 80 条第 1 款规定，鉴定人有权了解进行鉴定所需要的案件材料，必要时可以询问当事人、证人。选项 A 表述正确。

选项 B 考查了鉴定人的出庭义务。《民事诉讼法》第 81 条规定，当事人对鉴定意见有异议或者人民法院认为鉴定人有必要出庭的，鉴定人应当出庭作证。法律并未规定不出庭的例外情形，丙鉴定中心应当派员出庭，选项 B 表述错误。

选项 C 考查了专家辅助人的诉讼地位。根据《民事诉讼法》第 82 条规定，专家辅助人的出庭任务是就鉴定人作出的鉴定意见或者专业问题提出意见，这明显不同于运用专业知识对案件的相关专业问题鉴别、分析后给出结论的鉴定人。《民诉解释》第 122 条第 2 款明确将专家辅助人提出

的意见视为当事人的陈述。因此，燕教授的诉讼地位不是鉴定人。选项 C 表述错误。

选项 D 考查了专家辅助人出庭费用的负担方式。《民诉解释》第 122 条第 3 款规定，人民法院准许当事人申请的，相关费用由提出申请的当事人负担。据此，专家辅助人出庭的相关费用遵循"谁申请，谁负担"原则，燕教授的出庭费用应由申请方乙公司承担。选项 D 表述错误。

易混淆点解析

证人出庭费用由申请方或法院垫付、败诉方负担；提交书证的费用由申请方负担；专家辅助人出庭的费用由申请方负担。

专业人士和鉴定人都是具有专门知识的人，当事人申请鉴定、申请专业人士出庭的时间均应在举证期限届满前。两者存在以下区别：

不同点	鉴定人	专家辅助人
确定方式	当事人协商或者法院指定	一方当事人选择
立场	处于中立地位	代表一方当事人
出庭任务	出庭说明鉴定的相关情况	对鉴定意见进行质证或对案件事实所涉及的专业问题提出意见
所提意见的证据类型	鉴定意见	视为当事人陈述
是否适用回避	适用	多数不适用

第二节　民事证据的分类

1. [答案] BD　　[难度] 难

[考点] 本证与反证、电子数据、证明责任分配

[命题和解题思路] 证据和证明制度向来是客观题命题的重点，本题以借款合同纠纷为素材，对本证与反证的识别、电子数据与书证的区别、私文书证真实性证明等知识点予以综合考查。判断 A 选项和 B 选项的关键在于确定证明责任分配，还涉及对双方主张的性质属于抗辩还是否认的判

断，难度颇高；选项 C 和选项 D 均有司法解释的明文规定，相对简单。解题的难点在于判断甲公司后面主张的性质属于附理由的否认而非抗辩。

[选项分析] **本证，是指对待证事实负有证明责任的一方当事人提出的、用以证明其主张事实存在的证据。**据此，判断是否为本证，应首先判断待证事实的证明责任分配。前一份借款合同用于证明乙公司向甲公司的借款事实，《民诉解释》第91条第1项规定，人民法院应当依照下列原则确定举证证明责任的承担，但法律另有规定的除外：主张法律关系存在的当事人，应当对产生该法律关系的基本事实承担举证证明责任。据此，甲公司主张乙公司向其借款，应就其与乙公司之间存在借款合同法律关系的事实承担证明责任，前一份借款合同为本证。《民诉解释》第91条第2项规定，人民法院应当依照下列原则确定举证证明责任的承担，但法律另有规定的除外：主张法律关系变更、消灭或者权利受到妨害的当事人，应当对该法律关系变更、消灭或者权利受到妨害的基本事实承担举证证明责任。据此，乙公司主张该笔借款已经清偿，其应就借款已清偿的事实承担证明责任，因此转账记录属于本证。后一份借款合同用于证明丙公司向甲公司的借款事实，这对于前一笔借款已清偿事实而言属于附理由的否认，甲公司对此不承担证明责任。因此后一份借款合同并非本证。综上，选项 A 错误；选项 B 正确。

《民事证据规定》第92条第1款规定，私文书证的真实性，由主张以私文书证证明案件事实的当事人承担举证责任。据此，借款合同属于私文书证，甲公司提交借款合同用以证明丙公司向其借款，因此应由甲公司对借款合同的真实性承担举证责任。C 选项错误。

《民诉解释》第116条第2款规定，电子数据是指通过电子邮件、电子数据交换、网上聊天记录、博客、微博客、手机短信、电子签名、域名等形成或者存储在电子介质中的信息。据此，网上银行转账记录是形成或者存储在电子介质中的信息，属于电子数据。又根据《民事证据规定》第15条第2款规定，当事人以电子数据作为证据的，应当提供原件。电子数据的制作者制作的与原件一致的副本，或者直接来源于电子数据的打印件或其他可以显示、识别的输出介质，视为电子数据的原件。据此，网上银行转账记录的打印

件仍为电子数据，可视为原件。D 选项正确。

2. [答案] ACD　　[难度] 中

[考点] 本证与反证、直接证据与间接证据、原始证据与传来证据

[命题和解题思路] 本题以银行转账凭证为素材，考查证据的学理分类。本题属于证据理论题，并无法律依据。解题的关键是准确把握证据各类学理分类的内涵，再结合待证事实予以判断。

[选项分析] 根据证据与待证事实之间联系的不同，可将证据分为直接证据和间接证据。**直接证据，是指能够单独地、直接地证明主要事实的证据。间接证据，是指不能单独、直接证明案件的待证事实，必须与其他证据结合起来才能证明该主要事实的证据。**据此，单独一张银行转账凭证只能证明李某向段某转款的事实，并不能证明段某向李某借款，因此银行转账凭证属于间接证据，不是直接证据。选项 A 正确，选项 B 错误。

按照证据的来源，可以将证据分为原始证据和传来证据。**原始证据，是指直接来源于案件事实的证据，即所谓的第一手资料。传来证据，是指从原始证据中派生出来的证据，又称派生证据。**据此，李某向法院提交的是复印的银行转账凭证，显然属于传来证据。选项 C 正确。

根据证据与证明责任之间的关系，可将证据分为本证与反证。本证，是指对待证事实负有证明责任的一方当事人提出的、用以证明其主张事实存在的证据。反证，是指不负证明责任的当事人提出的证明对方主张的事实不真实的证据。据此，李某起诉段某还款，李某应就其与段某之间存在借款合同关系的事实承担证明责任，李某提供的银行转账凭证可以证明其主张，属于本证。选项 D 正确。

3. [答案] C　　[难度] 难

[考点] 本证与反证（划分的标准）、免于证明的事实、证明责任的分配（最高人民法院相关司法解释中关于当事人举证责任承担的有关规定）

[命题和解题思路] 证据制度无疑是民诉部分的重点内容。命题人通过编制小案例，采用"组合拳"方式对证据部分的三个考点进行考查。试题既考查证据理论，又涉及法律规定，考查内容兼具深度与广度，采用否定式设问形式又进一步提高了试题难度。考生欲正确解题，需要全面了解证明责任分配的一般原理、自认的认定以及本

证与反证的识别等证据学基础理论。

[选项分析] 选项 A 考查证明责任的分配规则。《民诉解释》第 91 条第 1 项规定，主张法律关系存在的当事人，应当对产生该法律关系的基本事实承担举证证明责任。据此，王某主张钱某向其借款，实则是主张双方之间存在借款合同关系，应当由王某承担钱某向其借款事实的证明责任。选项 A 说法正确，不选。

选项 B 考查自认的认定。《民诉解释》第 92 条规定，一方当事人在法庭审理中，或者在起诉状、答辩状、代理词等书面材料中，对于己不利的事实明确表示承认的，另一方当事人无需举证证明。据此，自认是指一方当事人对另一方当事人主张的于己不利案件事实予以承认。钱某提供收条证明已经归还了王某的借款，还款的前提是借款，这相当于钱某已经承认向王某借款的事实。选项 B 说法正确，不选。

选项 C 和 D 均考查本证与反证的识别。本证是负担证明责任一方提供的用于证明其主张的事实为真实的证据；反证是不负担证明责任的一方提出的用于证明对方主张的事实不真实的证据。本证和反证是对证据的一种学理分类，其隐含的前提是该证据符合客观性、关联性和合法性要求。收条与借款事实无关，不符合证据的关联性要求，不能作为借款事实的证据。因此，收条既非借款事实的本证，也非借款事实的反证。选项 C 错误，为正确答案。

根据《民诉解释》第 91 条第 2 项的规定，主张法律关系变更、消灭或者权利受到妨害的当事人，应当对该法律关系变更、消灭或者权利受到妨害的基本事实承担举证证明责任。据此，钱某主张 5 万元的借贷法律关系已因清偿而消灭，应由钱某承担借款已被清偿事实的证明责任，而钱某提交的收条可以证明其还款事实。因此，收条是案件还款事实的本证。选项 D 正确，不选。

易混淆点解析

本证和反证是按照证据与证明责任承担者的关系所作的分类。本证，是指支持承担证明责任者主张的证据；反证，是指否定承担证明责任者主张的证据。本证和反证的划分与提出主体无关，不能认为原告提交的是本证，被告提交的是反证。对于本证和反证的分类，要结合具体待证

事实作出判断。因此，识别本证和反证的"三部曲"是：首先厘清案件的待证事实；其次分析该待证事实的证明责任分配；最后看当事人提交的证据支持还是否定承担证明责任者的主张。此外，本证和反证是对证据的学理分类，其划分的预设前提是该证据可以作为定案依据，即该证据对待证事实而言存在证据能力。如果某份证据与待证事实之间缺乏客观性、关联性或者合法性，则其不能成为定案依据，也当然不存在本证和反证的划分问题。

4. [答案] ABCD　　[难度] 中

[考点] 书证（书证的提出）、原始证据与传来证据（划分的标准）

[命题和解题思路] 《民诉解释》新增规定了对妨害证明行为的处理，对提交书证原件有困难的情形、责令提交书证等予以细化规定。命题人精心设计，将书证的提出、证据的学理分类、违反文书提出命令的法律后果和妨害证明行为的表现形式等知识点融入一个案例予以考查。四个选项涉及四个知识点，题目考查范围广，内容兼具证据理论和法律规定，难度较高。考生解答本题，既要准确掌握《民诉解释》的有关规定，还应深入领会证据的学理分类。相关知识点已连续两年考查，备考时认真研究历年真题，当可从容应对本题。

[选项分析] 选项 A 考查书证提出规则。《民诉解释》第 111 条规定，原件在对方当事人控制之下，经合法通知提交而拒不提交的，人民法院应当结合其他证据和案件具体情况，审查判断书证复制品等能否作为认定案件事实的根据。借条原件在汪某手中，经法院通知而拒不提交，导致叶某无法提交借条原件。刘某的证言也证实了汪某向叶某借款的事实，法院可以根据叶某提交的借条复印件，结合刘某的证言对借款事实作出审查判断。选项 A 正确。

选项 B 考查原始证据与传来证据的识别。传来证据是指从原始证据中派生出来的证据，书证的原件是原始证据，复印件属于典型的传来证据。叶某提交的借条可以证明汪某向叶某借款 3 万元的事实。选项 B 正确。

选项 C 考查违反文书提出命令的法律后果。

《民诉解释》第112条规定，书证在对方当事人控制之下的，承担举证证明责任的当事人可以在举证期限届满前书面申请人民法院责令对方当事人提交。申请理由成立的，人民法院应当责令对方当事人提交，因提交书证所产生的费用，由申请人负担。对方当事人无正当理由拒不提交的，人民法院可以认定申请人所主张的书证内容为真实。据此，证明3万元借款事实的借条原件在汪某手中，汪某无正当理由拒不提交，法院可以认定叶某主张汪某向其借款3万元的事实为真实。选项C正确。

选项D考查妨害证明行为的表现形式。《民诉解释》第113条规定，持有书证的当事人以妨碍对方当事人使用为目的，毁灭有关书证或者实施其他致使书证不能使用行为的，人民法院可以依照《民事诉讼法》第114条规定，对其处以罚款、拘留。汪某是借条的持有人，为防止叶某使用该借条，故意将借条原件烧毁，法院可对其罚款、拘留。选项D正确。

易混淆点解析

文书提出命令和妨害证明行为均适用于持有书证的当事人，但两者存在以下差异：

不同点	文书提出命令	妨害证明行为
适用情形	书证在非承担证明责任的一方当事人控制之下	毁灭有关书证或者实施其他致使书证不能使用的行为
法律后果	无正当理由拒不提交，法院可以认定申请人所主张的书证内容为真实	罚款、拘留；法院认定对方当事人主张以该书证证明的事实为真实

第三节　证据保全

[答案] D　　[难度] 中

[考点] 证据保全的程序、证据保全的措施、保全的种类（诉前保全）

[命题和解题思路] 2012年《民事诉讼法》修正时明确规定了诉前证据保全的管辖法院、证据保全与其他保全制度的关联性，2013年考试大纲增加"行为保全程序"考点。命题人以此为契机，编写小案例对诉前证据保全和诉前行为保全制度进行综合考查。指令句中"诉前保全"明确

了本题的考查范围，在选项判断时要避免与诉讼中保全规定混淆。考生只要熟悉证据保全的新规定和行为保全的程序规则，运用排除法不难作出正确选择。

[选项分析] 选项A是重点干扰项。选项中需要作出判断的法院较多，诉前证据保全的管辖法院也比较多，考生需要结合证据保全、特殊地域管辖等知识点作出准确选择。根据《民事诉讼法》第84条第2款的规定，申请诉前证据保全，利害关系人可以向证据所在地、被申请人住所地或者对案件有管辖权的人民法院提出。本案需要保全的证据是甜橙，证据所在地也就是甜橙所在地。题干信息并未明示该批甜橙送往何处，如果甜橙在买受人吴某所在的甲县，那么证据所在地的甲县法院可以作为管辖法院；如果甜橙送往其他地方，则甲县法院不享有管辖权。因信息不完整，考生对甲县法院是否具有管辖权难以作出准确的判断，这是本题命制的不严谨之处。被申请人住所地是宝丰公司所在的乙县，乙县法院可以成为管辖法院。本案是合同纠纷，有管辖权的法院包括被告住所地或者合同履行地。被告住所地很明显是乙县。确定合同履行地采取当事人约定优先原则，但从题干表述无法确定双方约定的合同履行地。《民诉解释》第18条第2款规定，合同对履行地点没有约定或约定不明确，其他标的以履行义务一方所在地为合同履行地。履行交付甜橙义务的是宝丰公司，其所在的乙县视为合同履行地，对本案享有管辖权。丙县是合同签订地，与《民事诉讼法》第84条第2款确定的三类管辖地均无关，丙县法院不能成为本案诉前证据保全的管辖法院。因此，选项A错误。

选项B考查了民事诉讼中三类保全制度的程序关联性。法律并未直接规定诉前证据保全裁定的时限，《民事诉讼法》第84条第3款规定，无明文规定时，证据保全适用民事诉讼法第九章保全的有关规定。而《民事诉讼法》第104条第2款明确规定，人民法院接受诉前财产保全申请后，必须在48小时内作出裁定。因此，对于诉前证据保全，法院也应当在48小时内作出裁定。选项B错误。

选项C考查了诉前行为保全的启动方式。根据题干交代，吴某并未向法院起诉，因此必须在"诉前"时间范围内考虑行为保全的启动方式。诉前证据保全、诉前财产保全和诉前行为保全均只能由利

害关系人申请启动，法院不得依职权适用。选项 C 提出法院主动采取行为保全措施的表述错误。

选项 D 考查了证据保全的法律后果。证据保全制度的功能在于通过法院采取措施保护证据的证明力，使与案件有关的事实材料不因毁损、灭失等情形而无法取得或者丧失证明作用，从而满足当事人证明案件事实和法院查明案件事实的需要。被保全的证据既然已被法院掌握，就该证据能够证明的待证事实，在诉讼中当事人自然不需要再提供其他证据证明。本案中，被保全证据的证明对象是甜橙的损坏状况，就该事实当事人不再承担提供证据责任。选项 D 为正确答案。

易混淆点解析 诉前证据保全和诉讼中证据保全的不同点详见下表。

不同点	诉前证据保全	诉讼中证据保全
申请时间	提起诉讼或者申请仲裁前提出	举证期限届满前书面提出
适用情形	情况紧急，证据可能灭失或以后难以取得	证据可能灭失或者以后难以取得
启动主体	利害关系人申请	当事人提出申请或者法院依职权启动
管辖法院	证据所在地、被申请人住所地或者对案件有管辖权的人民法院	案件审理法院
采取措施的时限要求	在 48 小时内作出裁定，并立即执行	情况紧急时，在 48 小时内作出保全裁定，并立即开始执行

第八章　民事诉讼中的证明

试　题

第一节　证明对象

📶 **1.** 向某在甲超市购买乙公司生产的方便面，因方便面质量不达标，向某将甲超市诉至法院，要求其承担赔偿责任。经甲超市申请，法院通知乙公司作为共同被告参加诉讼。乙公司在庭前向法院提交的答辩状中承认该批方便面质量不达标，但开庭时乙公司主张答辩状所作陈述是之前聘请的律师笔误所致，与事实不符，现已更换律师，要求撤销之前的承认。甲超市称自己不知情，不发表意见。关于本案，下列哪些说法是正确的？（2022 年回忆版）

　　A. 乙公司在答辩状中承认的事实构成自认

　　B. 甲超市不发表意见构成拟制自认

　　C. 乙公司的自认对甲超市不发生效力

　　D. 乙公司撤销自认，法庭不应准许

📶 **2.** 宋某向吕某借款 60 万元，期限 2 年，黄某提供连带保证。宋某只在第一年还款 6 万元，后吕某持宋某欠其 60 万元的借条起诉，称双方口头约定 10% 的利息，偿还的 6 万元乃第一年的利息，请求法院判令两被告归还 60 万元借款本金以及第二年的利息共 66 万元。第一次开庭时，宋某承认 6 万元是利息，第二次开庭时，宋某改口称双方未约定利息，第一年还款 6 万元属于本金，现只欠吕某 54 万元。黄某始终拒绝承认约定过利息。各方均无其他证据。关于本案，下列表述正确的是：（2021 年回忆版）

　　A. 宋某第一次自认有效，应向吕某归还 66 万元

　　B. 黄某未承认约定利息的事实，宋某的表述不构成自认，应归还 54 万元

　　C. 黄某应承担 60 万元的担保责任

　　D. 黄某应与宋某一并向吕某归还 54 万元

📶 **3.** 王某向李某借款 5 万元未归还，李某起诉王某还款。关于借款事实，下列哪些情形构成王某的自认？（2020 年回忆版）

　　A. 王某在庭审中说，那天确实向许多同事借了钱，但是法官再问其是否向李某借过钱时，王某回答，确实记不清了。法官解释说明后，其仍然坚持该说法

B. 证据交换过程中王某承认借钱的事实，庭审中王某说自己已经还钱，李某不予承认。王某说："李某不承认我已还钱，我便不承认向其借过钱"

C. 庭审结束回家路上李某遇到王某，王某说："你说我借了你 5 万元，这是不争的事实，但法官问我的时候，我就不承认，气死你！"

D. 李某向法庭提供了一份起诉前王某亲笔书写其向李某借钱的书面材料，里面详细记载了借钱经过

📶 *4.* 常某将高某打伤，高某起诉要求赔偿。常某聘请刘律师作为其代理人，代理权限为一般授权，授权委托书并未写明禁止自认。开庭时常某因故未到庭，刘律师承认常某打了高某，但辩称是紧急避险行为。关于本案中刘律师的行为，下列哪些表述是正确的？（2019 年回忆版）

A. 构成自认

B. 不构成自认

C. 对法院有拘束力

D. 对法院没有拘束力

📶 *5.* 秦某向岳某借款 10 万元，因彼此熟识，并未出具借条。后秦某拒不还款，岳某约其面谈并用录音笔私自将谈话过程录音。谈话中秦某承认借款 10 万元，但请求岳某免除 1 万元利息。因协商无果，岳某向法院起诉秦某要求还款，并将该录音材料剪辑后提交法院。关于该录音材料的认定，下列哪一说法是正确的？（2018 年回忆版）

A. 未经秦某同意录制，不能作为证据使用

B. 经过剪辑存在疑点，不能作为证据使用

C. 仅凭该录音，法院不能认定秦某向岳某借款事实

D. 秦某承认借款 10 万元的事实属于自认

📶 *6.* 刘月购买甲公司的化肥，使用后农作物生长异常。刘月向法院起诉，要求甲公司退款并赔偿损失。诉讼中甲公司否认刘月的损失是因其出售的化肥质量问题造成的，刘月向法院提供了本村吴某起诉甲公司损害赔偿案件的判决书，以证明甲公司出售的化肥有质量问题且与其所受损害有因果关系。关于本案刘月所受损害与使用甲公司化肥因果关系的证明责任分配，下列哪一选项是正确的？（2016-3-40）

A. 应由刘月负担有因果关系的证明责任

B. 应由甲公司负担无因果关系的证明责任

C. 应由法院依职权裁量分配证明责任

D. 应由双方当事人协商分担证明责任

📶 *7.* 下列哪一情形可以产生自认的法律后果？（2015-3-40）

A. 被告在答辩状中对原告主张的事实予以承认

B. 被告在诉讼调解过程中对原告主张的事实予以承认，但该调解最终未能成功

C. 被告认可其与原告存在收养关系

D. 被告承认原告主张的事实，但该事实与法院查明的事实不符

第二节　证明责任及分配

📶 *1.* 甲在门口堆放杂物，邻居乙的小孩路过，被倒塌的杂物砸伤。因赔偿协商无果，乙以小孩的名义向法院提起诉讼。诉讼中，甲主张小孩走路时故意将杂物推倒。关于本案证明责任的分配，下列哪些说法是正确的？（2023 年回忆版）

A. 甲堆放杂物倒塌的事实，由乙承担证明责任

B. 小孩被砸伤的事实，由乙承担证明责任

C. 小孩故意将杂物推倒的事实，由甲承担证明责任

D. 甲没有主观过错的事实，由甲承担证明责任

📶 *2.* 甲用向乙转款 1 万元的银行转款凭证作为证据起诉，要求乙返还不当得利。乙辩称该笔转账是甲用来清偿对自己的欠款，并提供双方签订的借款合同予以证明。甲称该笔借款已用现金偿还，银行转款是由于自己错误操作转出。关于本案的证明责任分配，下列哪一主张属于积极主张并应承担证明责任？（2022 年回忆版）

A. 甲提出银行转账是错误操作

B. 甲提出已用现金偿还欠款

C. 乙提出的借款事实

D. 乙提出甲转账系用于还款

📶 *3.* 赵某因借款合同纠纷起诉钱某要求其履行还款义务，并提供钱某书写的借条作为证据。该案由审判员宋某独任审理。关于本案相关事实，下列哪一情形应由钱某承担结果意义上的证明责任？（2020 年回忆版）

A. 钱某举证证明赵某已经免除该笔债务

B. 钱某举证证明其并未向赵某借款

C. 钱某主张借条不真实，提供证人证言予以证明

D. 钱某申请宋某回避，提供宋某与赵某是同学关系的证据

4. 李老太购买大发证券公司发行的理财产品，投资失败导致本金亏损，因索赔被拒绝，李老太以大发公司未尽到投资风险告知义务涉嫌欺诈为由诉请赔偿。诉讼中，关于是否尽到投资风险告知说明义务这一焦点问题，双方各执一词。大发公司称已履行风险告知义务，并提供双方签订的合同原件证明，合同中有李老太亲笔手写"本人明确知悉可能存在本金损失风险"的表述；李老太称这句话是按大发公司员工要求誊写的，但员工并未向其具体告知投资风险。关于本案，下列哪一说法是正确的？（2020 年回忆版）

A. 大发公司是否尽到投资风险告知义务，应由李老太承担证明责任

B. 大发公司提供合同原件后，行为意义上的证明责任转移给李老太

C. 合同原件属于对李老太已完成风险告知义务的间接证据

D. 对本案争议焦点应适用排除一切合理怀疑的证明标准

5. 甲公司的飞机定期为某村喷洒农药驱虫，杨某认为飞机低空飞行产生的噪声影响了其饲养鸡的正常生长，造成损失 10 万元，遂起诉甲公司要求赔偿。关于本案证明责任的分配，下列哪一表述是正确的？（2020 年回忆版）

A. 甲公司有过错，应由甲公司承担证明责任

B. 杨某的损失和飞机喷药不存在因果关系，应由甲公司承担证明责任

C. 杨某的损失和飞机喷药有因果关系，应由杨某承担证明责任

D. 甲公司有过错，应由杨某承担证明责任

6. 齐某向周某出借 5000 元，到期后周某拒不还款，齐某将周某诉至法院。为证明双方的借贷法律关系，齐某向法院提交了银行汇款单，汇款单载明齐某向周某汇款 5000 元。庭审中，周某否认借款事实，辩称该笔汇款是齐某支付购买其二手手机的购机款。关于本案，下列哪些说法是正确的？（2019 年回忆版）

A. 汇款单属于直接证据

B. 汇款单属于间接证据

C. 借款事实应由齐某承担证明责任

D. 汇款是购机款的事实应由周某承担证明责任

7. 薛某雇杨某料理家务。一天，杨某乘电梯去楼下扔掉厨房垃圾时，袋中的碎玻璃严重划伤电梯中的邻居乔某。乔某诉至法院，要求赔偿其各项损失 3 万元。关于本案，下列哪一说法是正确的？（2017-3-40）

A. 乔某应起诉杨某，并承担杨某主观有过错的证明责任

B. 乔某应起诉杨某，由杨某承担其主观无过错的证明责任

C. 乔某应起诉薛某，由薛某承担其主观无过错的证明责任

D. 乔某应起诉薛某，薛某主观是否有过错不是本案的证明对象

8. 主要办事机构在 A 县的五环公司与主要办事机构在 B 县的四海公司于 C 县签订购货合同，约定：货物交付地在 D 县；若合同的履行发生争议，由原告所在地或者合同签订地的基层法院管辖。现五环公司起诉要求四海公司支付货款。四海公司辩称已将货款交给五环公司业务员付某。五环公司承认付某是本公司业务员，但认为其无权代理本公司收取货款，且付某也没有将四海公司声称的货款交给本公司。四海公司向法庭出示了盖有五环公司印章的授权委托书，证明付某有权代理五环公司收取货款，但五环公司对该授权书的真实性不予认可。根据案情，法院依当事人的申请通知付某参加（参与）了诉讼。本案需要由四海公司承担证明责任的事实包括：（2015-3-96）

A. 四海公司已经将货款交付给了五环公司业务员付某

B. 付某是五环公司业务员

C. 五环公司授权付某代理收取货款

D. 付某将收取的货款交到五环公司

9. 下列关于证明的哪一表述是正确的？（2014-3-45）

A. 经过公证的书证，其证明力一般大于传来

证据和间接证据

　　B. 经验法则可验证的事实都不需要当事人证明

　　C. 在法国居住的雷诺委托赵律师代理在我国的民事诉讼，其授权委托书需要经法国公证机关证明，并经我国驻法国使领馆认证后，方发生效力

　　D. 证明责任是一种不利的后果，会随着诉讼的进行，在当事人之间来回移转

第三节　证明程序

1. 王某起诉李某要求清偿借款，李某主张该笔欠款已经偿还。为证明其主张，李某向法院提交了一张有王某签名的收条，王某提出其签名系伪造。关于本案收条的证明，下列哪些说法是正确的？（2021年回忆版）

　　A. 王某对收条的真实性承担证明责任

　　B. 李某对收条的真实性承担证明责任

　　C. 王某对签名为假承担提供证据责任

　　D. 李某对签名为真承担提供证据责任

2. 李某起诉王某要求返还10万元借款并支付利息5000元，并向法院提交了王某亲笔书写的借条。王某辩称，已还2万元，李某还出具了收条，但王某并未在法院要求的时间内提交证据。法院一审判决王某返还李某10万元并支付5000元利息，王某不服提起上诉，并称一审期间未找到收条，现找到了并提交法院。关于王某迟延提交收条的法律后果，下列哪一选项是正确的？（2016-3-41）

　　A. 因不属于新证据，法院不予采纳

　　B. 法院应采纳该证据，并对王某进行训诫

　　C. 如果李某同意，法院可以采纳该证据

　　D. 法院应当责令王某说明理由，视情况决定是否采纳该证据

3. 张志军与邻居王昌因琐事发生争吵并相互殴打，之后，张志军诉至法院要求王昌赔偿医药费等损失共计3000元。在举证期限届满前，张志军向法院申请事发时在场的方强（26岁）、路芳（30岁）、蒋勇（13岁）出庭作证，法院准其请求。开庭时，法院要求上列证人签署保证书，方强签署了保证书，路芳拒签保证书，蒋勇未签署保证书。法院因此允许方强、蒋勇出庭作证，未允许路芳出庭作证。张志军在开庭时向法院提供

了路芳的书面证言，法院对该证言不同意组织质证。关于本案，法院的下列哪些做法是合法的？（2015-3-79）

　　A. 批准张志军要求事发时在场人员出庭作证的申请

　　B. 允许蒋勇出庭作证

　　C. 不允许路芳出庭作证

　　D. 对路芳的证言不同意组织质证

4. 大皮公司因买卖纠纷起诉小华公司，双方商定了25天的举证时限，法院认可。时限届满后，小华公司提出还有一份发货单没有提供，申请延长举证时限，被法院驳回。庭审时小华公司向法庭提交该发货单。尽管大皮公司反对，但法院在对小华公司予以罚款后仍对该证据进行质证。下列哪一诉讼行为不符合举证时限的相关规定？（2013-3-40）

　　A. 双方当事人协议确定举证时限

　　B. 双方确定了25天的举证时限

　　C. 小华公司在举证时限届满后申请延长举证时限

　　D. 法院不顾大皮公司反对，依然组织质证

5. 高某诉张某合同纠纷案，终审高某败诉。高某向检察院反映，其在一审中提交了偷录双方谈判过程的录音带，其中有张某承认货物存在严重质量问题的陈述，足以推翻原判，但法院从未组织质证。对此，检察院提起抗诉。关于再审程序中证据的表述，下列哪些选项是正确的？（2013-3-85）

　　A. 再审质证应当由高某、张某和检察院共同进行

　　B. 该录音带属于电子数据，高某应当提交证据原件进行质证

　　C. 虽然该录音带系高某偷录，但仍可作为质证对象

　　D. 如再审法院认定该录音带涉及商业秘密，应当依职权决定不公开质证

详　解

第一节　证明对象

1. [答案] ACD　　[难度] 难
　　[考点] 免于证明的事实

[命题和解题思路] 自认制度近几年每年必考。本题对自认的适用情形、必要共同诉讼人自认、拟制自认的认定、自认的撤销等知识点予以综合考查。选项 A 存在委托代理人自认的情节，了解答辩状应以答辩人本人名义作出即可排除干扰；选项 B 是主要干扰项，涉及"不知陈述"能否认定为拟制自认，法律对此并无明文规定，需要借助于理论通说作答；选项 C 需要借助于本案共同诉讼类型的判断，针对学界争鸣的普通共同诉讼说与类似必要共同诉讼说，可结合《民事证据规定》推导作出判断，本题为多选题，不难判断命题人采用的是普通共同诉讼说。

[选项分析] 选项 A 考查自认的适用情形。《民事证据规定》第 3 条规定，在诉讼过程中，一方当事人陈述的于己不利的事实，或者对于己不利的事实明确表示承认的，另一方当事人无需举证证明。在证据交换、询问、调查过程中，或者在起诉状、答辩状、代理词等书面材料中，当事人明确承认于己不利的事实的，适用前款规定。据此，虽然乙公司主张答辩状所作陈述是之前聘请的律师笔误所致，但答辩状是以答辩人的名义制作，乙公司答辩状中承认该批方便面质量不达标构成自认。选项 A 正确。

选项 B 考查拟制自认的认定。甲超市所作陈述属于"不知陈述"，对于并非当事人亲历的事实，当事人陈述"不知"的，不能认定为拟制自认；如确系当事人亲历或者明知的事实，其陈述"不知"，则可适用拟制自认。根据案情表述，方便面是否质量不达标、乙公司自认是否为律师笔误所致等事实，甲超市并非事件亲历者，其不发表意见，不能认定为拟制自认。选项 B 错误。

选项 C 考查共同诉讼人的自认。《民事证据规定》第 6 条规定，普通共同诉讼中，共同诉讼人中一人或者数人作出的自认，对作出自认的当事人发生效力。必要共同诉讼中，共同诉讼人中一人或者数人作出自认而其他共同诉讼人予以否认的，不发生自认的效力。其他共同诉讼人既不承认也不否认，经审判人员说明并询问后仍然不明确表示意见的，视为全体共同诉讼人的自认。据此，乙公司的自认对甲超市是否发生效力，关键在于对本案共同诉讼类型的判断。本案中产品生产者和销售者承担的是不真正连带责任，根据学界观点，存在类似必要共同诉讼和普通共同诉讼

等争议观点。若认定甲超市和乙公司为类似必要共同诉讼人，因甲超市对乙公司承认的方便面质量不合格事实不予认可，则该事实对甲超市和乙公司均不产生自认的效力，此时无从作答；若认定甲超市和乙公司是普通共同诉讼人，乙公司的自认对甲超市不发生效力。选项 C 正确。

选项 D 考查撤销自认的情形。《民事证据规定》第 9 条第 1 款规定，有下列情形之一，当事人在法庭辩论终结前撤销自认的，人民法院应当准许：（1）经对方当事人同意的；（2）自认是在受胁迫或者重大误解情况下作出的。据此，乙公司撤销自认不符合法定情形，法院不应准许。选项 D 正确。

2. [答案] AC　　[难度] 中
[考点] 免于证明的事实
[命题和解题思路] 共同诉讼人的自认规则是 2019 年《民事证据规定》修正时的新增内容，本题遵循"逢新必考"规律，以连带保证为切入点，考查共同诉讼人的自认规则。正确解答本题，首先根据黄某承担连带保证的表述，判断本案为普通共同诉讼；再结合《民事证据规定》中普通共同诉讼人的自认规则，共同诉讼人的自认仅对自己有效。

[选项分析] 根据学界通说观点，债权人一并起诉债务人和连带保证人，成立普通共同诉讼。《民事证据规定》第 6 条第 1 款规定，普通共同诉讼中，共同诉讼人中一人或者数人作出的自认，对作出自认的当事人发生效力。据此，宋某第一次开庭时承认已还的 6 万元是利息，属于承认于己不利的事实已构成自认，虽然第二次开庭时又改口称未约定利息，但并不符合自认撤回的条件。因此，宋某的第一次自认有效，应向吕某归还 66 万元。选项 A 正确。普通共同诉讼人宋某的自认仅对自己发生效力，黄某始终拒绝承认约定过利息，宋某的自认对黄某无效，黄某只需承担 60 万元借款本金的担保责任。选项 C 正确。

3. [答案] AB　　[难度] 难
[考点] 免于证明的事实
[命题和解题思路] 自认本就属于以往客观题命题的重点，2019 年《民事证据规定》修正时又对自认制度作出较大改动，本题遵循"重者恒重"和"逢新必考"规律，以"一拖四式"小案例形

式对自认的认定作出考查。考查内容涉及拟制自认、自认的时间范围、诉讼外自认等知识点，需要对自认的相关知识点做到活学活用方可正确解题，难度颇高。选项 A 是主要干扰项，考查拟制自认的适用情形，即回答"不记得"时能否产生拟制自认的效果。本题如果直接判断有困难，可以根据诉讼中自认和诉讼外自认的区别用排除法作答。

[选项分析]《民事证据规定》第 4 条规定，一方当事人对于另一方当事人主张的于己不利的事实既不承认也不否认，经审判人员说明并询问后，其仍然不明确表示肯定或者否定的，视为对该事实的承认。据此，王某对法官的询问回答记不清了，这属于既不承认也不否认，王某的行为构成拟制自认。选项 A 为正确答案。

《民事证据规定》第 3 条第 2 款规定，在证据交换、询问、调查过程中，或者在起诉状、答辩状、代理词等书面材料中，当事人明确承认于己不利的事实的，适用前款规定。据此，王某在证据交换过程中承认借款事实，这已经构成自认。虽然其在庭审中反悔，但并不符合自认的撤回条件，其反悔行为无效。选项 B 为正确答案。

《民事证据规定》第 3 条第 1 款规定，在诉讼过程中，一方当事人陈述的于己不利的事实，或者对于己不利的事实明确表示承认的，另一方当事人无需举证证明。据此，自认必须在诉讼过程中作出，方才有自认的效力。口头的自认限于法庭审理、证据交换、询问等诉讼环节中，口头自认应在法官面前表述，并记录于笔录之中。王某在庭审后对李某所说的话不构成自认，选项 C 错误；王某在起诉之前书写的书面材料，亦属于诉讼外自认。选项 D 错误。

4. [答案] AD　　　[难度] 中

[考点] 免于证明的事实

[命题和解题思路] 本题以"一般授权的代理人附条件承认"为切入点，考查自认的认定以及法律后果。根据《民事证据规定》的修改内容，对案情做了适度调整。虽然选项两两互斥设计降低了题目难度，但考查内容偏重理论化，需要根据法律规定作出性质判断，仍有较大难度。根据大陆法系辩论主义的要求，自认事实必须作为裁判基础。由此可见，自认对法院的事实认定有拘束力，但我国并未奉行辩论主义，自认并不能拘束法院的审判行为，在我国更强调自认对对方当事人免证的法律效果。

[选项分析]《民事证据规定》第 5 条第 1 款规定，当事人委托诉讼代理人参加诉讼的，除授权委托书明确排除的事项外，诉讼代理人的自认视为当事人的自认。据此，既然授权委托书并未将自认排除，刘律师的自认视为常某自认。选项 A 正确，选项 B 错误。

刘律师的自认属于附条件的自认。《民事证据规定》第 7 条规定，一方当事人对于另一方当事人主张的于己不利的事实有所限制或者附加条件予以承认的，由人民法院综合案件情况决定是否构成自认。据此，刘律师的表述是否构成自认，由法院裁量决定，对法院并无拘束力。选项 C 错误，选项 D 正确。

5. [答案] C　　　[难度] 中

[考点] 民事证据的特征、认证、免于证明的事实

[命题和解题思路] 本题以"偷录并剪辑的录音材料"为切入点，旨在考查证据的合法性要求以及存有疑点的视听资料的证明力，附带对自认的适用范围予以考查。本题考点略偏，证据的合法性在以往试题中从未涉及，认证也较少命题。解答本题的关键在于对偷录且剪辑过的录音材料进行法律定性，即结合民事非法证据排除规则和认证规则作出具体判断。

[选项分析] 证据必须符合客观性、关联性和合法性要求。根据材料表述，该录音材料的客观性和关联性并无疑问，对于偷录的录音材料主要看是否符合合法性要求。《民诉解释》第 106 条规定，对以严重侵害他人合法权益、违反法律禁止性规定或者严重违背公序良俗的方法形成或者获取的证据，不得作为认定案件事实的根据。据此，是否征得被录制人同意，并不是合法性的判断标准。换言之，即便未经秦某同意，偷录的录音材料只要符合证据"三性"要求，仍可作为证据使用。选项 A 错误。

《民事证据规定》第 90 条第 4 项规定，存有疑点的视听资料、电子数据，不能单独作为认定案件事实的根据。据此，有疑点的视听资料并非不能作为证据使用，而是需要其他证据补强，仅

凭该录音不能认定借款事实。选项 B 错误，选项 C 为正确答案。

虽然根据诉讼法理论，自认可分为诉讼中自认和诉讼外自认，但是法考中只涉及诉讼中自认，即试题中的自认指的就是诉讼中自认。《民诉解释》第 92 条第 1 款规定，一方当事人在法庭审理中，或者在起诉状、答辩状、代理词等书面材料中，对于己不利的事实明确表示承认的，另一方当事人无需举证证明。据此，**自认只能在诉讼文书或者庭审中作出，秦某承认借款事实不构成自认**。选项 D 错误。

6. ［答案］B ［难度］难

［考点］免于证明的事实

［命题和解题思路］命题人采用案例题形式，对预决事实的法律效力进行考查。本题的难点在于准确判断命题人的考查意图，考生如果未能深入研究题干表述，"自作聪明"地认为本题考查产品责任中因果关系的证明责任分配规则，那就会误选 A 项。"刘月向法院提供吴某起诉甲公司损害赔偿案件的判决书"是解题关键信息，意在告诉考生该判决书对于因果关系的认定属于预决事实，而预决事实属于相对免证的事实，允许对方当事人运用相反的证据推翻或反驳。具言之，此时甲公司应当承担不存在因果关系的证明责任。考生照此逻辑解题，必能拨云见日，顺利拿分。

题外话：从命题技术来讲，法考基本要求"惜字如金"。命题人如果要考查产品责任因果关系的证明责任分配，那么题干有一半的信息都是无用的。在你暗笑题干信息"啰唆"时，一定要慎之又慎，命题人擅长在考生麻痹大意时给你"温柔而致命的一刀"。切记命题人给定的材料要么是解题必备信息，要么是命题干扰信息，绝对不可能无用。

［选项分析］《民诉解释》第 93 条第 1 款第 5 项规定，已为人民法院发生法律效力的裁判所确认的事实，当事人无须举证证明。吴某起诉甲公司损害赔偿案件的判决书，已经确认甲公司出售的化肥有质量问题且与吴某所受损害存在因果关系。因此，对于因果关系，刘月无需承担证明责任。选项 A 错误。

《民诉解释》第 93 条第 2 款已为人民

法院发生法律效力的裁判所确认的事实，如果对方当事人有相反证据足以推翻，则不免除当事人的举证责任。据此，原则上刘月无需对因果关系承担证明责任，转而应由甲公司提供相反证据推翻预决事实确认的因果关系。换言之，甲公司应当承担刘月所受损害与使用甲公司化肥无因果关系的证明责任。选项 B 为正确答案。

"证明责任之所在，败诉之所在"，因证明责任分配事关重大，必须是由法律、法规或者司法解释预先明确规定，不能由法院依职权裁量分配。2001 年《民事证据规定》第 7 条规定了法院裁量分配证明责任制度，但 2019 年《民事证据规定》修正后已删除。选项 C 错误。

根据诉讼法原理，**证明责任分配是由法律、法规或者司法解释预先确定的，当事人无权约定**。选项 D 错误。

7. ［答案］A ［难度］易

［考点］免于证明的事实

［命题和解题思路］自认是法考的命题重点，本题对自认的表现形式、调解中自认的效力、自认的适用范围等知识点进行综合考查。本题采用表述题形式，选项内容基本是对司法解释规定的简单重述，未设置答题陷阱，这是典型的送分题。考生如果熟悉《民诉解释》有关自认的规定，面对本题将会轻松拿分。

［选项分析］选项 A 考查自认的表现形式。《民诉解释》第 92 条第 1 款规定，一方当事人在法庭审理中，或者在起诉状、答辩状、代理词等书面材料中，对于己不利的事实明确表示承认的，另一方当事人无需举证证明。据此，当事人自认的途径多样，可以在庭审或者有关法律文书中自认。选项 A 正确。

选项 B 考查调解中的自认效力。《民诉解释》第 107 条规定，在诉讼中，当事人为达成调解协议或者和解协议作出妥协而认可的事实，不得在后续的诉讼中作为对其不利的根据，但法律另有规定或者当事人均同意的除外。被告在法院调解中对原告主张事实的承认，在后续诉讼中不产生自认的法律效果。选项 B 错误。

选项 C 考查自认的适用范围。《民诉解释》第 92 条第 2 款规定，对于涉及身份关系、国家利益、社会公共利益等应当由人民法院依职权调查的事实，不适用前款自认的规定。收养关系属于身份关系，不适用自认规则。选项 C 错误。

选项 D 同样考查自认的适用范围。《民诉解释》第 92 条第 3 款规定，自认的事实与查明的事实不符的，人民法院不予确认。据此，被告对原告主张事实的自认与法院查明的事实不符时，不产生自认的法律效果。选项 D 错误。

第二节　证明责任及分配

1. ［答案］ABCD　　［难度］中

［考点］证明责任的特殊分配

［命题和解题思路］本题高度类似于 2012 年的一道真题，以堆放物倒塌侵权为素材，对加害行为、损害结果、过错以及免责事由等要件事实的证明责任分配规则予以考查。欲正确解题，应当首先判断各个选项所述事实的法律意义，再结合堆放物倒塌侵权中过错要件倒置的特殊规定与证明责任一般分配规则的适用关系予以分析。

［选项分析］《民诉解释》第 91 条第 1 项规定，人民法院应当依照下列原则确定举证证明责任的承担，但法律另有规定的除外：主张法律关系存在的当事人，应当对产生该法律关系的基本事实承担举证证明责任。据此，乙主张甲堆放物倒塌侵权，除了过错要件倒置外，原告方应当就产生侵权法律关系的基本事实承担证明责任，即原告方应就加害行为、损害结果和因果关系承担证明责任。甲堆放杂物倒塌属于加害行为事实、小孩被砸伤属于损害结果事实，两者均应由乙承担证明责任。选项 A 和选项 B 均正确。

《民法典》第 1174 条规定，损害是因受害人故意造成的，行为人不承担责任。《民诉解释》第 91 条第 2 项规定，人民法院应当依照下列原则确定举证证明责任的承担，但法律另有规定的除外：主张法律关系变更、消灭或者权利受到妨害的当事人，应当对该法律关系变更、消灭或者权利受到妨害的基本事实承担举证证明责任。据此，小孩故意将杂物推倒属于免责事由，属于权利受到妨害的事实，应由主张者被告甲承担证明责任。选项 C 正确。

《民法典》第 1255 条规定，堆放物倒塌、滚落或者滑落造成他人损害，堆放人不能证明自己没有过错的，应当承担侵权责任。据此，堆放物倒塌侵权案件采用过错推定原则，应由堆放人甲对其无过错承担证明责任。选项 D 正确。

2. ［答案］B　　［难度］难

［考点］证明责任的分配

［命题和解题思路］证明责任的分配属于每年必考考点，本题以不当得利为素材，考查不当得利中"没有法律依据"要件事实的证明责任分配。这是司法实务的难点，也是学界争鸣的焦点。根据证明责任分配基本原理，若无实体法关于证明责任倒置的特别规定，应适用《民诉解释》第 91 条规定的一般规则，即原告应当对不当得利的全部构成要件承担证明责任。"没有法律依据"属于评价性要件，应由原告证明其基础事实，即原告应证明其作出给付行为的给付原因嗣后丧失，换言之，甲应证明其已用现金清偿欠款。循此思路，可排除干扰准确作答。

［选项分析］《民法典》第 985 条规定，得利人没有法律根据取得不当利益的，受损失的人可以请求得利人返还取得的利益。据此，不当得利返还请求权包含四项构成要件，即一方取得利益、他方受到损失、取得利益与受到损失之间存在因果关系以及获利没有法律根据。又根据《民诉解释》第 91 条规定，人民法院应当依照下列原则确定举证证明责任的承担，但法律另有规定的除外：（1）主张法律关系存在的当事人，应当对产生该法律关系的基本事实承担举证证明责任；（2）主张法律关系变更、消灭或者权利受到妨害的当事人，应当对该法律关系变更、消灭或者权利受到妨害的基本事实承担举证证明责任。据此，甲要求乙返还不当得利，其主张双方之间存在不当得利法律关系，应由原告甲就不当得利的四个构成要件事实承担证明责任。根据学者观点，按记载内容抽象度的不同，实体法构成要件包含事实性要件与评价性要件两类。前者以某一特定的社会事实为原型，在诉讼中可以直接作为证明对象；后者则正好相反，其并非以某一特定的社会事实为原型，而是对各种社会事实进行推断而得出的一种价值判断，在诉讼中也不可直接作为证明对象。① 据此，一方取得利益、他方受到损失、取得利益与受到损失之间存在因果关系属于事实性

---

① 参见许可：《民事审判方法——要件事实引论》，法律出版社 2009 年版，第 24-25 页。

要件，原告只要能够证明存在给付事实，也就能够使这三项事实性要件得以认定。

据此，原告应就其向乙转款 1 万元的事实承担证明责任，至于是否属于错误操作，不属于要件事实，甲无须承担证明责任，选项 A 错误。

对于"没有法律根据"这项评价性要件来说，其对应的基础事实是原告作出的给付行为欠缺给付原因。本案属于给付型不当得利，甲主张对乙的欠款已用现金清偿，这属于给付原因嗣后丧失。因此，甲应当对已用现金清偿欠款的事实承担证明责任，选项 B 为正确答案。

乙主张给付原因未丧失，即双方存在借款合同关系，甲向其转账用于清偿借款，这属于消极主张，乙不需要承担证明责任。选项 C 和 D 均错误。

3. [答案] A   [难度] 难

[考点] 证明责任的概念

[命题和解题思路] 本题考查结果意义上的证明责任的适用条件，属于案例式的理论型考题。考生首先需要准确理解证明责任的双重含义，否则面对设问句将会一头雾水；还需要能够结合具体案例作出判断，正确解题需要面临双重考验，难度颇高。解答本题的关键在于理解结果意义上的证明责任适用于要件事实真伪不明之时，而不适用于间接事实和辅助事实（文书真伪除外）。此外，程序法事实也不存在证明责任适用问题。选项 C 需要借助《民事证据规定》有关私文书证真实性的证明责任分配规则作出判断。

[选项分析] 证明责任是一种不利后果，这种后果只有作为裁判基础的法律要件事实处于真伪不明的状态时才发生作用。要件事实，是指由实体法规范规定的作为某种民事法律关系产生、变更或者消灭的基本要素的事实。据此，钱某主张赵某已免除债务，这属于借款合同法律关系的消灭事实，属于要件事实，钱某应承担结果意义上的证明责任。选项 A 为正确答案。

《民诉解释》第 91 条第 1 项规定，主张法律关系存在的当事人，应当对产生该法律关系的基本事实承担举证证明责任。据此，双方之间是否存在借款合同关系，应由主张者赵某承担结果意义上的证明责任，钱某否认存在借款事实，无需承担结果意义上的证明责任。选项 B 错误。

根据大陆法系民诉理论，作为辅助事实的文书真伪事实，当事人需要承担证明责任。《民事证据规定》第 92 条第 1 款规定，私文书证的真实性，由主张以私文书证证明案件事实的当事人承担举证责任。据此，赵某提供借条用以证明其与钱某之间存在借款合同关系，应由赵某就借条的真实性承担证明责任，钱某不承担证明责任。选项 C 错误。

是否需要回避属于程序法事实，不属于要件事实。钱某无需承担结果意义上的证明责任。选项 D 错误。

4. [答案] C   [难度] 难

[考点] 证明责任的分配、直接证据与间接证据、民事诉讼的证明标准

[命题和解题思路] 本题以《九民纪要》规定的金融消费者权益保护纠纷为切入点，对证明责任分配、证据的学理分类、证明标准等证据理论予以综合考查。本题属于理论型考题，需要对证据理论做到活学活用才能得分，难度颇高。《九民纪要》确实是命题宝藏，民事实体法和程序法均可在其中找到合适的命题素材。若不了解《九民纪要》相关规定，可依据证据原理和常识逐一排除后作答。根据双方立场，对于是否尽到风险告知义务，李老太主张未告知，而大发公司则主张已告知，根据"主张积极事实者承担证明责任，主张消极事实者不承担证明责任"的分配原理，很容易排除选项 A。如果说合同中只要金融消费者写上"已知悉风险"这一句话就可以证明履行风险告知义务，那对金融机构而言，任务岂不是太过轻松，据此可排除 B 选项。判断选项 D 要仔细，明确提到对"本案争议焦点"的证明标准，根据题干表述，争议焦点是机构是否尽到风险告知义务，而不是机构存在欺诈行为，不能适用排除合理怀疑的证明标准。

[选项分析] 《九民纪要》第 75 条规定，在案件审理过程中，金融消费者应当对购买产品（或者接受服务）、遭受的损失等事实承担举证责任。卖方机构对其是否履行了适当性义务承担举证责任。据此，是否履行投资风险提示义务应由卖方大发公司承担证明责任。选项 A 错误。

《九民纪要》第 76 条规定，卖方机构简单地以金融消费者手写了诸如"本人明确知悉可能存

在本金损失风险"等内容主张其已经履行了告知说明义务，不能提供其他相关证据的，人民法院对其抗辩理由不予支持。据此，大发公司提供的合同虽然有李老太亲笔书写的风险知悉声明，但大发公司仍需要提供其他证据证明，否则并不能证明其已履行风险告知说明义务。因此，对已履行风险告知义务事实的行为意义上的证明责任仍应由大发公司承担。选项 B 错误。

间接证据，是指不能单独、直接证明案件的待证事实，必须与其他证据结合起来才能证明该待证事实的证据。根据《九民纪要》第 76 条的规定，仅有该合同原件不足以证明公司对李老太完成了风险告知义务。因此，合同原件应为间接证据，而非直接证据。选项 C 为正确答案。

《民诉解释》第 109 条规定，当事人对欺诈、胁迫、恶意串通事实的证明，以及对口头遗嘱或者赠与事实的证明，人民法院确信该待证事实存在的可能性能够排除合理怀疑的，应当认定该事实存在。据此，本案的争议焦点是大发公司是否尽到投资风险告知义务，这明显不同于欺诈事实，因此并不适用排除合理怀疑的证明标准。选项 D 错误。

5. ［答案］B ［难度］中

［考点］证明责任的特殊分配

［命题和解题思路］2019 年《民事证据规定》修正时删除了特殊侵权证明责任倒置的规定，这并不意味着证明责任分配不再是考查重点，只是相关解题依据变为《民法典》等实体法规范而已。解答证明责任分配类试题应首先明确案件的类型，再根据《民法典》等实体法确定案件的要件事实及证明责任分配规则。本题案情看似离奇荒诞，实则属于环境污染侵权中的噪声污染，此类纠纷适用无过错责任原则，过错不属于侵权行为构成要件，因此可以直接排除 AD 两项；再根据《民法典》中环境污染侵权中因果关系倒置的特殊分配规则即可准确作答。本题运用技巧也可排除 AD 两项，因为涉及因果关系和过错的证明责任分配，选项两两互斥，本题只能适用无过错责任原则，若适用过错责任原则，此题将变为多选题。

［选项分析］《民法典》第 1229 条规定，因污染环境、破坏生态造成他人损害的，侵权人应当承担侵权责任。据此，环境污染侵权纠纷适用无过错责任，被告甲公司有过错不属于本案的要件事实，双方无需承担证明责任。选项 AD 均错误。

《民法典》第 1230 条规定，因污染环境、破坏生态发生纠纷，行为人应当就法律规定的不承担责任或者减轻责任的情形及其行为与损害之间不存在因果关系承担举证责任。据此，飞机喷洒农药与小鸡生长异常而造成杨某损失之间不存在因果关系应由甲公司承担证明责任。选项 B 为正确答案，选项 C 错误。

6. ［答案］BC ［难度］中

［考点］直接证据与间接证据、证明责任的分配

［命题和解题思路］证据制度始终是本学科命题的重点，本题考查证据的学理分类和证明责任分配制度。证据的学理分类偶有考查，证明责任分配则每年必考。判断直接证据和间接证据的关键在于确定待证事实，本案的待证事实是"双方之间存在借贷法律关系"，在此基础上，结合直接证据和间接证据的内涵自可作出判断。选项 A 和选项 B 互斥，客观上降低了试题难度。根据《民诉解释》第 91 条证明责任分配的一般原理可对选项 C 作出判断。本题的主要干扰项是选项 D，解题时应首先对周某的主张属于抗辩还是否认作出判断，再结合证明责任分配原理不难准确作答。

［选项分析］直接证据，是指能够单独地、直接地证明待证事实的证据；间接证据，是指不能单独、直接证明案件的待证事实，必须与其他证据结合起来才能证明该待证事实的证据。据此，汇款单能够直接证明齐某向周某转款 5000 元的事实，但其不能直接证明双方之间存在借贷法律关系。因此，就本案的待证事实"双方之间存在借贷法律关系"而言，汇款单属于间接证据。选项 A 错误，选项 B 正确。

《民诉解释》第 91 条第 1 项规定，主张法律关系存在的当事人，应当对产生该法律关系的基本事实承担举证证明责任。据此，原告齐某主张其与被告周某之间存在借贷法律关系，应由齐某承担周某借款事实的证明责任。选项 C 正确。

抗辩，是指在民事诉讼中，不负证明责任的当事人立足于对方当事人所主张的事实而向受诉法院提出的能够排斥该事实所产生之法律效果的事实。附理由的否认（又称积极否认、间接否

认），是指不负证明责任的当事人针对对方当事人所主张的事实向受诉法院陈述了与该事实不能同时成立的事实。据此，抗辩和积极否认的主要区别在于不负证明责任的当事人是否承认可对方当事人主张的事实。齐某主张周某向其借款要求清偿，周某主张该笔汇款是齐某支付购买其二手手机的购机款，这属于对借款事实的积极否认。否认不同于抗辩，主张者对此无须承担证明责任。因此被告周某无须就该笔汇款属于购机款的事实承担证明责任，选项 D 错误。

7. ［答案］D ［难度］中

［考点］原告和被告地位的确定（最高人民法院相关司法解释中有关原告与被告地位的确定）、证明对象的概念与范围

［命题和解题思路］《民诉解释》新增规定了劳务侵权纠纷的当事人确定，命题人以此为素材并结合《民法典》有关劳务关系中侵权责任的规定命制本题。本题又是民事实体法和程序法结合的产物。当事人确定和证明责任分配向来是命题人的"宠儿"，在本题中两者"合力出击"，试题考查面较广，难度较高。考生欲正确解题，需要全面了解《民诉解释》和《民法典》的相关规定，再结合证明对象的范围作出判断。对于证明责任分配选项 D 与前三项互斥，互斥选项解题技巧在此又可"小试牛刀"。

［选项分析］《民诉解释》第 57 条规定，提供劳务一方因劳务造成他人损害，受害人提起诉讼的，以接受劳务一方为被告。据此，提供劳务的杨某造成乔某受伤，乔某应当起诉接受劳务的薛某。因此选项 A 和 B 错误。

《民法典》第 1192 条规定，个人之间形成劳务关系，提供劳务一方因劳务造成他人损害的，由接受劳务一方承担侵权责任。接受劳务一方承担侵权责任后，可以向有故意或者重大过失的提供劳务一方追偿。提供劳务一方因劳务受到损害的，根据双方各自的过错承担相应的责任。据此，接受劳务提供者的责任属于无过错责任。提供劳务的杨某造成乔某受伤，由接受劳务的薛某承担侵权责任，至于薛某主观上是否有过错不是本案的要件事实。因此，薛某主观上是否有过错不是案件的证明对象。选项 C 错误，选项 D 为正确答案。

> **易混淆点解析**
>
> 证明责任是针对要件事实而言的，**判断某事实的证明责任分配，要首先确定该事实是否属于案件的要件事实。**以侵权责任为例，如果某案件适用的是过错责任原则，那过错就属于要件事实，应当由当事人承担证明责任。**普通过错责任中，由受害人承担行为人有过错的证明责任；**在适用过错推定责任时，则由行为人承担自己无过错的证明责任。如果案件适用的是无过错责任，则行为人是否有过错就不属于要件事实，对此任何一方均无需承担证明责任。

8. ［答案］AC ［难度］中

［考点］证明责任的分配（最高人民法院相关司法解释中关于当事人举证责任承担的有关规定）、免于证明的事实

［命题和解题思路］命题人编制案例，让考生分析具体案件事实的证明责任分配，这是证据部分常用的考查套路。命题人也沿用这个路数，以《民诉解释》新增规定的证明责任分配基本原则为素材，考查合同纠纷中货款给付事实的证明责任分配。题目属法条理论兼具型考题，干扰项设置较为巧妙，有一定难度。考生欲正确解题，既需要知晓司法解释有关证明责任分配的相关规定，又要借助于证明责任分配理论。当然，本题命制也有欠严谨之处，选项 A 和 B 部分待证明事实重复，都包含付某是五环公司业务员的事实。严格说来，排除选项 B，那么选项 A 也不应当选。

［选项分析］《民诉解释》第 91 条第 2 项规定，主张法律关系变更、消灭或者权利受到妨害的当事人，应当对该法律关系变更、消灭或者权利受到妨害的基本事实承担举证证明责任。据此，四海公司辩称已经交付货款，其性质是主张其与五环公司的合同法律关系因履行而消灭，因此应由主张法律关系消灭的四海公司对货款已交付的基本事实承担证明责任。选项 A 为正确答案。

选项 B 是重点干扰项，考查自认的法律效果。根据案例表述，五环公司承认付某是其公司的业务员，这是五环公司对付某是其公司业务员事实的自认。根据《民诉解释》第 92 条的规定，一方当事人在法庭审理中，或者在起诉状、答辩状、代理词等书面材料中，对于己不利的事实明确表

示承认的，另一方当事人无需举证证明。据此，四海公司对付某是五环公司的业务员，不再承担证明责任。选项 B 排除。需要指出，如果五环公司对付某是其业务员的事实没有自认，四海公司仍然要对该事实承担证明责任。

四海公司主张付某有权代理五环公司收取货款，而五环公司主张付某无权代理本公司收取货款，其争议实质是付某与五环公司之间是否存在代理关系。《民诉解释》第 91 条第 1 项规定，主张法律关系存在的当事人，应当对产生该法律关系的基本事实承担举证证明责任。据此，应由四海公司对付某获得五环公司授权代收货款事实承担证明责任。选项 C 为正确答案。

选项 D 是重点干扰项，考生正确作答需要借助于证明责任理论。付某有五环公司的授权，四海公司向付某支付货款就相当于向五环公司履行给付货款义务。至于付某是否将货款交给五环公司，这与本案的合同纠纷无法律上的关联，不属于本案的要件事实，而证明责任的分配必须针对案件的要件事实而言。既然不是要件事实，那么在本案中双方当事人对该事实均无需承担证明责任。选项 D 排除。

> **易混淆点解析**
>
> 诉讼中自认与认诺不同。自认，是对对方当事人提出于己不利事实的承认。认诺，是对对方提出诉讼请求的承认。自认的法律效果是对方当事人对该事实无需举证证明，当事人自认后不必然会败诉；认诺的法律效果是认诺方败诉。

9.　［答案］C　　［难度］中

［考点］认证（注意事项）、证明对象的概念与范围、证明责任的概念、涉外民事诉讼程序的一般原则（委托中国律师代理诉讼的原则）

［命题和解题思路］诉讼证明是考试中永恒不变的重点，"民事证据的证明力"是 2012 年增加的考点。命题人以证明为主线，采用一题多问的命题形式对四个考点进行综合考查，试题具有相当的综合性。考查内容既包括法律规定，又涉及诉讼理论，难度较高。命题人对选项 A 采用"移花接木"之法，将三种不同证据证明力规则混在一起进行比较。判断选项 B 时，别忘了"绝对性表达往往错误"的解题技巧。

［选项分析］经过公证的书证属于公文书，其证明力一般大于私文书，但其证明力无法与传来证据和间接证据直接作比较。况且公证的书证也可能属于间接证据或传来证据，无法直接比较公证的书证与传来证据和间接证据的证明力大小。选项 A 错误。

经验法则可以分为日常生活经验法则和不为一般人所知晓的经验法则。《民诉解释》第 93 条规定，根据已知的事实和日常生活经验法则推定出的另一事实，当事人无须举证证明。根据日常生活经验法则推定的事实属于免证事实，如果是不为一般人所知晓的专门知识领域的经验法则，当事人应当举证证明。选项 B 说法绝对，错误。

根据《民事诉讼法》第 275 条的规定，在中华人民共和国领域内没有住所的外国人、无国籍人、外国企业和组织委托中华人民共和国律师或者其他人代理诉讼，从中华人民共和国领域外寄交或者托交的授权委托书，应当经所在国公证机关证明，并经中华人民共和国驻该国使领馆认证，或者履行中华人民共和国与该所在国订立的有关条约中规定的证明手续后，才具有效力。选项 C 为正确答案。

证明责任，是指当事人对自己提出的事实主张，有提出证据并加以证明的责任，如果当事人未能尽到上述责任，则有可能承担对其主张不利的法律后果。证明责任是一种不利后果，这种后果只在作为裁判基础的法律要件事实处于真伪不明状态时才发生作用。证明责任由哪一方当事人承担是由法律、法规或司法解释预先规定的，因此，在诉讼中不存在原告与被告之间相互转移证明责任的问题。选项 D 错误。

> **易混淆点解析**
>
> 提供证据责任是指当事人对自己的主张，有提出证据加以证明的责任。其与证明责任存在明显不同，具体如下：
>
> | 不同点 | 证明责任 | 提供证据责任 |
> | --- | --- | --- |
> | 承担责任的原因 | 审理后要件事实仍然真伪不明，法官必须作出裁判 | 当事人为使法官相信其主张真实，必须提供证据证明 |

续表

不同点	证明责任	提供证据责任
责任在诉讼过程中是否转移	不会转移	随着举证的必要性发生转移
能否由双方当事人负担	只能由一方当事人负担	由双方当事人负担
能否预先进行分配	预先通过法律法规进行分配	无法预先进行分配

第三节　证明程序

1. [答案] BD　　[难度] 中

[考点] 认证

[命题和解题思路] 本题以实践中常见的私文书中签名真伪如何证明为素材，考查私文书证审查认定规则。考查内容是 2019 年《民事证据规定》修正的增加内容，有直接的解题依据，难度不高。两两互斥的选项设计，无形中降低了题目难度。

[选项分析]《民事证据规定》第 92 条第 1 款规定，私文书证的真实性，由主张以私文书证证明案件事实的当事人承担举证责任。据此，收条的真实性应由主张以收条证明欠款已归还事实的李某承担证明责任。选项 A 错误，选项 B 正确。

《民事证据规定》第 92 条第 2 款规定，私文书证由制作者或者其代理人签名、盖章或捺印的，推定为真实。据此，这是关于私文书证形式真实性推定规则，其适用前提是私文书证上的签名应为制作者或其代理人作出，王某指出其签名被伪造，这意味着签名并非其本人所作出，因此不能适用本款规定。因收条的真实性由援引方李某承担举证责任，若要继续适用私文书证形式真实性推定规则，李某应通过申请鉴定等方式举证证明该签名为真。选项 C 错误，选项 D 正确。

2. [答案] B　　[难度] 中

[考点] 举证期限（举证期限的确定）

[命题和解题思路]《民事诉讼法》明确了逾

期举证的多元法律后果，《民诉解释》又对其进行可操作性的细化规定。命题人以案例题形式对当事人逾期提交与案件基本事实有关证据的处理方式进行考查。解答本题的关键点在于准确判断逾期提交"收条"的法律性质，分析其是否属于与案件基本事实有关的证据。选项 C 和 D 中"如果李某同意""视情况决定是否采纳"是干扰信息，命题人用貌似严谨的表述悄然为考生挖下陷阱，不熟悉逾期举证的法律后果很容易误选。

需要指出的是，本题设计似有不周延之处。当事人因客观原因逾期提供证据视为未逾期，从题干表述无法准确判断王某迟延提交收条的成因。因此，王某迟延提交收条是否属于逾期举证尚在两可之间。

[选项分析] 虽说"新证据"不受举证时限的限制，但自从《民事诉讼法》规定了多元化的逾期举证法律后果来看，逾期举证并非只有"新证据"才会被法院采纳。且不论迟延提交的收条是否属于"新证据"，因收条可证明借款已部分清偿的基本事实，法院应当采纳。选项 A 错误。

《民诉解释》第 102 条第 1 款规定，当事人因故意或者重大过失逾期提供的证据，人民法院不予采纳。但该证据与案件基本事实有关的，人民法院应当采纳，并依照《民事诉讼法》第 68 条、第 118 条第 1 款的规定予以训诫、罚款。题干中"收条"可以证明债的履行事实，它是债的消灭原因之一，属于案件的要件事实，也当然是案件基本事实，对此证据，法院必须采纳。根据题干表述，王某非因主观过错逾期提交收条。《民诉解释》第 102 条第 2 款规定，当事人非因故意或者重大过失逾期提供的证据，人民法院应当采纳，并对当事人予以训诫。选项 B 为正确答案。

选项 C 是重点干扰项。逾期举证的法律后果由《民事诉讼法》及司法解释明文规定，法院对逾期提交的证据采纳与否必须依法处理，不受对方当事人的意志限制。"收条"是与案件基本事实有关的证据，无论对方当事人是否同意，法院都必须采纳该证据。选项 C 错误。

法院适用逾期举证后果时，必须考虑当事人主观状态。《民诉解释》第 101 条规定，当事人逾期提供证据的，人民法院应当责令其说明理由，必要时可以要求其提供相应的证据。因此，选项 D 前半句表述正确。但根据《民诉解释》第 102

条第 1 款的规定，与案件基本事实有关的证据，人民法院必须采纳，而非视情况决定是否采纳。选项 D 错误。

逾期举证的法律后果，要结合证明对象和当事人的主观状态综合判断。具体如下：

客观原因	视为未逾期	
主观原因	故意或重大过失	与案件基本事实有关	采纳后训诫、罚款
		与案件基本事实无关	不予采纳
	非故意或重大过失	采纳后训诫	

3. [答案] ABCD　　[难度] 中

[考点] 证据交换与质证

[命题和解题思路] 签署保证书是《民诉解释》的新增制度，命题人以此为素材，以小案例形式对申请证人出庭的时间、签署保证书的例外情形以及拒签保证书的法律后果等知识点进行综合考查，题目具有一定的综合性。考生熟悉《民诉解释》有关证人签署保证书的相关规定，不难做出正确选择。

[选项分析] 选项 A 考查申请证人出庭作证的时间。《民诉解释》第 117 条第 1 款规定，当事人申请证人出庭作证的，应当在举证期限届满前提出。张志军在举证期限届满前申请证人出庭作证，符合法律规定。选项 A 正确。

选项 B 考查签署保证书的例外情形。《民诉解释》第 119 条第 1 款规定，人民法院在证人出庭作证前应当告知其如实作证的义务以及作伪证的法律后果，并责令其签署保证书，但无民事行为能力人和限制民事行为能力人除外。蒋勇 13 岁，属于限制民事行为能力人，可以不签署保证书。法院允许蒋勇出庭作证符合法律规定。选项 B 正确。

选项 C 和 D 考查拒签保证书的法律后果。根据《民诉解释》第 119 条的规定，从年龄看，路芳属于完全民事行为能力人，应当签署保证书。

《民诉解释》第 120 条规定，证人拒绝签署保证书的，不得作证，并自行承担相关费用。路芳拒签保证书，法院不允许路芳出庭作证，符合法律规定。选项 C 正确。拒签保证书的证人不得作证，包括口头、书面、视频等各种作证形式，因此，对于路芳的书面证言，法院也不应当组织质证。选项 D 正确。

在证据部分有关时限的规定均统一为举证期限届满前。具体包括：申请法院调查收集证据、申请证据保全、申请延长举证期限、申请法院责令对方当事人提交书证、申请证人出庭作证、申请鉴定、申请具有专门知识的人出庭。

签署保证书的适用对象是证人和当事人。两者拒签保证书的后果不同：证人拒绝签署保证书的，不得作证，并自行承担相关费用；负有证明责任的当事人拒绝签署保证书，待证事实又欠缺其他证据证明的，人民法院对其主张的事实不予认定。

4. [答案] C　　[难度] 中

[考点] 举证时限（举证时限的确定）

[命题和解题思路] 2012 年《民事诉讼法》修正时，正式以立法形式明确了逾期举证的多元法律后果。法律制度的修改，为本题的命制提供了新素材。考生如果熟悉举证时限的新规定，一眼便能识破选项 D 的考查内容，否则它很可能成为答题陷阱。这就要求考生备考时，对新增法律法规或者对原法律新修改的内容一定要多眼相看。选项 B 考查了举证时限的天数，民事诉讼法中重要的期间规定，备考时要准确记忆。题目是否定式设问，不要误选。

[选项分析] 选项 A 考查了举证期限确定方式。根据《民诉解释》第 99 条第 1 款规定，人民法院应当在审理前的准备阶段确定当事人的举证期限。举证期限可以由当事人协商，并经人民法院准许。概言之，确定举证期限包括法院依职权和当事人协商两种方式，但是最终决定权由法院享有。根据题干表述，双方当事人协议确定举证期限并获得法院认可，该行为完全符合法律规定，不选。

选项 B 考查举证期限长度。根据《民诉解释》第 99 条第 2 款规定，人民法院确定举证期限，第一审普通程序案件不得少于 15 日。该司法解释只是对法院确定的举证期限作出下限规定，当事人协商确定的举证期限并无具体时间要求。因此，当事人双方确定 25 天的举证期限，不违反法律规定，不选。

选项 C 考查延长举证期限申请时间。根据《民诉解释》第 100 条规定，当事人申请延长举证期限的，应当在举证期限届满前向人民法院提出书面申请。据此，小华公司应当在举证期限届满前书面申请延长举证期限，"举证期限届满后"提出申请不符合法律规定，选项 C 为正确答案。

选项 D 为重点干扰项，考查逾期举证的法律后果。考生如果仅凭常识和直觉，看到"法院不顾当事人反对"的表述，很可能得出法院做法违反法律规定的错误判断。本选项的难点在于表述与法条规定不一致，考生要透过选项语言判断其考查内容。未经质证的证据不得作为定案依据，虽然选项表述的是能否组织质证，实则是考查能否采纳逾期提交的证据。根据《民事诉讼法》第 68 条第 2 款规定，当事人逾期提供证据的，人民法院应当责令其说明理由；拒不说明理由或者理由不成立的，人民法院根据不同情形可以不予采纳该证据，或者采纳该证据后予以训诫、罚款。据此，法院在对小华公司予以罚款后仍对该证据进行质证，完全符合法律规定，不选。

> **易混淆点解析**
>
> 对于逾期举证的法律后果，考生要结合当事人的主观状态和证明对象后综合判断。与案件基本事实有关的证据一律不适用证据失权，法院必须采纳，并且不受当事人意志的影响。只不过如果是当事人故意或者重大过失延迟提交与基本事实相关的证据，法官采纳后要训诫、罚款。当事人非因故意或者重大过失延迟提交与基本事实相关的证据，法官采纳后要训诫。

5. [答案] CD　　[难度] 中

[考点] 证据交换与质证、电子数据（电子数据与视听资料的区别）

[命题和解题思路] 电子数据是 2012 年《民事诉讼法》修正时增加的证据类型，2013 年考试大纲自然将其列为新增考点。本题以再审程序为主线，涉及质证的主体、质证的对象、不公开质

证情形、电子数据与视听资料的区别等知识点。命题人并未拘泥于新增考点，对多个考点综合考查增加了试题难度。考生在备考时，对各项民事诉讼制度的主体、对象、适用情形等基础知识必须准确把握，才能有效避免临阵误判。

[选项分析] 选项 A 考查的是质证的主体。《民诉解释》第 103 条第 1 款规定，证据应当在法庭上出示，由当事人互相质证。未经当事人质证的证据，不得作为认定案件事实的根据。据此，质证的主体主要是当事人。法定诉讼代理人具有类似当事人的诉讼地位，法定诉讼代理人也当然是质证的主体。一般情况下，民事案件当事人委托诉讼代理人代为出庭诉讼，本人可以不出庭。因此委托代理人出庭时当然有权质证。综上，当事人和诉讼代理人都是质证的主体。案例中检察院履行的是法律监督职能，不是案件的当事人或代理人，当然不能参与质证活动。选项 A 说法错误。

选项 B 是重点干扰项，考查的是电子数据与视听资料的识别。根据《民诉解释》第 116 条规定，视听资料包括录音资料和影像资料。电子数据是指通过电子邮件、电子数据交换、网上聊天记录、博客、微博客、手机短信、电子签名、域名等形成或者存储在电子介质中的信息。录音带显然属于视听资料。根据《民事证据规定》第 11 条规定，当事人向人民法院提供证据，应当提供原件或者原物。如需自己保存证据原件、原物或者提供原件、原物确有困难的，可以提供经人民法院核对无异的复制件或者复制品。选项 B 前半句说法错误，后半句说法正确。

选项 C 可以从两个角度判断。一是偷录视听资料合法性的认定。根据《民诉解释》第 106 条规定，对以严重侵害他人合法权益、违反法律禁止性规定或者严重违背公序良俗的方法形成或者获取的证据，不得作为认定案件事实的根据。案例中的录音带虽系偷录，但并不违反上述情形，可以成为定案依据，当然要作为质证对象。二是从质证的对象入手分析。质证是当事人对于对方提供证据材料的客观性、关联性、合法性以及证明力进行质辩。质证对象是当事人提交的证据材料。除了失权证据之外，都应当组织质证。通过质证程序对不符合证据"三性"、无证明力的证据予以排除，使其不能成为定案依据。因此，即便高某偷录的录音带不符合合法性要求，仍可成为质证对象，但不

能成为定案依据。选项 C 说法正确，应选。

选项 D 考查的是不公开质证的法定情形。根据《民诉解释》第 103 条第 3 款规定，涉及国家秘密、商业秘密、个人隐私或者法律规定应当保密的证据，不得公开质证。遇有上述情形，无需当事人申请，法院可依职权决定不公开质证。选项 D 说法正确，应选。

易混淆点解析

商业秘密案件在不公开审理时需要当事人提出申请，法院决定是否公开审理。在质证时应当

不公开质证，无需当事人申请。不公开审理和不公开质证的具体情形见下表：

法定不公开审理的情形	申请不公开审理的情形	不公开质证的情形
国家秘密、个人隐私或者法律另有规定的情形	离婚案件、商业秘密案件	国家秘密、商业秘密、个人隐私或者法律规定应当保密的证据

第九章　法院调解

试　题

1. 李某与张某婚后育有一子，后两人因感情不和，张某向法院起诉离婚。法院对孩子抚养权归属组织调解，双方达成一致意见。法院经调查核实，发现此时两人实际年龄均为 20 周岁。关于法院对本案的处理，下列哪些说法是正确的？（2023 年回忆版）

A. 判决准许双方离婚

B. 判决确认婚姻无效

C. 对离婚制作调解书

D. 对抚养权归属制作调解书

2. 赵某诉请与钱某离婚，法院根据双方达成同意离婚的调解协议制作了调解书。钱某因故一直未签收调解书，而赵某签收调解书后，却又不想离婚而欲反悔。关于本案，下列哪些说法是正确的？（2019 年回忆版）

A. 赵某签收后调解书已生效，不能再反悔

B. 如赵某反悔，法院应根据案件事实作出判决

C. 如赵某反悔，法院应依据调解协议作出判决

D. 赵某虽签收调解书，但可以向法院申请撤诉

3. 黄某起诉吕某离婚，诉讼中达成调解协议，双方约定：解除婚姻关系，存款平分，孩子由吕某抚养，两套房屋均分给吕某，黄某每月支付抚

养费 4000 元。法院依据该调解协议制作调解书并送达双方当事人。吕某签收后发现调解书有关房产分割部分误将约定归其所有的两套房屋写成双方各分一套，吕某遂提出异议。关于本案的处理，下列哪一说法是正确的？（2018 年回忆版）

A. 法院审查后认为异议成立，应作出裁定予以补正

B. 法院应收回调解书，重新制作后再送达双方当事人

C. 因当事人对调解书有异议，法院应及时作出判决

D. 吕某可以违反自愿原则为由申请再审

4. 甲公司因合同纠纷向法院提起诉讼，要求乙公司支付货款 280 万元。在法院的主持下，双方达成调解协议。协议约定：乙公司在调解书生效后 10 日内支付 280 万元本金，另支付利息 5 万元。为保证协议履行，双方约定由丙公司为乙公司提供担保，丙公司同意。法院据此制作调解书送达各方，但丙公司反悔拒绝签收。关于本案，下列哪一选项是正确的？（2016-3-42）

A. 调解协议内容尽管超出了当事人诉讼请求，但仍具有合法性

B. 丙公司反悔拒绝签收调解书，法院可以采取留置送达

C. 因丙公司反悔，调解书对其没有效力，但对甲公司、乙公司仍具有约束力

D. 因丙公司反悔，法院应当及时作出判决

5. 达善公司因合同纠纷向甲市 A 区法院起诉美国芙泽公司，经法院调解双方达成调解协议。关于本案的处理，下列哪些选项是正确的？（2016－3－85）

A. 法院应当制作调解书

B. 法院调解书送达双方当事人后即发生法律效力

C. 当事人要求根据调解协议制作判决书的，法院应当予以准许

D. 法院可以将调解协议记入笔录，由双方签字即发生法律效力

6. 关于法院制作的调解书，下列哪一说法是正确的？（2015－3－42）

A. 经法院调解，老李和小李维持收养关系，可不制作调解书

B. 某夫妻解除婚姻关系的调解书生效后，一方以违反自愿为由可申请再审

C. 检察院对调解书的监督方式只能是提出检察建议

D. 执行过程中，达成和解协议的，法院可根据当事人的要求制作成调解书

详 解

1. [答案] BD　　[难度] 中

[考点] 调解的开始

[命题和解题思路] 本题以起诉离婚却存在认定婚姻无效的法定情形为素材，对调解的适用及禁止适用情形予以考查。题目有明确的解题依据，来源于《民法典婚姻家庭编解释（一）》，难度不高。解题的关键在于，无论婚姻是否有效，法院均可就财产分割和子女抚养组织调解；但婚姻无效，法院只能判决确认。

[选项分析] 根据《民法典》第 1047 条和第 1051 条第 3 项规定，男女未满法定结婚年龄，婚姻无效。又根据《民法典婚姻家庭编解释一》第 12 条规定，人民法院受理离婚案件后，经审理确属无效婚姻的，应当将婚姻无效的情形告知当事人，并依法作出确认婚姻无效的判决。据此，法院应当判决确认婚姻无效。选项 B 正确，选项 A、C 均错误。

《民法典婚姻家庭编解释（一）》第 11 条第 3 款规定，涉及财产分割和子女抚养的，可以调

解。调解达成协议的，另行制作调解书；未达成调解协议的，应当一并作出判决。据此，虽然双方婚姻无效，但就子女抚养权归属问题法院可以组织调解，达成协议后制作调解书。选项 D 正确。

2. [答案] BD　　[难度] 难

[考点] 调解的法律效力、撤诉

[命题和解题思路] 法院调解向来是命题的重点，几乎每年必考。本题命题角度独特，通过考点的重新编排，实现常考常新。以"一方当事人签收调解书后反悔"为切入点，考查调解书的生效时间和调解反悔的法律后果，并附带对撤诉的期间进行考查。选项 B 和选项 C 互斥，降低了试题难度，考生可根据"调解协议制作判决书"的适用情形辅助作出判断。

[选项分析] 《民诉解释》第 149 条规定，调解书需经当事人签收后才发生法律效力的，应当以最后收到调解书的当事人签收的日期为调解书生效日期。据此，本案中赵某虽然签收了调解书，但钱某未签收，此时该调解书尚未生效。对于未生效的调解书，当事人可以反悔。选项 A 错误。

《民事诉讼法》第 102 条规定，调解未达成协议或者调解书送达前一方反悔的，人民法院应当及时判决。据此，因钱某未签收调解书，调解书尚未完成送达，此时签收者赵某反悔，法院应及时根据查明的案件事实作出判决。选项 B 正确。

根据《民诉解释》第 148 条第 2 款、第 528 条的规定，只有无民事行为能力人的离婚案件和涉外民事诉讼，根据申请，法院才可以依照调解协议内容制作判决书。本案显然不符合上述情形，选项 C 错误。

《民事诉讼法》第 148 条第 1 款规定，宣判前，原告申请撤诉的，是否准许，由人民法院裁定。据此，当事人申请撤诉的时间是法院立案之后、宣告判决之前。本案调解书因钱某未签收而尚未生效，如赵某反悔，法院应通过判决结案，此时尚未宣判，赵某作为原告当然可以向法院申请撤诉。选项 D 正确。

3. [答案] A　　[难度] 中

[考点] 调解的相关问题

[命题和解题思路] 基于法院调解在我国司法实践中的独特地位，在司考和法考时代几乎达到每年必考的程度。本题考点单一，考查的是调解

书与调解协议不一致的救济方式，命题角度独特，以往试题从未涉及。本题的解题依据是《民事调解规定》，相对较偏，需要足够的复习广度作为保证。从解题技巧看，调解书与双方约定的调解协议内容不一致，这相当于"调解书出现笔误"，可以参照判决书笔误的处理方式推导作答。本题亦可采用排除法，根据法院调解制度逐一排除干扰项后准确作答。

[选项分析]《民事调解规定》第 13 条规定，当事人以民事调解书与调解协议的原意不一致为由提出异议，人民法院审查后认为异议成立的，应当根据调解协议裁定补正民事调解书的相关内容。据此，法院应通过裁定书补正民事调解书中与调解协议不一致的内容，选项 A 为正确答案。

本案中，调解书已送达双方当事人，调解书已经发生法律效力。生效的法律文书法院不能收回，只能通过再审或者裁定补正错误等方式予以救济。选项 B 错误。

《民事诉讼法》第 102 条规定，调解未达成协议或者调解书送达前一方反悔的，人民法院应当及时判决。据此，本案已达成调解协议，双方并无反悔情形，该纠纷已通过法院调解解决，无须法院作出判决。选项 C 错误。

自愿原则是指无论是调解活动的进行还是调解协议的形成，都要建立在当事人自愿的基础上。根据案情表述，本案并不存在违反当事人意愿强迫接受调解的情形。选项 D 错误。

4. [答案] A　　[难度] 难
[考点] 调解协议与调解书（调解协议的概念、调解书的送达）、调解的相关问题

[命题和解题思路] 法院调解绝对是考试的"常客"，几乎每年必考。"调解的相关问题"又是 2015 年增加的考点。本题中命题人以案例题形式，对调解协议的范围、调解书的送达方式和调解中担保人反悔的法律后果等知识点进行综合考查。题目考查范围较广，解题法律依据多，难度颇高。考生欲正确解题，关键是准确理解调解中案外人反悔的法律后果。

[选项分析] 选项 A 考查调解协议的范围。因调解是当事人行使处分权的产物，只要双方自愿协商，调解协议的内容可以不局限于当事人的诉讼请求范围。《民事调解规定》第 7 条规定，调解

协议内容超出诉讼请求的，人民法院可以准许。选项 A 正确。

选项 B 考查调解书的送达方式。《民诉解释》第 133 条规定，调解书应当直接送达当事人本人，不适用留置送达。据此，法院不可以向担保人丙公司留置送达调解书。选项 B 错误。

选项 C 是重点干扰项，考查担保人反悔后是否仍承担担保责任。《民事调解规定》第 9 条第 2 款规定，案外人提供担保的，人民法院制作调解书应当列明担保人，并将调解书送交担保人。担保人不签收调解书的，不影响调解书生效。据此，既然调解书有效，且在调解书中已经明确了丙公司的担保责任，即使担保人拒签调解书，该调解书对担保人丙公司也具有约束力。选项 C 错误。

选项 D 考查担保人反悔是否影响调解效力。既然担保人丙公司拒签行为不影响调解书的效力，生效调解书自然可以成为执行根据，法院不必对此案再作出判决。选项 D 错误。

> **易混淆点解析**
> 法院调解可以超出当事人的诉讼请求范围，因为法院调解是当事人行使处分权的产物。但基于处分原则的要求，法院判决必须以当事人的诉讼请求范围为限。

5. [答案] ABC　　[难度] 中
[考点] 调解协议与调解书（调解书的制作）、调解的法律效力

[命题和解题思路] 法院调解虽是考试的"常客"，但以往试题基本聚焦于国内法院调解制度。本题中命题人另辟蹊径，对涉外民事诉讼调解的结案文书形式和生效时间进行考查。试题虽然采用案例题形式，但案情表述直白，没有干扰信息。题干中"美国"这两个字是本题的"题眼"，该信息明确了本题的考查内容。对于解题关键细节，考生切不可粗心遗漏，"细节决定成败"。明确判断考点之后，考生除了回顾涉外调解的特别规定外，还应当明确涉外调解和国内调解的适用关系。涉外法院调解是一种特殊的法院调解制度，除法律有特别规定之外，应当适用法院调解的原则规定。选项 BC 与法条的表述有所出入，这可能会对考生的判断造成困扰，也增加

了试题难度。选项 B 和 D 都是对调解生效时间的规定，但两者的适用情形不同，形成互斥关系。考生如果明确涉外调解必须制作调解书，很容易排除选项 D。

[选项分析]《民诉解释》第 528 条规定，涉外民事诉讼中，经调解双方达成协议，应当制发调解书。当事人要求发给判决书的，可以依协议的内容制作判决书送达当事人。据此，涉外民事调解案件必须制作调解书，选项 A 正确。

选项 B 是重点干扰项。《民事诉讼法》第 100 条第 3 款规定，调解书经双方当事人签收后，即具有法律效力。法条表述的是"签收后生效"，而选项是"送达后生效"。两者看似有所差异，但基于调解的性质，法院应保障当事人行使反悔的权利。为此，法院送达调解书原则上应当由当事人本人签收，且不适用留置送达。因此，从实质上看，两种说法并无本质区别。选项 B 正确。本选项也可换个角度判断，《民事诉讼法》第 102 条规定，调解未达成协议或者调解书送达前一方反悔的，人民法院应当及时判决。据此，调解书送达前调解并未生效。反言之，法院调解书送达双方当事人后即发生法律效力的说法完全正确。

表面上看，选项 C 的表述与《民诉解释》第 528 条规定存在"应当"与"可以"的差异。从法条的文意分析，此处的"可以"显然并非与"应当"相对应的"可以"。"可以"包括可以和不可以两种情形，如果是"不可以"，放在该条文中显然语义不通。法条中的"可以"实际上是指制作判决书的条件是当事人提出要求，这与"应当"的表述并不矛盾。因此选项 C 正确。法院调解在本质上是当事人行使处分权的结果，并不需要严格适用法律规定，只要不违背法律的禁止性规定即可。所以，==原则上不允许当事人根据调解协议申请法院制作判决书==。考生如果不了解涉外调解的特殊规定，仅依据调解的一般原理去推导答案，很容易漏选 C 选项。

《民事诉讼法》第 101 条第 2 款规定，对不需要制作调解书的协议，应当记入笔录，由双方当事人、审判人员、书记员签名或者盖章后，即具有法律效力。据此，选项 D 表述的是不需要制作调解书时法院调解的生效时间，而本题属于涉外调解，应当制作调解书。选项 D 错误。

易混淆点解析

国内调解和涉外调解除了制度共性之外，两者也存在着明显的区别。

不同点	国内调解	涉外调解
应否制作调解书	一审中的调解，符合《民事诉讼法》第 101 条规定的情形，可以不制作调解书；二审和再审中的调解，应当制作调解书	应当制作调解书
能否制作判决书	除无民事行为能力人的离婚案件，均不可以制作判决书	当事人要求，可以制作判决书

6. [答案] A　　[难度] 中

[考点] 调解协议与调解书（不需要制作调解书的案件）、申请再审的条件（申请再审的对象）、抗诉的程序（抗诉的对象）、执行程序中的一般性制度（执行和解）

[命题和解题思路] 命题人以调解书为主线对不同章节的四个考点进行综合考查，试题考查范围广，又采用了一题多问的命题形式，难度较高。选项 B 中"违反自愿"是干扰信息，考生如果粗心大意，仅凭调解原则判断很容易造成误选。选项 C 是绝对性表达，别忘了解题技巧。但令人遗憾的是，正确答案放在 A 选项，且内容又是《民事诉讼法》的明文规定，这在客观上极大地降低了试题难度。

[选项分析]《民事诉讼法》第 101 条第 1 款规定，下列案件调解达成协议，人民法院可以不制作调解书：（1）调解和好的离婚案件；（2）调解维持收养关系的案件；（3）能够即时履行的案件；（4）其他不需要制作调解书的案件。据此，法院调解后老李和小李维持了收养关系，可以不制作调解书。选项 A 说法正确。

法院调解的确应当遵循自愿、合法原则，但《民事诉讼法》第 213 条规定，当事人对已经发生法律效力的解除婚姻关系的判决、调解书，不得申请再审。因此，==无论基于何种理由，解除婚姻关系的调解书当事人均不得申请再审==。选项 B 说法错误。

《民事诉讼法》第219条第2款规定，地方各级人民检察院对同级人民法院已经发生法律效力的判决、裁定，发现有本法第211条规定情形之一的，或者发现调解书损害国家利益、社会公共利益的，可以向同级人民法院提出检察建议，并报上级人民检察院备案；也可以提请上级人民检察院向同级人民法院提出抗诉。据此，检察院对损害国家利益、社会公共利益的调解书进行监督，可以抗诉，也可以提出检察建议。选项C说法错误。

选项D是重点干扰项。《民事诉讼法》第241条第1款规定，在执行中，双方当事人自行和解达成协议的，执行员应当将协议内容记入笔录，由双方当事人签名或者盖章。据此，即便当事人达成执行和解协议，原来的执行根据仍然有效。《民事诉讼法》第241条第2款规定，申请执行人因受欺诈、胁迫与被执行人达成和解协议，或者

当事人不履行和解协议的，人民法院可以根据当事人的申请，恢复对原生效法律文书的执行。如果根据和解协议制作调解书，此时将会出现另一个执行根据，法院在执行中将会无所适从。从另一个角度看，既然执行程序不允许法院调解，那么法院当然不能在执行过程中制作调解书。选项D说法错误。

> **易混淆点解析**
> 　　检察机关对判决、裁定和调解书的法律监督均包括提起抗诉或检察建议两种形式，但对判决、裁定和调解书进行法律监督的事由完全不同。检察院对判决、裁定提出抗诉或检察建议的事由是《民事诉讼法》第211条规定的13类情形；而检察院对调解书提出抗诉或检察建议的事由是调解书损害国家利益、社会公共利益。

第十章　民事诉讼保障制度

试　题

第一节　期间

📶 张兄与张弟因遗产纠纷诉至法院，一审判决张兄胜诉。张弟不服，却在赴法院提交上诉状的路上被撞昏迷，待其经抢救苏醒时已超过上诉期限一天。对此，下列哪一说法是正确的？（2015-3-41）

　　A. 法律上没有途径可对张弟上诉权予以补救

　　B. 因意外事故耽误上诉期限，法院应依职权决定顺延期限

　　C. 张弟可在清醒后10日内，申请顺延期限，是否准许，由法院决定

　　D. 上诉期限为法定期间，张弟提出顺延期限，法院不应准许

第二节　送达方式

📶 *1.* 钱某因合同纠纷起诉孙某，法院工作人员到孙某家中送达起诉状副本时，发现家中无人，通过孙某的邻居了解到孙某在外地出差，已1年多未回来居住。对此，法院可采取下列哪种方式完成送达？（2023年回忆版）

　　A. 电子送达　　　　　B. 留置送达

　　C. 邮寄送达　　　　　D. 公告送达

📶 *2.* 某法院发送电子邮件告知袁某到法院领取判决书，袁某委托其代理律师常某代为领取。常某到法院后发现判决袁某败诉，且己方提供的部分证据法院未予采信，当即表示不认可判决结果，拒绝在送达回证上签字。审判人员、书记员遂在送达回证上注明常某拒收文书的情况并签名。关于本案判决书的送达方式，下列哪一说法是正确的？（2018年回忆版）

　　A. 留置送达　　　　　B. 直接送达

　　C. 委托送达　　　　　D. 电子送达

第三节　保全

📶 *1.* 宋某与田某系夫妻。田某声称被丈夫宋某家暴，向N市M区法院申请人身保护令。宋某主张因田某出轨，二人发生争执，其并未实施家暴，对法院签发的人身保护令不服。对此，宋某可采取下列哪种措施进行救济？（2023年回忆版）

　　A. 向N市中级法院申请复议

　　B. 向N市中级法院起诉撤销人身保护令

　　C. 向M区法院申请复议

　　D. 向M区法院起诉撤销人身保护令

2. 孙某大学毕业后未找到工作，寄住在舅舅向某家中。向某嫌弃孙某不思进取、游手好闲，经常骂孙某"吃闲饭"。孙某遂向甲市乙区法院申请禁止令，要求禁止向某辱骂自己，获得法院支持。向某认为自己对孙某只是正常管教，对禁止令有异议。对此，向某可采取下列哪一救济措施？（2021 年回忆版）

A. 向甲市中级法院上诉

B. 向乙区法院申请复议

C. 向乙区法院申请再审

D. 向乙区法院提出申诉

3. 甲公司与乙公司在 A 区签订水果买卖合同，约定如发生纠纷应向 A 区法院起诉。甲公司付款后，乙公司迟迟未发货。甲公司为此向该批水果仓储所在地的 B 区法院申请诉前保全，B 区法院裁定保全后，甲公司向 A 区法院提起诉讼。关于本案，下列哪些说法是正确的？（2019 年回忆版）

A. 甲公司申请保全应提供担保

B. B 区法院应当裁定冻结保全的水果

C. A 区法院受理后，应将案件移送 B 区法院

D. B 区法院应将保全手续移送 A 区法院

4. 甲地的汪某创作了歌曲《春风里》，乙地的刘某未经汪某同意翻唱该歌曲后迅速走红。汪某本欲起诉，但得知刘某马上在丙地开演唱会，遂申请法院发出禁令，禁止刘某在演唱会上演唱《春风里》。关于本案，下列说法正确的有：（2018 年回忆版）

A. 汪某可向甲、乙、丙三地法院申请禁令

B. 汪某应在法院发出禁令后 30 日内提起诉讼

C. 汪某申请时应提供担保，担保数额由法院决定

D. 如刘某在 5 日内对禁令提出异议，则禁令失效

5. 李根诉刘江借款纠纷一案在法院审理，李根申请财产保全，要求法院扣押刘江向某小额贷款公司贷款时质押给该公司的两块名表。法院批准了该申请，并在没有征得该公司同意的情况下采取保全措施。对此，下列哪些选项是错误的？（2015-3-80）

A. 一般情况下，某小额贷款公司保管的两块名表应交由法院保管

B. 某小额贷款公司因法院采取保全措施而丧失了对两块名表的质权

C. 某小额贷款公司因法院采取保全措施而丧失了对两块名表的优先受偿权

D. 法院可以不经某小额贷款公司同意对其保管的两块名表采取保全措施

6. 甲公司生产的"晴天牌"空气清新器销量占据市场第一，乙公司见状，将自己生产的同类型产品注册成"清天牌"，并全面仿照甲公司产品，使消费者难以区分。为此，甲公司欲起诉乙公司侵权，同时拟申请诉前禁令，禁止乙公司销售该产品。关于诉前保全，下列哪些选项是正确的？（2015-3-81）

A. 甲公司可向有管辖权的法院申请采取保全措施，并应当提供担保

B. 甲公司可向被申请人住所地法院申请采取保全措施，法院受理后，须在 48 小时内作出裁定

C. 甲公司可向有管辖权的法院申请采取保全措施，并应当在 30 天内起诉

D. 甲公司如未在规定期限内起诉，保全措施自动解除

第四节　先予执行

1. 冯某是甲公司员工，于 2021 年 5 月被甲公司开除。因拖欠工资多次追索无果，2022 年 3 月，冯某向甲公司所在地的劳动争议仲裁委员会申请劳动争议仲裁。案件受理后，因生活严重困难，冯某向仲裁庭申请先予执行。关于仲裁庭对申请的处理，下列哪一表述是正确的？（2022 年回忆版）

A. 移送甲公司住所地法院审查

B. 裁定先予执行，由劳动争议仲裁委员会执行

C. 裁定先予执行，移送甲公司住所地法院执行

D. 不准许先予执行

2. 甲区的楚某在乙区的安平保险公司投保人身伤害险，投保额度为 10 万元。在保险期内，楚某遭遇人身事故，产生医疗费用 3 万元。因理赔发生纠纷，楚某将安平保险公司诉至乙区法院。诉讼中因楚某无力缴纳医疗费用，遂向乙区法院申请对安平保险公司先予执行，法院裁定准许，安平保险公司认为不应先予执行。关于本案，下列哪一说法是正确的？（2020 年回忆版）

A. 安平保险公司可在 15 日内向上一级法院提起上诉

B. 安平保险公司可向乙区法院申请复议

C. 先予执行仅适用侵权纠纷，法院应支持安平保险公司的请求

D. 先予执行仅适用医疗纠纷，法院应支持安平保险公司的请求

3. 贾某购买金湖公司开发的精装房作为婚房，因房屋迟延交付发生纠纷，贾某依房屋买卖合同的仲裁条款向 S 仲裁委员会申请仲裁。仲裁中，贾某认为双方权利义务关系明确，过两天结婚急需用房，遂申请法院裁定金湖公司先行交付房屋。关于贾某提出的申请，下列哪一表述是正确的？（2020 年回忆版）

A. 无权申请金湖公司先行交付房屋

B. 应向房屋所在地的基层法院提出申请

C. 应将申请材料直接交给法院

D. 申请材料应通过 S 仲裁委员会转交给法院

详　解

第一节　期间

[答案] C　　　[难度] 易

[考点] 期间的耽误和延展

[命题和解题思路] 命题人以小案例形式对期间的耽误和延展进行考查，考点单一，难度极低。期间在考试中相对冷僻，考查次数较少。考生如果熟悉《民事诉讼法》有关期间耽误和延展的规定，本题固然可以轻松拿分。即便复习时"抓大放小"，战略性放弃期间等非重点内容，也可以根据常识推断作答。命题人精心编制一道案例题，结果答案居然是没有办法补救，这似乎是个黑色幽默，如此命题的可能性极低，可大胆排除 A 项。一方当事人耽误期间，法院如果依职权顺延，这似乎对对方当事人不够公平，有失法院的中立地位。据此可排除选项 B。选项 D 较于选项 C，说法过于绝对，两相比较可排除选项 D。选项 C 不但表述最为稳妥，形式上也最长，甚至出现了具体时间，猜测其正确的成功率也更高。

[选项分析] 上诉期间被耽误后，当事人可通过《民事诉讼法》期间延展的规定提出申请予以补救，选项 A 错误。

期间被耽误后，必须由当事人提出顺延申请，法院不能依职权顺延期限。选项 B 错误。

《民事诉讼法》第 86 条规定，当事人因不可抗拒的事由或者其他正当理由耽误期限的，在障碍消除后的 10 日内，可以申请顺延期限，是否准许，由人民法院决定。本案中，张弟发生车祸属于正当理由，在其苏醒后 10 日内，申请顺延被耽误的上诉期限，由法院最终决定是否顺延。选项 C 为正确答案。

上诉期限确实是法定期间，但无论是法定期间还是指定期间，遇有特殊情况被耽误，当事人均可申请顺延，法院可视情况决定是否准许。不应准许的说法过于绝对，选项 D 错误。

易混淆点解析

期间不同于期日，具体存在以下区别：

不同点	期间	期日
内涵	各主体单独完成诉讼行为的时间	各主体共同进行诉讼活动的时间
性质	一段时间	一个具体日期
是否可变	可变期间和不可变期间	均可变更

第二节　送达方式

1. [答案] D　　　[难度] 中

[考点] 送达方式

[命题和解题思路] 送达在客观题中频繁命题，属于次高频考点。本题以受送达人出差在外为素材，对起诉状副本的送达方式予以考查。本题并未考查法律规定的机械记忆，考生需要灵活运用各类送达方式的适用条件，根据案情推导后方可准确作答。解题的关键在于判断被告此时并未应诉，无法签订送达地址确认书，据此可排除电子送达和邮寄送达的适用，再结合留置送达的适用前提是受送达人拒绝签收文书，对其予以排除。

[选项分析] 为应对送达难的问题，我国确立了送达地址确认书制度，当事人起诉或者答辩时应当填写送达地址和送达方式。《民诉解释》第 136 条规定，受送达人同意采用电子方式送达的，应当在送达地址确认书中予以确认。据此，本案法院送达的是起诉状副本，此时被告孙某尚未答辩，无从填写送达地址确认书，因此不得对其电

子送达。A 选项不当选。

留置送达的适用条件是受送达人或有资格接受送达的人拒绝签收需送达的诉讼文书或法律文书。本案中受送达人孙某因在外地出差家中无人，其并非拒绝签收起诉状副本，不应适用留置送达。选项 B 不当选。

《民事诉讼法》第 91 条规定，直接送达诉讼文书有困难的，可以委托其他人民法院代为送达，或者邮寄送达。邮寄送达的，以回执上注明的收件日期为送达日期。据此，邮寄送达的前提是知晓受送达人的准确送达地址，这也需要当事人在送达地址确认书中填写确认。如上分析，被告孙某并未填写送达地址确认书，且其出差在外家中无人，通过邮寄方式无从实现送达目的。选项 C 不当选。

《民事诉讼法》第 95 条第 1 款规定，受送达人下落不明，或者用本节规定的其他方式无法送达的，公告送达。自发出公告之日起，经过 30 日，即视为送达。虽然孙某并非下落不明，但采用其他方式均无法送达，此时只能采用公告送达方式完成送达。选项 D 当选。

2. [答案] B　　[难度] 中
[考点] 送达方式

[命题和解题思路] 送达方式属于高频考点，主要命题形式是让考生判断某种送达行为的具体类型。送达方式考题，属于识记类试题，要仔细把握每一类送达方式的具体适用情形。本题以"通知到法院领取判决书"为切入点，考查直接送达的适用。命题角度"又偏又细"，这是考生比较惧怕的陷阱题。正确解答本题的关键在于准确识别直接送达和留置送达。

[选项分析] 留置送达的适用条件是受送达人或有资格接受送达的人拒绝签收需送达的诉讼文书或法律文书。其适用地点一般是受送达人的住所。根据《民事诉讼法》第 89 条的规定，其适用形式要么邀请相关人员到场见证，要么采用拍照、录像等方式记录送达过程。据此，本案的适用地点和适用形式显然与留置送达不符，选项 A 错误。

《民诉解释》第 131 条第 1 款规定，人民法院直接送达诉讼文书的，可以通知当事人到人民法院领取。当事人到达人民法院，拒绝签署送达回证的，视为送达。审判人员、书记员应当在送达

回证上注明送达情况并签名。据此，常某到法院后拒绝签署送达回证，审判人员、书记员在送达回证上注明送达情况并签名，可视为完成直接送达。选项 B 是正确答案。

委托送达是指受诉法院直接送达确有困难，而委托其他法院将需要送达的诉讼文书、法律文书送交受送达人的送达方式。据此，委托送达适用于法院系统内部的委托，本案中，袁某委托代理律师常某领取判决书，虽有"委托"二字，却与委托送达无关。选项 C 错误。

看清指令句是排除 D 选项的关键，本题考查的是判决书的送达方式。法院虽然用电子邮件通知袁某领取判决书，但判决书却并未用电子化手段送达，因此不属于电子送达。选项 D 错误。

[易混淆点解析]
法院通知当事人到法院领取诉讼文书，当事人拒绝签署送达回证，审判人员、书记员在送达回证上注明送达情况并签名，视为完成直接送达；法院定期宣判时当事人拒绝签收裁判文书，审判人员、书记员在宣判笔录中记明，属于留置送达。

第三节　保全

1. [答案] C　　[难度] 中
[考点] 保全的申请和裁定

[命题和解题思路] 本题以人身保护令为素材，对行为保全的救济方式予以考查。题目考点单一，解题依据明确，基本属于送分题。解题的关键在于准确判断人身保护令的性质属于行为保全，再结合保全向本院复议的救济方式即可准确作答。

[选项分析] 行为保全，又称临时禁令，是指人民法院根据申请或者依照职权，对相关主体的侵害或者有侵害可能的行为采取强制措施，禁止其为或者不为一定行为，以防止当事人的利益受到不应有且难以弥补的进一步伤害。据此，人身保护令显然属于行为保全。《民诉解释》第 171 条规定，当事人对保全或者先予执行裁定不服的，可以自收到裁定书之日起 5 日内向作出裁定的人民法院申请复议。人民法院应当在收到复议申请后 10 日内审查。裁定正确的，驳回当事人的申请；裁定不当的，变更或者撤销原裁定。据此，

宋某对人身保护令不服，可向作出裁定的 M 区法院申请复议。选项 C 当选。

2. [答案] B　　[难度] 中

[考点] 保全的救济

[命题和解题思路] 本题以"禁止令"为切入点，考查行为保全的救济措施。题目考点单一，法律依据明确，难度不高。解题的关键在于识别"禁止令"的性质属于行为保全，否则面对略显奇特的案情会感到茫然无措。了解保全的救济措施是向作出裁定的法院申请复议，本题即可正确作答。

[选项分析]《民诉解释》第 171 条规定，当事人对保全或者先予执行裁定不服的，可以自收到裁定书之日起 5 日内向作出裁定的人民法院申请复议。人民法院应当在收到复议申请后 10 日内审查。裁定正确的，驳回当事人的申请；裁定不当的，变更或者撤销原裁定。据此，向某不服法院的禁止令，应向乙区法院申请复议。选项 B 为正确答案，其余选项均错误。

3. [答案] AD　　[难度] 中

[考点] 保全的担保、保全的措施、财产保全的相关问题、移送管辖

[命题和解题思路] 本题以"诉前保全后向其他法院起诉"为切入点，对保全担保、保全措施以及移送管辖等知识点予以综合考查。题目虽考查范围广，但各选项均有明确的解题依据，难度不高。考生如知晓诉前保全必须提供担保以及诉前保全后向其他法院起诉后的衔接手续，即可准确选择；本题还可使用排除法作答，了解冻结的适用对象和移送管辖的适用条件亦可排除选项 BC 的干扰。

[选项分析]《民诉解释》第 152 条第 2 款规定，利害关系人申请诉前保全的，应当提供担保。据此，甲公司申请的是诉前财产保全，应提供担保。选项 A 正确。

《民诉解释》第 153 条规定，人民法院对季节性商品、鲜活、易腐烂变质以及其他不宜长期保存的物品采取保全措施时，可以责令当事人及时处理，由人民法院保存价款；必要时，人民法院可予以变卖，保存价款。据此，B 区法院对保全的水果可以责令乙公司处理后保存价款或者直接变卖后保存价款，而冻结适用于被执行人的银行

存款或其他资金。对保全的水果不能适用冻结措施，选项 B 错误。

《民事诉讼法》第 35 条规定，合同或者其他财产权益纠纷的当事人可以书面协议选择被告住所地、合同履行地、合同签订地、原告住所地、标的物所在地等与争议有实际联系的地点的人民法院管辖，但不得违反本法对级别管辖和专属管辖的规定。据此，根据协议管辖，作为合同签订地的 A 区法院对本案享有管辖权。有管辖权的法院受理案件后，不得将案件移送管辖。选项 C 错误。

《民诉解释》第 160 条规定，当事人向采取诉前保全措施以外的其他有管辖权的人民法院起诉的，采取诉前保全措施的人民法院应当将保全手续移送受理案件的人民法院。诉前保全的裁定视为受移送人民法院作出的裁定。据此，诉前保全的 B 区法院应将保全手续移送受理案件的 A 区法院。选项 D 正确。

4. [答案] BC　　[难度] 中

[考点] 保全的措施（行为保全的程序）

[命题和解题思路] 保全制度近几年变动较大，如增设行为保全、执行前保全等，这直接导致对其高频次考查。本题以诉前禁令为切入点，考查诉前行为保全的管辖法院、起诉期限、担保数额以及异议法律后果等知识点。通过题干表述，明确本题的考点是诉前行为保全制度，可排除诉讼中保全规定的干扰，这是解答本题的关键环节。考生准确掌握《民事诉讼法》及司法解释的规定固然可以正确解题；如有遗忘，根据行为保全和财产保全的内在关联性和差异性也可辅助作答。

[选项分析]《民事诉讼法》第 104 条第 1 款规定，利害关系人因情况紧急，不立即申请保全将会使其合法权益受到难以弥补的损害的，可以在提起诉讼或者申请仲裁前向被保全财产所在地、被申请人住所地或者对案件有管辖权的人民法院申请采取保全措施。据此，汪某申请诉前行为保全，应向被申请人住所地或者对案件有管辖权的法院提出。乙地是被申请人住所地，丙地是侵权行为地，两地均享有诉前行为保全的管辖权；但申请人住所地的甲地并不享有管辖权。选项 A 错误。

《民事诉讼法》第 104 条第 3 款规定，申请人在人民法院采取保全措施后 30 日内不依法提起诉讼或者申请仲裁的，人民法院应当解除保全。据

此，选项 B 正确。

《民诉解释》第 152 条第 2 款规定，利害关系人申请诉前保全的，应当提供担保。申请诉前财产保全的，应当提供相当于请求保全数额的担保；情况特殊的，人民法院可以酌情处理。申请诉前行为保全的，担保的数额由人民法院根据案件的具体情况决定。据此，选项 C 正确。

《民诉解释》第 171 条规定，当事人对保全或者先予执行裁定不服的，可以自收到裁定书之日起 5 日内向作出裁定的人民法院申请复议。人民法院应当在收到复议申请后 10 日内审查。裁定正确的，驳回当事人的申请；裁定不当的，变更或者撤销原裁定。据此，刘某如在 5 日内对禁令提出异议，法院应进行审查，只有裁定不当法院撤销后，禁令才会失效。选项 D 错误。

5.［答案］ABC ［难度］中

［考点］保全的措施（财产保全的措施）

［命题和解题思路］ "财产保全的相关问题"是 2015 年增加的考点，考查内容又涉及《民诉解释》的新增规定。本题采用案例题形式，考查保全财产的保管、担保物保全效力等知识点，考查面较宽，干扰项设计较为巧妙，难度较高。题目采用否定式设问形式，答题时要特别留意。考生欲正确解答本题，除需要了解民事诉讼法及司法解释的规定外，还要对保全制度的功能予以准确把握。

［选项分析］《民诉解释》第 154 条第 2 款规定，查封、扣押、冻结担保物权人占有的担保财产，一般由担保物权人保管；由人民法院保管的，质权、留置权不因采取保全措施而消灭。刘江提供的两块名表是担保财产，由小额贷款公司占有。法院对两块名表采取财产保全措施，一般也要由担保物权人小额贷款公司而非法院保管。选项 A 说法错误，为正确答案。

根据《民诉解释》第 154 条第 2 款的规定，两块名表原则上应当由小额贷款公司保管，此时质权当然存在，否则其保管行为将于法无据。即便由法院保管，小额贷款公司享有的质权也不因法院采取保全措施而消灭。选项 B 说法错误，为正确答案。

《民诉解释》第 157 条规定，人民法院对抵押物、质押物、留置物可以采取财产保全措施，但不影响抵押权人、质权人、留置权人的优先受偿

权。据此，虽然法院对刘江的两块名表采取保全措施，但不影响小额贷款公司作为质权人对两块名表享有的优先受偿权。选项 C 说法错误，为正确答案。

选项 D 是重点干扰项。可以从两个角度作出选择：首先，如果考生熟悉《民事诉讼法》和《民诉解释》的规定，并无法院采取保全措施需要征得担保物权人同意的规定。据此可以作出正确判断。其次，如果不熟悉法律规定，还可以从理论上推断答案。保全制度的意义在于确保生效裁判得到执行，但保全并不会使该财产在清偿时获得如同担保物权般的优先效力。易言之，即便法院对某财产采取了保全措施，其清偿序位也要在具有优先受偿权的担保物权人之后。既然保全不影响担保物权人的利益，法院采取保全措施，当然不需要担保物权人的同意。选项 D 说法正确，排除。

> **易混淆点解析**
>
> 法院对抵押物、质押物、留置物采取财产保全措施，无需征得担保物权人同意，保全也不影响抵押权人、质权人、留置权人享有的优先受偿权。

6.［答案］ABC ［难度］中

［考点］保全的种类（诉前保全）、保全的申请和裁定、保全的措施（财产保全措施的延续与解除）

［命题和解题思路］2012 年《民事诉讼法》修正时明确规定了诉前保全的管辖法院，对诉前保全后起诉或申请仲裁的期限作出调整，这为本题的命制提供了新素材。 "行为保全程序"在 2013 年被考试大纲增列为新考点，2 年后考查仍属于次新考点。命题人以案例题形式对诉前行为保全的管辖法院、担保、作出裁定的时限要求、解除保全等知识点进行综合考查。题目虽然考查的知识点较多，甚至前三个选项分别考查了两个知识点，但解题的法律依据只涉及《民事诉讼法》第 104 条，难度不高。考生只要准确把握相关法律规定，应可轻松得分。

［选项分析］选项 A 考查了诉前行为保全的管辖法院和是否提供担保。《民事诉讼法》第 104 条第 1 款规定，利害关系人因情况紧急，不立即申请保全将会使其合法权益受到难以弥补的损害的，

可以在提起诉讼或者申请仲裁前向被保全财产所在地、被申请人住所地或者对案件有管辖权的人民法院申请采取保全措施。申请人应当提供担保，不提供担保的，裁定驳回申请。据此，甲公司可以向对案件有管辖权的法院申请诉前保全，且应当提供担保。选项 A 正确。

选项 B 考查了诉前行为保全的管辖法院和作出裁定的期限。根据《民事诉讼法》第 104 条第 1 款的规定，被申请人住所地法院是诉前保全的管辖法院之一；《民事诉讼法》第 104 条第 2 款规定，人民法院接受申请后，必须在 48 小时内作出裁定；裁定采取保全措施的，应当立即开始执行。选项 B 正确。

选项 C 考查了诉前行为保全的管辖法院和起诉期限。《民事诉讼法》第 104 条第 3 款规定，申请人在人民法院采取保全措施后 30 日内不依法提起诉讼或者申请仲裁的，人民法院应当解除保全。易言之，申请人应当在法院采取保全措施 30 日内起诉或者申请仲裁，选项 C 正确。

选项 D 是重点干扰，考查如何解除诉前保全。考生如果复习不够仔细，很容易误选本项。根据《民事诉讼法》第 104 条第 3 款的规定，申请人未在规定期限内起诉或申请仲裁，人民法院应当解除保全。解除保全应当采用裁定形式，而非自动解除。选项 D 表述错误。

> **易混淆点解析**
>
> 当事人不服保全裁定，可在收到裁定书之日起 5 日内向作出裁定的法院申请复议。利害关系人申请诉前财产保全，在规定期限内起诉或申请仲裁，诉前财产保全自动转化为诉讼或仲裁中保全；进入执行程序后，保全措施自动转为执行中查封、扣押、冻结措施。无论是诉前保全还是诉讼中保全，保全裁定不会自动解除，法院应当以裁定形式解除保全。

第四节　先予执行

1. ［答案］C　　［难度］易

［考点］先予执行的裁定与执行

［命题和解题思路］本题以追索劳动报酬为切入点，考查劳动争议仲裁先予执行的审查及执行主体。本题有法律的明文规定，考点单一，并无命题陷阱，属于典型的送分题。若不了解法律规

定，亦可推导作答：首先，劳动报酬属于"四费一金一酬"案件，劳动者有权申请先予执行；其次，既然案件由劳动争议仲裁委员会办理，不可能让法院审查处理先予执行申请，这样毫无办案效率；最后，先予执行也是执行，只有法院才享有该权力。

［选项分析］《劳动争议调解仲裁法》第 44 条第 1 款规定，仲裁庭对追索劳动报酬、工伤医疗费、经济补偿或者赔偿金的案件，根据当事人的申请，可以裁决先予执行，移送人民法院执行。据此，在劳动争议案件处理中，对当事人提出先予执行申请，由仲裁庭负责审查后作出裁定，由法院负责执行。选项 C 为正确答案，其余选项均错误。

2. ［答案］B　　［难度］易

［考点］先予执行的裁定与执行

［命题和解题思路］本题符合法考客观题考查面广的特点，先予执行本不属于考查重点，本题却对先予执行的适用范围及救济方式予以考查。本题考点单一，解题依据明确，属于典型的送分题。了解先予执行的救济方式可直接作出选择；若有遗忘，根据允许上诉裁定的范围也可排除 A 项，再根据先予执行的适用案件类型，可排除 CD 两个选项。

［选项分析］《民事诉讼法》第 111 条规定，当事人对保全或者先予执行的裁定不服的，可以申请复议一次。复议期间不停止裁定的执行。据此，本条规定虽未言明向何法院申请复议，但复议只要是未明确规定向上一级法院提出的，均默认为向作出裁定的法院申请复议。据此，选项 A 错误；选项 B 为正确答案。

《民事诉讼法》第 109 条规定，人民法院对下列案件，根据当事人的申请，可以裁定先予执行：（1）追索赡养费、扶养费、抚养费、抚恤金、医疗费用的；（2）追索劳动报酬的；（3）因情况紧急需要先予执行的。据此，先予执行并未明确适用于侵权纠纷，选项 C 错误；追索医疗费可适用先予执行，但先予执行并非仅适用于医疗纠纷，选项 D 错误。

3. ［答案］A　　［难度］中

［考点］先予执行的适用范围

［命题和解题思路］本题采用"无中生有"之策考查仲裁中能否申请先予执行，命题切入点

是结婚着急用房。选项设计又运用了"移花接木"之法，将仲裁保全的相关规定作为解题干扰信息。考生若了解《仲裁法》规定，自然知晓仲裁中并无先予执行的规定；或者把握好先予执行的适用范围亦可准确作答；还可运用互斥解题技巧作出选择，选项 A 和其他三个选项构成"一三互斥"，可大胆选择 A 选项。

[选项分析]《民事诉讼法》第 109 条规定，人民法院对下列案件，根据当事人的申请，可以裁定先予执行：（1）追索赡养费、扶养费、抚养费、抚恤金、医疗费用的；（2）追索劳动报酬的；（3）因情况紧急需要先予执行的。据此，贾某结婚急需用房，不属于上述可先予执行的案件范围，也谈不上情况紧急；并且《仲裁法》中并无仲裁先予执行的规定，选项 A 为正确答案，其余选项均错误。

第十一章　第一审普通程序

试　题

第一节　起诉与受理

📶 **1.** 陈某和邢某婚后育有一子，后陈某起诉邢某离婚。经法院调解，双方达成协议：婚生子由陈某抚养，邢某有探望权。法院制作调解书后双方签收。1 年后，邢某发现孩子学习成绩下降明显，遂起诉要求由自己抚养孩子。关于本案，下列哪些说法是正确的？（2022 年回忆版）

　　A. 邢某起诉属于确认之诉

　　B. 邢某起诉属于形成之诉

　　C. 邢某的起诉属于重复起诉，法院不予受理

　　D. 邢某的起诉属于新的诉讼，法院应当受理

📶 **2.** 我国实行立案登记制后，关于民事第一审普通程序中案件的受理条件，下列表述正确的是：（2022 年回忆版）

　　A. 原告是正当当事人

　　B. 被告具有诉讼权利能力

　　C. 原告须提出支持其诉讼请求的法律依据

　　D. 原告必须提交书面起诉状

📶 **3.** 甲、乙两公司签订了一份家具买卖合同，因家具质量问题，甲公司起诉乙公司要求更换家具并支付违约金 3 万元。法院经审理判决乙公司败诉，乙公司未上诉。之后，乙公司向法院起诉，要求确认该家具买卖合同无效。对乙公司的起诉，法院应采取下列哪一处理方式？（2017-3-42）

　　A. 予以受理

　　B. 裁定不予受理

　　C. 裁定驳回起诉

　　D. 按再审处理

📶 **4.** 张丽因与王旭感情不和，长期分居，向法院起诉要求离婚。法院向王旭送达应诉通知书，发现王旭已于张丽起诉前因意外事故死亡。关于本案，法院应作出下列哪一裁判？（2015-3-48）

　　A. 诉讼终结的裁定

　　B. 驳回起诉的裁定

　　C. 不予受理的裁定

　　D. 驳回诉讼请求的判决

📶 **5.** 何某因被田某打伤，向甲县法院提起人身损害赔偿之诉，法院予以受理。关于何某起诉行为将产生的法律后果，下列哪一选项是正确的？（2013-3-44）

　　A. 何某的诉讼时效中断

　　B. 田某的答辩期开始起算

　　C. 甲县法院取得排他的管辖权

　　D. 田某成为适格被告

第二节　开庭审理

📶 **1.** 秦某租住楚某的房屋，某日因故不慎损坏了屋内实木地板。二人就赔偿协商无果，楚某起诉秦某要求解除租赁合同并赔偿修复款 2 万元，法院判决楚某胜诉。秦某不服一审判决提起上诉。二审法院以事实不清为由，裁定发回重审。在重审期间，因地板材料涨价，楚某变更诉讼请求要求秦某将地板恢复原状。关于本案，下列哪一说法是正确的？（2023 年回忆版）

　　A. 法院不能按照原审证据材料认定事实

　　B. 法院应根据楚某变更后的诉讼请求审理案件

C. 楚某应受原一审程序的约束

D. 法院应当驳回楚某变更诉讼请求的要求

2. 甲省规定不超过 3000 万元的财产纠纷由基层法院管辖。大兴公司在甲省乙市丙区法院起诉长发公司支付工程款 2500 万元。法庭辩论终结后，合议庭评议一致决定支持大兴公司的诉讼请求。准备写判决书时，大兴公司变更诉讼请求要求长发公司支付工程款 3500 万元。对此，法院的下列哪一做法是正确的？（2021 年回忆版）

A. 直接移送乙市中级法院审理

B. 直接就 2500 万元诉讼请求作出判决

C. 重新进行法庭调查

D. 长发公司提出管辖权异议后移送管辖

3. 周立诉孙华人身损害赔偿案，一审法院适用简易程序审理，电话通知双方当事人开庭，孙华无故未到庭，法院缺席判决孙华承担赔偿周立医疗费。判决书生效后，周立申请强制执行，执行程序开始，孙华向一审法院提出再审申请。法院裁定再审，未裁定中止原判决的执行。关于本案，下列哪一说法是正确的？（2015-3-46）

A. 法院电话通知当事人开庭是错误的

B. 孙华以法院未传票通知其开庭即缺席判决为由，提出再审申请是符合法律规定的

C. 孙华应向二审法院提出再审申请，而不可向原一审法院申请再审

D. 法院裁定再审，未裁定中止原判决的执行是错误的

4. 下列哪一选项中法院的审判行为，只能发生在开庭审理阶段？（2013-3-43）

A. 送达法律文书

B. 组织当事人进行质证

C. 调解纠纷，促进当事人达成和解

D. 追加必须参加诉讼的当事人

第三节 审理中的特殊情形

1. 张三起诉李四要求清偿欠款 10 万元，双方就借款是否已交付的事实存有争议，张三也未对此提供证据证明。为查清该事实，法院依法向张三送达传票要求其出庭。开庭之日，张三以工作繁忙为由让其代理律师季某出庭。法庭为此决定延期 7 日开庭，并再次向张三送达传票，7 日后张三仍以工作繁忙为由让季某出庭。关于法院可能

的处理方式，下列哪些做法是正确的？（2023 年回忆版）

A. 裁定按撤诉处理

B. 拘传张三

C. 确认双方无借款事实

D. 缺席审判并驳回诉讼请求

2. 沈某和韩某办理结婚手续后，沈某向法院起诉确认婚姻无效。诉讼过程中韩某突发疾病死亡，其没有任何直系亲属。对此，法院的下列哪一做法是正确的？（2021 年回忆版）

A. 裁定诉讼终结

B. 裁定诉讼中止

C. 继续审理后作出判决

D. 追加民政部门为诉讼参加人

3. 董某因宏鑫公司拖欠货款起诉，诉讼过程中董某突发脑梗住院，不幸变成植物人。其父老董表示要撤回起诉，专心为董某治病；其妻夏某不同意撤诉，想要继续进行诉讼。对此，法院的下列哪一做法是正确的？（2021 年回忆版）

A. 变更夏某为原告，继续诉讼

B. 裁定诉讼中止

C. 裁定夏某为法定代理人，继续诉讼

D. 裁定准许撤诉

4. 何某与陆某自愿登记结婚，陆某的母亲却一直反对，遂以陆某与何某结婚时未达到法定结婚年龄为由，向法院起诉请求确认婚姻无效。诉讼过程中，因陆某态度坚决，陆某的母亲无奈向法院申请撤诉。关于本案的处理，法院的下列哪一做法是正确的？（2021 年回忆版）

A. 裁定同意撤诉申请

B. 调解结案

C. 判决结案

D. 裁定驳回起诉

5. 肖某因侵权纠纷起诉马某，甲市乙区法院判决驳回肖某诉讼请求，肖某不服向甲市中级法院提起上诉。肖某提交上诉状三天后，突遭车祸身亡。关于对本案的处理，下列哪一说法是正确的？（2019 年回忆版）

A. 由乙区法院裁定终结诉讼

B. 由乙区法院裁定中止诉讼，通知其继承人参加诉讼

C. 由甲市中级法院裁定终结诉讼

D. 由甲市中级法院裁定中止诉讼，通知其继承人参加诉讼

📶 **6.** 钱某因工伤与甲公司签订《一次性工伤赔偿协议》，后其以受欺诈为由诉请法院撤销该协议，并要求甲公司赔偿损失 20 万元。法院受理后，对该案进行开庭审理，但在法庭辩论结束后第二天，钱某突遇车祸死亡，钱某唯一的继承人钱小林下落不明。关于法院的处理，下列哪一选项是正确的？（2018 年回忆版）

A. 裁定按撤诉处理

B. 裁定中止诉讼

C. 根据庭审情况直接作出判决

D. 裁定终结诉讼

📶 **7.** 对张男诉刘女离婚案（两人无子女，刘父已去世），因刘女为无行为能力人，法院准许其母李某以法定代理人身份代其诉讼。2017 年 7 月 3 日，法院判决二人离婚，并对双方共有财产进行了分割。该判决同日送达双方当事人，李某对解除其女儿与张男的婚姻关系无异议，但对共有财产分割有意见，拟提起上诉。2017 年 7 月 10 日，刘女身亡。在此情况下，本案将产生哪些法律后果？（2017-3-81）

A. 本案诉讼中止，视李某是否就一审判决提起上诉而确定案件是否终结

B. 本案诉讼终结

C. 一审判决生效，二人的夫妻关系根据判决解除，李某继承判决分配给刘女的财产

D. 一审判决未生效，二人的共有财产应依法分割，张男与李某对刘女的遗产均有继承权

📶 **8.** 甲县法院受理居住在乙县的成某诉居住在甲县的罗某借款纠纷案。诉讼过程中，成某出差归途所乘航班失踪，经全力寻找仍无成某生存的任何信息，主管方宣布机上乘客不可能生还，成妻遂向乙县法院申请宣告成某死亡。对此，下列哪一说法是正确的？（2015-3-43）

A. 乙县法院应当将宣告死亡案移送至甲县法院审理

B. 借款纠纷案与宣告死亡案应当合并审理

C. 甲县法院应当裁定中止诉讼

D. 甲县法院应当裁定终结诉讼

详　解

第一节　起诉与受理

1. ［答案］BD　［难度］中

［考点］确认之诉、变更之诉、起诉和立案登记

［命题和解题思路］本题以离婚后变更子女抚养关系为切入点，对诉的分类以及重复起诉的判断予以考查。选项设计两两互斥，降低了题目难度。选项 A 和 B 属于理论型考点，需结合确认之诉和形成之诉的内涵对本案诉的类型作出准确判断；选项 C 和 D 的判断需要借助《民法典婚姻家庭编解释（一）》的明文规定，若不熟悉相关规则，简单依据重复起诉的判断标准很容易误选。

［选项分析］==确认之诉是指原告请求法院确认与被告之间是否存在某种民事法律关系的诉。形成之诉，又称为变更之诉，是指原告请求法院以判决的形式改变或消灭既存的某种民事法律关系的诉。==据此，邢某起诉变更子女抚养关系，是请求法院通过判决改变既存的抚养法律关系，而非请求法院确认存在抚养法律关系。其起诉属于形成之诉，而非确认之诉。选项 A 错误，选项 B 正确。

《民法典婚姻家庭编解释（一）》第 55 条规定，离婚后，父母一方要求变更子女抚养关系的，或者子女要求增加抚养费的，应当另行提起诉讼。据此，法院调解离婚后，邢某起诉要求变更子女抚养关系，不属于重复起诉，法院应当受理。选项 C 错误，选项 D 正确。

2. ［答案］ABC　［难度］中

［考点］起诉、立案登记

［命题和解题思路］本题采用以往法考极少使用的表述题形式命制，主要对起诉的条件予以考查。《民事诉讼法》第 122 条和第 123 条虽然对起诉条件有明文规定，但本题选项内容并非对法律既有规定的简单重复，而是结合当事人理论对其深入考查。应根据"正当当事人""诉讼权利能力"等概念的内涵，结合《民事诉讼法》的条文表述推导作答。

［选项分析］《民事诉讼法》第 122 条第 1 项规定，起诉必须符合下列条件：原告是与本案有直接利害关系的公民、法人和其他组织。该条件

包含两层含义：首先，原告必须具备民事诉讼权利能力，即具有当事人能力；其次，原告必须是正当当事人（适格当事人），即与案件存在法律上的"利害关系"。"利害关系"是指请求法院保护的利益是原告自己的利益或者受其管理和支配的利益。据此，选项 A 正确。

《民事诉讼法》第 122 条第 2 项规定，起诉必须符合下列条件：有明确的被告。该条件包含两层含义：首先，被告应当具备当事人能力；其次，被告应当是明确的。明确的被告，是指原告在起诉时必须在起诉状中载明是谁侵害了其民事权益或者与其发生了争议，被告应特定化。需要注意的是，立案审查阶段，法院只需审查原告起诉的被告是否明确即可，被告是否适格问题应当在案件审理中加以判断。据此，选项 B 正确。

《民事诉讼法》第 122 条第 3 项规定，起诉必须符合下列条件：有具体的诉讼请求和事实、理由。具体的诉讼请求，可以向法院明确救济的方式及审判保护的范围；事实和理由，可以向法院明确支持原告诉讼请求的事实依据和法律依据。选项 C 正确。

《民事诉讼法》第 123 条规定，起诉应当向人民法院递交起诉状，并按照被告人数提出副本。书写起诉状确有困难的，可以口头起诉，由人民法院记入笔录，并告知对方当事人。据此，原则上原告起诉应当提交起诉状，必须提交的说法过于绝对，选项 D 错误。

3. [答案] B　[难度] 难
[考点] 起诉、立案登记（重复起诉的识别标准）

[命题和解题思路]《民诉解释》对重复起诉的认定作出了新增规定，命题人结合具体案例考查对重复起诉的识别。题干并未明示考点，需要考生结合题干表述自行判断，难度颇高。考生因一念之差误判考点，可能会导致谬以千里的后果。解答本题的关键在于准确判断题目考查意图，如果不熟悉重复起诉制度，很容易误认为乙公司的起诉属于反诉，法院应予以受理。考生还应准确记忆重复起诉的认定条件，不可人为限缩。在乙公司诉甲公司的后诉中，虽然与前诉的当事人诉讼地位不同，但当事人完全相同，这符合重复起诉的认定条件。

[选项分析]《民诉解释》第 247 条规定，当事人就已经提起诉讼的事项在诉讼过程中或者裁判生效后再次起诉，同时符合下列条件的，构成重复起诉：（1）后诉与前诉的当事人相同；（2）后诉与前诉的诉讼标的相同；（3）后诉与前诉的诉讼请求相同，或者后诉的诉讼请求实质上否定前诉裁判结果。当事人重复起诉的，裁定不予受理；已经受理的，裁定驳回起诉，但法律、司法解释另有规定的除外。

乙公司在判决生效后再次起诉，后诉和前诉的当事人均为甲、乙两公司，诉讼标的均为买卖合同关系。前诉裁判结果是乙公司更换家具并支付违约金 3 万元，而后诉的请求是确认家具买卖合同无效，合同一旦被认定无效，乙公司将不再需要承担一审判决确定的责任。因此，后诉的诉讼请求实质上否定了前诉的裁判结果。由此可见，乙公司的起诉完全符合重复起诉的三个认定条件。案例中并未言明法院已经受理本案，可认为法院并未受理本案。法院应当裁定不予受理。选项 B 为正确答案。

易混淆点解析
只要后诉和前诉的当事人相同即符合重复起诉的第一个条件，不需要后诉和前诉的当事人诉讼地位相同。

4. [答案] B　[难度] 难
[考点] 起诉、立案登记（起诉的条件和方式）

[命题和解题思路] 命题人构思巧妙、运用"声东击西"之计，以当事人意外死亡作为答题干扰信息，看似考查的是诉讼终结，实则是对起诉实质条件的考查。考生只有准确把握起诉的实质条件，才能避开答题陷阱。死者不具有民事权利能力，也没有诉讼权利能力，因此死者不能成为当事人。"王旭已于张丽起诉前因意外事故死亡"是解题的关键信息，张丽起诉时，王旭因意外死亡，他不能成为该离婚诉讼的当事人。此时该诉讼已不符合《民事诉讼法》第 122 条第 2 项规定的"有明确的被告"的起诉实质条件。法院对于欠缺起诉实质条件的案件，应当裁定不予受理或者驳回起诉。又因本案法院已受理，只能选择裁定驳回起诉。本题直接选择有困难，也可使用排除法作答。

[选项分析] 选项 A 是重点干扰项。《民事诉

讼法》第 154 条第 3 项规定，离婚案件一方当事人死亡的，诉讼终结。该规定中当事人的死亡时间是在诉讼过程中，其隐含的前提条件是该离婚案件的起诉条件完全符合法律规定。考生如果没有注意到该条文的适用前提，未细究本案中当事人的死亡时间，很容易误选 A 项。

张丽起诉时，王旭已经死亡。死者因欠缺诉讼权利能力，不能成为民事诉讼当事人。因此，张丽诉王旭离婚案起诉之时就不符合《民事诉讼法》第 122 条第 2 项规定的起诉实质条件，法院本应根据《民事诉讼法》第 126 条规定，在 7 日内作出不予受理裁定书。法院却不小心错误受理了该离婚案，只能根据《民诉解释》第 208 条第 3 款规定，立案后发现不符合起诉条件的，裁定驳回起诉。选项 B 为正确答案。

不予受理的适用条件是法院尚未受理案件，本案法院已经向被告送达应诉通知书，此时案件已经受理，因此不能裁定不予受理。选项 C 错误。

判决驳回诉讼请求，通俗说法就是"败诉"。夫妻一方死亡，婚姻关系自然终结，何来败诉一说。选项 D 错误。

易混淆点解析

不予受理与驳回起诉存在诸多相同之处：（1）两者均是法院对不符合法定受理条件作出的处理方式；（2）两者都使用裁定；（3）两者的法律依据都是《民事诉讼法》；（4）两者均可通过上诉和再审方式救济。两者的区别在于案件是否已被受理。如果在受理前发现不符合法定受理条件，法院应裁定不予受理；受理后发现，则裁定驳回起诉。

驳回起诉和驳回诉讼请求均可通过上诉救济，但两者存在明显的区别：

不同点	驳回起诉	驳回诉讼请求
解决事项	解决起诉是否符合法定受理条件的程序性问题	解决案件实体性问题
法律依据	民事诉讼法	民事实体法
文书类型	裁定书	判决书

续表

不同点	驳回起诉	驳回诉讼请求
上诉期限	10 天	15 天
能否再次起诉	符合条件可以再行起诉	不得再行起诉

5. [答案] A　　[难度] 难

[考点] 起诉、立案登记（案件受理的法律后果）

[命题和解题思路] 命题人在本题中将实体法与诉讼法知识结合考查，题目涉及诉讼时效制度和诉讼系属理论，考查内容既有抽象的诉讼理论，又包括具体的制度规定，有一定难度。题干简短的案例中，存在当事人起诉和法院受理两个独立的行为，两个行为的法律后果截然不同。指令句明确本题考查的是起诉行为的法律后果，考生要将其与受理行为的法律后果相区别。

[选项分析] 诉讼时效是民事实体法的概念，其发生、中断与适用均取决于民事主体的行为，与法院行为无关。《民法典》第 195 条第 3 项规定，权利人提起诉讼或者申请仲裁，诉讼时效中断，从中断、有关程序终结时起，诉讼时效期间重新计算。据此，案例中何某的起诉行为，直接导致诉讼时效中断。具体而言，根据《诉讼时效规定》第 10 条规定，当事人一方向人民法院提交起诉状或者口头起诉的，诉讼时效从提交起诉状或者口头起诉之日起中断。选项 A 为正确答案。

根据《民事诉讼法》第 128 条规定，人民法院应当在立案之日起 5 日内将起诉状副本发送被告，被告应当在收到之日起 15 日内提出答辩状。根据期间计算原理，答辩期应当从被告收到起诉状副本的次日起计算。确定答辩期的前提是法院已经立案，这显然不是起诉的法律后果。选项 B 错误。

法院受理原告的起诉后，其他法院对该案不得行使管辖权，当事人也不得就同一诉讼标的，对同一对方当事人，以同一诉讼理由另行提起诉讼。因此，甲县法院取得排他的管辖权是受理行为的法律后果。选项 C 错误。

法院受理案件后，争议双方原告、被告的诉

讼地位就被确定下来，依法享有各自的诉讼权利，承担相应的诉讼义务。因此，田某成为适格被告也是受理行为的法律后果。选项 D 错误。

易混淆点解析

起诉行为和受理行为的主要区别点详见下表。

不同点	起诉行为	受理行为
行为主体	原告	法院
完成标志	提交起诉状或者口头起诉	作出立案裁定
法律后果	诉讼时效中断	受诉法院依法取得本案的审判权、法院取得对该案件的排他性管辖权、案件的利害关系人取得本案诉讼当事人的地位

第二节　开庭审理

1. [答案] B　　　[难度] 中

[考点] 开庭审理

[命题和解题思路] 本题以二审发回重审时当事人变更诉讼请求为素材，考查法院的处理方式。本题考点单一，有明确的解题依据，难度不高。解题的关键在于准确把握二审发回重审和再审发回重审的区别，二审发回重审时当事人增加、变更诉讼请求或者反诉不受限制，据此可排除干扰选项准确作答。

[选项分析]《民诉解释》第 251 条规定，二审裁定撤销一审判决发回重审的案件，当事人申请变更、增加诉讼请求或者提出反诉，第三人提出与本案有关的诉讼请求的，依照《民事诉讼法》第 143 条规定处理。《民事诉讼法》第 143 条规定，原告增加诉讼请求，被告提出反诉，第三人提出与本案有关的诉讼请求，可以合并审理。据此，二审发回重审，当事人有权申请变更诉讼请求，法院应根据楚某变更后的诉讼请求审理案件。选项 B 正确，其他选项均错误。

2. [答案] B　　　[难度] 中

[考点] 开庭审理

[命题和解题思路] 本题以法庭辩论终结后增加诉讼标的额为素材，考查原告逾期增加诉讼请求的处理方式。解答本题，应首先判断原告增加诉讼标的额的性质属于增加诉讼请求；再结合原告增加诉讼请求的时限是法庭辩论终结前作出推断，本案属于原告逾期增加诉讼请求，法院对此不予处理，仅就原诉讼请求作出判决。

[选项分析]《民诉解释》第 232 条规定，在案件受理后，法庭辩论结束前，原告增加诉讼请求，被告提出反诉，第三人提出与本案有关的诉讼请求，可以合并审理的，人民法院应当合并审理。据此，原告增加诉讼请求应当在法庭辩论结束前提出，本案中，大兴公司增加诉讼请求已经超过了法定期限，一审法院不应处理，应直接就原诉讼请求作出判决。选项 B 为正确答案，其余选项均错误。

3. [答案] B　　　[难度] 难

[考点] 开庭审理（传唤当事人与其他诉讼参与人）、申请再审的条件（申请再审的事实和理由、申请再审的管辖法院）、再审审理的特殊性（裁定中止原法律文书的执行）

[命题和解题思路] 2012 年《民事诉讼法》修正时对裁定再审后中止裁判文书执行的例外情形作出规定，该规定在之前的考题中均未涉及。命题人精心编制案例情节，四个选项涉及不同章节的四个考点，考查范围广，选项中要求考生判断内容对错交替，难度颇高。考生欲正确解题，需要首先分析各选项的考查内容，然后结合简易程序和再审程序的有关规定，对选项表述的正误作出判断，还要抓住"医疗费"这一解题关键信息，忽略本信息将对 D 项判断造成干扰。选项 C 表述不够严谨，本案一审法院是生效判决作出法院，未经二审程序，不存在二审法院，应表述为原审法院的上一级法院。当然，这个小瑕疵并不影响考生答题。

[选项分析] 选项 A 考查简易程序的传唤方式。《民诉解释》第 261 条第 1 款规定，适用简易程序审理案件，人民法院可以依照《民事诉讼法》第 90 条、第 162 条的规定采取捎口信、电话、短信、传真、电子邮件等简便方式传唤双方当事人、通知证人和送达诉讼文书。据此，本案适用简易程序，法院可以电话通知当事人开庭。

选项 A 说法错误。

选项 B 考查申请再审的法定情形。《民事诉讼法》第 211 条第 10 项规定，当事人以未经传票传唤，缺席判决为理由申请再审，法院应当再审。孙华提出再审申请的理由是法院未传票通知其开庭即缺席判决，该理由完全符合法律规定。选项 B 为正确答案。

选项 C 考查申请再审的管辖法院。我国申请再审的管辖法院，奉行"以上提一级为原则，以原审法院为例外"模式。《民事诉讼法》第 210 条规定，当事人对已经发生法律效力的判决、裁定，认为有错误的，可以向上一级人民法院申请再审；当事人一方人数众多或者当事人双方为公民的案件，也可以向原审人民法院申请再审。本案双方当事人均为公民，孙华可以向原审法院或者上一级法院申请再审。选项 C 说法错误。

选项 D 考查法院决定再审后中止执行的例外情形。《民事诉讼法》第 217 条规定，按照审判监督程序决定再审的案件，裁定中止原判决、裁定、调解书的执行，但追索赡养费、扶养费、抚养费、抚恤金、医疗费用、劳动报酬等案件，可以不中止执行。本案追索的是医疗费，虽然法院裁定再审，可以不中止执行原判决。选项 D 说法错误。

> **易混淆点解析**
> 当事人申请再审，法院不停止判决、裁定、调解书的执行。但法院决定再审后，原则上应当中止原判决、裁定、调解书的执行。但追索赡养费、扶养费、抚养费、抚恤金、医疗费用、劳动报酬等案件，可以不中止执行。**可以不中止执行的案件类型与可以先予执行的案件类型完全相同。**

4. [答案] B　　[难度] 难

[考点] 开庭审理（法庭调查）、调解的开始、审理前的准备（在法定期间内送达诉讼文书、追加当事人）

[命题和解题思路] 不同于以往试题对诉讼制度的静态考查，本题命题人别出心裁，考查了具体诉讼制度在司法实践中的动态适用，题目充分彰显了诉讼法的"程序"特色。命题人采用"声东击西"之法，表面上看考查的是开庭审理阶段的工作流程，实则是对送达、质证、调解、追加当事人等四项行为在民事诉讼中的适用范围进行

全面考查。考生如果不了解民事诉讼的基本流程，看到本题将会无从下手。本题提醒考生，对于具体诉讼制度，要从内涵、基本特征、构成要件、适用范围等方面全方位进行把握。

[选项分析] 法律文书种类不同，送达时间也不同。受理通知书、应诉通知书、举证通知书、起诉状副本等要在审理前准备阶段送达；而判决书、裁定书、调解书等会在开庭审理阶段结束时送达。选项 A 错误。

质证是法庭调查阶段的主要任务，而法庭调查又是庭审的重要环节。因此，组织当事人质证只能发生在开庭审理阶段。选项 B 为正确答案。

《民事诉讼法》第 125 条、第 136 条、第 145 条分别对立案调解、审理前准备阶段调解、开庭审理阶段调解作出规定。据此，调解并不只会发生在开庭审理阶段。选项 C 错误。

为了保障当事人的诉讼权利，保证庭审的正常进行，《民事诉讼法》第 135 条规定追加必须参加诉讼的当事人应当在审理前准备阶段完成。选项 D 错误。

> **易混淆点解析**
> 审理前准备和开庭审理是两个独立的程序阶段，每个阶段的具体工作流程不同，具体如下：
>
> | 程序阶段 | 工作流程 |
> | --- | --- |
> | 审理前准备阶段 | 法定期间内送达诉讼文书 |
> | | 告知当事人诉讼权利义务及合议庭组成人员 |
> | | 确定举证期限 |
> | | 召集庭前会议 |
> | | 审阅诉讼材料 |
> | | 调查收集必要的证据 |
> | | 追加当事人 |
> | | 选择审理案件的适用程序 |
> | 开庭审理阶段 | 庭审准备（告知当事人及其他诉讼参与人出庭日期、发布开庭审理公告） |
> | | 开庭审理（宣布开庭、法庭调查、法庭辩论、合议庭评议和宣判） |

第三节　审理中的特殊情形

1. ［答案］BC　　　［难度］中

［考点］撤诉、缺席判决、对妨害民事诉讼的强制措施的种类

［命题和解题思路］本题以必须到庭的原告拒不到庭为素材，对按撤诉处理、缺席判决以及拘传的适用情形予以考查。解题的关键在于判断张三属于必须到庭的原告，再结合两次传票的情节，判断可拘传张三。张三拒不出庭协助查清案件事实，又无其他证据证明，法院应确认并无借款事实。原告本人虽未出庭，但聘请了代理人代为出庭，不能按撤诉处理，据此可排除选项A；了解缺席判决的适用对象和情形可排除选项D。

［选项分析］《民事诉讼法》第146条规定，原告经传票传唤，无正当理由拒不到庭的，或者未经法庭许可中途退庭的，可以按撤诉处理；被告反诉的，可以缺席判决。同法第62条第1款规定，委托他人代为诉讼，必须向人民法院提交由委托人签名或者盖章的授权委托书。据此，虽然原告张三并未出庭，但其委托季律师代为出庭，本案并不符合按撤诉处理情形。选项A错误。

《民诉解释》第174条第2款规定，人民法院对必须到庭才能查清案件基本事实的原告，经两次传票传唤，无正当理由拒不到庭的，可以拘传。据此，因原告张三无正当理由拒不出庭，导致借款是否已交付事实无法查清，法院已两次传票传唤，可以对张三予以拘传。选项B正确。

《民间借贷规定》第17条规定，依据《最高人民法院关于适用〈中华人民共和国民事诉讼法〉的解释》第174条第2款之规定，负有举证责任的原告无正当理由拒不到庭，经审查现有证据无法确认借贷行为、借贷金额、支付方式等案件主要事实的，人民法院对原告主张的事实不予认定。据此，原告张三拒不到庭，现有证据无法确认借款是否已交付，法院对原告主张借款已交付事实不予认定，即确认双方之间无借款事实，判决驳回原告诉讼请求。选项C正确。

《民事诉讼法》第147条规定，被告经传票传唤，无正当理由拒不到庭的，或者未经法庭许可中途退庭的，可以缺席判决。同法第148条规定，宣判前，原告申请撤诉的，是否准许，由人民法

院裁定。人民法院裁定不准许撤诉的，原告经传票传唤，无正当理由拒不到庭的，可以缺席判决。据此，缺席判决一般适用于非必须到庭的被告，只有原告申请撤诉法院不准许时才可适用于原告。本案原告张三并不存在申请撤诉的情形，本案不属于缺席判决。选项D错误。

2. ［答案］C　　　［难度］中

［考点］诉讼中止、诉讼终结

［命题和解题思路］本题以诉讼中一方当事人死亡为素材，考查确认婚姻无效的特殊程序规则。解题可依据《民法典婚姻家庭编解释（一）》规定推导作答。解答本题不能存在定式思维，看到与婚姻相关的诉讼中一方当事人死亡即认为应当裁定诉讼终结，这就会坠入命题陷阱。《民事诉讼法》第154条规定，离婚案件中一方当事人死亡后裁定诉讼终结，离婚不同于认定婚姻效力，注意细节把握。认定婚姻效力中一方当事人死亡，裁判会涉及对生者利益的维护，因此，一方死亡后诉讼仍应继续进行。

［选项分析］《民法典婚姻家庭编解释（一）》第14条规定，夫妻一方或者双方死亡后，生存一方或者利害关系人依据《民法典》第1051条的规定请求确认婚姻无效的，人民法院应当受理。据此，既然夫妻一方死亡，生存一方都可以请求确认婚姻无效，那么韩某在诉讼过程中死亡，法院应对案件继续审理。选项C为正确答案，其余选项均错误。

3. ［答案］B　　　［难度］中

［考点］诉讼中止

［命题和解题思路］本题以诉讼过程中原告失去诉讼行为能力为切入点，考查诉讼中止的适用情形。为增加难度，将原告之父与原告之妻的观点争议作为解题干扰信息。解答本题，应首先判断董某变为植物人属于诉讼过程中失去诉讼行为能力，应由其监护人作为法定代理人代为参加诉讼。因事发突然，尚未确定董某的监护人，法院应裁定诉讼中止。本题情节新奇，但考点传统，要透过现象看本质，识别考查意图后不难准确作答。

［选项分析］《民事诉讼法》第153条第1款第2项规定，一方当事人丧失诉讼行为能力，尚未确定法定代理人的，中止诉讼。据此，原告董

某在诉讼过程中因突发脑梗变为植物人，属于丧失诉讼行为能力，因尚未确定法定代理人，法院应裁定中止诉讼。选项 B 为正确答案，其余选项均错误。

4. [答案] C　　[难度] 易

[考点] 撤诉、调解的开始、起诉的条件

[命题和解题思路] 本题以确认婚姻无效为切入点，考查确认婚姻无效案件能否调解、撤诉等特殊程序规则。本题考查民诉法知识，但解题依据来自《民法典婚姻家庭编解释（一）》第 11 条规定。题目解题依据单一明确，属于典型的送分题。本题提醒考生，复习民诉时应注意对实体法中有关程序规则的把握。

[选项分析]《民法典婚姻家庭编解释（一）》第 11 条第 1 款规定，人民法院受理请求确认婚姻无效案件后，原告申请撤诉的，不予准许。据此，法院不应准许陆某母亲提出的撤诉申请，选项 A 错误。

《民法典婚姻家庭编解释（一）》第 11 条第 2 款规定，对婚姻效力的审理不适用调解，应当依法作出判决。据此，选项 B 错误，选项 C 为正确答案。

裁定驳回起诉的适用情形是法院立案后发现起诉不符合法定条件。关于确认婚姻无效案件的原告，《民法典婚姻家庭编解释（一）》第 9 条第 2 项规定，向人民法院就已办理结婚登记的婚姻请求确认婚姻无效的主体，包括婚姻当事人及利害关系人。以未到法定婚龄为由请求确认婚姻无效，未到法定婚龄者的近亲属属于利害关系人。据此，陆某的母亲作为利害关系人有权起诉确认婚姻无效，法院不应裁定驳回起诉。选项 D 错误。

5. [答案] D　　[难度] 难

[考点] 诉讼中止

[命题和解题思路] 考查"当事人在诉讼不同阶段死亡的法律后果"是以往命题中常用的命题套路，本题亦是如此。本题考查上诉人死亡后有权作出中止诉讼裁定的法院，命题角度更细，并无明确的解题依据，需要借助诉讼理论推导作答，难度更高。根据案件的性质，可直接排除选项 A 和选项 C。理解当事人上诉后一审法院参与工作不属于审判行为的性质，那一审法院自然无权对

案件裁定中止诉讼，可排除选项 B。

[选项分析] 本案是侵权纠纷，并非离婚、收养等身份关系类不可诉讼承继的案件，肖某死亡后，并不会直接产生诉讼终结的法律后果。选项 A 和选项 C 错误。

一审法院宣判或将裁判文书送达后，其对案件的审判职责即告终结。对裁判出现错误、上诉人是否适格、上诉是否逾期等作出判断，均应由上一级法院负责处理。一审法院送达上诉状及答辩状副本、整理报送案卷材料等行为，属于为衔接审级而从事的司法事务管理行为，并非审判行为。因此，当事人上诉后死亡需要裁定中止诉讼，这明显属于法院审判行为的范畴，应由二审法院作出。选项 B 错误，选项 D 正确。

6. [答案] B　　[难度] 中

[考点] 诉讼中止

[命题和解题思路] 诉讼中特殊情形的处理向来是命题的重点，本题是"重者恒重"规律的产物。本题以"诉讼中当事人死亡后其唯一继承人下落不明"为切入点，考查诉讼中止的适用情形。解答本题的关键在于准确判断钱某死亡的时间以及钱小林下落不明的法律意义，即钱某在诉讼过程中死亡，钱小林下落不明意味着其无法表明是否参加诉讼。分析至此，再结合《民事诉讼法》的规定很容易正确作答。

[选项分析]《民事诉讼法》第 153 条第 1 款规定，有下列情形之一的，中止诉讼：（1）一方当事人死亡，需要等待继承人表明是否参加诉讼的；（2）一方当事人丧失诉讼行为能力，尚未确定法定代理人的；（3）作为一方当事人的法人或者其他组织终止，尚未确定权利义务承受人的；（4）一方当事人因不可抗拒的事由，不能参加诉讼的；（5）本案必须以另一案的审理结果为依据，而另一案尚未审结的；（6）其他应当中止诉讼的情形。据此，本案中钱某死亡的时间是法庭辩论结束后第二天，这仍属于诉讼过程中，而钱某唯一的继承人钱小林因下落不明无法就是否参加诉讼进行表态。因此，法院应就本案裁定中止诉讼。选项 B 为正确答案。

7. [答案] BD　　[难度] 难

[考点] 诉讼终结（诉讼终结的情形）

[命题和解题思路] 命题人以案例题形式考查

两个知识点：一是离婚纠纷一方当事人死亡后，诉讼中止还是诉讼终结；二是婚姻纠纷一方当事人在上诉期内死亡，一审判决是否生效。对于第一个知识点，可以套用排除法和互斥解题技巧答题，身份关系案件一方当事人死亡后，不可能诉讼中止，因此可排除 A 选项，而 A 和 B 选项互斥，因此选项 B 为正确答案。确定程序终结后，案件就停留于终结时的状态。当事人死亡时处于上诉期间，一审判决并未生效。由此可排除选项 C，D 选项正确。本题中李某的身份可能对考生形成干扰，虽然无行为能力人参与诉讼需要法定代理人代理，但当事人与法定代理人毕竟身份不同，不可混淆。

[选项分析]《民事诉讼法》第 153 条第 1 项规定，一方当事人死亡，需要等待继承人表明是否参加诉讼的，应当中止诉讼。婚姻关系的一方当事人死亡后，婚姻关系自动消灭，不存在继承人继续参加诉讼的问题。因此，婚姻案件一方当事人死亡后，不应中止诉讼。选项 A 错误。

《民事诉讼法》第 154 条第 3 项规定，离婚案件一方当事人死亡的，终结诉讼。离婚纠纷属于身份关系案件，此时诉讼已无必要继续进行或者不可能继续进行。选项 B 正确。

刘女在一审判决上诉期内死亡，此时一审判决尚未生效。刘女死亡后导致诉讼终结，但绝不会产生使一审判决生效的法律后果。选项 D 正确，选项 C 错误。

易混淆点解析

离婚案件一方当事人在不同程序阶段死亡的法律后果截然不同。具体如下：

起诉前死亡		起诉后死亡
案件未受理	案件已受理	裁定诉讼终结
裁定不予受理	裁定驳回起诉	

8. [答案] C　　[难度] 易

[考点] 诉讼中止（诉讼中止的情形）、宣告公民死亡案件的申请（管辖法院）

[命题和解题思路] 命题人以小案例形式，对诉讼中止的法定情形和宣告死亡案件的管辖法院进行考查，考点较为单一，考查面窄，设计案例时也未加入干扰信息，难度较低。考生欲正确答题，必须具备将案例语言还原为法律规定的能力，即考生应根据题干表述，准确判断命题人的考查意图和法律依据。具言之，考生如果准确判断出借款案的解决必须以宣告死亡案件的审理结果为依据，那么命题人在选项中设置的答题陷阱自然迎刃而解。

[选项分析]《民事诉讼法》第 191 条规定，公民下落不明满 4 年，或者因意外事件下落不明满 2 年，或者因意外事件下落不明，经有关机关证明该公民不可能生存，利害关系人申请宣告其死亡的，向下落不明人住所地基层人民法院提出。因此，成某宣告死亡案件的管辖法院是成某住所地乙县法院。该案是非讼案件，不适用移送管辖等诉讼案件的管辖规定。选项 A 错误。

借款纠纷案是诉讼案件，而宣告死亡案是非讼案件，两个案件属性完全不同，根本不能合并审理。选项 B 错误。

成某诉罗某借款纠纷案尚未审结，此时成某所乘班机失踪，被宣布不可能生还。此时，成某妻子向法院申请宣告成某死亡。因死者不能作为民事诉讼的当事人，成某能否继续作为借款纠纷案的原告，必须依赖于宣告死亡案件的审理结果。根据《民事诉讼法》第 153 条第 5 项规定，本案必须以另一案的审理结果为依据，而另一案尚未审结的，中止诉讼。因此，甲县法院对于借款纠纷案应当裁定中止诉讼，选项 C 为正确答案。

《民事诉讼法》第 154 条规定，有下列情形之一的，终结诉讼：（1）原告死亡，没有继承人，或者继承人放弃诉讼权利的；（2）被告死亡，没有遗产，也没有应当承担义务的人的；（3）离婚案件一方当事人死亡的；（4）追索赡养费、扶养费、抚养费以及解除收养关系案件的一方当事人死亡的。本案是财产性质的纠纷，成某是诉讼原告，据此可排除第 2、3、4 项。即便成某被宣告死亡，除非包括成某妻子在内的全部继承人均放弃诉讼权利，甲县法院才会裁定终结诉讼。上述情形题干并未表述，因此选项 D 错误。

第十二章 简易程序

试 题

第一节 简易程序

1. 黄某因侵权纠纷起诉柳某，一审法院适用简易程序，由审判员王某独任审理。后柳某不服一审判决提起上诉，二审法院以基本事实不清为由裁定发回重审。关于发回重审的程序和审判组织，下列说法正确的是：（2023 年回忆版）

A. 应适用普通程序，王某不得作为合议庭组成人员

B. 应适用简易程序，王某不得作为审判员审理本案

C. 应适用普通程序，由王某之外的其他法官独任审理

D. 应适用普通程序，人民陪审员可以参与合议庭

2. 章某因侵权纠纷起诉程某索赔 10 万元，程某答辩主张赔偿额过高。法院欲在网络平台线上开庭审理，章某同意，而程某不同意。法院向双方当事人送达传票后，程某既未参加线上审理，又未到庭参加诉讼。关于法院对本案的处理，下列哪些做法是正确的？（2023 年回忆版）

A. 对章某线上审理

B. 对程某缺席审判

C. 适用简易程序审理本案

D. 向程某公告送达判决书

3. 夏某因借款纠纷起诉陈某，法院决定适用简易程序审理。法院依夏某提供的被告地址送达时，发现有误，经多方了解和查证也无法确定准确地址。对此，法院下列哪一处理是正确的？（2017-3-43）

A. 将案件转为普通程序审理

B. 采取公告方式送达

C. 裁定中止诉讼

D. 裁定驳回起诉

4. 章俊诉李泳借款纠纷案在某县法院适用简易程序审理。县法院判决后，章俊上诉，二审法院以事实不清为由发回重审。县法院征得当事人同意后，适用简易程序重审此案。在答辩期间，李泳提出管辖权异议，县法院不予审查。案件开庭前，章俊增加了诉讼请求，李泳提出反诉，县法院受理了章俊提出的增加诉讼请求，但以重审不可提出反诉为由拒绝受理李泳的反诉。关于本案，该县法院的下列哪些做法是正确的？（2015-3-82）

A. 征得当事人同意后，适用简易程序重审此案

B. 对李泳提出的管辖权异议不予审查

C. 受理章俊提出的增加诉讼请求

D. 拒绝受理李泳的反诉

5. 郑飞诉万雷侵权纠纷一案，虽不属于事实清楚、权利义务关系明确、争议不大的案件，但双方当事人约定适用简易程序进行审理，法院同意并以电子邮件的方式向双方当事人通知了开庭时间（双方当事人均未回复）。开庭时被告万雷无正当理由不到庭，法院作出了缺席判决。送达判决书时法院通过各种方式均未联系上万雷，遂采取了公告送达方式送达了判决书。对此，法院下列哪些行为是违法的？（2015-3-83）

A. 同意双方当事人的约定，适用简易程序对案件进行审理

B. 以电子邮件的方式向双方当事人通知开庭时间

C. 作出缺席判决

D. 采取公告方式送达判决书

6. 当事人可对某些诉讼事项进行约定，法院应尊重合法有效的约定。关于当事人的约定及其效力，下列哪些表述是错误的？（2014-3-79）

A. 当事人约定"合同是否履行无法证明时，应以甲方主张的事实为准"，法院应根据该约定分配证明责任

B. 当事人在诉讼和解中约定"原告撤诉后不得以相同的事由再次提起诉讼"，法院根据该约定不能再受理原告的起诉

C. 当事人约定"如果起诉，只能适用普通程

序"，法院根据该约定不能适用简易程序审理

D. 当事人约定"双方必须亲自参加开庭审理，不得无故缺席"，如果被告委托了代理人参加开庭，自己不参加开庭，法院应根据该约定在对被告两次传唤后对其拘传

7. 关于简易程序的简便性，下列哪一表述是不正确的？（2013-3-41）

A. 受理程序简便，可以当即受理，当即审理

B. 审判程序简便，可以不按法庭调查、法庭辩论的顺序进行

C. 庭审笔录简便，可以不记录诉讼权利义务的告知、原被告的诉辩意见等通常性程序内容

D. 裁判文书简便，可以简化裁判文书的事实认定或判决理由部分

第二节　小额诉讼程序

1. 蒋某拖欠沈某 8 万元租金，沈某起诉要求清偿。当地上一年就业人员年平均工资是 6 万元，双方约定本案适用小额诉讼程序审理。诉讼过程中，蒋某主张对方违约提起反诉，要求沈某给付 10 万元。关于法院对本案的处理，下列哪一选项是正确的？（2022 年回忆版）

A. 将反诉并入小额诉讼程序审理

B. 裁定转为普通程序审理

C. 裁定驳回蒋某的反诉

D. 告知蒋某另行起诉

2. A 区的甲向 B 区的乙租赁仓库，仓库位于 C 区，月租金 200 元。双方约定合同履行发生纠纷，向被告住所地法院起诉。因甲累计拖欠租金 3000 元，乙向 A 区法院起诉。A 区法院适用小额诉讼程序审理，甲提出管辖权异议，称本案应由 C 区法院专属管辖，A 区法院裁定驳回。A 区法院作出判决生效后，甲申请再审。关于本案，下列哪些表述是正确的？（2022 年回忆版）

A. 甲可对驳回管辖权异议裁定提起上诉

B. 甲不可对驳回管辖权异议裁定提起上诉

C. 甲可向 A 区法院申请再审

D. 甲可向 C 区法院申请再审

3. 甲法院是繁简分流试点法院。现苏强向甲法院起诉其子苏明，请求被告支付赡养费 3000 元。苏明称其无固定收入，无法支付。甲法院审理后作出判决。关于本案，下列哪些说法是正确

的？（2020 年回忆版）

A. 经双方当事人同意，可不写判决理由

B. 经双方当事人同意，可在线视频审理

C. 可一审终审

D. 经双方当事人同意，可不开庭审理

4. 孙某因拖欠康安公司物业费 3000 元被起诉，法院受理后决定适用小额诉讼程序审理。孙某在答辩期内对管辖权提出异议，法院审查后裁定驳回。关于本案，下列哪些说法是正确的？（2018 年回忆版）

A. 法院适用小额诉讼程序应告知双方当事人

B. 若庭审前双方当事人约定适用普通程序，法院应予准许

C. 孙某可要求法院给予 10 日的答辩期

D. 若孙某不上诉，驳回管辖权异议的裁定作出即生效

5. 李某诉谭某返还借款一案，M 市 N 区法院按照小额诉讼案件进行审理，判决谭某返还借款。判决生效后，谭某认为借款数额远高于法律规定的小额案件的数额，不应按小额案件审理，遂向法院申请再审。法院经审查，裁定予以再审。关于该案再审程序适用，下列哪些选项是正确的？（2016-3-81）

A. 谭某应当向 M 市中级法院申请再审

B. 法院应当组成合议庭审理

C. 对作出的再审判决当事人可以上诉

D. 作出的再审判决仍实行一审终审

6. 根据《民事诉讼法》相关司法解释，下列哪些案件不适用小额诉讼程序？（2015-3-84）

A. 人身关系案件

B. 涉外民事案件

C. 海事案件

D. 发回重审的案件

7. 赵洪诉陈海返还借款 100 元，法院决定适用小额诉讼程序审理。关于该案的审理，下列哪一选项是错误的？（2014-3-40）

A. 应在开庭审理时先行调解

B. 应开庭审理，但经过赵洪和陈海的书面同意后，可书面审理

C. 应当庭宣判

D. 应一审终审

详　解

第一节　简易程序

1.［答案］AD　　［难度］中

［考点］合议制度、简易程序的适用范围

［命题和解题思路］2021 年《民事诉讼法》修正扩大了独任制的适用范围，本题以此为契机，以发回重审为主线，对发回重审的审判组织形式以及适用程序予以考查。题目考点单一，解题依据明确，基本属于送分题。了解**案件发回重审不得适用简易程序**，可直接排除选项 B；掌握**案件发回重审不得适用独任制**，可排除选项 C。

［选项分析］《民事诉讼法》第 41 条第 3 款规定，发回重审的案件，原审人民法院应当按照第一审程序另行组成合议庭。又根据《民诉解释》第 257 条第 2 项的规定，发回重审的案件，不适用简易程序。据此，案件发回重审后，应当适用普通程序并由合议庭进行审理，原审审判人员不得参与案件合议庭组成。选项 A 正确；选项 B、C 均错误。

《民事诉讼法》第 40 条第 1 款规定，人民法院审理第一审民事案件，由审判员、人民陪审员共同组成合议庭或者由审判员组成合议庭。合议庭的成员人数，必须是单数。据此，案件发回重审后，适用一审程序，可以由人民陪审员参与组成合议庭审理。选项 D 正确。

2.［答案］ABC　　［难度］中

［考点］在线诉讼与线下诉讼具有同等效力原则、缺席判决、简易程序的适用范围、送达方式（公告送达）

［命题和解题思路］2023 年考试大纲将"在线诉讼原则"修改为"在线诉讼与线下诉讼具有同等效力原则"，本题遵循"逢新必考"规律，采用"串烧"方式对四个知识点予以综合考查。题目考查范围虽广，但各选项均有明确的解题依据，难度不高。准确把握公告送达的适用情形，可排除选项 D 的干扰。

［选项分析］《民事诉讼法》第 16 条第 1 款规定，经当事人同意，民事诉讼活动可以通过信息网络平台在线进行。据此，章某同意网络在线诉讼，法院可对章某线上审理。选项 A 正确。

《民事诉讼法》第 147 条规定，被告经传票传唤，无正当理由拒不到庭的，或者未经法庭许可中途退庭的，可以缺席判决。据此，被告程某既未参加线上审理，又未到庭参加诉讼，对其可以缺席判决。选项 B 正确。

《民诉解释》第 257 条规定，下列案件，不适用简易程序：（1）起诉时被告下落不明的；（2）发回重审的；（3）当事人一方人数众多的；（4）适用审判监督程序的；（5）涉及国家利益、社会公共利益的；（6）第三人起诉请求改变或者撤销生效判决、裁定、调解书的；（7）其他不宜适用简易程序的案件。据此，本案显然不符合上述任何一种情形，不属于禁止适用简易程序的情形，法院可适用简易程序审理本案。选项 C 正确。

《民事诉讼法》第 95 条第 1 款规定，受送达人下落不明，或者用本节规定的其他方式无法送达的，公告送达。自发出公告之日起，经过 30 日，即视为送达。据此，**公告送达适用于受送达人下落不明或者用其他方式无法送达的情形**，本案中并未言明程某下落不明，也未交代其他方式无法送达的情节，可向程某公告送达判决书的说法错误。选项 D 错误。

3.［答案］D　　［难度］中

［考点］简易程序审理前的准备（诉状送达的特别规定）

［命题和解题思路］简易程序是每年必考内容。命题人以案例题形式，考查简易程序中法院按照原告提供的送达地址无法通知被告应诉时的处理方式。试题考点单一，解题法律依据明确，难度不高。考生解题的关键在于根据题干表述判断原告是否提供了被告准确的送达地址，然后再根据《简易程序规定》判断应当转入普通程序审理还是裁定驳回起诉即可得分。考生如果遗忘了司法解释的规定，不妨采用排除法作答。

［选项分析］《简易程序规定》第 8 条第 1 项规定，人民法院按照原告提供的被告的送达地址或者其他联系方式无法通知被告应诉的，如果原告提供了被告准确的送达地址，但人民法院无法向被告直接送达或者留置送达应诉通知书的，应当将案件转入普通程序审理。题干明确说明，夏某提供的被告送达地址有误，这意味着原告没有提供被告准确的送达地址，不能将案件转入普通

程序审理。选项 A 错误。

《民诉解释》第 140 条明确规定，适用简易程序的案件，不适用公告送达。选项 B 错误。

《民事诉讼法》第 153 条规定了 6 种应当中止诉讼的法定情形，其中并不包括无法确定被告的送达地址。选项 C 错误。

《简易程序规定》第 8 条第 2 项规定，人民法院按照原告提供的被告的送达地址或者其他联系方式无法通知被告应诉的，如果原告不能提供被告准确的送达地址，人民法院经查证后仍不能确定被告送达地址的，可以被告不明确为由裁定驳回原告起诉。夏某提供的被告地址有误，这属于原告不能提供被告准确的送达地址，法院经查证后也不能确定，此时应当裁定驳回原告起诉。选项 D 为正确答案。本选项从另一个角度也可作答。《民诉解释》第 209 条第 1 款规定，原告提供被告的姓名或者名称、住所等信息具体明确，足以使被告与他人相区别的，可以认定为有明确的被告。本案中被告的准确地址信息根本无法确定，此时不符合《民事诉讼法》第 122 条第 2 项规定的"有明确的被告"的起诉实质条件。法院已受理的案件不符合起诉实质条件时，法院应当裁定驳回起诉。

> **易混淆点解析**
>
> 在简易程序中，法院按照原告提供的被告的送达地址或者其他联系方式无法通知被告应诉，因情形不同，处理方式也有所差异。
>
> | 具体情形 | 被告送达地址准确，但无法通知被告应诉 | 不能确定被告送达地址 |
> |---|---|---|
> | 处理方式 | 案件转入普通程序 | 裁定驳回起诉 |

4. ［答案］BC　　［难度］中

［考点］简易程序的适用范围（适用简易程序的案件）、管辖恒定（最高人民法院关于管辖恒定的有关司法解释）、上诉案件的裁判（对第一审判决提起上诉的案件的裁判）

［命题和解题思路］《民诉解释》新增了管辖恒定原则的适用情形，命题人以此为素材，精心编制案例，对三个考点进行综合考查。命题人在选项 A 中采用"无中生有"之计，以"征得当事人同意"作为干扰信息迷惑考生。后三项基本是对《民诉解释》规定的简单重复。考生只要熟悉《民诉解释》的规定，定能识破命题陷阱，顺利获得分数。民事诉讼法属于法条型学科，熟练掌握法律规定是备考的至高法则。

［选项分析］选项 A 是重点干扰项，考查简易程序的适用范围。《民诉解释》第 257 条规定，下列案件，不适用简易程序：（1）起诉时被告下落不明的；（2）发回重审的；（3）当事人一方人数众多的；（4）适用审判监督程序的；（5）涉及国家利益、社会公共利益的；（6）第三人起诉请求改变或者撤销生效判决、裁定、调解书的；（7）其他不宜适用简易程序的案件。据此，无论当事人是否同意，上述案件均不得适用简易程序。本案发回重审时不得适用简易程序，选项 A 错误。考生如果不熟悉本规定，也可以用诉讼法原理作出判断。案件发回重审，就意味着原审裁判存在事实不清或严重程序违法等问题，相较于由审判员独任审理的简易程序，发挥集体智慧的合议庭显然更能肩负起"查漏补缺"的重任。因此，发回重审案件不能适用简易程序。

选项 B 考查管辖恒定原则。《民诉解释》第 39 条第 2 款规定，人民法院发回重审或者按第一审程序再审的案件，当事人提出管辖异议的，人民法院不予审查。李泳在发回重审时提出管辖权异议，法院不予审查符合法律规定。选项 B 为正确答案。

选项 C 和 D 均考查发回重审时合并审理的情形。《民诉解释》第 251 条规定，二审裁定撤销一审判决发回重审的案件，当事人申请变更、增加诉讼请求或者提出反诉，第三人提出与本案有关的诉讼请求的，依照《民事诉讼法》第 143 条规定处理。《民事诉讼法》第 143 条规定，原告增加诉讼请求，被告提出反诉，第三人提出与本案有关的诉讼请求，可以合并审理。据此，发回重审的案件，原告可以变更、增加诉讼请求，被告可以提出反诉，第三人可以提出与本案有关的诉讼请求。法院受理章俊提出的增加诉讼请求，符合法律规定，选项 C 为正确答案。法院拒绝受理李泳的反诉，不符合法律规定，选项 D 错误。

5. ［答案］CD　　［难度］中

［考点］简易程序的适用范围（当事人协议适用简易程序）、开庭审理（传唤当事人与其他诉讼参与人）、宣判（判决书的送达）

[命题和解题思路]《民诉解释》新增规定简易程序不适用公告送达，并且对简易程序缺席判决的适用作出限制，这为本题的命制提供了新素材。命题人以案例题形式，要求考生对法院四项行为是否违法作出判断。题目具有一定的综合性，难度较高。题目采用否定性设问方式，答题时要特别留意。

[选项分析] 选项 A 考查能否协议适用简易程序。《民事诉讼法》第 160 条规定，基层人民法院和它派出的法庭审理事实清楚、权利义务关系明确、争议不大的简单的民事案件，适用本章规定。基层人民法院和它派出的法庭审理前款规定以外的民事案件，当事人双方也可以约定适用简易程序。郑飞和万雷约定将不属于事实清楚、权利义务关系明确、争议不大的案件适用简易程序审理，符合法律规定。选项 A 排除。

选项 B 考查简易程序传唤当事人的出庭方式。《民诉解释》第 261 条第 1 款规定，适用简易程序审理案件，人民法院可以依照民事诉讼法第 90 条、第 162 条的规定采取捎口信、电话、短信、传真、电子邮件等简便方式传唤双方当事人、通知证人和送达诉讼文书。因此，法院以电子邮件的方式向双方当事人通知了开庭时间符合法律规定。选项 B 排除。

选项 C 考查简易程序缺席判决的适用。《民诉解释》第 261 条第 2 款规定，以简便方式送达的开庭通知，未经当事人确认或者没有其他证据证明当事人已经收到的，人民法院不得缺席判决。法院以电子邮件的方式向双方当事人通知了开庭时间，但双方当事人均未回复，法院缺席判决不符合法律规定。选项 C 为正确答案。

选项 D 考查简易程序的送达方式。《民诉解释》第 140 条规定，适用简易程序的案件，不适用公告送达。法院采取公告方式送达判决书不符合法律规定。选项 D 为正确答案。

易混淆点解析
简易程序案件的所有文书均不适用公告送达（互联网法院除外）；判决书、裁定书和调解书不适用电子送达；调解书不适用留置送达。

6. [答案] ABCD [难度] 难
[考点] 证明责任的分配（最高人民法院相关

司法解释中关于当事人举证责任承担的有关规定）、受理（对当事人起诉时几种特殊情况的处理）、简易程序的适用范围（适用简易程序的案件）、对妨害民事诉讼强制措施的种类（拘传）

[命题和解题思路] 本题命题人构思巧妙，以诉讼事项是否允许当事人约定为主线，对四个考点进行综合考查。试题考查范围广，涉及内容多，采用一题多问和否定式设问的命题形式，进一步增加了试题难度。考生欲正确解题，首先要明确民事诉讼法的公法性质，即除了法律明确允许当事人约定的事项之外，其余事项当事人皆无权约定，且当事人的约定事项不得违反法律规定。然后根据相关法律规定，对每个选项是否允许约定以及约定内容是否合法逐一作出判断。

[选项分析] 选项 A 考查当事人能否约定证明责任分配规则。根据诉讼法原理，证明责任分配是由法律、法规或者司法解释预先确定的，当事人无权约定。根据《民诉解释》第 91 条第 2 项规定，主张法律关系变更、消灭或者权利受到妨害的当事人，应当对该法律关系变更、消灭或者权利受到妨害的基本事实承担举证证明责任。据此，当合同是否履行无法证明时，应由主张合同已履行的当事人承担不利后果，而非以某一方当事人主张的事实为准。选项 A 为正确答案。

选项 B 考查当事人能否约定撤诉的后果。《民诉解释》第 214 条第 1 款规定，原告撤诉或者人民法院按撤诉处理后，原告以同一诉讼请求再次起诉的，人民法院应予受理。当事人约定事项违反法律规定，选项 B 为正确答案。

选项 C 考查当事人能否约定审理程序。我国《民事诉讼法》第 160 条第 1 款、第 165 条对适用简易程序或小额诉讼程序审理的案件范围作出明确界定，除此之外的一审案件均应当适用普通程序审理。符合某类程序条件要求的案件必须适用相对应的程序审理，当事人不可约定规避适用。唯一的例外是《民事诉讼法》第 160 条第 2 款，规定了应当适用普通程序审理的民事案件，当事人可以约定适用简易程序。但应当适用简易程序审理的案件，当事人能否约定适用普通程序，法律并无明文规定。根据公法的属性，当事人对此并不享有程序选择权。选项 C 为正确答案。

选项 D 考查当事人能否约定不出庭的后果。

本选项可以从拘传的适用对象和必须出庭的案件类型作出判断。《民事诉讼法》第112条规定，人民法院对必须到庭的被告，经两次传票传唤，无正当理由拒不到庭的，可以拘传。拘传属于民事诉讼强制措施，必须依法适用。其适用对象是必须到庭的被告，从选项表述无法判断不出庭的被告是否应当必须到庭。从另一个角度看，《民事诉讼法》第65条规定，离婚案件有诉讼代理人的，本人除不能表达意思的以外，仍应出庭。除离婚案件外，当事人聘请了诉讼代理人，本人可不出庭。双方的约定违反法律规定，选项D为正确答案。

易混淆点解析

应当适用普通程序审理的案件，双方当事人可以在开庭前约定适用简易程序审理。但应当适用简易程序审理的案件，双方当事人不能约定适用普通程序审理。法律规定不适用简易程序审理的案件，当事人不得约定适用简易程序审理。

7. ［答案］C ［难度］易

［考点］起诉与答辩（答辩的方式）、开庭审理（对当事人诉讼权利义务的告知、法庭调查与辩论）、宣判（判决书的简化）

［命题和解题思路］根据指令句，本题考查的是简易程序简便性的具体表现，考生只要熟悉《民事诉讼法》和《简易程序规定》的相关规定即可轻松得分。本题考点单一，内容上无广度、无深度，选项表述基本是对法条和司法解释规定的简单重述；虽然采用一题多问和否定式设问的命题形式，但未设计小案例，也没有设置干扰项。这种试题是考试中典型的送分题，出现频率不高。

［选项分析］较之于普通程序，简易程序的受理程序相当简便。《民事诉讼法》第161条第2款规定，基层人民法院或者它派出的法庭可以当即审理，也可以另定日期审理。法院适用简易程序既然可以当即审理，而审理的前提是法院已经受理案件，这意味着法院适用简易程序当然可以当即受理。选项A表述正确，不选。

简易程序的审判程序简便。根据《民事诉讼法》第163条规定，简易程序不受《民事诉讼法》

第139条、第141条、第144条规定的限制。而《民事诉讼法》第141条、第144条分别对法庭调查顺序和法庭辩论顺序作出规定。换言之，法院适用简易程序进行法庭调查、法庭辩论时，可以不按法定顺序进行。选项B表述正确，不选。

简易程序的简便性也要受到限制。《简易程序规定》第24条第1项明确规定，书记员应当将适用简易程序审理民事案件的全部活动记入笔录。审判人员关于当事人诉讼权利义务的告知、争议焦点的概括、证据的认定和裁判的宣告等重大事项，应当详细记载。选项C表述错误，为正确答案。

简易程序的裁判文书可以简化。《民诉解释》第270条规定，在四种特殊情况下，法院适用简易程序审理的案件在制作判决书、裁定书、调解书时，对认定事实或者裁判理由部分可以适当简化。选项D表述正确，不选。

第二节 小额诉讼程序

1. ［答案］B ［难度］中

［考点］小额诉讼适用的条件与范围

［命题和解题思路］小额诉讼程序是2021年《民事诉讼法》修正内容，本题适用"逢新必考"规律，对不适用小额诉讼程序的案件类型予以考查。准确记忆当事人提出反诉的案件不适用小额诉讼程序，可排除选项A；反诉并无不符合起诉实质条件的情形，选项C不当选；选项D是主要干扰项，当事人提出反诉的案件不适用小额诉讼程序，但法律并未规定小额诉讼案件审理中不允许提出反诉，据此可排除选项D。

［选项分析］《民事诉讼法》第166条规定，人民法院审理下列民事案件，不适用小额诉讼的程序：（1）人身关系、财产确权案件；（2）涉外案件；（3）需要评估、鉴定或者对诉前评估、鉴定结果有异议的案件；（4）一方当事人下落不明的案件；（5）当事人提出反诉的案件；（6）其他不宜适用小额诉讼的程序审理的案件。据此，蒋某提出反诉后，该案件不能适用小额诉讼程序审理。同法第169条第1款规定，人民法院在审理过程中，发现案件不宜适用小额诉讼的程序的，应当适用简易程序的其他规定审理或者裁定转为普通程序。据此，蒋某反诉后，法院应当适用简易程序审理或者裁定转为普通程序审理。选项B

为正确答案, 其余选项均错误。

2. [答案] BC　　[难度] 中

[考点] 小额诉讼的特别规定

[命题和解题思路] 小额诉讼是 2021 年《民事诉讼法》修正改动幅度最大的内容。本题以协议管辖违反专属管辖为干扰信息, 对**小额诉讼管辖权异议裁定能否上诉以及再审管辖法院**予以考查。考查内容有《民诉解释》的明文规定, 难度不高, 把握小额诉讼的特殊程序规则即可轻松得分。

[选项分析]《民诉解释》第 276 条规定, 当事人对小额诉讼案件提出管辖异议的, 人民法院应当作出裁定。裁定一经作出即生效。据此, A 区法院适用小额诉讼审理本案, 法院对管辖权异议作出的裁定, 甲不能上诉。选项 A 错误, 选项 B 正确。

《民诉解释》第 424 条第 1 款规定, 对小额诉讼案件的判决、裁定, 当事人以《民事诉讼法》第 211 条规定的事由向原审人民法院申请再审的, 人民法院应当受理。申请再审由成立的, 应当裁定再审, 组成合议庭进行审理。作出的再审判决、裁定, 当事人不得上诉。据此, 甲对小额诉讼判决申请再审, 应当向原审法院 A 区法院提出。选项 C 正确, 选项 D 错误。

3. [答案] BC　　[难度] 中

[考点] 小额诉讼的特别规定

[命题和解题思路] 程序繁简分流改革是 2020 年考试大纲增加的内容, 本题遵循 "逢新必考" 规律, 对相关改革措施的规定予以考查。为增加难度, 选项 A 和 D 分别采用 "偷梁换柱" 和 "无中生有" 之计布设陷阱。题干中 "3000 元" 是关键信息, 据此判断本案可能会适用小额诉讼程序审理, 应围绕小额诉讼程序的改革规定作答。"赡养费" 是解题干扰信息, 本案不属于人身关系纠纷, 因身份关系清楚, 仅就赡养费给付数额存在争议, 可适用小额诉讼程序审理, 如果误判很容易漏选 C 选项。选项 A 对改革文件的记忆精确度要求较高, 应通过不写判决理由的适用情形予以排除; 无论是否繁简分流, 一审程序必须开庭审理, 了解该原理可排除选项 D 的干扰。

[选项分析]《民事诉讼程序繁简分流改革试点实施办法》第 9 条第 2 款规定, 对于案情简单、

法律适用明确的案件, 法官可以当庭作出裁判并说明裁判理由。对于当庭裁判的案件, 裁判过程经庭审录音录像或者庭审笔录完整记录的, 人民法院在制作裁判文书时可以不再载明裁判理由。据此, 甲法院若适用小额诉讼程序审理本案, 可以不写判决理由, 条件是符合上述规定, 而非双方当事人同意。选项 A 错误。

《民事诉讼程序繁简分流改革试点实施办法》第 21 条规定, 人民法院、当事人及其他诉讼参与人可以通过信息化诉讼平台在线开展诉讼活动。诉讼主体的在线诉讼活动, 与线下诉讼活动具有同等效力。人民法院根据技术条件、案件情况和当事人意愿等因素, 决定是否采取在线方式完成相关诉讼环节。据此, 若征得案件双方当事人同意, 本案可采用在线方式审理。选项 B 为正确答案。

《民事诉讼程序繁简分流改革试点实施办法》第 5 条规定, 基层人民法院审理的事实清楚、权利义务关系明确、争议不大的简单金钱给付类案件, 标的额为人民币五万元以下的, 适用小额诉讼程序, 实行一审终审。据此, 本案标的额仅为 3000 元, 可适用小额诉讼程序审理, 可以一审终审。选项 C 为正确答案。

无论是否属于程序繁简分流改革试点地区, 法院审理第一审民事案件均必须开庭审理。双方同意可不开庭审理第一审案件属于干扰信息。选项 D 错误。

4. [答案] AC　　[难度] 中

[考点] 小额诉讼的特别规定

[命题和解题思路] 小额诉讼程序自立法以来, 连续多年命题考查。本题围绕《民诉解释》的规定, 主要考查小额诉讼程序的特殊规定。选项 B 涉及程序选择权的适用, 并无明确解题依据, 需要借助诉讼原理推导作答; 其余选项均有明确的司法解释规定, 掌握小额诉讼程序的特殊性即可准确作出判断。

[选项分析]《民诉解释》第 274 条规定, 人民法院受理小额诉讼案件, 应当向当事人告知该类案件的审判组织、一审终审、审理期限、诉讼费用交纳标准等相关事项。据此, 法院应向当事人告知小额诉讼程序一审终审等特别程序规则。选项 A 正确。

选项 B 是主要干扰项。《民事诉讼法》第 160 条第 2 款规定，本应适用普通程序审理的民事案件，双方当事人可以约定适用简易程序。但为了节约诉讼资源，《民事诉讼法》并未作出相反规定，即双方当事人不能将本应适用简易程序审理的案件，约定适用普通程序审理。基于简易程序和小额诉讼程序的内在联系，本案中法院决定适用小额诉讼程序，双方当事人也不能约定适用普通程序审理。选项 B 错误。

《民诉解释》第 275 条第 2 款规定，被告要求书面答辩的，人民法院可以在征得其同意的基础上合理确定答辩期间，但最长不得超过 15 日。据此，孙某要求法院给予 10 日的答辩期完全符合法律规定，选项 C 正确。

《民诉解释》第 276 条规定，当事人对小额诉讼案件提出管辖异议的，人民法院应当作出裁定。裁定一经作出即生效。据此，小额诉讼程序中管辖权异议裁定不可上诉，作出后即生效。选项 D 错误。

5. [答案] BC　　[难度] 中

[考点] 小额诉讼的特别规定（对适用小额案件审理程序的异议及处理）

[命题和解题思路] 小额诉讼程序的再审是 2015 年《民诉解释》增加的规定，"适用小额案件审理程序异议的处理"也是 2016 年大纲增加的考点。命题人以案例题形式，对适用小额诉讼程序有异议申请再审的管辖法院、审判组织和救济方式等知识点作出考查。题目考点单一，案情表述直白，未设计答题干扰信息，难度不高。"不应按小额案件审理"是解答本题的关键信息，考生需特别留意。选项 C 和 D 的互斥设计，又在变相提醒考生注意对两类有关小额诉讼程序再审的识别。

[选项分析] 选项 A 考查对适用小额诉讼程序有异议申请再审的管辖法院。《民诉解释》第 424 条第 2 款规定，当事人以不应按小额诉讼案件审理为由向原审人民法院申请再审的，人民法院应当受理。据此，当事人应向 M 市 N 区法院而非 M 市中院申请再审，选项 A 错误。考生如果忘记该条文的内容，也可通过再审管辖的一般原理选择作答。根据《民事诉讼法》第 210 条规定，当事人双方均为公民的案件，当事人可以向原审法

院或者原审法院的上一级法院申请再审。选项 A "应当"的表述使人认为 M 市中院是谭某申请再审的唯一法院，据此亦可排除选项 A。

选项 B 考查对适用小额诉讼程序有异议申请再审的审判组织。《民诉解释》第 424 条第 2 款规定，当事人申请再审由成立的，应当裁定再审，组成合议庭审理。选项 B 正确。考生即便不熟悉上述条文，根据再审程序有关审判组织的规定也可作出判断。因为再审程序是纠错程序，《民事诉讼法》第 218 条第 2 款规定，再审案件应当另行组成合议庭进行审理。

选项 C 和 D 均考查对适用小额诉讼程序有异议的再审裁判能否上诉。《民诉解释》第 424 条第 2 款规定，合议庭作出的再审判决、裁定，当事人可以上诉。据此，选项 C 正确，选项 D 错误。

> **易混淆点解析**
>
> 有关小额诉讼程序的再审存在两种情形：一是当事人对适用小额诉讼程序有异议申请再审；二是当事人对小额诉讼裁判结果异议申请再审。两者均应组成合议庭审理，但对程序适用有异议作出的再审裁判可以上诉，对裁判结果有异议作出的再审裁判不允许上诉。

6. [答案] ABD　　[难度] 难

[考点] 小额诉讼适用的条件与范围

[命题和解题思路] 命题人以表述题形式，考查不适用小额诉讼程序的案件类型。本题题干和选项表述虽然简短，实则暗含玄机。考生需要首先明确简易程序和小额诉讼程序的适用关系，然后根据法律规定，将不得适用简易程序和小额诉讼程序审理的案件逐一判断排除。选项 C 是不符合一般诉讼原理的特殊规定，需要考生专门记忆。

[选项分析] 《民事诉讼法》第 166 条规定，人民法院审理下列民事案件，不适用小额诉讼的程序：（1）人身关系、财产确权案件；（2）涉外案件；（3）需要评估、鉴定或者对诉前评估、鉴定结果有异议的案件；（4）一方当事人下落不明的案件；（5）当事人提出反诉的案件；（6）其他不宜适用小额诉讼的程序审理的案件。据此，人身关系案件和涉外民事案件均不适用小额诉讼程序。选项 A 和 B 均为正确答案。

选项 C 是重点干扰项。《民诉解释》第 273 条

规定，海事法院可以审理海事、海商小额诉讼案件。据此，海事案件可以适用小额诉讼程序。选项 C 排除。考生如果不熟悉本条规定，想要用诉讼管辖原理去推导答案，十之八九会上当。因为小额诉讼程序的适用法院是基层法院及其派出法庭，而海事案件专属于作为中院的海事法院管辖，所以海事案件不适用小额诉讼程序。如此一来就会误选 C 项。

选项 D 是重点干扰项。考生如果只是机械地记忆不适用小额诉讼程序的案件类型，不了解小额诉讼程序和简易程序的内在关系，可能会漏选本项。案件符合简易程序的条件是适用小额诉讼程序审理的必要前提。《民诉解释》第 257 条第 2 项规定，发回重审案件，不适用简易程序审理。因此，发回重审案件也不能适用小额诉讼程序。选项 D 为正确答案。

> **易混淆点解析**
> 适用小额诉讼程序，除了考虑标的额外，还要结合案件性质。在我国，小额诉讼程序依附于简易程序而存在，因此不得适用简易程序审理的案件，即使标的额符合《民事诉讼法》第 165 条规定，也不得适用小额诉讼程序。

7. [答案] B　　[难度] 中

[考点] 小额诉讼的特别规定

[命题和解题思路] 2012 年《民事诉讼法》修正时增加了小额诉讼制度，2013 年考试大纲随即将"对小额案件审理的特别规定"列为新增考点。命题人以此为素材，对小额诉讼制度和部分简易程序规则进行综合考查。选项内容是对《民事诉讼法》和《简易程序规定》的直接照搬，难度较低。命题人在选项 B 采用"无中生有"之计，通过捏造的但书内容巧妙设置陷阱。题目采用否定式设问形式，答题时需要

留意。考生解答本题，除了解小额诉讼制度的特殊规定外，还要领会小额诉讼制度与简易程序的适用关系。我国小额诉讼制度放在简易程序中规定，除有特别规定外，简易程序规则完全适用于小额诉讼案件。

[选项分析] 根据《简易程序规定》第 14 条第 1 款第 6 项规定，诉讼标的额较小的纠纷，在开庭审理时应当先行调解。本案标的额 100 元，即属于此类情形。选项 A 表述正确，不选。

无论适用何种程序，一审案件都必须开庭审理，且不受当事人意志的影响。本案应当开庭审理，后面画蛇添足的但书内容是干扰信息。选项 B 表述错误，当选。

根据《简易程序规定》第 27 条规定，适用简易程序审理的民事案件，除人民法院认为不宜当庭宣判的以外，应当当庭宣判。选项 C 表述正确，不选。

《民事诉讼法》第 165 条第 1 款明确规定，小额诉讼案件实行一审终审。选项 D 表述正确，不选。

> **易混淆点解析**
> 民事诉讼程序不同，具体审理方式也有所差异。

一审程序	二审程序	再审程序
无论适用普通程序还是简易程序，均**必须开庭审理**	原则上开庭审理，但经过阅卷、调查和询问当事人，没有提出新的事实、证据或者理由，人民法院认为不需要开庭审理的除外	原则上开庭审理，但按照第二审程序审理，有特殊情况或者双方当事人已经通过其他方式充分表达意见，且书面同意不开庭审理的除外

第十三章　第二审程序

试　题

1. 甲公司与乙公司签订货物买卖合同，合同履行过程中发生纠纷，甲公司起诉乙公司，请求

法院判决解除买卖合同、返还货物并赔偿损失 10 万元。一审判决支持了甲公司的诉讼请求。乙公司对解除合同和返还货物无异议，但认为 10 万元的赔偿数额过高，遂提起上诉。二审法院组织调

解，双方同意将赔偿额降为 5 万元。关于二审法院对本案的处理，下列哪一说法是正确的？（2023年回忆版）

A. 针对 5 万元赔偿出具调解书，视为对一审判决的更正

B. 对解除合同、返还货物、赔偿 5 万元出具调解书

C. 判决解除合同、返还货物、赔偿 5 万元

D. 针对 5 万元赔偿出具调解书，判决解除合同、返还货物

2. 贾某在网上购买佳安公司生产的家具，佳安公司将家具送到贾某父母家安装调试好之后要求付款遭拒，遂起诉贾某要求支付家具款。贾某独自出庭应诉，一审法院判决原告胜诉。贾某不服提起上诉，二审法院发现贾某是个 15 岁的高中生。关于二审法院对本案的处理，下列哪一说法是正确的？（2022年回忆版）

A. 裁定驳回起诉

B. 通知贾某的法定代理人出庭，继续审理

C. 裁定撤销原判，发回重审

D. 继续审理后作出判决

3. 甲公司因买卖合同纠纷将乙公司诉至法院，一审判决后，乙公司不服提起上诉。二审过程中，甲公司与丙公司合并为丁公司。关于本案，下列哪些说法是正确的？（2021年回忆版）

A. 法院可依职权将丁公司变更为当事人

B. 法院对丁公司组织调解，调解不成，裁定撤销原判、发回重审

C. 乙公司可申请法院追加丁公司为第三人

D. 甲公司已实施的诉讼行为对丁公司有约束力

4. 红光公司因合同纠纷起诉绿源公司，甲市乙区法院一审判决红光公司胜诉。绿源公司不服一审判决，向乙区法院提起上诉，乙区法院收到上诉状后发现，绿源公司的上诉已超过法定上诉期限。关于本案的处理，乙区法院的下列哪一做法是正确的？（2021年回忆版）

A. 报请甲市中级法院裁定驳回绿源公司的上诉

B. 直接裁定驳回绿源公司的上诉

C. 不予接收绿源公司的上诉状

D. 向甲市中级法院移送案卷

5. 肖某 3 月初怀孕，威胁章某若不与其结婚就向章某单位告发，章某被迫与其领证结婚。肖某 5 月初流产，章某起诉肖某要求撤销双方婚姻关系，法院于 11 月底判决驳回其诉讼请求。章某上诉称双方感情破裂，请求法院判决解除婚姻关系。关于本案，二审法院的下列哪一做法是正确的？（2020年回忆版）

A. 判决驳回上诉，维持原判

B. 应就解除婚姻关系作出判决

C. 可进行调解，调解不成，裁定发回重审

D. 可进行调解，调解不成，告知另行起诉

6. 冯某起诉陈某离婚并分割财产，甲市乙区法院判决不准离婚，冯某不服上诉。甲市中级法院认为离婚理由充分，针对财产分割进行调解，因双方无法达成一致，甲市中级法院遂裁定撤销原判，发回重审。乙区法院重审后，仍判决不准离婚，冯某再次提起上诉。关于对冯某再次上诉的处理，下列哪些说法是正确的？（2020年回忆版）

A. 再次组织调解

B. 可对离婚的诉讼请求先行判决

C. 再次裁定发回重审

D. 判决离婚，并对财产分割一并作出判决

7. 王某因名誉受损向 A 市 B 区法院起诉李某，请求赔偿 2 万元并赔礼道歉。B 区法院判决李某赔偿 1.2 万元，但对赔礼道歉未作出判决。王某提起上诉，请求 A 市中级法院改判赔偿金额为 2 万元。A 市中级法院维持赔偿 1.2 万元判决，同时判决对方赔礼道歉。关于二审法院对本案的处理，下列哪些说法是正确的？（2020年回忆版）

A. 应围绕上诉请求进行审理

B. 可超出诉讼请求作出判决

C. 对一审遗漏的请求可进行调解，调解不成，裁定发回重审

D. 因一审遗漏诉讼请求，应直接裁定撤销原判、发回重审

8. 赵某因买卖合同纠纷起诉钱某，诉讼过程中钱某提起反诉。赵某申请撤回起诉后，法院准许并裁定驳回钱某的反诉。钱某不服该裁定，提起上诉。对此，二审法院的下列哪一做法是正确的？（2019年回忆版）

A. 裁定驳回上诉，维持原裁定

B. 撤销原裁定，并指令一审法院立案

C. 撤销原裁定，并指令一审法院继续审理

D. 撤销原裁定，并裁定发回重审

9. 张某和孙某因买卖合同纠纷向甲市乙区法院起诉，乙区法院判决张某向孙某支付货款和逾期利息。张某不服一审判决，向甲市中级法院提起上诉，此时乙区法院发现一审判决书利息计算错误，而张某未在指定期限内交纳上诉费。关于本案的处理，下列哪一说法是正确的？（2019 年回忆版）

A. 甲市中级法院应裁定撤销原判发回重审

B. 乙区法院应适用审判监督程序处理

C. 甲市中级法院应受理后作出裁判

D. 甲市中级法院应按张某撤回上诉处理

10. 甲、乙、丙三人共同致丁身体损害，丁起诉三人要求赔偿 3 万元。一审法院经审理判决甲、乙、丙分别赔偿 2 万元、8000 元和 2000 元，三人承担连带责任。甲认为丙赔偿 2000 元的数额过低，提起上诉。关于本案二审当事人诉讼地位的确定，下列哪一选项是正确的？（2017-3-44）

A. 甲为上诉人，丙为被上诉人，乙为原审被告，丁为原审原告

B. 甲为上诉人，丙、丁为被上诉人，乙为原审被告

C. 甲、乙为上诉人，丙为被上诉人，丁为原审原告

D. 甲、乙、丙为上诉人，丁为被上诉人

11. 张某诉新立公司买卖合同纠纷案，新立公司不服一审判决提起上诉。二审中，新立公司与张某达成协议，双方同意撤回起诉和上诉。关于本案，下列哪一选项是正确的？（2017-3-45）

A. 起诉应在一审中撤回，二审中撤回起诉的，法院不应准许

B. 因双方达成合意撤回起诉和上诉的，法院可准许张某二审中撤回起诉

C. 二审法院应裁定撤销一审判决并发回重审，一审法院重审时准许张某撤回起诉

D. 二审法院可裁定新立公司撤回上诉，而不许张某撤回起诉

12. 石山公司起诉建安公司请求返还 86 万元借款及支付 5 万元利息，一审判决石山公司胜诉，建安公司不服提起上诉。二审中，双方达成和解协议：石山公司放弃 5 万元利息主张，建安公司

在撤回上诉后 15 日内一次性付清 86 万元本金。建安公司向二审法院申请撤回上诉后，并未履行还款义务。关于石山公司的做法，下列哪一表述是正确的？（2017-3-46）

A. 可依和解协议申请强制执行

B. 可依一审判决申请强制执行

C. 可依和解协议另行起诉

D. 可依和解协议申请司法确认

13. 朱某诉力胜公司商品房买卖合同纠纷案，朱某要求判令被告支付违约金 5 万元；因房屋质量问题，请求被告修缮，费用由被告支付。一审法院判决被告败诉，认可了原告全部诉讼请求。力胜公司不服令其支付 5 万元违约金的判决，提起上诉。二审法院发现一审法院关于房屋有质量问题的事实认定，证据不充分。关于二审法院对本案的处理，下列哪些说法是正确的？（2017-3-82）

A. 应针对上诉人不服违约金判决的请求进行审理

B. 可对房屋修缮问题在查明事实的情况下依法改判

C. 应针对上诉人上诉请求所涉及的事实认定和法律适用进行审理

D. 应全面审查一审法院对案件的事实认定和法律适用

14. 甲、乙、丙诉丁遗产继承纠纷一案，甲不服法院作出的一审判决，认为分配给丙和丁的遗产份额过多，提起上诉。关于本案二审当事人诉讼地位的确定，下列哪一选项是正确的？（2016-3-44）

A. 甲是上诉人，乙、丙、丁是被上诉人

B. 甲、乙是上诉人，丙、丁是被上诉人

C. 甲、乙、丙是上诉人，丁为被上诉人

D. 甲是上诉人，乙为原审原告，丙、丁为被上诉人

15. 甲公司诉乙公司买卖合同纠纷一案，法院判决乙公司败诉并承担违约责任，乙公司不服提起上诉。在二审中，甲公司与乙公司达成和解协议，并约定双方均将提起之诉予以撤回。关于两个公司的撤诉申请，下列哪一说法是正确的？（2016-3-45）

A. 应当裁定准许双方当事人的撤诉申请，并裁定撤销一审判决

B. 应当裁定准许乙公司撤回上诉，不准许甲

公司撤回起诉

C. 不应准许双方撤诉，应依双方和解协议制作调解书

D. 不应准许双方撤诉，应依双方和解协议制作判决书

📡 **16.** 王某诉赵某借款纠纷一案，法院一审判决赵某偿还王某债务，赵某不服，提出上诉。二审期间，案外人李某表示，愿以自己的轿车为赵某偿还债务提供担保。三人就此达成书面和解协议后，赵某撤回上诉，法院准许。一个月后，赵某反悔并不履行和解协议。关于王某实现债权，下列哪一选项是正确的？（2016-3-47）

A. 依和解协议对赵某向法院申请强制执行

B. 依和解协议对赵某、李某向法院申请强制执行

C. 依一审判决对赵某向法院申请强制执行

D. 依一审判决与和解协议对赵某、李某向法院申请强制执行

📡 **17.** 齐远、张红是夫妻，因感情破裂诉至法院离婚，提出解除婚姻关系、子女抚养、住房分割等诉讼请求。一审判决准予离婚并对子女抚养问题作出判决。齐远不同意离婚提出上诉。二审中，张红增加诉讼请求，要求分割诉讼期间齐远继承其父的遗产。下列哪一说法是正确的？（2015-3-44）

A. 一审漏判的住房分割诉讼请求，二审可调解，调解不成，发回重审

B. 二审增加的遗产分割诉讼请求，二审可调解，调解不成，发回重审

C. 住房和遗产分割的两个诉讼请求，二审可合并调解，也可一并发回重审

D. 住房和遗产分割的两个诉讼请求，经当事人同意，二审法院可一并裁判

📡 **18.** 关于民事诉讼二审程序的表述，下列哪些选项是正确的？（2014-3-83）

A. 二审既可能因为当事人上诉而发生，也可能因为检察院的抗诉而发生

B. 二审既是事实审，又是法律审

C. 二审调解书应写明撤销原判

D. 二审原则上应开庭审理，特殊情况下可不开庭审理

📡 **19.** 甲对乙享有 10 万元到期债权，乙无力清偿，且怠于行使对丙的 15 万元债权，甲遂对丙提起代位权诉讼，法院依法追加乙为第三人。一审判决甲胜诉，丙应向甲给付 10 万元。乙、丙均提起上诉，乙请求法院判令丙向其支付剩余 5 万元债务，丙请求法院判令甲对乙的债权不成立。关于二审当事人地位的表述，下列哪一选项是正确的？（2013-3-48）

A. 丙是上诉人，甲是被上诉人

B. 乙、丙是上诉人，甲是被上诉人

C. 乙是上诉人，甲、丙是被上诉人

D. 丙是上诉人，甲、乙是被上诉人

详　解

1. ［答案］D　　　［难度］难

［考点］上诉案件的调解

［命题和解题思路］本题以公报案例作为命题素材，对二审调解的法律后果及处理方式予以考查。如果了解该案例的裁判要旨，可以直接得分。若不了解，可依诉讼原理推导作答。首先，二审组织调解应就当事人上诉请求内容展开，当事人仅就赔偿额上诉后双方达成调解协议，法院制作调解书应以调解协议内容为准，这意味着法院不能对解除合同和返还货物的诉讼请求制作调解书，据此可排除选项 B 和选项 C；其次，调解书送达后，一审判决视为撤销，就不存在更正一审判决的问题，据此可排除选项 A。

［选项分析］根据 2022 年第 7 期最高人民法院公报案例"江西银行股份有限公司南昌洪城支行与上海神州数码有限公司等借款合同纠纷案"的裁判要旨，部分当事人对一审民事判决中的部分判项提起上诉的，人民法院在二审程序中可以就当事人的上诉请求开展调解工作，对当事人达成的调解协议依法审查后，予以确认并制作调解书。调解书送达后，一审判决即视为撤销。对于上诉请求和调解书中并未涉及的其余一审判项，经审查与调解书不相冲突也未损害各方当事人合法权益的，可以在二审判决中予以确认。据此，乙公司针对 10 万元赔偿额上诉，二审法院组织调解达成协议，应当就 5 万元赔偿额制作调解书。又根据《民事诉讼法》第 179 条的规定，第二审人民法院审理上诉案件，可以进行调解。调解达成协议，应当制作调解书，由审判人员、书记员署名，加盖人民法院印章。调解书送达后，原审

人民法院的判决即视为撤销。据此，就调解书未涉及的解除合同、返还货物的判项，因其与调解书不冲突，也未损害双方当事人合法权益，可在二审判决中予以确认。因此，选项 D 正确，其他选项均错误。

2. [答案] C   [难度] 易
[考点] 上诉案件的裁判

[命题和解题思路] 本题以无诉讼行为能力人未经法定代理人代为诉讼作为素材，对一审判决严重违反法定程序的处理方式予以考查。本题是对法律规定的简单运用，考点单一，基本属于送分题。解题的关键点在于通过案情表述准确判断意图，再结合法律规定即可轻松得分。

[选项分析]《民事诉讼法》第 177 条第 1 款第 4 项规定，原判决遗漏当事人或者违法缺席判决等严重违反法定程序的，裁定撤销原判决，发回原审人民法院重审。又根据《民诉解释》第 323 条规定，下列情形，可以认定为《民事诉讼法》第 177 条第 1 款第 4 项规定的严重违反法定程序：（1）审判组织的组成不合法的；（2）应当回避的审判人员未回避的；（3）无诉讼行为能力人未经法定代理人代为诉讼的；（4）违法剥夺当事人辩论权利的。据此，15 岁的贾某属于无诉讼行为能力人，在一审程序中其未经法定代理人代为诉讼，属于严重违反法定程序，二审法院应当裁定撤销原判、发回重审。选项 C 为正确答案，其余选项均错误。

3. [答案] AD   [难度] 中
[考点] 二审当事人的变更

[命题和解题思路] 本题考查的是二审中诉讼主体变更的程序应对。《民诉解释》有明文规定作为解题依据，难度不高。解题的关键在于，二审中法人分立或合并不属于新参加诉讼的当事人，无需调解，也不必发回重审，原当事人已实施的诉讼行为对其有约束力。

[选项分析]《民诉解释》第 334 条规定，在第二审程序中，作为当事人的法人或者其他组织分立的，人民法院可以直接将分立后的法人或者其他组织列为共同诉讼人；合并的，将合并后的法人或者其他组织列为当事人。据此，法院可依职权将合并后的丁公司列为当事人。选项 A 正确。

丁公司不属于新参加诉讼的当事人，法院无须组织调解，也不必撤销原判、发回重审。选项 B 错误。

甲公司因合并而失去诉讼权利能力，其不能再作为诉讼当事人，应将丁公司变更为被上诉人。选项 C 错误。

原当事人已实施的诉讼行为对合并后的法人有约束力，二审法院可对其作出判决。选项 D 正确。

4. [答案] D   [难度] 中
[考点] 上诉的受理

[命题和解题思路] 一审程序与二审程序衔接阶段出现特殊情形如何处理，是近两年法考命题的重点。对此并无法律和司法解释的明文规定，考生需借助诉讼原理推断作答。正确解题的关键点在于，一审和二审的程序衔接阶段，一审法院仅承担文书送达、转递等辅助职能，立案审查权应由二审法院行使。

[选项分析] 原审法院对当事人的上诉不进行审查，上诉的立案审查权为第二审法院所享有，原审法院仅仅是协助二审法院完成相应的诉状送达工作，并依法将案件移送第二审法院。第二审法院收到第一审法院移送的上诉材料及一审卷宗材料后，再对上诉人是否在法定上诉期内提交上诉状进行审查。因此，乙区法院应将案件卷宗移交甲市中级法院，由甲市中级法院对绿源公司的上诉是否超过法定上诉期限进行审查。选项 D 为正确答案，其余选项均错误。

5. [答案] D   [难度] 中
[考点] 上诉案件的调解

[命题和解题思路] 本题以婚姻纠纷为切入点，考查二审中变更诉讼请求的处理方式。二审中变更诉讼请求如何处理，我国法律并无明文规定，可以参照二审中增加诉讼请求的情形予以处理。本题可用排除法作答，根据二审审理范围的规定可排除选项 A，根据两审终审制的审级制度可排除选项 B，原告在二审中自行变更诉讼请求，一审法院裁判并无严重瑕疵，不需要发回重审，据此排除选项 C。

[选项分析]《民诉解释》第 321 条第 1 款规定，第二审人民法院应当围绕当事人的上诉请求进行审理。据此，章某的上诉请求是请求法院判决离

婚，并未涉及撤销婚姻关系的一审判决，因此二审法院不应驳回上诉、维持原判。选项 A 错误。

解除婚姻关系是章某在二审中新提出的诉讼请求，二审法院若直接就该请求作出判决，则违反了两审终审制的要求。当然，双方当事人同意，二审法院可对解除婚姻关系的请求作出裁判。而题干并无"双方当事人同意"的表述，选项 B 错误。

章某在二审中变更了撤销婚姻关系的请求，转而请求法院判决离婚。这虽然属于二审中变更诉讼请求，但本质上仍然是二审中新增诉讼请求，只不过不是诉讼请求"量"的增加，而是属于诉讼请求"质"的改变，仍然可以参照二审增加诉讼请求的情形予以处理。《民诉解释》第 326 条第 1 款规定，在第二审程序中，原审原告增加独立的诉讼请求或者原审被告提出反诉的，第二审人民法院可以根据当事人自愿的原则就新增加的诉讼请求或者反诉进行调解；调解不成的，告知当事人另行起诉。据此，选项 C 错误，选项 D 为正确答案。

6. ［答案］AB　　　［难度］难
［考点］上诉案件的调解

［命题和解题思路］本题不走寻常路，以往考题主要考查一审判决不准离婚、二审法院认为应判决离婚的处理方式，这个考点想必认真复习的考生早已烂熟于心，但本题却独辟蹊径，考查发回重审后，一审法院仍固执判决不准离婚时当事人上诉后如何处理。本题在既有司法解释规定的基础上设置陷阱，考查角度更为灵活，难度颇高，令考生印象深刻。本题看似情节奇特，考生解题时应了解一审判决不准离婚后二审法院不能直接判决离婚的基本原理，该原理在首次上诉和二次上诉中均可适用，差别仅在于发回重审仅限一次的制度设计而已。循此思路，运用排除法即可准确作答。

［选项分析］法院调解的适用并无审级和次数限制，冯某再次上诉后，法院仍可组织双方进行调解。选项 A 为正确答案。

本案之前已发回重审一次，二审法院不能对案件再次发回重审，如果调解不成，因一审法院已对是否离婚作出判决，二审法院对离婚的诉讼请求作出判决并不违反两审终审制度，因此二审法院可对离婚的诉请先行判决。选项 B 为正确答案。

《民事诉讼法》第 177 条第 2 款规定，原审人民法院对发回重审的案件作出判决后，当事人提起上诉的，第二审人民法院不得再次发回重审。据此，发回重审只能适用一次，甲市中级法院对冯某再次提起上诉，不得再次发回重审。选项 C 错误。

《民诉解释》第 327 条规定，一审判决不准离婚的案件，上诉后，第二审人民法院认为应当判决离婚的，可以根据当事人自愿的原则，与子女抚养、财产问题一并调解；调解不成的，发回重审。双方当事人同意由第二审人民法院一并审理的，第二审人民法院可以一并裁判。据此，因发回重审后一审法院仍判决不准离婚，冯某提出财产分割的诉讼请求一审法院并未处理，上诉后若二审法院直接对财产分割问题作出裁判，将违反两审终审的审级制度。若双方当事人同意，二审法院可以对离婚和财产分割一并作出裁判，但题干表述并未涉及双方当事人同意的情节。因此，本案二审法院不能对财产分割一并作出裁判。选项 D 错误。

7. ［答案］AC　　　［难度］中
［考点］上诉案件审理的范围、上诉案件的调解

［命题和解题思路］本题将二审审理范围和上诉案件的调解这两个高频考点搭配命题，考查内容均有明确的司法解释规定，两两互斥的选项设计，又大大降低了题目难度。解答本题的关键在于通过将诉讼请求和一审裁判结果作对比发现一审判决存在漏判问题，再结合二审审理范围的规定和漏判的处理方式即可准确作答。

［选项分析］《民诉解释》第 321 条规定，第二审人民法院应当围绕当事人的上诉请求进行审理。当事人没有提出请求的，不予审理，但一审判决违反法律禁止性规定，或者损害国家利益、社会公共利益、他人合法权益的除外。据此，本案应适用二审审理范围的原则规定，应围绕上诉请求进行审理，不可超出诉讼请求作出判决。选项 A 正确，选项 B 错误。

《民诉解释》第 324 条规定，对当事人在第一审程序中已经提出的诉讼请求，原审人民法院未作审理、判决的，第二审人民法院可以根据当事人自愿的原则进行调解；调解不成的，发回重审。据此，因 B 区法院判决遗漏赔礼道歉的诉讼请求，A 市中级法院可依自愿原则组织调解，调解不成，

裁定发回重审，而非直接裁定发回重审。选项 C 正确，选项 D 错误。

8. [答案] C [难度] 中

[考点] 上诉案件的裁判、反诉的概念与特征

[命题和解题思路] 本题以反诉的独立性为切入点，考查二审法院认为一审法院裁定驳回起诉错误的救济方式。正确解题的关键在于把握反诉的独立性，即反诉不因本诉撤诉而受影响，一审法院裁定驳回反诉的做法错误，再根据一审法院裁定驳回起诉错误的救济方式即可准确作答。解题时还应注意不予受理和驳回起诉裁定错误的不同处理方式，避免误选 B 项。

[选项分析] 《民诉解释》第 239 条规定，人民法院准许本诉原告撤诉的，应当对反诉继续审理；被告申请撤回反诉的，人民法院应予准许。据此，赵某撤回本诉后，法院应对钱某的反诉继续审理，而不应裁定驳回其反诉。又根据《民诉解释》第 330 条规定，第二审人民法院查明第一审人民法院作出的不予受理裁定有错误的，应当在撤销原裁定的同时，指令第一审人民法院立案受理；查明第一审人民法院作出的驳回起诉裁定有错误的，应当在撤销原裁定的同时，指令第一审人民法院审理。据此，二审法院应撤销原裁定，并指令一审法院继续审理钱某的反诉。选项 C 为正确答案，其余选项均错误。

9. [答案] D [难度] 中

[考点] 上诉的撤回

[命题和解题思路] 二审程序绝对是本学科的重点，每年必考。本题以"上诉人不交纳上诉费"为切入点，考查按撤回上诉处理的具体情形。为增加试题难度，以"一审判决书息计算错误"作为解题干扰信息，考生若不能准确把握裁定书补正错误和适用审判监督程序纠错的区别，很容易误选选项 B。解题的关键在于把握命题意图，题干的主要情节是上诉人未交纳上诉费，无论一审判决是否有错，均应当按撤回上诉处理。本案中只有张某上诉，法院裁定按上诉处理后，一审判决生效。至于本案一审判决中的利息计算错误，由一审法院用裁定书去补正即可。法律特别强调逻辑，解答法考题同样如此，遵循正确的解题逻辑，即可排除干扰，准确作答。

[选项分析] 根据《民事诉讼法》第 177 条第

1 款第 3、4 项规定，只有当一审判决认定基本事实不清或者严重违反法定程序，二审法院才可以裁定撤销原判决，将案件发回原审法院重审。而本案中一审判决仅为利息计算错误，不符合上述情形，无需发回重审。选项 A 错误。

审判监督程序属于纠错程序，其纠正的错误属于裁判文书中事实认定、法律适用或者程序性错误。而本案中出现的利息计算错误不属于审判监督程序纠错的适用范围，应用裁定书予以补正。选项 B 错误。

《民诉解释》第 318 条规定，一审宣判时或者判决书、裁定书送达时，当事人口头表示上诉的，人民法院应告知其必须在法定上诉期间内递交上诉状。未在法定上诉期间内递交上诉状的，视为未提起上诉。虽递交上诉状，但未在指定的期限内交纳上诉费的，按自动撤回上诉处理。据此，张某未按期交纳上诉费，应该按张某撤回上诉处理，甲市中院不能继续审理后作出判决。选项 C 错误，选项 D 为正确答案。

10. [答案] A [难度] 中

[考点] 必要共同诉讼、上诉的提起（提起上诉的条件）

[命题和解题思路] 二审中当事人诉讼地位的确定是考试中的次高频考点。命题人采用案例题形式，对必要共同诉讼中一人提起上诉时，二审中当事人的确定作出考查。试题虽涉及两个考点，有一定的综合性，但并无干扰信息，熟悉相关规定不难作出准确判断，难度不高。解答此类二审中诉讼地位确定的考题，应首先判断上诉人是否真正享有上诉权，这可有效排除干扰信息；其次分析各方当事人在一审中的诉讼地位；最后结合《民诉解释》中二审当事人的确定规则作出选择。

[选项分析] 根据二审中当事人的确定规则，不服一审裁判提起上诉的当事人是上诉人。甲提起上诉，本案上诉人是甲，据此可直接排除 C、D 两选项。

甲乙丙共同对丁实施侵权行为，承担连带责任，构成必要共同诉讼。《民诉解释》第 317 条规定，必要共同诉讼人的一人或者部分人提起上诉的，按下列情形分别处理：（1）上诉仅对与对方当事人之间权利义务分担有意见，不涉及其他共同诉讼人利益的，对方当事人为被上诉人，未上

诉的同一方当事人依原审诉讼地位列明；（2）上诉仅对共同诉讼人之间权利义务分担有意见，不涉及对方当事人利益的，未上诉的同一方当事人为被上诉人，对方当事人依原审诉讼地位列明；（3）上诉对双方当事人之间以及共同诉讼人之间权利义务承担有意见的，未提起上诉的其他当事人均为被上诉人。甲上诉的理由是丙赔偿数额过低，其上诉指向的对象是丙，因此丙是被上诉人；甲对乙的赔偿数额没有异议，乙依原审地位列明，乙是原审被告；甲对赔偿丁的数额也没有意见，丁依原审地位列明，丁是原审原告。选项 A 是正确答案。

疑难解析

二审当事人地位确定的基本规则是：提起上诉者是上诉人（前提是上诉人真正享有上诉权），上诉人的上诉请求指向的对象是被上诉人，其余人依据原审诉讼地位列明即可。结合共同诉讼或者第三人诉讼考查二审中当事人的诉讼地位，是考试中常用的考查套路。在这两类诉讼中确定二审当事人的诉讼地位应当"三步走"：首先，准确判断各方当事人在原审中的诉讼地位，特别是无独立请求权第三人的地位，要重点考查一审判决是否让其承担民事责任；其次，根据题干表述对上诉请求的提起主体和指向对象予以明确；最后，结合二审当事人诉讼地位的确定规则准确作答。

11. ［答案］B　　　［难度］中

［考点］上诉的撤回（上诉撤回的条件、二审撤回起诉的条件）

［命题和解题思路］二审中撤回起诉是《民诉解释》的新增制度，命题人以案例题形式对二审中撤回起诉和撤回上诉的条件和法律效果进行考查。命题人对本考点青眼有加，已连续两年命制试题。试题考查内容既无深度又无广度，且与 2016 年试题简单重复，难度较低。对于二审中是

否准许撤回起诉，选项 B 和 ACD 三项形成互斥。单选题中一三互斥，很容易根据技巧作出判断。

［选项分析］《民诉解释》第 336 条第 1 款规定，在第二审程序中，原审原告申请撤回起诉，经其他当事人同意，且不损害国家利益、社会公共利益、他人合法权益的，人民法院可以准许。据此，原审原告可以在二审中撤回起诉，只不过二审中撤诉的具体条件与一审中撤诉不同而已。选项 A 错误。

《民事诉讼法》第 180 条规定，第二审人民法院判决宣告前，上诉人申请撤回上诉的，是否准许，由第二审人民法院裁定。据此，在二审程序中，上诉人新立公司可以申请撤回上诉。又根据《民诉解释》第 336 条的规定，原审原告张某也可以在二审中申请撤回起诉。经审查，张某的申请符合撤回起诉条件时，二审法院可准许张某撤回起诉。选项 B 为正确答案。

选项 C 是重点干扰项。根据《民诉解释》第 336 条的规定，二审法院准许撤回起诉，应同时裁定撤销一审裁判。二审法院在审查后可以直接决定是否允许原审原告的撤回起诉申请，无需发回重审后再由一审法院裁定撤诉。选项 C 错误。

《民诉解释》第 335 条规定，在第二审程序中，当事人申请撤回上诉，人民法院经审查认为一审判决确有错误，或者当事人之间恶意串通损害国家利益、社会公共利益、他人合法权益的，不应准许。据此，法院对撤回起诉和撤回上诉的审查内容完全相同，均看撤诉是否损害国家利益、社会公共利益和他人合法权益。本案中，新立公司和张某因达成协议而申请撤诉，法院如果允许新立公司撤回上诉，也应当允许张某撤回起诉。选项 D 错误。

易混淆点解析

当事人在一审、二审和再审中均可撤回起诉，但在撤诉条件、法律后果等方面明显不同。

程序类型	撤诉类别	撤诉主体	适用条件（情形）	法律后果
一审程序	撤回起诉	原告、有独立请求权第三人、提出反诉的被告、法定代理人和特别授权的委托代理人	必须法院审查同意	诉讼程序终结，可以重新起诉
	按撤诉处理		经传票传唤，无正当理由拒不到庭或者未经法庭许可中途退庭	

续表

程序类型	撤诉类别	撤诉主体	适用条件（情形）	法律后果
二审程序	撤回起诉	一审原告	经其他当事人同意，且不损害国家利益、社会公共利益、他人合法权益，法院许可	重复起诉法院不予受理
	撤回上诉	上诉人、上诉人的法定代理人	必须法院审查同意	如果对方未上诉，此时二审程序终结，一审裁判生效
	按撤回上诉处理		经传票传唤，无正当理由拒不到庭或者未经法庭许可中途退庭	
再审程序	撤回起诉	一审原告	经其他当事人同意，且不损害国家利益、社会公共利益、他人合法权益，法院许可	重复起诉法院不予受理
	撤回再审申请	再审申请人	必须法院审查同意	除《民事诉讼法》第211条第1、3、12、13项情形，再次申请再审不予受理
	按撤回再审申请处理		经传票传唤，无正当理由拒不到庭或者未经法庭许可中途退庭	

12.［答案］B　　［难度］中

［考点］上诉的撤回（上诉撤回的法律效果）

［命题和解题思路］本题的命题素材来源于最高法院第2号指导性案例。命题人以案例题形式，对上诉撤回的法律效果进行考查。本考点与2016年第47题相同，为避免试题重复，命题人真是"煞费苦心"。首先将题干案例改头换面；其次在选项中增加考查内容，分别涉及执行根据、上诉撤回后一审判决的效力、司法确认的文书类型等知识点。解答本题的关键在于准确判断二审中当事人因和解撤诉的法律效果。考生应当做到以不变应万变，只要准确把握二审撤回上诉后一审裁判生效，那就不难排除干扰，作出准确选择。

［选项分析］和解协议是当事人行使处分权的产物，不具有强制执行效力，也不能作为执行根据。因此不可依和解协议申请强制执行。选项A错误。

在对方当事人未提起上诉的情况下，上诉人申请撤诉后，第一审裁判发生法律效力。本案中生效的一审判决是合法的执行根据，当事人可以依据第一审判决申请法院依法强制执行。选项B为正确答案。

当事人在二审中和解申请撤回上诉后，一审裁判生效。生效判决具有对事的确定力，这要求当事人不得就同一诉讼标的提起诉讼或者提起上诉。选项C错误。

根据我国《民事诉讼法》的规定，能够申请司法确认的只有调解协议，当事人之间达成的和解协议不能申请司法确认。选项D错误。

易混淆点解析

当事人在二审中和解后可以申请撤诉，也可以申请法院制作调解书。两种方式对于一审判决法律效力的影响不同。**二审和解后申请法院制作调解书的，调解书送达双方当事人后一审判决视为被撤销**。此时的执行根据只能是法院调解书，而非一审判决书；**二审和解后申请撤回上诉的，一审判决因撤诉而生效。**一方当事人反悔不履行和解协议，执行根据是一审判决书。

---

13. [答案] AC　　[难度] 中

[考点] 二审法院对上诉案件审理的范围

[命题和解题思路] 《民诉解释》对二审审理范围作出修正，本题即进行了考查。指令句并未明确本题的考点，需要考生结合题干和选项自行判断。题目考点单一，法律依据明确，无答题陷阱，难度较低。考生只要准确把握二审审理范围，原则上以当事人上诉请求为限即可准确作答。选项A和B、选项C和D两两互斥，且A和C、B和D分别是前后相继关系，这无疑又降低了试题难度。

[选项分析] 《民诉解释》第321条规定，第二审人民法院应当围绕当事人的上诉请求进行审理。当事人没有提出请求的，不予审理，但一审判决违反法律禁止性规定，或者损害国家利益、社会公共利益、他人合法权益的除外。据此，为了尊重当事人的处分权，**二审法院应当遵循"有限审查"原则，审理范围应当以当事人上诉请求为限**，对于当事人没有提出的一审裁判中的事实问题和法律问题原则上不予审理。题干中虽然一审法院关于房屋存在质量问题的认定证据不充分，但由于上诉人力胜公司的上诉请求中并不包括房屋质量问题，且本案不属于但书条款规定情形，二审法院对房屋质量问题不应予以审理。因此，选项A和C正确，选项B和D错误。

14. [答案] D　　[难度] 中

[考点] 必要共同诉讼、上诉的提起（提起上诉的条件）

[命题和解题思路] 命题人以小案例形式，考查必要共同诉讼中一人提起上诉时，二审中当事人的确定。试题虽涉及两个考点，有一定的综合性，但并未设置干扰信息，熟悉司法解释的相关规定不难作出准确判断，难度不高。解答此类二审中诉讼地位确定的考题，应首先判断上诉人是否真正享有上诉权，这可有效排除干扰信息；其次分析各方当事人在一审中的诉讼地位；最后结合《民诉解释》规定的二审当事人确定规则作出选择。

[选项分析] 《民诉解释》第70条规定，在继承遗产的诉讼中，部分继承人起诉的，人民法院应通知其他继承人作为共同原告参加诉讼。据此，本案的遗产继承纠纷，甲乙丙是必要共同诉讼原告。有关必要共同诉讼中当事人的上诉问题，《民诉解释》第317条规定，必要共同诉讼人的一人或者部分人提起上诉的，按下列情形分别处理：（1）上诉仅对与对方当事人之间权利义务分担有意见，不涉及其他共同诉讼人利益的，对方当事人为被上诉人，未上诉的同一方当事人依原审诉讼地位列明；（2）上诉仅对共同诉讼人之间权利义务分担有意见，不涉及对方当事人利益的，未上诉的同一方当事人为被上诉人，对方当事人依原审诉讼地位列明；（3）上诉对双方当事人之间以及共同诉讼人之间权利义务承担有意见的，未提起上诉的其他当事人均为被上诉人。甲上诉的理由是分配给丙和丁的遗产份额过多，上诉人对共同诉讼人之间以及与对方当事人之间的权利义务分担均有意见，因此丙和丁都是被上诉人。甲的上诉请求与乙无关，乙依原审地位列明即可。综上，选项D为正确答案，其余选项均错误。

15. [答案] A　　[难度] 中

[考点] 上诉的撤回（上诉撤回的条件、上诉撤回的法律效果、二审撤回起诉的条件）

[命题和解题思路] 二审中撤回起诉是《民诉解释》的新增规定，有关二审撤诉问题已连续两年命题考查。本题考点单一，考查范围窄，没有答题干扰信息，难度不高。考生只要知晓二审中存在撤回起诉和撤回上诉两种类型，甚至不需要详细了解每种撤诉的具体适用条件和法律后果，即可作出正确选择。从选项内容不难看出，选项A和BCD三项互斥，本题为单选题，根据互斥选项解题技巧，考生可大胆选择选项A为正确答案。

[选项分析] 《民事诉讼法》第180条规定，第二审人民法院判决宣告前，上诉人申请撤回上诉的，是否准许，由第二审人民法院裁定。据此，上诉人在二审中有权申请撤回上诉。《民诉解释》第336条第1款规定，在第二审程序中，原审原告申请撤回起诉，经其他当事人同意，且不损害国家利益、社会公共利益、他人合法权益的，人民法院可以准许。准许撤诉的，应当一并裁定撤销一审裁判。由此，原审原告在二审中可以申请

撤回起诉。本案中原审原告是甲公司，甲公司可以撤回起诉；上诉人是乙公司，它可以申请撤回上诉。法院审查符合撤回起诉和撤回上诉的条件，可以准许双方当事人的撤诉申请。如果允许撤回起诉，应当一并裁定撤销一审裁判。选项 A 为正确答案。

《民诉解释》第 335 条规定，在第二审程序中，当事人申请撤回上诉，人民法院经审查认为一审判决确有错误，或者当事人之间恶意串通损害国家利益、社会公共利益、他人合法权益的，不应准许。据此，法院对撤回起诉和撤回上诉的审查内容完全相同，均看撤诉是否损害国家利益、社会公共利益和他人合法权益。本案中，甲乙两公司均因和解而申请撤诉，法院如果允许乙公司撤回上诉，也应当允许甲公司撤回起诉。选项 B 错误。

《民诉解释》第 337 条规定，当事人在第二审程序中达成和解协议的，人民法院可以根据当事人的请求，对双方达成的和解协议进行审查并制作调解书送达当事人；因和解而申请撤诉，经审查符合撤诉条件的，人民法院应予准许。据此，当事人在二审中和解后，既可以请求法院制作调解书，也可以申请撤诉。具体选择何种方式终结二审程序，其决定权完全在当事人而非法院。选项 C 错误。

《民诉解释》第 148 条第 1 款规定，当事人自行和解或者调解达成协议后，请求人民法院按照和解协议或者调解协议的内容制作判决书的，人民法院不予准许。该规定在一审、二审和再审程序中均可适用。据此，即便法院不准许当事人撤诉，也不允许依照和解协议制作判决书。选项 D 错误。

16. ［答案］C　　　［难度］中

［考点］上诉的撤回（上诉撤回的法律效果）、执行程序中的一般性制度（执行根据）

［命题和解题思路］本题表面上考查的是执行根据，实际上也包含对二审和解后申请撤诉法律效果的考查。题干中案外人李某是命题人设置的答题干扰信息，考生未能准确理解和解协议的性质，很容易误认为法院可以依和解协议对李某强制执行。本题可以从两个角度作答：一是从执行根据的类型作出判断。和解协议不是法定的执行根据，当事人当然不能依据和解协议申请法院强制执

行，据此可以排除 ABD 三个选项。二是从二审和解后撤诉的法律效果作出判断。二审和解撤回起诉后，在无其他当事人上诉的情况下，一审判决发生法律效力，当事人只能依据一审判决向法院申请强制执行。根据和解协议能否成为执行根据，选项 C 与其他三项互斥，本题是单选题，根据互斥选项解题技巧也可选择 C。

［选项分析］《民诉解释》第 337 条规定，当事人在第二审程序中达成和解协议的，人民法院可以根据当事人的请求，对双方达成的和解协议进行审查并制作调解书送达当事人；因和解而申请撤诉，经审查符合撤诉条件的，人民法院应予准许。法院裁定准许撤回上诉的法律效果是，在对方当事人未上诉的情况下，二审程序终结，第一审裁判发生法律效力。本案中，只有赵某提出上诉，法院准许其撤回上诉后，二审程序终结，一审判决生效并成为执行根据。选项 C 为正确答案。本题还可从和解协议性质作出判断，和解协议是当事人行使处分权的产物，不是法定的执行根据，不能依据和解协议申请法院强制执行。据此也可将 ABD 三项排除。

17. ［答案］A　　　［难度］中

［考点］上诉案件的调解

［命题和解题思路］为尊重当事人程序选择权，当一审判决不准离婚、二审认为应判离婚以及二审增加诉讼请求或提出反诉时，双方当事人同意二审法院审理，二审法院可以一并作出裁判。这是 2015 年《民诉解释》增加的规定，为本题的命制提供了新素材。命题人以离婚案件为切入点，对一审遗漏诉讼请求以及二审增加诉讼请求的处理方式进行考查。试题考点单一，考查面窄，没有设计答题干扰信息，难度不高。考生只要准确把握发回重审和另行起诉的区别以及二审法院可以一并裁判的情形，本题即可轻松得分。

［选项分析］《民诉解释》第 324 条规定，对当事人在第一审程序中已经提出的诉讼请求，原审人民法院未作审理、判决的，第二审人民法院可以根据当事人自愿的原则进行调解；调解不成的，发回重审。张红在一审中提出解除婚姻关系、子女抚养、住房分割等诉讼请求，一审判决只对离婚和子女抚养问题作出判决，住房分割属于一审遗漏的诉讼请求。对此，二审法院可以先组织

调解，调解不成，发回重审。选项 A 正确。

《民诉解释》第 326 条第 1 款规定，在第二审程序中，原审原告增加独立的诉讼请求或者原审被告提出反诉的，第二审人民法院可以根据当事人自愿的原则就新增加的诉讼请求或者反诉进行调解；调解不成的，告知当事人另行起诉。因此，张红提出遗产分割诉讼请求属于二审中新增诉讼请求，法院可以先组织调解，调解不成告知张红另行起诉。选项 B 和 C 错误。

《民诉解释》第 326 条第 2 款规定，双方当事人同意由第二审人民法院一并审理的，第二审人民法院可以一并裁判。因此，对于遗产分割的诉讼请求，经双方当事人同意，二审法院可一并裁判。但一审判决遗漏的诉讼请求，并不适用上述规定。对于住房分割诉讼请求，即便双方当事人同意，法院也不可以在二审中一并裁判。选项 D 错误。

易混淆点解析

二审程序中出现特殊情形，不能直接裁判时，可通过调解解决纠纷。具体适用情形如下：

调解不成的处理措施	适用情形	二审法院能否一并裁判
发回重审	一审判决遗漏诉讼请求	不可以一并裁判
	一审程序遗漏必须参加诉讼的当事人或者有独立请求权第三人	
	一审判决不准离婚的案件，第二审法院认为应当判决离婚	当事人同意可以一并裁判
告知另行起诉	原审原告增加独立的诉讼请求或者原审被告提出反诉	

上述四类情形，其处理方式都可以先调解，调解不成再撤销原判、发回重审或者告知另行起诉。两者如何识别，要判断二审中特殊情况的产生原因，如果是法院的原因导致，调解不成就要撤销原判、发回重审；如果是当事人的原因导致，调解不成则告知其另行起诉。上述前三类情

形，显然是一审法院裁判案件出错导致，因此，调解不成时要撤销原判、发回重审；最后一类情形，则是当事人在一审中怠于行使诉讼权利导致，因此，调解不成时要告知其另行起诉。

18. [答案] BD　　　　[难度] 中

[考点] 上诉的提起（提起上诉的条件）、二审法院对上诉案件审理的范围、上诉案件的审理方式及地点、上诉案件的调解

[命题和解题思路] 命题人以一题多问方式对二审程序中的四个考点进行综合考查，试题具有一定的综合性，涉及面较广。但试题采取表述题形式，没有编制小案例，也未设置答题陷阱，选项内容基本是对法律规定的简单归纳，难度不高。考生只要熟悉民事二审程序的相关规定不难准确作答，甚至考生对民事二审程序粗浅了解即可对个别选项作出判断。

[选项分析] 选项 A 考查民事二审程序的启动方式。刑事二审程序可能因被告人上诉或者检察院二审抗诉而启动，而民事二审程序的启动主体只能是当事人，只能因当事人上诉而启动民事二审程序。本选项混淆了民事二审程序和刑事二审程序的启动方式，选项 A 错误。

选项 B 考查民事二审程序的审理范围。《民事诉讼法》第 175 条规定，第二审人民法院应当对上诉请求的有关事实和适用法律进行审查。因此，民事二审程序和民事一审程序一样，审理范围既包括事实问题，又包括法律问题。选项 B 正确。

选项 C 考查二审中调解结案的法律后果。《民事诉讼法》第 179 条规定，调解书送达后，原审人民法院的判决即视为撤销。"视为撤销"是一种法律拟制行为，原审判决相当于被撤销而失去效力。此时，原审判决已经失效，不需要再将其撤销。从法理上讲，调解书依据双方当事人的调解协议制作而成，判决书是法院行使审判权的结果，双方当事人合意不能使司法审判权归于无效。因此，不能用调解书撤销判决书。选项 C 错误。

选项 D 考查民事二审程序的审理方式。《民事诉讼法》第 176 条第 1 款规定，第二审人民法院对上诉案件应当开庭审理。经过阅卷、调查和询

问当事人，对没有提出新的事实、证据或者理由，人民法院认为不需要开庭审理的，可以不开庭审理。因此，二审程序以开庭审理为原则，不开庭审理为例外。选项 D 正确。

19. [答案] A　　　[难度] 难

[考点] 上诉的提起（提起上诉的条件）、无独立请求权第三人（无独立请求权第三人的诉讼地位、最高人民法院关于如何确定无独立请求权第三人地位的规定）

[命题和解题思路] 根据指令句，本题表面上考查的是二审中当事人的诉讼地位，实际上还暗含对代位权诉讼中当事人确定、无独立请求权第三人上诉规则的考查。命题人在案例表述中运用"无中生有"之计巧设陷阱，将未被判决承担民事责任的无独立请求权第三人提起上诉作为干扰情节。命题形式颇具迷惑性，内容又涉及诉讼法和实体法知识，本题难度颇高。解题时要首先确定各方当事人在代位权诉讼中的诉讼地位，其次分析各主体的上诉请求，最后确定上诉人请求指向的对象。特别要留意一审法院是否判决无独立请求权第三人承担责任，这是确定乙在二审中诉讼地位的关键点。

特别提醒：本题解题依据涉及的《合同法解释（一）》虽然已被最高法院废止，但本书修订时合同编新的司法解释尚未发布，因此本题未做修改，待新司法解释发布后再做完善。

[选项分析] 在题干的代位权诉讼中，债权人甲是原告，次债务人丙是被告，债务人乙是第三人。债务人乙对甲诉丙的案件没有独立的请求权，但案件处理结果与其有法律上的利害关系，因此乙只能是无独立请求权第三人。题干中法院追加债务人乙参加诉讼的方式也可辅助作出判断。一审法院判决"丙向甲给付 10 万元"，该判决并未让乙承担民事责任。《民诉解释》第 82 条规定，在一审诉讼中，无独立请求权的第三人被判决承担民事责任的，有权提起上诉。因此，在题干案例中乙无权提起上诉。据此可排除 B 和 C 两个选项。

根据二审中当事人确定规则，**不服一审裁判提起上诉的当事人是上诉人，上诉人诉讼请求指向的对象就是被上诉人**。丙是上诉人，其上诉请求是"判令甲对乙的债权不成立"，丙上诉针对的对象显然是甲。因此，甲为被上诉人。选项 A 为正确答案。考生如果未能准确判断乙为无独立请求权第三人，或者遗忘无独立请求权第三人上诉规则，仅仅依照二审中当事人确定规则，很容易误选 B 为正确答案。

第十四章　审判监督程序

试 题

第一节　审判监督程序的启动

1. 张某起诉李某偿还欠款 100 万元，李某收到应诉通知书后在第一次开庭时进行了答辩。张某要求李某出具账簿，李某一直未提供。法院第二次开庭前，多次通知但未能联系上李某，遂缺席判决张某胜诉，并将判决书公告送达。该判决生效后，李某以法院未向其送达应诉通知书为由申请再审，并出具账簿证明欠款数额为 70 万元。关于法院对李某申请的处理，下列哪一说法是正确的？（2023 年回忆版）

A. 李某违反诚实信用原则，不予受理再审申请

B. 李某提出新证据，应受理再审申请

C. 原判决剥夺了李某的辩论权利，应受理再审申请

D. 原判决送达程序违法，应受理再审申请

2. 吕某起诉陆某要求清偿借款本息 200 万元，并要求金某承担保证责任。一审法院审理后，判决陆某向吕某偿还借款本息 180 万元，驳回其他诉讼请求。吕某和金某均未上诉，陆某以利息核定过高为由提起上诉，二审法院判决维持原判。随后吕某以一审法院事实认定错误为由申请再审。关于本案，法院的下列哪些做法是正确的？（2023 年回忆版）

A. 以判决已生效为由，驳回吕某的再审申请

B. 以申请理由不成立为由，驳回吕某的再审申请

C. 询问金某的意见，必要时可以组织听证

D. 告知吕某另行起诉

3. 朱某向杨某借款 10 万元，到期未清偿，杨某追索无果后向 A 市 B 区法院起诉。B 区法院判决朱某向杨某支付本金 10 万元及利息 1 万元。朱某不服上诉，二审中，杨某表示一审判决正确，应予维持，A 市中级法院判决维持原判。判决生效后，杨某认为一审判决利息计算存在错误，向 A 市中级法院申请再审。关于 A 市中级法院对本案的处理，下列哪一说法是正确的？（2022 年回忆版）

A. 杨某有再审利益，应裁定再审

B. 经法院院长同意，可以裁定再审

C. 经朱某同意，可以裁定再审

D. 杨某违反诚信原则，浪费司法资源，应裁定不予再审

4. 周某向吴某借款 50 万元，由郑某提供保证，保证合同中未约定保证方式。后因借款清偿发生纠纷，一审法院判决认定郑某承担连带保证责任。郑某不服提起上诉，二审法院判决郑某承担一般保证责任。判决生效后，郑某以签订保证合同时意思表示错误不应承担保证责任为由申请再审。关于对郑某申请的处理，下列哪一做法是正确的？（2021 年回忆版）

A. 裁定再审后组织调解，调解不成，告知另行起诉

B. 裁定再审后组织调解，调解不成，裁定发回重审

C. 裁定不予受理再审申请

D. 裁定驳回再审申请

5. 刘某向齐某出借 5 万元，因到期未还款，刘某向甲市 A 区法院起诉齐某还款，获得胜诉判决后，二人均未上诉。4 月 8 日，齐某向甲市 A 区法院申请再审。4 月 10 日，刘某则向甲市中院申请再审。关于本案再审的管辖，下列哪一说法是正确的？（2020 年回忆版）

A. 由 A 区法院管辖

B. 由甲市中级法院管辖

C. 由先受理案件的法院管辖

D. 由甲市中级法院指定管辖

6. 甲公司因合同纠纷起诉乙公司获得胜诉判决，因乙公司拒不履行，甲公司申请强制执行。在执行过程中，双方自愿达成和解协议：将判决确定的乙公司给付 200 万元义务减少为 100 万元，协议签订之日起 10 日内付清。乙公司按照上述约定全部履行了给付义务。后甲公司以发现新证据为由申请再审，法院审查再审申请时，发现该案达成的和解协议已履行完毕。关于法院的处理方式，下列哪一选项是正确的？（2018 年回忆版）

A. 裁定执行回转

B. 裁定驳回甲公司的再审申请

C. 审查执行和解协议的合法性

D. 裁定终结对再审申请的审查

7. 汤某设宴为母祝寿，向成某借了一尊清代玉瓶装饰房间。毛某来祝寿时，看上了玉瓶，提出购买。汤某以 30 万元将玉瓶卖给了毛某，并要其先付钱，寿典后 15 日内交付玉瓶。毛某依约履行，汤某以种种理由拒绝交付。毛某诉至甲县法院，要求汤某交付玉瓶，得到判决支持。汤某未上诉，判决生效。在该判决执行时，成某知晓了上述情况。对此，成某依法可采取哪些救济措施？（2017-3-77）

A. 以案外人身份向甲县法院直接申请再审

B. 向甲县法院提出执行异议

C. 向甲县法院提出第三人撤销之诉

D. 向甲县法院申诉，要求甲县法院依职权对案件启动再审

8. 就瑞成公司与建华公司的合同纠纷，某省甲市中院作出了终审裁判。建华公司不服，打算启动再审程序。后其向甲市检察院申请检察建议，甲市检察院经过审查，作出驳回申请的决定。关于检察监督，下列哪些表述是正确的？（2014-3-80）

A. 建华公司可在向该省高院申请再审的同时，申请检察建议

B. 在甲市检察院驳回检察建议申请后，建华公司可向该省检察院申请抗诉

C. 甲市检察院在审查检察建议申请过程中，可向建华公司调查核实案情

D. 甲市检察院在审查检察建议申请过程中，可向瑞成公司调查核实案情

9. 周某因合同纠纷起诉，甲省乙市的两级法院均驳回其诉讼请求。周某申请再审，但被驳回。周某又向检察院申请抗诉，检察院以原审主要证据系

伪造为由提出抗诉，法院裁定再审。关于启动再审的表述，下列哪些说法是不正确的？（2013-3-81）

　　A. 周某只应向甲省高院申请再审

　　B. 检察院抗诉后，应当由接受抗诉的法院审查后，作出是否再审的裁定

　　C. 法院应当在裁定再审的同时，裁定撤销原判

　　D. 法院应当在裁定再审的同时，裁定中止执行

第二节　再审案件的审判程序

📶 **1.** 甲公司因买卖合同纠纷向 A 市 B 区法院起诉乙公司，B 区法院判决乙公司败诉。该判决生效后，乙公司发现新证据，向 A 市中级法院申请再审。A 市中级法院再审时发现遗漏了必须参加诉讼的丙公司，遂裁定发回重审。B 区法院重审时，乙公司提出反诉，后甲公司申请撤诉。关于本案，下列表述正确的有：（2020 年回忆版）

　　A. 法院应受理乙的反诉

　　B. 发回重审后法院应适用普通程序审理

　　C. 若法院准许甲公司撤诉，应裁定驳回乙公司的再审申请

　　D. 若法院准许甲公司撤诉，应继续审理乙公司的反诉

📶 **2.** 甲银行因借款合同纠纷起诉朱某获得生效胜诉判决，朱某未履行，甲银行申请强制执行。在执行过程中，朱某以法律适用错误为由申请再审，法院决定再审后裁定中止执行。再审中甲银行与朱某在法院主持下达成调解协议，双方签收调解书后，朱某拒不履行调解书确定的义务。关于法院对本案的处理，下列哪些选项是正确的？（2019 年回忆版）

　　A. 裁定终结对原判决的执行

　　B. 甲银行可就调解协议起诉

　　C. 恢复执行原判决书

　　D. 申请法院依照调解书执行

📶 **3.** 佟某向 A 市 B 县法院起诉田某，要求其返还自己所有的青花瓷瓶，法院判决田某交付瓷瓶，田某上诉后法院维持原判。因田某拒不履行判决义务，佟某申请强制执行。执行过程中，肖某向法院提出异议，主张该瓷瓶的所有权，法院经审查驳回其异议。肖某遂向 A 市中级法院申请再审，A 市中级法院在再审中发现该瓷瓶实为肖某和佟某共有，遂进行调解。如调解不成，A 市中级法

院的下列哪一做法是正确的？（2018 年回忆版）

　　A. 再审审理后直接作出判决

　　B. 驳回肖某再审申请，告知其提起执行异议之诉

　　C. 告知肖某另行起诉

　　D. 裁定撤销原判决，发回重审

📶 **4.** 万某起诉吴某人身损害赔偿一案，经过两级法院审理，均判决支持万某的诉讼请求，吴某不服，申请再审。再审中万某未出席开庭审理，也未向法院说明理由。对此，法院的下列哪一做法是正确的？（2014-3-50）

　　A. 裁定撤诉，视为撤回起诉

　　B. 裁定撤诉，视为撤回再审申请

　　C. 裁定诉讼中止

　　D. 缺席判决

📶 **5.** 韩某起诉翔鹭公司要求其依约交付电脑，并支付迟延履行违约金 5 万元。经县市两级法院审理，韩某均胜诉。后翔鹭公司以原审适用法律错误为由申请再审，省高院裁定再审后，韩某变更诉讼请求为解除合同，支付迟延履行违约金 10 万元。再审法院最终维持原判。关于再审程序的表述，下列哪些选项是正确的？（2013-3-82）

　　A. 省高院可以亲自提审，提审应当适用二审程序

　　B. 省高院可以指令原审法院再审，原审法院再审时应当适用一审程序

　　C. 再审法院对韩某变更后的请求应当不予审查

　　D. 对于维持原判的再审裁判，韩某认为有错误的，可以向检察院申请抗诉

详　解

第一节　审判监督程序的启动

1. ［答案］A　　［难度］中

［考点］再审申请的审查程序、诚实信用原则

［命题和解题思路］本题取材于最高法院真实司法裁判案例，以拒不参加审判程序的当事人申请再审为素材，对诚实信用原则的内涵以及再审申请的处理方式予以考查。本题并无明确的解题法律依据，应将题干中李某的行为结合诚实信用原则的内涵予以分析后作答。根据司法裁判案例，

在普通审判程序中未充分行使诉讼权利的当事人申请再审一般不会获得支持。

[选项分析] 根据最高法民申 238 号"张某平、李某红等合资、合作开发房地产合同纠纷案"的裁判要旨,《民事诉讼法》关于"当事人的申请符合下列情形之一的, 人民法院应当再审: (一) 有新的证据, 足以推翻原判决、裁定的"规定中所指新的证据, 是指相对于再审申请人在一审及二审诉讼中已经提交过的证据而言另行提交的不同的新证据, 其隐含的前提是再审申请人应当在一审及二审普通诉讼程序中已经诚实信用地行使了民事诉讼法赋予其积极主动提交证据证明自己主张的民事诉讼权利, 这实际上也是当事人应当履行的民事诉讼义务。由于本案申请人一直回避人民法院的送达行为, 拒不参加本案前述普通审判程序, 于判决发生法律效力后再以新的证据为由申请再审, 属于滥用诉讼权利的情形, 亦不具有再审利益, 并不属于前述法律规定保护当事人应有诉讼权利的范围。据此, 李某违反诚实信用原则, 法院应不予受理再审申请。选项 A 正确, 其他选项均错误。

2. [答案] BC　　[难度] 中

[考点] 再审申请的审查程序

[命题和解题思路] 本题考查的是法院对再审申请的审查方式和处理结果, 题目考点单一, 看起来似乎很难, 听证审查更是法律并无规定的超纲内容。实际上, 运用排除法很容易准确作答, 甚至直接阅读选项内容即可作出判断。了解申请再审的前提是裁判已经生效, 据此可排除选项A; 知晓生效裁判产生既判力不得另行起诉, 可排除选项 D。

[选项分析]《民事诉讼法》第 210 条规定, 当事人对已经发生法律效力的判决、裁定, 认为有错误的, 可以向上一级人民法院申请再审; 当事人一方人数众多或者当事人双方为公民的案件, 也可以向原审人民法院申请再审。当事人申请再审的, 不停止判决、裁定的执行。据此, 当事人申请再审的前提条件是原裁判已经生效, 法院不能以判决已生效为由, 驳回吕某的再审申请。选项 A 错误。

《民诉解释》第 393 条第 2 款规定, 当事人主张的再审事由不成立, 或者当事人申请再审超过

法定申请再审期限、超出法定再审事由范围等不符合《民事诉讼法》和本解释规定的申请再审条件的, 人民法院应当裁定驳回再审申请。据此, 若法院认为吕某的申请再审理由不成立, 应裁定驳回其再审申请。选项 B 正确。

对再审申请的审查方式,《审判监督程序解释》明确规定了径行裁定、调卷审查以及询问当事人等三种审查方式。听证审查并非我国法律规定的审查程序, 而是司法实务的经验总结。听证审查, 是指在合议庭主持、各方当事人参与之下, 对案件是否应当启动再审程序公开进行审查处理。据此, 法院询问金某的意见, 必要时可以组织听证审查。选项 C 正确。

《民事诉讼法》第 127 条第 5 项规定, 对判决、裁定、调解书已经发生法律效力的案件, 当事人又起诉的, 告知原告申请再审, 但人民法院准许撤诉的裁定除外。据此, 本案判决已经两审终审后发生法律效力, 受既判力的限制, 不能告知吕某另行起诉。选项 D 错误。

3. [答案] D　　[难度] 中

[考点] 再审申请的审查程序

[命题和解题思路] 本题以公报案例为命题素材, 对一审判决胜诉的当事人未提起上诉而后申请再审, 法院是否应启动再审程序予以考查。本题可用排除法作答, 法院院长同意或者对方当事人同意可以裁定再审, 纯属臆造情节, 了解再审的启动方式很容易排除选项 B 和 C。严格说, 利息计算错误并不符合启动再审的法定事由, 据此可排除 A 选项。虽然本题并无明确的法律规定, 司法裁判也存在一定分歧, 但从考查意图和诉讼法原理分析, 选项 D 无疑是最优答案。

[选项分析] 根据公报案例"王某与卢某、宁夏建工集团房地产开发有限公司、第三人宁夏恒昌盛房地产开发有限公司民间借贷纠纷案"的裁判要旨, 一审胜诉或部分胜诉的当事人未提起上诉, 且在二审中明确表示一审判决正确应予维持, 在二审判决维持原判后, 该当事人又申请再审的, 因其缺乏再审利益, 对其再审请求不应予以支持, 否则将变相鼓励或放纵不守诚信的当事人滥用再审程序, 导致对诉讼权利的滥用和对司法资源的浪费。据此, 诚信原则要求当事人禁反言, 杨某在二审和申请再审时的矛盾表述, 显然违反了诚

信原则。选项 D 为正确答案。

4. [答案] D　　　[难度] 中

[考点] 申请再审的条件

[命题和解题思路] 本题构思巧妙，以实体法担保责任类型作为解题干扰情节，考查申请再审不符合法定事由的处理。解题的关键在于排除干扰信息，通过指令句准确识别考查意图。**再审事由具有法定性**，只有符合条件才能启动再审程序。本题在形式上符合申请再审的条件，法院应受理再审申请，据此可排除 C 选项；但再审事由不符合法律规定，法院应裁定驳回再审申请。

[选项分析]《民诉解释》第 393 条第 2 款规定，当事人主张的再审事由不成立，或者当事人申请再审超过法定申请再审期限、超出法定再审事由范围等不符合民事诉讼法和本解释规定的申请再审条件的，人民法院应当裁定驳回再审申请。据此，郑某的再审事由不符合《民事诉讼法》第 211 条规定的 13 项再审法定情形，法院应裁定驳回其再审申请。选项 D 为正确答案，其余选项均错误。

5. [答案] A　　　[难度] 易

[考点] 申请再审的条件

[命题和解题思路] 本题以双方当事人向不同法院申请再审为切入点，考查申请再审的管辖法院。解答此类试题，**关键点在于看准题干中双方当事人的类型**，若一方当事人为法人或者其他组织，应向生效判决法院的上一级法院申请再审；若双方均为自然人，可向原生效判决法院或其上一级法院申请再审，**若双方申请再审选择不一致，为便于诉讼和审理，仍由原审法院管辖**。本题解题依据单一明确，属于典型的送分题，此类题目不可错过。

[选项分析]《民诉解释》第 377 条规定，当事人一方人数众多或者当事人双方为公民的案件，当事人分别向原审人民法院和上一级人民法院申请再审且不能协商一致的，由原审人民法院受理。据此，本案再审应由作为原审法院的 A 区法院管辖。选项 A 为正确答案，其余选项均错误。

6. [答案] D　　　[难度] 中

[考点] 再审申请的审查程序

[命题和解题思路] 虽然再审程序向来是命题的重点，但本题考查角度相对较偏，避开了传统

的考查热点，考查的是终结审查再审申请的法定情形。本题的解题依据仅涉及单一法条，根据案情表述也不难还原司法解释的规定作出判断，可见命题人已手下留情。应注意区分再审的程序阶段，**如果处于再审申请的审查阶段，则应裁定终结再审审查；如果处于再审审理阶段，则应裁定终结再审程序**。

[选项分析]《民诉解释》第 400 条规定，再审申请审查期间，有下列情形之一的，裁定终结审查：（1）再审申请人死亡或者终止，无权利义务承继者或者权利义务承继者声明放弃再审申请的；（2）在给付之诉中，负有给付义务的被申请人死亡或者终止，无可供执行的财产，也没有应当承担义务的人的；（3）当事人达成和解协议且已履行完毕的，但当事人在和解协议中声明不放弃申请再审权利的除外；（4）他人未经授权以当事人名义申请再审的；（5）原审或者上一级人民法院已经裁定再审的；（6）违反"再审申请一次性原则"的（《民诉解释》第 381 条第 1 款的 3 项情形）。据此，本案中甲乙两公司达成和解协议，并且乙公司已按约履行完毕，无论当事人基于何种事由申请再审，因本案处于再审申请的审查阶段，法院应裁定终结审查再审申请。选项 D 为正确答案。

7. [答案] BCD　　　[难度] 难

[考点] 申请再审的条件（申请再审的主体）、执行程序中的一般性制度（案外人对执行标的的异议及案外人异议之诉、许可执行之诉）、第三人撤销之诉（概念）

[命题和解题思路]《民诉解释》对第三人撤销之诉和执行异议之诉予以专章细化规定，近几年试题也多次对案外人救济机制予以考查。但以往试题大多考查某一类具体的救济措施，本题则以"大杂烩"形式对案外人救济措施进行系统性考查。命题人视野开阔，考查内容甚至从民事诉讼法跳跃到宪法领域。本题以案外人救济措施为主线，对四个考点进行综合考查，试题内容兼具深度与广度，稍有不慎即会误选，难度颇高。考生解答本题，应结合题干案例判断是否符合选项所述救济措施的适用条件。在判断过程中，还应注意将"能用"和"好用"区分开来。选项所列救济措施的适用条件只要与案例相符即可作为正确答案，不必考虑适用难

度，否则很可能漏选 D 选项。

[选项分析]《民事诉讼法》第 238 条规定，执行过程中，案外人对执行标的提出书面异议的，人民法院应当自收到书面异议之日起 15 日内审查，理由成立的，裁定中止对该标的的执行；理由不成立的，裁定驳回。案外人、当事人对裁定不服，认为原判决、裁定错误的，依照审判监督程序办理；与原判决、裁定无关的，可以自裁定送达之日起 15 日内向人民法院提起诉讼。据此，案件已进入执行程序，案外人不能直接向法院申请再审或者提起案外人异议之诉。案外人应首先向执行法院提出执行标的异议，对法院的异议审查结果不服，才能申请再审或者提起案外人异议之诉。案外人向执行法院书面提出执行标的异议，是执行中案外人申请再审和提起执行异议之诉的前置程序。因此，案外人成某有权向甲县法院提出执行异议，但不能向甲县法院直接申请再审。选项 A 错误，选项 B 正确。

《民事诉讼法》第 59 条第 3 款规定，有独立请求权第三人和无独立请求权第三人，因不能归责于本人的事由未参加诉讼，但有证据证明发生法律效力的判决、裁定、调解书的部分或者全部内容错误，损害其民事权益的，可以自知道或者应当知道其民事权益受到损害之日起 6 个月内，向作出该判决、裁定、调解书的人民法院提起诉讼。据此，成某是有独立请求权第三人，因事先并不知晓未参加诉讼，判决确定的给付标的物属于成某所有，该判决内容错误且损害了成某的民事权益，成某有权向甲县法院提起第三人撤销之诉。选项 C 正确。

申诉权是我国宪法赋予公民的基本权利，是指公民的合法权益因行政机关或司法机关作出错误的、违法的决定或裁判，或者因国家工作人员的违法失职行为而受到侵害时，有向有关机构申述理由、要求重新处理的权利。题干中成某的合法权益因甲县法院的错误判决受到侵害，成某有权向甲县法院提出申诉，要求对案件依职权启动再审程序纠错。选项 D 正确。

难点解析

我国民事诉讼中案外人权利保护措施包括第三人撤销之诉、执行标的异议、案外人申请再审

和案外人异议之诉四种。其适用情形各不相同，具体如下：

第三人撤销之诉	执行标的异议	案外人申请再审	案外人异议之诉
第三人因不能归责于本人的事由未参加诉讼，但有证据证明生效判决、裁定、调解书有错误，损害其民事权益	案外人对执行标的提出足以排除强制执行的权利主张	执行标的异议被驳回，案外人认为原判决、裁定、调解书有错误	执行标的异议被驳回，且案外人的诉讼请求与原判决、裁定无关

四类救济措施的彼此适用关系是：（1）因案外人异议之诉与第三人撤销之诉、案外人申请再审的适用情形不同，所以不可能并用；（2）第三人撤销之诉和案外人申请再审均适用于原判决、裁定、调解书有错误，但法律规定不可并用。其具体的适用情形如下表：

适用情形	是否允许
第三人撤销之诉 + 执行标的异议	允许
执行标的异议 + 案外人申请再审	允许
执行标的异议 + 第三人撤销之诉	不允许
第三人撤销之诉 + 执行标的异议 + 案外人申请再审	不允许

8. [答案] CD　　　[难度] 中

[考点] 抗诉和检察建议的启动

[命题和解题思路] 2012 年《民事诉讼法》修正时对当事人申请抗诉和检察建议作出限制性规定，"抗诉和检察建议的启动"也是 2013 年增加的考点，新规定和新考点往往会获得命题人的青睐。题目考点单一，已连续 2 年命题考查，难度不高。考生只要熟悉《民事诉讼法》的相关规定，准确把握当事人向法院、检察院寻求救济的次数和顺序，不难准确作出选择。

[选项分析] 选项 A 考查当事人向检察院和法

院寻求救济的顺序。《民事诉讼法》第 220 条第 1 款第 1 项规定，人民法院驳回再审申请，当事人可以向人民检察院申请检察建议或者抗诉。据此，建华公司应当先向该省高院申请再审，再审申请被驳回、逾期未对再审申请作出裁定或者再审判决裁定有明显错误时，才可以向检察机关申请检察建议或者抗诉。选项 A 表述错误。

选项 B 考查当事人向检察院寻求救济的次数。《民事诉讼法》第 220 条第 2 款规定，人民检察院对当事人的申请应当在 3 个月内进行审查，作出提出或者不予提出检察建议或者抗诉的决定。当事人不得再次向人民检察院申请检察建议或者抗诉。据此，建华公司向甲市检察院申请检察建议已被驳回，不得再向该省检察院申请抗诉。选项 B 表述错误。

选项 C 和 D 均考查检察机关的调查核实权。《民事诉讼法》第 221 条规定，人民检察院因履行法律监督职责提出检察建议或者抗诉的需要，可以向当事人或者案外人调查核实有关情况。瑞成公司与建华公司均为本合同纠纷的当事人，甲市检察院可以向它们调查核实有关情况。选项 C 和 D 均正确。

> **易混淆点解析**
>
> 为避免当事人多头申请再审，浪费司法资源，再审启动机制遵循 **"先找法院，再找检察院，且只能找一次"** 规则。当事人向法院申请再审后裁判仍然存在错误，才能向检察院申请抗诉或检察建议。违反救济顺序，或者同时向法院、检察院寻求救济，检察院都会决定不予提出检察建议或者抗诉。**当事人向法院、检察院寻求救济均只能申请一次，检察建议或者抗诉这两种救济方式不能交替适用。** 当事人申请被检察院驳回后，当事人不能再向法院寻求再审救济。

9. [答案] ABC　　[难度] 难

[考点] 申请再审的条件（申请再审的管辖法院）、抗诉的程序（人民法院对抗诉的接受）、再审审理的特殊性（裁定中止原法律文书的执行）

[命题和解题思路] 2012 年《民事诉讼法》修正时对当事人申请再审的管辖法院作出调整，这为本题的命制提供了新素材。命题人通过故意

遗漏周某起诉对象的信息，巧妙设置了答题陷阱，可谓"无招胜有招"。选项 C 和选项 D 互斥，一般而言，互斥选项中必有正确答案，可以根据再审不同阶段的任务比较后准确选择。本题采取否定式设问形式，考生做题时要做好标记，避免误选。本题 A 选项考查申请再审的管辖法院，命题人故意遗漏被告方信息，设计较为巧妙。

[选项分析] 选项 A 是重点干扰项。当事人申请再审的管辖法院因案件对方当事人数量和类型不同而有所差异。根据题干表述，本案的终审法院是甲省乙市中院。《民事诉讼法》第 210 条规定，当事人对已经发生法律效力的判决、裁定，认为有错误的，可以向上一级人民法院申请再审；当事人一方人数众多或者当事人双方为公民的案件，也可以向原审人民法院申请再审。根据《民诉解释》第 75 条规定，《民事诉讼法》第 210 条规定的人数众多，一般指 10 人以上。据此，该合同纠纷的被告如果是 10 人以上或者是公民，周某可以向甲省乙市中院或者甲省高院申请再审；原合同纠纷的被告如果不足 10 人或者是法人、其他组织，周某只应向甲省高院申请再审。题干并未明示被告方的信息，甲省乙市中院是否有管辖权无法准确判断，"只应"表述过于绝对，选项 A 说法错误，应选。

《民诉解释》实施后，选项 B 也成为重点干扰项。本题在命制时，根据《民事诉讼法》第 222 条规定，人民检察院提出抗诉的案件，接受抗诉的人民法院应当自收到抗诉书之日起 30 日内作出再审的裁定。法律并未规定"法院审查"环节，考生可直接判断选项 B 说法错误。《民诉解释》第 415 条列举了检察院抗诉的具体条件，法院审查后根据不同情形作出具体处理。考生可能误认为存在实质审查决定是否再审的环节，这是对"法院审查"性质的误解。此处的审查是对是否符合受理检察院抗诉条件的形式审查，而非对是否启动再审的实质审查。对于符合条件的抗诉，无须实质审查再审事由是否存在，法院应当在 30 日内裁定再审。选项 B 混淆了法院审查的性质和法律后果，应选。

再审程序可以分为提起和审理两个阶段。程序提起阶段的主要任务是法院判断应否启动再审程序；程序审理阶段的主要任务是对原判决、裁定、调解书是否存在错误作出权威性处理结论。

题干中法院已经裁定再审，这表明程序提起阶段完成，即将进入程序审理阶段。裁定撤销原判，意味着原审判决存在严重的实体或者程序错误，这只有等到审理程序阶段结束时才能得出是否需要撤销原判的准确判断。选项 C 说法错误，应选。

无论通过何种途径启动再审程序，只要法院决定再审后，原则上都应当在作出再审裁定同时，中止原判决、裁定、调解书的执行。《民事诉讼法》第 217 条规定，按照审判监督程序决定再审的案件，裁定中止原判决、裁定、调解书的执行，但追索赡养费、扶养费、抚养费、抚恤金、医疗费用、劳动报酬等案件，可以不中止执行。题干案例是合同纠纷，不在上述案件类型之列，法院应当作出中止执行的裁定。选项 D 表述正确，不选。

> **易混淆点解析**
>
> 申请再审不再采取一刀切的上提一级模式。当事人一方人数众多或者当事人双方均为公民的再审案件，原审法院和原审上一级法院均享有管辖权；其余再审申请的管辖法院是原审法院的上一级法院。
>
> 抗诉和再审检察建议都是检察机关行使检察监督权的法定形式。对于检察机关依当事人申请提出的抗诉，法院要依据抗诉的条件作出形式审查（《民诉解释》第 415 条），符合条件后在 30 日内裁定再审；对于依当事人申请提出再审检察建议，法院依据检察建议的受理条件进行形式审查（《民诉解释》第 414 条），受理后应当在 3 个月内组成合议庭对是否存在再审事由进行实质审查（《民诉解释》第 417 条）。概言之，法院受理检察院抗诉后，不再进行实质审查，直接裁定再审；法院受理再审检察建议后，对再审事由要进行实质审查。

第二节　再审案件的审判程序

1. ［答案］ABCD　　　［难度］难

［考点］再审审理范围、反诉的概念和特征、再审审理的特殊性（撤回起诉）

［命题和解题思路］本题以再审发回重审后提出反诉以及申请撤诉为切入点，考查再审审理范围、反诉的独立性以及再审中撤回起诉的法律后果等知识点，还潜藏对再审程序与一审程序内在

关系的考查，即再审程序若无特殊规定，发回重审后可适用一审程序的有关规定。虽然各选项有明确的解题法律依据，但案情涉及的程序环节较多，考查范围广，难度颇高。解题时应首先对再审发回重审后能否反诉及其独立性作出判断；再根据再审中准许撤诉后撤销原判决的后果推断对再审申请应如何处理，"皮之不存，毛将焉附"，申请再审的判决已被撤销，再审申请应裁定驳回。

［选项分析］《民诉解释》第 252 条规定，再审裁定撤销原判决、裁定发回重审的案件，当事人申请变更、增加诉讼请求或者提出反诉，符合下列情形之一的，人民法院应当准许：（1）原审未合法传唤缺席判决，影响当事人行使诉讼权利的；（2）追加新的诉讼当事人的；（3）诉讼标的物灭失或者发生变化致使原诉讼请求无法实现的；（4）当事人申请变更、增加的诉讼请求或者提出的反诉，无法通过另诉解决的。据此，因案件发回重审后追加了新的当事人丙公司，乙公司提出反诉，法院应予准许。选项 A 正确。

《民诉解释》第 257 条第 2 项规定，发回重审的案件，不适用简易程序。据此，发回重审后法院应适用一审程序审理，若不能适用简易程序，则应适用普通程序审理本案。选项 B 正确。

《审判监督程序解释》第 24 条规定，按照第一审程序审理再审案件时，一审原告申请撤回起诉的，是否准许由人民法院裁定。裁定准许的，应当同时裁定撤销原判决、裁定、调解书。据此，法院准许甲公司撤诉申请，法院应裁定撤销原生效判决。乙公司认为有错而申请再审的原生效判决已被法院裁定撤销，自然无需适用再审程序救济，也可认为当事人申请再审的事由不再成立。《民诉解释》第 393 条第 2 款规定，当事人主张的再审事由不成立，或者当事人申请再审超过法定申请再审期限、超出法定再审事由范围等不符合民事诉讼法和本解释规定的申请再审条件的，人民法院应当裁定驳回再审申请。据此，法院应裁定驳回乙公司的再审申请。选项 C 正确。

《民诉解释》第 239 条规定，人民法院准许本诉原告撤诉的，应当对反诉继续审理；被告申请撤回反诉的，人民法院应予准许。据此，虽然本案属于适用一审程序审理的再审案件，仍可适用一审普通程序的相关规定，即法院准许原告甲公司撤诉后，应对乙公司提出的反诉继续审理。选

项 D 正确。

2. ［答案］AD　　［难度］中

［考点］再审审理的特殊性（再审审理的裁判方式）、执行终结

［命题和解题思路］本题把本学科中"执行""再审""调解"等热门制度搭配命题，主要考查再审中调解结案后一方不履行的处理方式，附带考查了以往较少涉及的执行终结的适用情形。题目具有一定的综合性，难度较高。解答本题的关键是把握<mark>再审中调解结案后签收调解书的法律后果，即原判决视为撤销</mark>，据此可排除选项 C。了解调解书属于执行根据，可排除选项 B。

［选项分析］《民事诉讼法》第 268 条第 2 项规定，据以执行的法律文书被撤销的，人民法院裁定终结执行。据此，本案中对原判决书启动再审后，在再审程序中双方当事人调解结案，双方签收调解书后，原判决视为撤销。因此，法院应裁定终结对原判决的执行。选项 A 正确。

《民事诉讼法》第 100 条第 3 款规定，调解书经双方当事人签收后，即具有法律效力。本案中调解书双方已签收，调解书发生法律效力。调解书属于法定的执行根据，朱某拒不履行，甲银行应申请法院强制执行调解书，而不能就调解协议提起诉讼。选项 B 错误，选项 D 正确。

《审判监督程序解释》第 25 条规定，当事人在再审审理中经调解达成协议的，人民法院应当制作调解书。调解书经各方当事人签收后，即具有法律效力，原判决、裁定视为被撤销。据此，本案中甲银行和朱某签收调解书后，原判决视为被撤销，原判决书不再是执行根据，不能再对原判决书恢复执行，选项 C 错误。

3. ［答案］D　　［难度］中

［考点］申请再审的主体、再审审理的审判程序、必要共同诉讼

［命题和解题思路］案外人权利救济制度向来是民诉法的重点和难点，在司考时代频繁命题考查，在法考时代仍继续作为命题的重点。本题遵循"重者恒重"规律，主要考查遗漏必要共同诉讼人申请再审的处理方式，附带对必要共同诉讼人识别以及再审的审理程序予以考查。欲正确解题，应首先准确判断<mark>肖某属于必要共同诉讼人的诉讼地位，其次明确本案再审适用的审理程序，</mark>

最后根据《民诉解释》的规定作出选择。

［选项分析］根据题干表述，瓷瓶为肖某和佟某共有，肖某属于必要共同诉讼人。肖某提出执行异议被驳回后，向 A 市中级法院申请再审。《民诉解释》第 422 条第 1 款规定，根据《民事诉讼法》第 238 条规定，人民法院裁定再审后，案外人属于必要的共同诉讼当事人的，依照本解释第 420 条第 2 款规定处理。《民诉解释》第 420 条第 2 款规定，人民法院因前款规定的当事人申请而裁定再审，按照第一审程序再审的，应当追加其为当事人，作出新的判决、裁定；按照第二审程序再审，经调解不能达成协议的，应当撤销原判决、裁定，发回重审，重审时应追加其为当事人。据此，本案的生效判决由二审法院作出，应当按照第二审程序审理。A 市中级法院应首先进行调解，调解不成的，应当撤销原判，发回重审。选项 D 为正确答案。

4. ［答案］D　　［难度］中

［考点］缺席判决（缺席判决的情形）、诉讼中止（诉讼中止的情形）、再审审理的特殊性（撤回抗诉、撤回再审申请和撤回起诉）

［命题和解题思路］命题人采用"声东击西"之计，表面上考查的是再审程序中当事人不出庭的处理方式，实则是对一审程序、二审程序和再审程序的适用关系进行考查。题目考查角度新颖、别出心裁。考生欲正确答题，要先了解以下知识：<mark>再审程序并无独立的程序设计，法院审理再审案件应当适用一审程序或者二审程序；法院审理二审案件，二审程序没有专门规定的，应当适用一审普通程序的规定。</mark>在此基础上，明确缺席人万某在再审程序中的诉讼地位，方能作出准确选择。

［选项分析］根据《民事诉讼法》第 146、148 条以及《民诉解释》第 336、408 条规定，<mark>一审程序中当事人撤诉分为申请撤诉和按撤诉处理两类，而二审和再审程序只能由一审原告申请撤回起诉</mark>。视为撤回起诉是当事人以其行为表明他不愿意继续进行诉讼，而当事人在二审或再审程序中作出按撤诉处理的行为时，一审程序早已完结，自然不存在视为撤回起诉的可能性。本案是再审案件，不适用视为撤回起诉规定。选项 A 错误。

《民诉解释》第 398 条规定，审查再审申请期

间，再审申请人撤回再审申请的，是否准许，由人民法院裁定。再审申请人经传票传唤，无正当理由拒不接受询问的，可以按撤回再审申请处理。据此，撤回再审申请或者按撤回再审申请处理的，只能是再审申请人。题干案例中再审申请人是吴某，被申请人万某未出庭不会产生按撤回再审申请处理的法律效果。选项 B 错误。

无论是一审程序、二审程序还是再审程序，诉讼中止的法律依据都是《民事诉讼法》第 153 条，该条规定的法院裁定诉讼中止情形并不包括一方当事人未说明理由缺席开庭审理。因此，选项 C 错误。

本案是再审案件，应当适用二审程序审理。二审程序并无当事人缺席时的处理规定，此时应当适用《民事诉讼法》第 147 条有关一审程序缺席判决的规定。该条规定，被告经传票传唤，无正当理由拒不到庭的，或者未经法庭许可中途退庭的，可以缺席判决。再审程序中被申请人万某，其地位类似于一审程序的被告，无正当理由拒不到庭时可以缺席判决。选项 D 为正确答案。

5. ［答案］ACD　　［难度］中

［考点］再审审理的审判程序、再审审理的特殊性（再审审理范围）、抗诉和检察建议的启动

［命题和解题思路］2012 年《民事诉讼法》修正时对当事人申请启动抗诉和检察建议作出具体规范，"抗诉和检察建议的启动"在 2013 年也被列入考试大纲增加的考点。命题人以小案例形式，对三个考点进行综合考查。考生欲准确作答，要准确了解再审程序中裁定发回重审、提审和指令再审审理程序的主要区别，掌握再审程序的基本功能，以及当事人向法院、检察院寻求救济的顺序安排。

［选项分析］选项 A 和 B 都是对再审审理的审判程序的考查。再审程序不是独立的审级，法院审理再审案件也没有独立的程序。应根据原审案件的审理程序和再审审理法院的审级来确定再审案件的审判程序。如果再审法院是终审法院的

上级法院，一律适用二审程序审理。题干案例的终审法院是市中级人民法院，省高院提审，属于生效判决法院的上级法院，应当适用二审程序审理。选项 A 为正确答案。如果再审法院是原审法院或者与原审法院同级的人民法院，终审法院是第一审法院，再审时仍适用第一审程序。终审法院是第二审法院，再审时仍适用第二审程序。省高院指令原审法院再审，案例中终审法院是作为第二审法院的市中院，因此原审法院再审时应当适用第二审程序，选项 B 说法错误。

选项 C 考查的是再审审理范围。再审是纠正生效裁判错误的法定程序，原则上不允许当事人超出原审范围增加、变更诉讼请求。《民诉解释》第 403 条第 1 款规定，人民法院审理再审案件应当围绕再审请求进行。当事人的再审请求超出原审诉讼请求的，不予审理；符合另案诉讼条件的，告知当事人可以另行起诉。据此，韩某在再审程序中变更诉讼请求，该请求已经超出原审诉讼请求的范围，再审法院应不予审理。选项 C 说法正确。

选项 D 考查的是抗诉和检察建议的启动。《民事诉讼法》第 220 条第 1 款规定，有下列情形之一的，当事人可以向人民检察院申请检察建议或者抗诉：（1）人民法院驳回再审申请的；（2）人民法院逾期未对再审申请作出裁定的；（3）再审判决、裁定有明显错误的。据此，虽然再审维持原判决，属于韩某胜诉，但只要其认为再审裁判有错误，就可以向检察院申请抗诉或者检察建议。选项 D 说法正确。

> **易混淆点解析**
>
> 上级法院在处理再审程序时，经常会使用发回重审、提审、指令再审这三种裁定，三者适用的审理程序不同。发回重审适用一审程序，当事人不服判决可以上诉救济。提审适用二审程序，当事人不得上诉。指令再审可以适用一审程序，也可适用二审程序，具体视生效判决的审理程序而定。

第十五章 民事公益诉讼

试 题

1. 某光电公司违规排放工业废水，在 S 市造成严重环境污染，环保组织准备提起民事公益诉讼。对此，下列哪一主体可提起诉讼？（2022 年回忆版）

A. 连续 10 年从事环保工作的甲企业

B. 连续 10 年从事环保工作在乙省民政厅注册的环保联盟

C. 连续 10 年从事环保工作的国外丙环保协会

D. 在 S 市 A 县民政局登记的丁环保协会

2. 长星化工厂违规排放污水，造成河流严重污染。绿友环保组织提起公益诉讼，要求赔偿 100 万元。法官审查后发现 100 万元远远不够治理河流污染所需，建议绿友环保组织将赔偿额修改为 1000 万元。后法院判决绿友环保组织胜诉。关于本案的程序规则，下列说法错误的是：（2021 年回忆版）

A. 适用一审终审，不得上诉

B. 应由中级法院管辖

C. 法官建议增加赔偿额，违反处分原则

D. 绿友环保组织起诉前应通知环境保护部门

3. A 省 B 市红光化工厂违规排放污水导致河流污染，甲环保组织（符合起诉条件）向 B 市中级法院提起公益诉讼。B 市中级法院开庭前，乙环保组织（符合起诉条件）亦向河流下游受污染的 A 省 C 市中级法院提起公益诉讼，法院予以受理。关于本案，下列哪些说法是正确的？（2019 年回忆版）

A. 若乙环保组织向 B 市中级法院起诉，可将其列为共同原告

B. C 市中级法院应将案件移送 B 市中级法院管辖

C. B 市中级法院和 C 市中级法院可审理后分别作出判决

D. 若对管辖发生争议，可由 A 省高级法院指定管辖

4. 甲工厂偷排污水造成大面积水体污染，乙环保组织提起环境公益诉讼。法院受理后，当地居民许某主张甲工厂排污导致其鱼苗死亡，申请参加诉讼。关于对许某申请的处理，下列哪一说

法是正确的？（2019 年回忆版）

A. 应将其列为有独立请求权第三人

B. 应将其列为无独立请求权第三人

C. 应将其列为共同原告

D. 应告知其另行起诉

5. 大洲公司超标排污导致河流污染，公益环保组织甲向 A 市中级法院提起公益诉讼，请求判令大洲公司停止侵害并赔偿损失。法院受理后，在公告期间，公益环保组织乙也向 A 市中级法院提起公益诉讼，请求判令大洲公司停止侵害、赔偿损失和赔礼道歉。公益案件审理终结后，渔民梁某以大洲公司排放的污水污染了其承包的鱼塘为由提起诉讼，请求判令赔偿其损失。

请回答（1）—（3）题。

（1）对乙组织的起诉，法院的正确处理方式是：（2017-3-98）

A. 予以受理，与甲组织提起的公益诉讼合并审理

B. 予以受理，作为另案单独审理

C. 属重复诉讼，不予受理

D. 允许其参加诉讼，与甲组织列为共同原告

（2）公益环保组织因与大洲公司在诉讼中达成和解协议申请撤诉，法院的正确处理方式是：（2017-3-99）

A. 应将和解协议记入笔录，准许公益环保组织的撤诉申请

B. 不准许公益环保组织的撤诉申请

C. 应将双方的和解协议内容予以公告

D. 应依职权根据和解协议内容制作调解书

（3）对梁某的起诉，法院的正确处理方式是：（2017-3-100）

A. 属重复诉讼，裁定不予受理

B. 不予受理，告知其向公益环保组织请求给付

C. 应予受理，但公益诉讼中已提出的诉讼请求不得再次提出

D. 应予受理，其诉讼请求不受公益诉讼影响

6. 某品牌手机生产商在手机出厂前预装众多程

序，大幅侵占标明内存，某省消费者保护协会以侵害消费者知情权为由提起公益诉讼，法院受理了该案。下列哪一说法是正确的？（2015-3-35）

A. 本案应当由侵权行为地或者被告住所地中级法院管辖

B. 本案原告没有撤诉权

C. 本案当事人不可以和解，法院也不可以调解

D. 因该案已受理，购买该品牌手机的消费者甲若以前述理由诉请赔偿，法院不予受理

详　解

1. ［答案］B　　［难度］中

［考点］普通民事公益诉讼的程序设置（起诉主体）

［命题和解题思路］本题以小案例形式，考查提起环境民事公益诉讼的起诉主体。虽然考查着眼点很细，但解题依据有《环境保护法》的明文规定，难度不高。若对法律规定细节记忆不牢，可用排除法作答。把握起诉主体应为社会组织，可排除选项A；了解外国环保组织未在我国登记，无权提起环境民事公益诉讼，可排除C选项；掌握该组织应在设区的市级以上政府民政部门登记，可排除选项D。

［选项分析］《环境保护法》第58条第1款规定，对污染环境、破坏生态，损害社会公共利益的行为，符合下列条件的社会组织可以向人民法院提起诉讼：（1）依法在设区的市级以上人民政府民政部门登记；（2）专门从事环境保护公益活动连续5年以上且无违法记录。

据此，符合条件的社会组织才可以提起环境公益诉讼，企业无此资格，选项A错误。

外国环保协会未在我国设区的市级以上政府民政部门登记，无权提起环境公益诉讼，选项C错误。

环保组织应在设区的市级以上人民政府民政部门登记，在县民政部门登记不符合要求，选项D错误。

综上，选项B为正确答案。

2. ［答案］ABCD　　［难度］中

［考点］普通民事公益诉讼的程序设置

［命题和解题思路］本题考查的是环境民事公

益诉讼的特殊程序规则，除了选项A需要借助原理推导作答之外，其余选项在《环境民事公益诉讼解释》中均有明确规定。本题属于规则识记类题目，难度不高，了解环境民事公益诉讼特殊规则可轻松作答。选项D运用偷梁换柱之法设置陷阱，对知识点识记准确度要求较高。需要指出，本题有超纲之嫌，《环境民事公益诉讼解释》在2021年法考大纲附录法规中已删除。

［选项分析］民事公益诉讼程序如无特别规定，应适用普通民事诉讼规则审理。民事公益诉讼的程序规则未规定公益诉讼案件适用一审终审，因此民事公益诉讼案件仍适用两审终审制。选项A错误，当选。

《环境民事公益诉讼解释》第6条第2款规定，中级人民法院认为确有必要的，可以在报请高级人民法院批准后，裁定将本院管辖的第一审环境民事公益诉讼案件交由基层人民法院审理。据此，环境民事公益诉讼符合上述条件，可交由基层法院审理。选项B错误，当选。

《环境民事公益诉讼解释》第9条规定，人民法院认为原告提出的诉讼请求不足以保护社会公共利益的，可以向其释明变更或者增加停止侵害、修复生态环境等诉讼请求。据此，为维护社会公共利益，法官建议增加赔偿数额，不违反处分原则。选项C错误，当选。

《环境民事公益诉讼解释》第12条规定，人民法院受理环境民事公益诉讼后，应当在10日内告知对被告行为负有环境资源保护监督管理职责的部门。据此，法院受理案件后，才应当告知环境保护部门，原告起诉前无须通知。选项D错误，当选。

3. ［答案］ABD　　［难度］中

［考点］普通民事公益诉讼的程序设置

［命题和解题思路］本题以不同主体就同一侵权行为分别向不同法院提起公益诉讼为切入点，考查公益诉讼的管辖制度，并附带对公益诉讼的当事人予以考查。各选项均有明确的司法解释规定，难度不高。若不了解司法解释规定，本题可参照普通民事诉讼的共同管辖、指定管辖规定作答。同一侵权行为由不同法院判决，可能会出现矛盾裁判，据此可排除选项C的干扰。

［选项分析］《民诉解释》第285条规定，人

民法院受理公益诉讼案件后，依法可以提起诉讼的其他机关和有关组织，可以在开庭前向人民法院申请参加诉讼。人民法院准许参加诉讼的，列为共同原告。据此，甲组织向 B 市中级法院起诉后已受理，符合条件的乙组织又向 C 市中级法院起诉，法院可将其列为共同原告。选项 A 正确。

《民诉解释》第 283 条第 3 款规定，对同一侵权行为分别向两个以上人民法院提起公益诉讼的，由最先立案的人民法院管辖，必要时由它们的共同上级人民法院指定管辖。据此，为避免矛盾判决，对同一侵权行为不能由两个不同的法院分别审理，应由最先立案的法院管辖，因此 C 市中级法院应将案件移送 B 市中级法院管辖，选项 B 正确，选项 C 错误。当两个法院对管辖区发生争议时，应由共同上级法院指定管辖，因此选项 D 正确。

4. [答案] D　　[难度] 易

[考点] 普通民事公益诉讼的程序设置

[命题和解题思路] 公益诉讼制度自 2012 年以来几乎每年考查一题，本题考查民事公益诉讼立案后其他主体申请参加诉讼的处理方式。本题从法律规定、诉讼理论和解题技巧等各个方面均可准确作答，难度颇低，基本属于送分题。题干表述的案情，《环境民事公益诉讼解释》有明文规定。即便不了解该司法解释规定，考生根据公益诉讼和普通民事诉讼的差异性也可作出判断，即不同性质的诉讼不能一并审理。就许某能否参加民事公益诉讼，选项 D 与其他三个选项构成"一三互斥"，根据互斥解题技巧，可大胆选择选项 D。

[选项分析] 《环境民事公益诉讼解释》第 10 条规定，人民法院受理环境民事公益诉讼后，应当在立案之日起 5 日内将起诉状副本发送被告，并公告案件受理情况。有权提起诉讼的其他机关和社会组织在公告之日起 30 日内申请参加诉讼，经审查符合法定条件的，人民法院应当将其列为共同原告；逾期申请的，不予准许。公民、法人和其他组织以人身、财产受到损害为由申请参加诉讼的，告知其另行起诉。据此，选项 D 为正确答案，其他选项均错误。

5.

(1) [答案] D　　[难度] 中

[考点] 普通民事公益诉讼的程序设置

[命题和解题思路] 《环境民事公益诉讼解释》是 2015 年考试大纲增加的法律法规，列入后从未命题考查。命题人以小案例形式，考查公益诉讼中原告的追加规则。题目考点单一，法律依据明确，选项 A 是主要干扰项，记忆不牢就容易误选。考生只要熟悉《民诉解释》或者《环境民事公益诉讼解释》的相关规定，不难作出正确选择。从内容看，选项 A 和 B 互斥，但两者均错误，互斥解题技巧在此失灵。可见用技巧解题存在风险，这只能作为应急之策，绝不可作为解题的常规手段。

[选项分析] 《民诉解释》第 285 条规定，人民法院受理公益诉讼案件后，依法可以提起诉讼的其他机关和有关组织，可以在开庭前向人民法院申请参加诉讼。人民法院准许参加诉讼的，列为共同原告。《环境民事公益诉讼解释》第 10 条第 2 款规定，有权提起诉讼的其他机关和社会组织在公告之日起 30 日内申请参加诉讼，经审查符合法定条件的，人民法院应当将其列为共同原告；逾期申请的，不予准许。选项 D 为正确答案。

易混淆点解析

严格来说，本案中合并审理与列为共同原告不同。根据法条规定，列为共同原告无需征得双方当事人同意，此时形成的是必要共同诉讼。对案件应当合并审理，并对诉讼标的合一确定。而合并审理意味着甲组织和乙组织提起的是两个独立的诉讼，因标的为同一种类而合并审理，这很可能形成的是普通共同诉讼。虽然合并审理，但并不会对诉讼标的合一确定。

(2) [答案] BCD　　[难度] 中

[考点] 普通民事公益诉讼的程序设置

[命题和解题思路] 本题采用案例题形式，对公益诉讼的和解制度进行考查。题目考点单一，法律依据明确。命题人在选项 A 中运用"无中生有"之法，捏造情节作为答题干扰信息。选项 A 和 B 互斥，不妨试一试互斥选项解题技巧。考生在复习中应全面梳理公益诉讼中的和解与普通民事诉讼的差异性，方能排除干扰准确选择。

[选项分析] 《环境民事公益诉讼解释》第 25 条第 2 款规定，当事人以达成和解协议为由申请撤诉的，不予准许。选项 B 正确，选项 A 错误。

《环境民事公益诉讼解释》第 25 条第 1 款规

定，环境民事公益诉讼当事人达成调解协议或者自行达成和解协议后，人民法院应当将协议内容公告，公告期间不少于 30 日。选项 C 正确。

《环境民事公益诉讼解释》第 25 条第 2 款规定，公告期满后，人民法院审查认为调解协议或者和解协议的内容不损害社会公共利益的，应当出具调解书。据此，法院不需要当事人申请，应当依职权制作调解书。选项 D 正确。

易混淆点解析

民事公益诉讼可以和解，但其规则与普通民事诉讼的和解有所差异。

不同点	民事公益诉讼的和解	普通民事诉讼的和解
协议内容是否公告	公告不少于 30 日	无需公告
达成和解协议能否撤诉	不予准许	符合条件，应予准许
应否制作调解书	应当出具调解书	根据当事人请求制作调解书

（3）[答案] D　[难度] 易

[考点] 普通民事公益诉讼的程序设置

[命题和解题思路] 命题人编制案例，考查公益诉讼与普通私益诉讼的关系。公益诉讼与普通私益诉讼的关系早已为《民诉解释》第 286 条所明确，《环境民事公益诉讼解释》又对其予以细化规定。试题考点单一，法律依据明确，考查内容完全是对法条的重述，无任何答题陷阱，难度极低。公益诉讼与普通私益诉讼的功能、提起主体、程序设计等完全不同，因此公益诉讼与普通私益诉讼之间互不干扰。考生只要了解公益诉讼与普通私益诉讼的差异，或者知晓法律的规定，均可作出判断。

[选项分析]《民诉解释》第 286 条规定，人民法院受理公益诉讼案件，不影响同一侵权行为的受害人根据《民事诉讼法》第 122 条规定提起诉讼。《环境民事公益诉讼解释》第 29 条进一步规定，法律规定的机关和社会组织提起环境民事

公益诉讼的，不影响因同一污染环境、破坏生态行为受到人身、财产损害的公民、法人和其他组织依据《民事诉讼法》第 122 条的规定提起诉讼。据此，梁某提起的环境污染侵权诉讼不受公益诉讼的影响，法院应当受理。选项 D 为正确答案。

6. [答案] A　[难度] 中

[考点] 普通民事公益诉讼的程序设置

[命题和解题思路]《民诉解释》对民事公益诉讼制度予以细化规定，2013 年《消费者权益保护法》修正时增加了侵害众多消费者权益的公益诉讼制度，这均为本题的命制提供了新素材。命题人以小案例形式，对民事公益诉讼的管辖法院、撤诉、和解与调解、与普通民事诉讼的关系等知识点进行综合考查。试题考点单一，考查范围窄，未设置干扰项，选项基本是对《民诉解释》规定的简单重复，难度较低。考生只要熟悉《民诉解释》的相关规定，或者准确把握公益诉讼与普通民事诉讼的差异，不难作出正确选择。

[选项分析] 选项 A 考查民事公益诉讼的管辖法院。《民诉解释》第 283 条第 1 款规定，公益诉讼案件由侵权行为地或者被告住所地中级人民法院管辖，但法律、司法解释另有规定的除外。选项 A 说法正确。

选项 B 考查民事公益诉讼的撤诉。《民诉解释》第 288 条规定，公益诉讼案件的原告在法庭辩论终结后申请撤诉的，人民法院不予准许。据此，公益诉讼允许当事人撤诉，但时间受到限制，原告应当在法庭辩论终结前申请撤诉。选项 B 说法错误。

选项 C 考查民事公益诉讼的和解和调解。《民诉解释》第 287 条第 1 款规定，对公益诉讼案件，当事人可以和解，人民法院可以调解。选项 C 表述错误。

选项 D 考查民事公益诉讼与普通民事诉讼的关系。《民诉解释》第 286 条规定，人民法院受理公益诉讼案件，不影响同一侵权行为的受害人根据《民事诉讼法》第 122 条规定提起诉讼。本案中某省消费者保护协会提起的公益诉讼法院受理后，消费者甲提起的是普通民事侵权诉讼，法院应予受理。选项 D 表述错误。

易混淆点解析

普通民事诉讼和民事公益诉讼在制度设计上存在诸多差异，具体如下：

不同点	普通民事诉讼	民事公益诉讼
原告要求	与本案有直接利害关系的公民、法人或其他组织	法律规定的机关和有关组织
级别管辖	四级法院均有管辖权	原则上由中级法院管辖（环境公益诉讼可由基层法院管辖）
撤诉时间	案件宣判前	法庭辩论终结前
和解与调解	无需公告	协议公告不少于 30 日
受理后的处理	/	10 日内书面告知相关行政主管部门

第十六章　第三人撤销之诉

试　题

1. 甲向乙借款，丙对此承担保证责任。因甲逾期未归还欠款，乙向法院起诉甲清偿借款本息 300 万元，两审法院均判决乙胜诉。甲未履行，乙未申请对甲强制执行。后乙向法院起诉丙，要求丙承担保证责任。在诉讼过程中，丙认为甲、乙二人恶意串通提起虚假诉讼，遂提起反诉，要求法院撤销前述生效判决，并解除保证合同。对此，法院的下列哪一做法是正确的？（2023 年回忆版）

A. 可受理丙的两项反诉请求

B. 仅受理解除保证合同的反诉请求

C. 仅受理撤销生效判决的反诉请求

D. 均不受理，告知丙申请再审

2. 某化工厂违规排污导致河流污染，周边居民 10 余人起诉，法院受理后发出公告，又有 30 多人向法院登记。法院审理后判决化工厂向每个当事人赔偿 5 万元。判决生效后，下游的周某向法院起诉化工厂，认为自己的损失有 10 万元，但法院裁定适用先前对其他当事人赔偿 5 万元的判决。周某认为先前的判决有错误，提起第三人撤销之诉。关于法院的处理方式，下列哪一做法是正确的？（2023 年回忆版）

A. 裁定撤销赔偿 5 万元的判决

B. 判决撤销赔偿 5 万元的判决

C. 裁定不予受理

D. 判决驳回诉讼请求

3. 庄某到甲超市购买乙公司生产的饼干，因饼干存在质量问题，庄某食用后生病。庄某起诉甲超市索赔，法院判决庄某胜诉。该判决生效后，乙公司认为饼干不存在质量问题，向法院对该判决提起第三人撤销之诉，甲超市认可乙公司的主张。关于本案，下列哪一说法是正确的？（2022 年回忆版）

A. 甲超市可作为第三人撤销之诉的共同原告

B. 甲超市可作为第三人撤销之诉的第三人

C. 法院应裁定驳回乙公司的起诉

D. 法院应判决驳回乙公司的诉讼请求

4. 甲公司因合同纠纷起诉乙公司，某区法院判决合同无效，双方均未上诉。判决生效后，丙公司认为判决认定合同无效损害了其合法权益，遂向区法院起诉请求撤销该判决。区法院审理后发现甲公司伪造了证据，但是该判决与丙公司并无法律上的利害关系。关于本案，区法院的下列哪一做法是正确的？（2020 年回忆版）

A. 裁定驳回丙公司的起诉

B. 裁定撤销原判决

C. 判决撤销原判决

D. 驳回丙公司的诉讼请求

5. 甲对乙享有 20 万元债权，甲发现乙免除了对丙 50 万元到期债权，遂提起撤销权诉讼。诉讼中甲乙达成和解协议，乙用一块宝石冲抵了拖欠甲的 20 万元债务，法院审查后制作了调解书。调解书送达后，丁对该宝石主张所有权，起诉请求法院撤销该调解书。关于丁起诉案件的当事人确定，下列哪一说法是正确的？（2019 年回忆版）

　　A. 甲乙丙为被告

　　B. 甲乙为被告，丙为第三人

　　C. 甲为被告，乙为第三人

　　D. 甲丙为被告，乙为第三人

6. 丙公司因法院对甲公司诉乙公司工程施工合同案的一审判决（未提起上诉）损害其合法权益，向 A 市 B 县法院提起撤销诉讼。案件审理中，检察院提起抗诉，A 市中级法院对该案进行再审，B 县法院裁定将撤销诉讼并入再审程序。关于中级法院对丙公司提出的撤销诉讼请求的处理，下列哪一表述是正确的？（2017-3-38）

　　A. 将丙公司提出的诉讼请求一并审理，作出判决

　　B. 根据自愿原则进行调解，调解不成的，告知丙公司另行起诉

　　C. 根据自愿原则进行调解，调解不成的，裁定撤销原判发回重审

　　D. 根据自愿原则进行调解，调解不成的，恢复第三人撤销诉讼程序

7. 关于第三人撤销之诉，下列哪一说法是正确的？（2014-3-41）

　　A. 法院受理第三人撤销之诉后，应中止原裁判的执行

　　B. 第三人撤销之诉是确认原审裁判错误的确认之诉

　　C. 第三人撤销之诉由原审法院的上一级法院管辖，但当事人一方人数众多或者双方当事人为公民的案件，应由原审法院管辖

　　D. 第三人撤销之诉的客体包括生效的民事判决、裁定和调解书

详　解

1. ［答案］B　　　［难度］难

　　［考点］反诉的概念与特征、第三人撤销之诉的程序设置

　　［命题和解题思路］本题以反诉能否受理为主线，对第三人撤销之诉的管辖法院以及反诉的构成要件予以考查。题目设计巧妙、考查目的隐蔽，难度颇高。"恶意串通提起虚假诉讼"是干扰信息，很容易误选受理撤销判决的请求。"两审法院均判决乙胜诉"则是解题关键信息，据此可判断第三人撤销之诉的管辖法院应为二审法院，再结合反诉案件不能由其他法院专属管辖的规定，据此可排除受理撤销判决请求的选项 C；选项 D 可通过反诉的构成要件予以排除，亦可通过案外人申请再审的适用条件予以排除。即乙诉甲一案，丙为案外人，只有遗漏的必要共同诉讼人才可直接申请再审，而保证人丙并非必要共同诉讼人。

　　［选项分析］《民事诉讼法》第 59 条第 3 款规定，前两款规定的第三人，因不能归责于本人的事由未参加诉讼，但有证据证明发生法律效力的判决、裁定、调解书的部分或者全部内容错误，损害其民事权益的，可以自知道或者应当知道其民事权益受到损害之日起 6 个月内，向作出该判决、裁定、调解书的人民法院提起诉讼。人民法院经审理，诉讼请求成立的，应当改变或者撤销原判决、裁定、调解书；诉讼请求不成立的，驳回诉讼请求。据此，第三人撤销之诉应由作出生效判决、裁定、调解书的法院专属管辖，不适用地域管辖、级别管辖的规定。又根据《民诉解释》第 233 条第 3 款规定，反诉应由其他人民法院专属管辖，或者与本诉的诉讼标的及诉讼请求所依据的事实、理由无关联的，裁定不予受理，告知另行起诉。据此，若丙提起第三人撤销之诉，应由二审法院专属管辖。而乙起诉丙，管辖法院绝不可能是二审法院。因此，法院不应受理撤销生效判决的反诉请求。选项 A 和选项 C 均错误。

　　《民诉解释》第 233 条第 2 款规定，反诉与本诉的诉讼请求基于相同法律关系、诉讼请求之间具有因果关系，或者反诉与本诉的诉讼请求基于相同事实的，人民法院应当合并审理。据此，在诉讼过程中，本诉的被告丙针对本诉的原告乙提出解除保证合同的诉讼请求，两案均基于相同的保证合同法律关系而具有牵连性，丙的诉讼请求具有对抗性，符合反诉的构成要件，审理法院应予以受理。选项 B 正确，选项 D 错误。

2. ［答案］C　　［难度］中

［考点］第三人撤销之诉的程序设置

［命题和解题思路］本题以未参加登记的权利人对代表人诉讼案件的生效裁判提起第三人撤销之诉为素材，考查第三人撤销之诉不予受理的法定情形。《民诉解释》对此有明确规定，案情表述并无干扰信息，难度不高。解题的关键在于准确判断**法院先前 5 万元判决的性质属于代表人诉讼**，再结合《民诉解释》的规定即可准确作答。

［选项分析］《民诉解释》第 295 条规定，对下列情形提起第三人撤销之诉的，人民法院不予受理：（1）适用特别程序、督促程序、公示催告程序、破产程序等非讼程序处理的案件；（2）婚姻无效、撤销或者解除婚姻关系等判决、裁定、调解书中涉及身份关系的内容；（3）《民事诉讼法》第 57 条规定的未参加登记的权利人对代表人诉讼案件的生效裁判；（4）《民事诉讼法》第 58 条规定的损害社会公共利益行为的受害人对公益诉讼案件的生效裁判。据此，受污染影响的居民起诉维权，属于代表人诉讼。未参加登记的权利人周某对代表人诉讼生效判决提起第三人撤销之诉，法院应不予受理。选项 C 正确，其他选项均错误。

3. ［答案］C　　［难度］中

［考点］第三人撤销之诉的程序设置

［命题和解题思路］第三人撤销之诉几乎每年必考，本题对**第三人撤销之诉的适用条件及诉讼主体**予以考查。了解《民诉解释》关于第三人撤销之诉当事人确定的规则，可轻松排除选项 A 和 B。再根据第三人撤销之诉的起诉条件，判断生产商能否对消费者起诉销售商承担责任的生效判决提起第三人撤销之诉。

［选项分析］《民诉解释》第 296 条规定，第三人提起撤销之诉，人民法院应当将该第三人列为原告，生效判决、裁定、调解书的当事人列为被告，但生效判决、裁定、调解书中没有承担责任的无独立请求权的第三人列为第三人。据此，乙公司提起撤销之诉，其为原告，甲超市作为生效判决的当事人应列为被告，既非共同原告，又非第三人。选项 A 和 B 均错误。

《民诉解释》第 290 条规定，第三人对已经发

生法律效力的判决、裁定、调解书提起撤销之诉的，应当自知道或者应当知道其民事权益受到损害之日起 6 个月内，向作出生效判决、裁定、调解书的人民法院提出，并应当提供存在下列情形的证据材料：（1）因不能归责于本人的事由未参加诉讼；（2）发生法律效力的判决、裁定、调解书的全部或者部分内容错误；（3）发生法律效力的判决、裁定、调解书内容错误损害其民事权益。据此，判决认定销售者甲超市向消费者庄某承担产品质量责任，该判决结果意味着甲超市获得了向生产者乙公司追偿的权利，该判决可能会损害乙公司的民事权益。但根据案情表述，乙公司只是认为饼干不存在质量问题，并无证据证明本案生效判决内容有错，因此并不符合第三人撤销之诉的起诉条件，法院应裁定驳回乙公司的起诉。选项 C 正确，选项 D 错误。

4. ［答案］A　　［难度］中

［考点］第三人撤销之诉的程序设置

［命题和解题思路］第三人撤销之诉向来是命题重点，几乎每年必考。本题以案外人与生效判决无利害关系为切入点，考查第三人撤销之诉的起诉主体。解答本题应首先判断丙公司起诉的案件性质，从"请求撤销该判决"的表述可以看出属于第三人撤销之诉；再根据"该判决与丙公司并无法律上的利害关系"的表述，可以确定丙公司的诉讼地位不可能是两类第三人，其无权提起第三人撤销之诉，案件受理后应裁定驳回起诉。第三人撤销之诉的目的仅在于撤销、改变原判决中对第三人不利的部分，因此题干中"甲公司伪造证据"属于答题干扰信息，这与第三人撤销之诉的处理无关，该错误可适用再审程序解决。

［选项分析］根据《民事诉讼法》第 59 条第 3 款的规定，仅有独立请求权第三人和无独立请求权第三人才有权利提起第三人撤销之诉。既然丙公司与该案判决并无法律上的利害关系，丙公司不可能成为案件的第三人，其起诉不符合第三人撤销之诉的受理条件。案件已进入审理阶段，区法院只能裁定驳回起诉。选项 A 为正确答案，其余选项均错误。

5. ［答案］A　　［难度］中

［考点］第三人撤销之诉的程序设置、无独立请求权第三人

[命题和解题思路] 作为案外人权利救济制度的第三人撤销之诉，近年来命题较为频繁。以往试题注重对不同的案外人权利救济制度的适用进行比较考查，本题则另辟蹊径，考查第三人撤销之诉的当事人确定。为增加试题难度，将第三人撤销之诉与撤销权诉讼搭配命题，两个考点环环相扣，稍有不慎即会落入陷阱。解答本题的正确思路是，首先判断撤销权诉讼中各方的诉讼地位，再结合第三人撤销之诉的当事人确定规则予以作答。

[选项分析]《民法典合同编通则解释》第44条第1款规定，债权人依据《民法典》第538条、第539条的规定提起撤销权诉讼的，应当以债务人和债务人的相对人为共同被告，由债务人或者相对人的住所地人民法院管辖，但是依法应当适用专属管辖规定的除外。据此，甲提起撤销权诉讼，在该案中甲是原告，乙和丙应为共同被告。调解书生效后，丁提起第三人撤销之诉，根据《民诉解释》第296条规定，第三人提起撤销之诉，人民法院应当将该第三人列为原告，生效判决、裁定、调解书的当事人列为被告，但生效判决、裁定、调解书中没有承担责任的无独立请求权的第三人列为第三人。据此，在第三人撤销之诉中，丁是原告，甲、乙和丙均为被告。选项A为正确答案，其他选项均错误。

6. [答案] C   [难度] 中
[考点] 第三人撤销之诉的程序设置

[命题和解题思路]《民诉解释》对第三人撤销之诉专章予以细化规定。命题人通过编撰小案例，表面看考查第三人撤销之诉并入再审程序后的处理方式，实际上因再审案件的审理程序不同，处理方式有所差异，本题还暗含对再审审理程序的考查。题目中两个考点无缝对接，对任何一个考点的误判都难以准确作答，难度较高。命题人对选项B运用"移花接木"之法，将二审中原告增加诉讼请求或者被告反诉时的处理方式"移植"来作为答题陷阱。选项D并无法律规定，是命题人凭空臆造的干扰项。考生欲排除干扰，需首先明确再审程序吸纳第三人诉讼请求后的两种处理方式，其次结合案情表述判断因提审而适用二审程序，最后综合作出选择。

[选项分析] 根据《民诉解释》第300条规

定，第三人诉讼请求并入再审程序审理的，按照下列情形分别处理：（1）按照第一审程序审理的，人民法院应当对第三人的诉讼请求一并审理，所作的判决可以上诉；（2）按照第二审程序审理的，人民法院可以调解，调解达不成协议的，应当裁定撤销原判决、裁定、调解书，发回一审法院重审，重审时应当列明第三人。选项A属于第一种情形，选项C是第二种情形。两者的判断标准是再审案件适用的审判程序。本案生效判决由A市B县法院作出，再审法院则是A市中院。根据《民事诉讼法》第218条规定，上级人民法院按照审判监督程序提审的，按照第二审程序审理，所作的判决、裁定是发生法律效力的判决、裁定。因此，此案应当适用二审程序审理。A市中院对丙公司提出的撤销诉讼请求，根据自愿原则进行调解，调解不成，裁定撤销原判决发回重审。选项C为正确答案。

疑难解析

第三人撤销之诉和再审程序都有纠错功能，两种程序同时启动后，由于两个诉的适用对象均为同一生效判决、裁定或者调解书，同时审理会导致审理范围存在交叉，浪费司法资源，增加当事人讼累。基于再审程序纠错更彻底的属性，原则上再审程序具有优先性，即应将第三人撤销之诉并入再审之诉予以一并解决。但如果原审当事人恶意串通损害第三人利益，此时不会发生诉的合并问题。法院应当首先审理第三人撤销之诉，中止再审之诉。第三人撤销之诉并入再审之诉后，为保障第三人的程序利益，如果再审适用一审程序，可直接将第三人的诉讼请求并入再审程序；如果再审适用二审程序，可以根据自愿先行调解，调解不成，裁定撤销原判决、裁定或调解书，发回重审。

---

7. [答案] D   [难度] 难
[考点] 第三人撤销之诉的程序设置、变更之诉（特点）

[命题和解题思路] 2012年《民事诉讼法》修正时增加了第三人撤销之诉，2013年考试大纲将其列为新增考点。命题人为增加难度，还附带考查了诉的分类理论。选项A和C中命题人将再审程序的相关规定"移花接木"到第三人撤销之诉上，考生如果不熟悉相关规定，很容易造成误选。本题涉及考点较多，难度颇高。对于相似的

知识点，建议考生全面梳理后对比记忆。

[选项分析]《民诉解释》第 297 条规定，受理第三人撤销之诉案件后，原告提供相应担保，请求中止执行的，人民法院可以准许。据此，第三人撤销之诉中止执行，需要先提供担保，选项 A 错误。

选项 B 是重点干扰项。判断第三人撤销之诉属于何种诉的类型，要从第三人撤销之诉的目的入手。第三人撤销之诉，赋予未参加诉讼的第三人以起诉的方式，撤销确有错误的原生效法律文书。确认原审裁判错误，是第三人提起撤销之诉的手段而非目的。换言之，第三人撤销之诉通过确认原审裁判错误，最终实现撤销原审裁判的根本目的。因此，第三人撤销之诉不是确认之诉，而是形成之诉。选项 B 错误。

《民事诉讼法》第 59 条第 3 款规定，第三人撤销之诉的管辖法院是作出生效判决、裁定、调解书的人民法院。本选项表述的是当事人申请再审的管辖法院，选项 C 错误。

根据《民事诉讼法》第 59 条第 3 款，第三人撤销之诉的诉讼客体包括发生法律效力的判决、裁定和调解书。选项 D 为正确答案。

易混淆点解析

第三人撤销之诉与案外人申请再审都是案外人权利保护措施，两者存在以下主要区别：

区别点	第三人撤销之诉	案外人申请再审
适用主体	案外第三人	案外第三人、必要共同诉讼人

续表

区别点	第三人撤销之诉	案外人申请再审
适用情形	第三人因不能归责于本人的事由未参加诉讼，但有证据证明生效判决、裁定、调解书的部分或者全部内容错误，损害其民事权益	执行标的异议被驳回，且原判决、裁定、调解书错误
提出时间	自知道或者应当知道其民事权益受损害之日起 6 个月内	自执行异议裁定送达之日起 6 个月内
立案审查期限	收到起诉状之日起 30 日内决定	收到再审申请书之日起 3 个月内决定（院长批准可延长）
审理程序	普通程序	一审程序或二审程序
对执行的影响	原则上不中止执行	申请时不中止执行；法院决定再审后，原则上应裁定中止执行
能否上诉	可以上诉	视情况可以上诉

第十七章　民事裁判

试　题

1. 苏某驾车撞伤唐某，起诉后法院判决苏某赔偿唐某 10 万元。该判决履行 1 年后，唐某左腿疼痛，经鉴定系车祸后遗症。唐某再次起诉，要求苏某赔偿 5 万元。关于法院对后诉的处理，下列哪一说法是正确的？（2023 年回忆版）

A. 既判力对标准时之前发生的事实有拘束

力，应裁定驳回起诉

B. 既判力对标准时之后发生的事实没有拘束力，应予以受理

C. 后遗症是既判力标准时之前发生的事实，应告知苏某申请再审

D. 后遗症是既判力标准时之后发生的事实，应告知苏某申请再审

2. 甲因咨询服务合同起诉乙，要求乙返还合

同金额 2 万元，法院审理中查明合同金额应为 20 万元。法官询问甲，甲表示知晓合同金额，但因乙背信弃义，要分 10 次起诉给他教训。关于本案，下列说法正确的是：（2021 年回忆版）

A. 对 2 万元作出判决，其既判力及于 20 万元

B. 对 2 万元作出判决，其既判力仅及于 2 万元

C. 法院对 20 万元作出判决不违反处分原则

D. 经过乙同意，法院可以将剩余 18 万元一并判决

3. 万海公司向法院提起诉讼，请求判令香山公司支付车位包销款。诉讼中，香山公司主张因万海公司违反合同约定，致使公司合同目的无法实现，已在两个月前向万海公司发出解除合同通知，万海公司收到通知后未表示异议，合同已经解除，请求判决驳回万海公司的诉讼请求。万海公司主张合同解除条件不成立，请求香山公司继续履行合同、支付价款。关于本案，下列哪些说法是正确的？（2020 年回忆版）

A. 香山公司可以反诉的方式确认合同解除

B. 若香山公司以反诉的方式主张合同解除，法院判决对合同解除产生既判力

C. 香山公司可以抗辩的方式确认合同解除

D. 若香山公司以抗辩的方式主张合同解除，法院判决对合同解除不产生既判力

4. 王某向 A 市 B 区法院诉请李某偿还借款，法院判决王某胜诉。李某提起上诉，A 市中级法院受理后，A 市 B 区法院发现一审判决对借款事实认定存在错误。关于 A 市 B 区法院对本案的处理，下列哪一选项是正确的？（2019 年回忆版）

A. 要求 A 市中级法院将案件发回重审

B. 将意见报送 A 市中级法院予以审理

C. 作出裁定书，补正判决书的错误

D. 收回判决书后重新作出判决

5. 某死亡赔偿案件，二审法院在将判决书送达当事人签收后，发现其中死亡赔偿金计算错误（数学上的错误），导致总金额少了 7 万余元。关于二审法院如何纠正，下列哪一选项是正确的？（2016-3-46）

A. 应当通过审判监督程序，重新制作判决书

B. 直接作出改正原判决的新判决书并送达双方当事人

C. 作出裁定书予以补正

D. 报请上级法院批准后作出裁定予以补正

6. 关于民事诉讼程序中的裁判，下列哪些表述是正确的？（2014-3-82）

A. 判决解决民事实体问题，而裁定主要处理案件的程序问题，少数涉及实体问题

B. 判决都必须以书面形式作出，某些裁定可以口头方式作出

C. 一审判决都允许上诉，一审裁定有的允许上诉，有的不能上诉

D. 财产案件的生效判决都有执行力，大多数裁定都没有执行力

详 解

1. [答案] B　　[难度] 中

[考点] 民事判决的法律效力（既判力）

[命题和解题思路] 理论型考点在法考时代颇受命题人的垂青，本题以判决后对后遗症起诉索赔为素材，对既判力的时间范围予以考查。正确解题的关键是，准确判断后遗症是判决生效后发生的新事实，根据既判力的时间范围或者《民诉解释》的明文规定，苏某再次起诉不受既判力拘束，法院应予受理。

[选项分析] 既判力的时间范围，是指生效判决的既判力对诉讼标的在某个具体时间点予以确定，当事人就超出该时间点的相同诉讼标的的再起诉讼的，后诉法院应当予以受理。《民诉解释》第 248 条规定，裁判发生法律效力后，发生新的事实，当事人再次提起诉讼的，人民法院应当依法受理。据此，我国将既判力标准时确定为裁判生效之时，后遗症是前诉判决生效（既判力标准时）后发生的新事实，苏某再次起诉不受既判力拘束，法院应予受理。选项 B 正确，其他选项均错误。

2. [答案] A　　[难度] 难

[考点] 民事判决的法律效力（既判力）、处分原则

[命题和解题思路] 本题以部分请求为素材，考查既判力的客观范围，还涉及处分原则的内涵理解，属于纯理论型试题，并无明确的解题依据，加之不定项的题目设计，难度颇高。选项 A 和 B 互斥，从甲提出部分请求的目的可作出判断，还可运用生活常识辅助作答。甲如此任性起诉，完

全是浪费司法资源，据此可判断其不能再就剩余18 万元提起诉讼。把握法院违反处分原则的典型情形可排除选项 C；选项 D 中"经乙同意"是典型的干扰信息，本质上仍属于违反处分原则的情形。

[选项分析] 从纠纷一次性化解角度，对部分请求应予限制。否则原告提出部分请求，既耗费司法资源，也增加了对方当事人不必要的诉累。因此，除非原告有合理理由提起部分请求，否则部分请求的既判力客观范围应当及于全部请求。据此，甲欲将 20 万元争议标的额分为 10 次提起诉讼，仅为了给乙教训，这显然不属于提出部分请求的合理理由。因此，对 2 万元判决的既判力客观范围应及于全部 20 万元。选项 A 正确，选项B 错误。

处分原则是指民事诉讼当事人有权在法律规定的范围内，处分自己的民事权利和诉讼权利。违反处分原则的常见情形是法院裁判遗漏或超出诉讼请求范围。据此，甲仅起诉 2 万元，法院对全部 20万元作出判决，超越诉讼请求范围，违反了处分原则。选项 C 错误。不管被告是否同意，法院都应以原告的请求范围为限作出判决。选项 D 错误。

3. [答案] ABCD　　[难度] 难

[考点] 反诉与反驳的区别、民事判决的法律效力（既判力）

[命题和解题思路] 2020 年法考大纲对"民事判决的法律效力"这一考点作出调整，辅导用书又对既判力制度作出系统论述，因此 2020 年法考考查既判力并不令人意外。虽有心理准备，但本题的难度仍然超出预期，命题人觉得单独考查既判力的客观范围并不过瘾，又拉上了反诉和抗辩这两个难以辨识的诉讼制度"结伙行凶"，对很多考生而言本题可谓难出了天际。反诉与抗辩的识别是大陆法系民诉法的经典命题之一，而我国司法实践更喜欢使用反驳一词，法考大纲也有"反诉与反驳的区别"这一考点，但抗辩和反驳存在明显差别。考生欲正确解题，除了求助于运气之外，还需要对大陆法系经典民诉法理论有所了解，即在当事人行使形成权主张时，可通过抗辩或者反诉方式行使，只不过这两种方式目的不同。我国法律和司法解释对此并无明文规定。虽然《买卖合同司法解释》第 44 条规定解除合同应当

提出反诉，但本案是车位包销产生的委托合同纠纷，不是买卖合同，并不适用上述规定。

[选项分析] 合同解除权属于典型的形成权，根据大陆法系民诉法理论，当事人行使形成权的主张，在"提出抗辩还是反诉"问题上享有自由选择权。此时，判定被告主张的意图为何，是辨别抗辩与反诉的关键，即若被告主张的目的只在于申请驳回原告的诉讼请求，使原告主张的实体权益不能实现，可采用抗辩方式提出；若被告不再纠结于本诉原告能否胜诉，而是意图实现自己抵销后的剩余债权，则应采用反诉方式提出。而题干案情表述并不完整，不清楚香山公司提出解除合同的具体目的。因此，香山公司可通过反诉方式提出确认合同已解除的反诉请求。法院应对香山公司的反诉请求能否成立进行审理，并在判决主文中予以明确。而根据大陆法系民事诉讼理论，终局判决只对其判决主文内容中确定的诉讼标的具有既判力。因此，若香山公司以反诉的方式主张合同解除，法院判决对合同解除产生既判力。选项 A、B 正确。

抗辩包括阻却权利事实、消灭权利事实和阻碍权利事实，消灭权利事实是指某一权利产生之后又被消灭的事实，合同解除即属于消灭权利事实。因此，香山公司可以通过抗辩方式提出合同解除主张，只不过选择抗辩，法院需在判决理由部分对抗辩主张能否采纳作出判断，而根据大陆法系民事诉讼理论，既判力的客观范围不及于判决理由部分。因此，香山公司选择以抗辩的方式主张合同解除，法院判决对合同解除不产生既判力。选项 C、D 均正确。

4. [答案] B　　[难度] 中

[考点] 一审判决错误的处理

[命题和解题思路] 本题考查当事人上诉后，一审法院发现判决有错的处理方式。本题虽然考点单一，有明确的解题依据，但是仅在 2012 年予以考查，考点偏无疑增加了题目难度。考生如不了解《民诉解释》的明文规定，可选择排除法作答。选项 A 用生活常识即可排除，准确判断本案判决书的错误性质即可排除选项 C，了解判决书错误的救济方式可排除选项 D。

[选项分析] 根据《民事诉讼法》第 177 条第1 款第 3、4 项规定，二审法院遇有法定情形，可以裁定撤销原判决，将案件发回原审法院重审。

但基于上下级法院之间的关系，下级法院无权要求上级法院将案件发回重审。选项 A 错误。

《民诉解释》第 242 条规定，一审宣判后，原审人民法院发现判决有错误，当事人在上诉期内提出上诉的，原审人民法院可以提出原判决有错误的意见，报送第二审人民法院，由第二审人民法院按照第二审程序进行审理；当事人不上诉的，按照审判监督程序处理。据此，本案中李某已提起上诉，A 市 B 区法院可以提出原判决有错误的意见，报送 A 市中级法院审理。选项 B 为正确答案。

《民事诉讼法》第 157 条第 1 款第 7 项规定，裁定用于补正判决书中的笔误。而本案一审判决书不是笔误，而是事实认定错误，不能用裁定书补正。选项 C 错误。

判决书一经送达，法院不得收回。即便存在错误，也应当通过裁定书补正或者再审程序予以救济。选项 D 错误。

5. ［答案］C　　　［难度］中

［考点］民事裁定的概念（概念）

［命题和解题思路］命题人以小案例形式，考查判决书中赔偿数额出现计算错误的补救措施。试题考点单一，是对相关法条的简单应用，难度不高。考生解答本题的关键在于准确判断判决书中错误的成因。二审法院是干扰信息，无论何种审判程序，判决书中的笔误都应当用裁定书形式补正。考生只要准确把握判决书中错误的性质，结合民事裁定的适用范围，不难排除干扰作出正确选择。

［选项分析］选项 A 是重点干扰项。审判监督程序的设置目的是纠正生效民事裁判文书的错误，但该错误仅限于判决书中事实认定、法律适用或者程序性错误。数额计算错误、笔误等不在审判监督程序纠错的范畴之内。选项 A 错误。

选项 B 也有一定的迷惑性。如果允许法院直接作出改正原判决的新判决书，因原判决书并未被撤销，此时将会出现同时存在两份生效判决书的荒谬局面。如果要撤销原判决，必须有符合民事诉讼法要求的法定情形，其法律依据是程序法，应当使用裁定书。据此也可排除选项 B。

《民事诉讼法》第 157 条规定："裁定适用于下列范围……（七）补正判决书中的笔误……"又根据《民诉解释》第 245 条规定，《民事诉讼

法》第 157 条第 1 款第 7 项规定的笔误是指法律文书误写、误算，诉讼费用漏写、误算和其他笔误。题干中判决书的错误属于误算，选项 C 为正确答案。

法院用裁定补正判决书的笔误，是法律规定的纠错方式，无需报请上级法院批准。选项 D 错误。

┌─────────────────────────────────┐
易混淆点解析

如果生效判决书中存在事实认定、法律适用或者程序违法等错误，一般应通过审判监督程序解决；如果只是笔误、误算等错误，则通过裁定书补正。
└─────────────────────────────────┘

6. ［答案］AB　　　［难度］难

［考点］民事裁定的概念（裁定与判决的区别）

［命题和解题思路］命题人以表述题形式对判决和裁定在适用事项、表现形式、救济方式、法律效力等方面的差异作出全面考查，考查内容涉及民事诉讼法学基础理论，部分选项的表述具有较大的迷惑性，难度颇高。考生应当根据掌握的民事诉讼法学理论和法律规定，通过相反例证对错误选项逐一排除后作出选择。试题设计较为巧妙，每一选项前半部分均采用绝对性表达方式，"绝对性表达错误"规则在此完全失灵。

［选项分析］民事判决是依据民事实体法解决当事人双方争执的权利义务问题，目的在于解决民事权益纠纷，因此民事判决只解决民事实体问题。民事裁定是法院在审理民事案件时，对所发生的程序上应解决的事项，作出的具有法律意义的意思表示。民事裁定主要处理案件的程序性问题。但诉讼保全、先予执行裁定，与民事权利义务相关，涉及实体问题。选项 A 为正确答案。

法院对案件判决之后必须制作判决书，因此民事判决必须采用书面形式。除了法律规定法院必须制作裁定书的情形外，绝大多数裁定可以采取口头形式，由书记员记入笔录即可。选项 B 为正确答案。

根据《民事诉讼法》第 158 条、第 165 条、第 185 条的规定，一审民事判决原则上允许上诉救济，但最高人民法院作出的一审判决、小额诉讼案件和非讼案件的一审判决除外。《民事诉讼法》第 157 条第 2 款规定，只有不予受理、管辖

权异议和驳回起诉的裁定才可以上诉。其余裁定一经作出，立即生效。选项 C 错误。

选项 D 是重点干扰项。**判决或者裁定是否具有执行力，关键看判决、裁定是否有给付内容。**绝大多数裁定只解决程序问题，不具有给付内容，当然没有执行力。但诉讼保全、先予执行等少数具有给付内容的裁定，具有执行力。财产给付案件的生效判决，因其有给付内容，当然具有执行力；而确认财产权属案件，属于确认之诉，不具有给付内容，其判决就不具有执行力。"财产案件"的表述过于笼统，无法判断其生效判决是否具有执行力，选项 D 错误。

易混淆点解析

民事判决、民事裁定和民事决定都是法院根据事实和法律，针对诉讼过程中的具体问题按照法定程序所作的结论性意见。三者存在以下区别：

不同点	民事判决	民事裁定	民事决定
适用事项	实体性问题	主要是程序性问题	回避、延期审理、缓减免交诉讼费用、民事诉讼强制措施
法律依据	民事实体法	民事诉讼法	民事诉讼法
表现形式	书面形式	书面形式或者口头形式	书面形式或者口头形式
上诉范围	地方各地法院作出的第一审判决（小额诉讼案件、非讼案件除外）	不予受理、驳回起诉、管辖权异议	均不可上诉
上诉期限	15 日	10 日	/
法律效力	既判力、形成力和执行力	拘束力、执行力	/

第十八章　特别程序

试　题

1. 张某下落不明满 2 年，其妻胡某申请宣告失踪，法院指定胡某作为财产代管人。后胡某因财产处置与张某之母刘某发生纠纷，刘某想自己担任财产代管人，而胡某想指定其已成年的儿子小张担任财产代管人。关于本案的处理，下列说法正确的是：（2023 年回忆版）

A. 胡某向法院请求变更财产代管人，适用特别程序审理

B. 刘某以胡某为被告起诉，适用普通程序审理

C. 刘某以胡某为被告起诉，适用特别程序审理

D. 刘某以小张为被告起诉，适用普通程序审理

2. 孙某向甲银行贷款 500 万元，由孙某和李某各自提供一套房屋设定抵押担保。抵押合同约定发生纠纷向乙仲裁委员会申请仲裁。后因孙某无力归还贷款，甲银行向法院申请实现房屋抵押权。孙某对此无异议，李某提出抵押合同因受欺诈而订立请求法院撤销。关于本案的处理，下列哪些选项是正确的？（2021 年回忆版）

A. 裁定准许拍卖孙某的房屋

B. 裁定准许拍卖李某的房屋

C. 裁定驳回甲银行拍卖孙某房屋的申请，告知另行仲裁

D. 裁定驳回甲银行拍卖李某房屋的申请，告知另行仲裁

3. 郑某驾车撞伤汪某，经人民调解委员会调解，双方达成协议，约定郑某赔偿汪某 1 万元，双方了结此事。双方又向法院申请了司法确认。

郑某依约履行完毕后，汪某做了伤残鉴定，得知伤残等级较高，获赔1万元数额过低，遂以重大误解为由，申请法院撤销调解协议。对此，法院的下列哪一做法是正确的？（2019年回忆版）

A. 应告知其向上一级法院申请再审

B. 应根据一事不再理原则，裁定不予受理

C. 应适用简易程序审理

D. 应适用特别程序审查

🔖 **4.** 李某因债务人刘某下落不明申请宣告刘某失踪。法院经审理宣告刘某为失踪人，并指定刘妻为其财产代管人。判决生效后，刘父认为由刘妻代管财产会损害儿子的利益，要求变更刘某的财产代管人。关于本案程序，下列哪一说法是正确的？（2017-3-47）

A. 李某无权申请刘某失踪

B. 刘父应提起诉讼变更财产代管人，法院适用普通程序审理

C. 刘父应向法院申请变更刘妻的财产代管权，法院适用特别程序审理

D. 刘父应向法院申请再审变更财产代管权，法院适用再审程序审理

🔖 **5.** 李云将房屋出售给王亮，后因合同履行发生争议，经双方住所地人民调解委员会调解，双方达成调解协议，明确王亮付清房款后，房屋的所有权归属王亮。为确保调解协议的效力，双方约定向法院提出司法确认申请，李云随即长期出差在外。下列哪一说法是正确的？（2015-3-45）

A. 本案系不动产交易，应向房屋所在地法院提出司法确认申请

B. 李云长期出差在外，王亮向法院提出确认申请，法院可受理

C. 李云出差两个月后，双方向法院提出确认申请，法院可受理

D. 本案的调解协议内容涉及物权确权，法院不予受理

🔖 **6.** 甲公司与银行订立了标的额为8000万元的贷款合同，甲公司董事长美国人汤姆用自己位于W市的三套别墅为甲公司提供抵押担保。贷款到期后甲公司无力归还，银行向法院申请适用特别程序实现对别墅的抵押权。关于本案的分析，下列哪一选项是正确的？（2014-3-44）

A. 由于本案标的金额巨大，且具有涉外因素，银行应向W市中院提交书面申请

B. 本案的被申请人只应是债务人甲公司

C. 如果法院经过审查，作出拍卖裁定，可直接移交执行庭进行拍卖

D. 如果法院经过审查，驳回银行申请，银行可就该抵押权益向法院起诉

🔖 **7.** 甲区A公司将位于丙市价值5000万元的写字楼转让给乙区的B公司。后双方发生争议，经丁区人民调解委员会调解达成协议：B公司在1个月内支付购房款。双方又对该协议申请法院作出了司法确认裁定。关于本案及司法确认的表述，下列哪些选项是不正确的？（2013-3-83）

A. 应由丙市中级法院管辖

B. 可由乙区法院管辖

C. 应由一名审判员组成合议庭，开庭审理司法确认申请

D. 本案的调解协议和司法确认裁定，均具有既判力

🔖 **8.** 2015年4月，居住在B市（直辖市）东城区的林剑与居住在B市西城区的钟阳（二人系位于B市北城区正和钢铁厂的同事）签订了一份借款合同，约定钟阳向林剑借款20万元，月息1%，2017年1月20日前连本带息一并返还。合同还约定，如因合同履行发生争议，可向B市东城区仲裁委员会仲裁。至2017年2月，钟阳未能按时履约。2017年3月，二人到正和钢铁厂人民调解委员会（称调解委员会）请求调解。调解委员会委派了三位调解员主持该纠纷的调解。如调解成功，林剑与钟阳在调解委员会的主持下达成了调解协议，相关人员希望该调解协议被司法确认，下列说法正确的是：（2017-3-97）

A. 应由林剑或钟阳向有管辖权的法院申请

B. 应由林剑、钟阳共同向有管辖权的法院申请

C. 应在调解协议生效之日起30日内提出申请，申请可以是书面方式，也可以是口头方式

D. 对申请的案件有管辖权的法院包括：B市西城区法院、B市东城区法院和B市北城区法院

详　解

1. [答案] AB　　[难度] 中
[考点] 宣告公民失踪案件的审理与判决

［命题和解题思路］宣告失踪案件以往较少命题，本题另辟蹊径，对失踪人的财产代管人的变更程序予以考查。本题考点单一，解题依据有司法解释的明确规定，难度不高。欲正确解题，应首先注意代管人申请变更代管和其他利害关系人申请变更代管处理程序的差异，前者适用特别程序，而后者适用普通程序；其次，应注意其他利害关系人起诉的被告是否为原指定的代管人。

［选项分析］《民诉解释》第 342 条规定，失踪人的财产代管人经人民法院指定后，代管人申请变更代管的，比照《民事诉讼法》特别程序的有关规定进行审理。申请理由成立的，裁定撤销申请人的代管人身份，同时另行指定财产代管人；申请理由不成立的，裁定驳回申请。失踪人的其他利害关系人申请变更代管的，人民法院应当告知其以原指定的代管人为被告起诉，并按普通程序进行审理。据此，若代管人胡某申请变更代管人，应当适用特别程序审理，选项 A 正确。

若刘某作为失踪人的其他利害关系人，应以原代管人胡某为被告起诉，适用普通程序审理。选项 B 正确。选项 C、D 均错误。

2. ［答案］AD ［难度］中
［考点］对申请实现担保物权案件的审理与裁定

［命题和解题思路］本题考查实现担保物权案件中部分当事人提出异议的处理方式，附带涉及仲裁排斥诉讼规则。两两互斥的选项设计无形中降低了题目难度。欲正确解题，应首先判断李某的主张是否构成实质性争议，再结合《民诉解释》第 370 条规定作答。对实现担保物权无异议的当事人，可直接裁定拍卖其房屋；对有实质争议的当事人，本应当用诉讼方式解决，因为有仲裁约定，应告知其另行申请仲裁。

［选项分析］《民诉解释》第 370 条规定，人民法院审查后，按下列情形分别处理：（1）当事人对实现担保物权无实质性争议且实现担保物权条件成就的，裁定准许拍卖、变卖担保财产；（2）当事人对实现担保物权有部分实质性争议的，可以就无争议部分裁定准许拍卖、变卖担保财产；（3）当事人对实现担保物权有实质性争议的，裁定驳回申请，并告知申请人向人民法院提起诉讼。

据此，孙某对实现担保物权无异议，法院可裁定准许拍卖孙某的房屋。选项 A 正确，选项 C 错误。李某对抵押合同效力提出异议，这属于实质性争议，法院应裁定驳回甲银行拍卖李某房屋的申请。又因为双方就抵押合同约定了仲裁条款，合法有效的仲裁排斥诉讼，法院应告知甲银行另行申请仲裁。选项 B 错误，选项 D 正确。

3. ［答案］D ［难度］中
［考点］对确认调解协议案件的审理与裁判

［命题和解题思路］本题以当事人对法院确认的调解协议有异议为切入点，考查特别程序的救济方式，如果熟悉《民诉解释》第 372 条规定可轻松作答。本题还可运用排除法作答，特别程序属于非讼程序，不适用再审救济，排除 A 选项；诉讼案件出错尚且有三撤或者再审等救济方式，非讼程序居然不可救济，显然于理不通，排除选项 B；特别程序作出的裁定怎么会适用简易程序审理，据此亦可排除 C 选项。

［选项分析］《民诉解释》第 372 条第 1 款规定，适用特别程序作出的判决、裁定，当事人、利害关系人认为有错误的，可以向作出该判决、裁定的人民法院提出异议。人民法院经审查，异议成立或者部分成立的，作出新的判决、裁定撤销或者改变原判决、裁定；异议不成立的，裁定驳回。据此，当事人汪某若认为司法确认有错误，应适用特别程序向法院提出异议，法院审查后作出处理。选项 D 为正确答案，其余选项均错误。

4. ［答案］B ［难度］中
［考点］宣告公民失踪判决的法律效果

［命题和解题思路］命题人以案例题形式，对下落不明的财产代管人变更程序进行考查。本题考点冷僻，考查频率低，甚至是近十年来首次命题考查。因变更财产代管人的提出主体不同，适用的审理程序也有所差异。考生在解答本题时，应首先明确提出变更财产代管人的主体，然后再对适用程序作出判断。

［选项分析］案例中李某是下落不明的刘某的债权人，属于利害关系人的范畴，其有权向法院申请刘某为失踪人。选项 A 错误。

《民诉解释》第 342 条第 2 款规定，失踪人的其他利害关系人申请变更代管的，人民法院应当告知其以原指定的代管人为被告起诉，并按普通程序进行审理。在本案中，法院指定刘妻为失踪人刘某的财产代管人，失踪人的其他利害关系人刘父申请变更财产代管人，法院应当按照普通程序审理。选项 B 为正确答案。本选项也可以运用诉讼理论推导答案，其他利害关系人请求法院变更财产代管人，这意味着对于应当由谁行使代管职责，其他利害关系人和法院指定的财产代管人之间发生争议，有纠纷就应当通过诉讼方式解决。

《民诉解释》第 342 条第 1 款规定，失踪人的财产代管人经人民法院指定后，代管人申请变更代管的，比照民事诉讼法特别程序的有关规定进行审理。据此，只有代管人刘妻申请变更代管人时，法院才应当适用特别程序审理。而本案中申请变更代管人的是利害关系人刘父，法院不应适用特别程序。选项 C 错误。

选项 D 是重点干扰项。本案是宣告公民失踪案件，法院审理适用的是特别程序。适用特别程序等非讼程序审理的案件不适用再审程序。选项 D 错误。

易混淆点解析

申请变更法院指定的失踪人的财产代管人，因申请主体不同，法院适用的审理程序也有所差异。

申请主体	审理程序
失踪人的财产代管人	特别程序
其他利害关系人	普通程序

5. ［答案］D　　　［难度］中

［考点］确认调解协议案件的申请与受理（申请条件、适用范围、管辖法院）

［命题和解题思路］"确认调解协议案件的适用范围"是 2015 年大纲增加的考点。命题人以小案例形式，对调解司法确认的申请主体、管辖法院、申请时间以及适用范围进行全面考查。虽然四个选项涉及四个知识点，但考点单一，部分选项设陷阱套路与之前考题重复，难度不高。选项 A 运用诉讼程序规则在非讼程序中设置陷阱，把握确认调解协议案件属于非讼程序可排除干扰；选项 D 与其他三个选项形成互斥关系，根据互斥

选项解题技巧，本题又是单选题，可大胆选择 D 选项。

［选项分析］选项 A 考查确认调解协议案件的管辖法院。如果是诉讼案件，不动产纠纷应当由不动产所在地的法院管辖。但本案属于非讼案件，不能适用上述规则。《民事诉讼法》第 205 条规定，经依法设立的调解组织调解达成调解协议，申请司法确认的，由双方当事人自调解协议生效之日起 30 日内，共同向下列人民法院提出：（1）人民法院邀请调解组织开展先行调解的，向作出邀请的人民法院提出；（2）调解组织自行开展调解的，向当事人住所地、标的物所在地、调解组织所在地的基层人民法院提出；调解协议所涉纠纷应当由中级人民法院管辖的，向相应的中级人民法院提出。据此，题干并未言明法院邀请调解组织先行调解的情形，应适用第二类情形，由当事人住所地、标的物所在地、调解组织所在地的基层法院管辖。房屋作为标的物，其所在地的基层法院享有管辖权，但当事人住所地或调解组织所在地也有管辖权。选项 A 表述过于绝对，错误。

选项 B 考查司法确认的主体。根据《民事诉讼法》第 205 条规定，确认调解协议案件必须由双方当事人共同提出申请。李云出差在外，王亮不能单方提出确认申请，选项 B 错误。

选项 C 考查司法确认的期限。《民事诉讼法》第 205 条明确规定，申请司法确认的期限是自调解协议生效之日起 30 日内。李云出差 2 个月后，双方向法院提出确认申请。申请时间已经超过规定期限，选项 C 错误。

选项 D 考查司法确认的适用范围。《民诉解释》第 355 条第 1 款规定，当事人申请司法确认调解协议，有下列情形之一的，人民法院裁定不予受理：（1）不属于人民法院受理范围的；（2）不属于收到申请的人民法院管辖的；（3）申请确认婚姻关系、亲子关系、收养关系等身份关系无效、有效或者解除的；（4）涉及适用其他特别程序、公示催告程序、破产程序审理的；（5）调解协议内容涉及物权、知识产权确权的。本案调解协议内容涉及房屋所有权的归属，这是物权确权行为，不属于调解司法确认的范围，法院应裁定不予受理。选项 D 为正确答案。

易混淆点解析

在调解司法确认案件中，法院不予受理确认申请和法院裁定驳回司法确认申请的适用情形完全不同，需要详加识别。

处理方式	适用情形
不予受理确认申请	不属于法院受理范围
	不属于收到申请的法院管辖
	申请确认身份关系无效、有效或者解除
	涉及适用其他特别程序、公示催告程序、破产程序审理
	内容涉及物权、知识产权确权
驳回确认申请	违反法律强制性规定
	损害国家利益、社会公共利益、他人合法权益
	违背公序良俗
	违反自愿原则
	内容不明确

6. ［答案］D　　［难度］中

［考点］实现担保物权案件的审理（管辖法院）、对申请实现担保物权案件的审理与裁定、执行开始的方式（申请执行）

［命题和解题思路］2012 年《民事诉讼法》修正时增加了实现担保物权案件，2013 年考试大纲将其列为新增考点。当年考题并未涉及。命题人以小案例形式，对三个考点进行综合考查，试题考查范围广。本题巧妙地将诉讼案件的管辖制度和移送执行作为答题陷阱，题目难度较高。考生只要重点关注新增制度，熟悉《民事诉讼法》第 207、208 条规定就能够准确作答。本题选项 A，在实现担保物权非讼案件中以标的额和涉外因素作为干扰信息；可还记得"绝对性表达往往错误"的解题技巧，在选项 B 中亦可小试牛刀。

［选项分析］《民事诉讼法》第 207 条规定，申请实现担保物权……向担保财产所在地或者担保物权登记地基层人民法院提出。本案应由 W 市某基层法院管辖，选项 A 错误。标的额和涉外因

素都是干扰信息，本案是非讼案件，不适用诉讼案件的管辖规则。**特别程序、督促程序和公示催告程序均由基层人民法院管辖（确认调解协议案件有例外）。**

本案是实现担保物权案件，涉及担保物权人、担保人、债务人三方。根据担保物权的性质，案件的被申请人除了债务人之外，还应当包括担保人。选项 B 根据常识也可判断，如果案件被申请人不包括担保人，那法院的裁定对担保人就没有法律效力，此时实现担保物权岂不成了一句空话。选项 B 错误。

执行的启动方式包括申请执行和移送执行两种。《民事诉讼法》第 208 条规定，人民法院受理申请后，经审查，符合法律规定的，裁定拍卖、变卖担保财产，当事人依据该裁定可以向人民法院申请执行。据此，实现担保物权案件应当采用申请执行方式，而非移送执行。选项 C 错误。

《民事诉讼法》第 208 条规定，人民法院受理申请后，经审查……不符合法律规定的，裁定驳回申请，当事人可以向人民法院提起诉讼。据此，法院驳回银行申请，意味着就该抵押权益银行与甲公司之间存在争议，这应当通过诉讼渠道解决。选项 D 为正确答案。

易混淆点解析

实现担保物权案件的担保财产标的额只影响审查组织，不影响管辖法院级别。具言之，实现担保物权案件原则上由审判员独任审查，担保财产标的额超过基层法院管辖范围时，应当组成合议庭进行审查。

7. ［答案］ACD（原答案为 ABCD，依据《民事诉讼法》第 205 条，本题答案调整为 ACD）

［难度］中

［考点］确认调解协议案件的申请与受理（管辖法院）、对确认调解协议案件的审理与裁定、民事裁定的效力

［命题和解题思路］确认调解协议案件是 2012 年《民事诉讼法》修正时增加的特别程序类型，也是 2013 年考试大纲的新增考点。新制度、新考点无疑会获得命题人的青睐。鉴于特别程序知识点以识记为主，为增加难度，命题人还考查了既判力理论。既判力是民事诉讼基本理论之一，

我国民事诉讼法并无明文规定。对于死记硬背法条的考生来说，看到这个陌生的词汇，慌乱之余很可能坠入命题人的陷阱。题干是小案例形式的考题，考生要先准确判断案件性质和适用程序，识别命题人的考查意图和考点，进而依据相关知识和法律规定作出判断。本案是人民调解协议的司法确认案件，在性质上属于非讼案件，诉讼案件的管辖制度、裁判效力规则均不适用。本题 A 选项以标的额和不动产为干扰信息，考查确认调解协议案件的管辖法院、审判组织和审理方式，在非讼案件中混用诉讼制度规定设置陷阱。

[选项分析] 选项 A 和 B 都是对确认调解协议案件管辖法院的考查。《民事诉讼法》第 205 条规定，经依法设立的调解组织调解达成调解协议，申请司法确认的，由双方当事人自调解协议生效之日起 30 日内，共同向下列人民法院提出：（1）人民法院邀请调解组织开展先行调解的，向作出邀请的人民法院提出；（2）调解组织自行开展调解的，向当事人住所地、标的物所在地、调解组织所在地的基层人民法院提出；调解协议所涉纠纷应当由中级人民法院管辖的，向相应的中级人民法院提出。据此，题干并未交代法院邀请调解组织先行调解的情形，本案应由当事人住所地、标的物所在地、调解组织所在地的基层法院管辖。本案写字楼价值 5000 万元，应由基层法院管辖。房屋作为标的物，其所在地的基层法院享有管辖权，当事人住所地甲区和乙区、调解组织所在地丁区也有管辖权。据此，选项 A 错误，当选；选项 B 正确，不当选。

选项 C 考查了确认调解协议案件的审判组织和审理方式。《民事诉讼法》第 185 条规定，选民资格案件或者重大、疑难的案件，由审判员组成合议庭审理；其他案件由审判员一人独任审理。本案在类型上属于其他案件，应当由审判员独任审理。即便认为案件标的额 5000 万元，应当属于重大特别程序案件，那也应当由审判员组成合议庭审理。由一名审判员组成合议庭，这不符合法律规定。此外，确认调解协议案件的审理方式是审判员对调解协议进行审查，审查后作出处理裁定。这与通过开庭审理以查明案件事实、解决民事纠纷的诉讼程序明显不同。选项 C 对审判组织和审理方式均表述错误，应选。

选项 D 是重点干扰项，考查了调解协议和民

事裁定的效力。既判力又称为判决的确定力，是指判决对当事人之间的争议能够从法律上作出定论，当事人不得再争执。根据内涵表述，既判力的适用对象仅仅是法院判决，法院作出的裁定、决定和调解书均不具有既判力。《人民调解法》第 32 条规定，当事人之间就调解协议的履行或者调解协议的内容发生争议的，一方当事人可以向人民法院提起诉讼。由此可见，人民调解协议仅具有合同效力，显然不具有既判力。选项 D 说法错误，应选。

易混淆点解析

选民资格案件和非讼案件均由基层人民法院管辖。特别程序案件原则上由审判员独任审理，但选民资格案件、担保财产标的额超过基层法院管辖的实现担保物权案件、重大疑难的特别程序案件由合议庭审理。审理特别程序案件组成合议庭时不允许陪审员参与。

8. [答案] BCD（原答案为 BC，依据《民事诉讼法》第 205 条，本题答案调整为 BCD）

[难度] 中

[考点] 确认调解协议案件的申请与受理（申请条件、管辖法院）

[命题和解题思路] 命题人采用案例题形式，对确认调解协议案件的申请主体、申请期间、申请形式和管辖法院进行综合考查。题目虽然涉及四个知识点，但考点单一，除申请形式之外，本题其余知识点与之前的试题重复。且本题并无干扰信息，难度不高。选项 A 和 B 互斥，客观上又降低了试题难度。考生只要熟悉确认调解协议案件的相关程序规定，不难获得分数。

[选项分析] 选项 A 和 B 均考查确认调解协议的申请主体。《民事诉讼法》第 205 条规定，经依法设立的调解组织调解达成调解协议，申请司法确认的，由双方当事人自调解协议生效之日起 30 日内，共同向下列人民法院提出：（1）人民法院邀请调解组织开展先行调解的，向作出邀请的人民法院提出；（2）调解组织自行开展调解的，向当事人住所地、标的物所在地、调解组织所在地的基层人民法院提出；调解协议所涉纠纷应当由中级人民法院管辖的，向相应的中级人民法院提出。据此，调解司法确认应当由双方当事人共

同提出申请。选项 A 错误，选项 B 为正确答案。

选项 C 考查确认调解协议的法定期间和申请形式。《民事诉讼法》第 205 条明确规定申请确认调解协议的期间是调解协议生效之日起 30 日内。《民诉解释》第 353 条规定，当事人申请司法确认调解协议，可以采用书面形式或者口头形式。当事人口头申请的，人民法院应当记入笔录，并由当事人签名、捺印或者盖章。选项 C 为正确答案。

选项 D 考查确认调解协议的管辖法院。本案不属于法院邀请调解组织先行调解的情形，根据《民事诉讼法》第 205 条规定，确认调解协议的管辖法院应为当事人住所地、标的物所在地、调解组织所在地的基层人民法院。本案双方当事人住所地分别为 B 市西城区和 B 市东城区，而调解组织是正和钢铁厂人民调解委员会，所在地是 B 市北城区。因此，东城区、西城区和北城区法院对本案均享有管辖权。选项 D 为正确答案。

> **易混淆点解析**
> 非讼案件应当采用书面形式向法院提出申请，只有确认调解协议案件允许当事人口头提出申请。

第十九章　督促程序

试　题

1. A 区的甲公司拖欠 B 区的乙公司 1000 万元货款。乙公司本欲起诉，但为防止甲公司转移财产，遂先向 A 区法院申请冻结甲公司的账户。乙公司急于实现债权，3 天后又向 A 区法院申请支付令。关于 A 区法院对支付令申请的处理，下列哪一表述是正确的？（2022 年回忆版）

　　A. 应当受理，因为本案属于金钱给付纠纷

　　B. 不予受理，因为本案属于合同纠纷

　　C. 不予受理，因为乙公司已申请诉前保全

　　D. 不予受理，因为案件标的额大，不应由 A 区法院管辖

2. 李某因王某拖欠其货款，向甲法院申请签发支付令。王某接到支付令后第二日提出书面异议，称其确实拖欠李某的货款，但要求 3 个月后还款；5 日之后，王某再向法院提出异议称：李某交付的货物存在质量瑕疵，其欲提起诉讼要求李某承担违约责任。后王某向乙法院起诉李某。关于本案，下列哪一选项是正确的？（2020 年回忆版）

　　A. 因王某提出异议，该支付令失效

　　B. 因王某提起诉讼，该支付令失效

　　C. 甲法院应裁定终结督促程序，将案件移送乙法院

　　D. 该支付令继续有效

3. 甲公司向乙公司借款 2000 万元，由丙公司为甲公司提供保证。借款到期后，甲公司未偿还欠款，经乙公司申请，法院向甲公司签发支付令，甲公司未提出异议。而后乙公司又起诉丙公司要求其承担保证责任。关于本案，下列哪些说法是正确的？（2019 年回忆版）

　　A. 支付令仅对甲公司有拘束力

　　B. 支付令对甲公司和丙公司均有拘束力

　　C. 乙公司起诉后，支付令失效

　　D. 乙公司起诉不影响支付令效力

4. 甲区的钟某向乙区的齐某借款 30 万元，到期未归还。齐某向甲区法院申请支付令，提交了双方签订的借款合同（未约定合同履行地）。在支付令异议期间，齐某认为法院判决效力更强，遂向乙区法院起诉钟某还款。关于本案，下列哪一说法是错误的？（2018 年回忆版）

　　A. 齐某向甲区法院申请支付令符合法律规定

　　B. 齐某向乙区法院起诉符合法律规定

　　C. 齐某向乙区法院起诉，会导致支付令失效

　　D. 法院应裁定中止督促程序

5. 甲公司购买乙公司的产品，丙公司以其房产为甲公司提供抵押担保。因甲公司未按约支付 120 万元货款，乙公司向 A 市 B 县法院申请支付令。法院经审查向甲公司发出支付令，甲公司拒绝签收。甲公司未在法定期间提出异议，而以乙公司提供的产品有质量问题为由向 A 市 C 区法院提起诉讼。关于本案，下列哪些表述是正确的？（2017-3-83）

A. 甲公司拒绝签收支付令，法院可采取留置送达

B. 甲公司提起诉讼，法院应裁定中止督促程序

C. 乙公司可依支付令向法院申请执行甲公司的财产

D. 乙公司可依支付令向法院申请执行丙公司的担保财产

📶 **6.** 单某将八成新手机以 4000 元的价格卖给卢某，双方约定：手机交付卢某，卢某先付款 1000 元，待试用一周没有问题后再付 3000 元。但试用期满卢某并未按约定支付余款，多次催讨无果后单某向 M 法院申请支付令。M 法院经审查后向卢某发出支付令，但卢某拒绝签收，法院采取了留置送达。20 天后，卢某向 N 法院起诉，以手机有质量问题要求解除与单某的买卖合同，并要求单某退还 1000 元付款。根据本案，下列哪些选项是正确的？（2016-3-82）

A. 卢某拒绝签收支付令，M 法院采取留置送达是正确的

B. 单某可以依支付令向法院申请强制执行

C. 因卢某向 N 法院提起了诉讼，支付令当然失效

D. 因卢某向 N 法院提起了诉讼，M 法院应当裁定终结督促程序

📶 **7.** 甲向乙借款 20 万元，丙是甲的担保人，现已到偿还期限，经多次催讨未果，乙向法院申请支付令。法院受理并审查后，向甲送达支付令。甲在法定期间未提出异议，但以借款不成立为由向另一法院提起诉讼。关于本案，下列哪一说法是正确的？（2015-3-47）

A. 甲向另一法院提起诉讼，视为对支付令提出异议

B. 甲向另一法院提起诉讼，法院应裁定终结督促程序

C. 甲在法定期间未提出书面异议，不影响支付令效力

D. 法院发出的支付令，对丙具有拘束力

📶 **8.** 黄某向法院申请支付令，督促陈某返还借款。送达支付令时，陈某拒绝签收，法官遂进行留置送达。12 天后，陈某以已经归还借款为由向法院提起书面异议。黄某表示希望法院彻底解决自己与陈某的借款问题。下列哪一说法是正确的？（2014-3-46）

A. 支付令不能留置送达，法官的送达无效

B. 提出支付令异议的期间是 10 天，陈某的异议不发生效力

C. 陈某的异议并未否认二人之间存在借贷法律关系，因而不影响支付令的效力

D. 法院应将本案转为诉讼程序审理

📶 **9.** 胡某向法院申请支付令，督促彗星公司缴纳房租。彗星公司收到后立即提出书面异议称，根据租赁合同，彗星公司的装修款可以抵销租金，因而自己并不拖欠租金。对于法院收到该异议后的做法，下列哪些选项是正确的？（2013-3-84）

A. 对双方进行调解，促进纠纷的解决

B. 终结督促程序

C. 将案件转为诉讼程序审理，但彗星公司不同意的除外

D. 将案件转为诉讼程序审理，但胡某不同意的除外

详　解

1. ［答案］C　　　［难度］中

［考点］支付令的申请

［命题和解题思路］督促程序每年必考，本题考查 ==申请诉前财产保全后债权人申请支付令的处理方式==，考查内容与我们民诉学科的考前押题完全一致。本题有司法解释的明文规定，难度不高。了解支付令的申请条件，即可准确作答。申请诉前财产保全，不符合申请支付令的条件，法院应不予受理或驳回申请。还可从诉前财产保全的法律后果推导作答，==法院采取诉前保全措施，申请人应当在 30 日内提起诉讼或者申请仲裁，而不能申请支付令==。

［选项分析］《民诉解释》第 427 条第 1 款规定，债权人申请支付令，符合下列条件的，基层人民法院应当受理，并在收到支付令申请书后 5 日内通知债权人：（1）请求给付金钱或者汇票、本票、支票、股票、债券、国库券、可转让的存款单等有价证券；（2）请求给付的金钱或者有价证券已到期且数额确定，并写明了请求所根据的事实、证据；（3）债权人没有对待给付义务；（4）债务人在我国境内且未下落不明；（5）支付令能够送达债务人；（6）收到申请书的人民法院

有管辖权；（7）债权人未向人民法院申请诉前保全。据此，债权人申请诉前保全后，再向法院申请支付令，不符合支付令受理条件，法院应不予受理或驳回申请。选项 A 错误，选项 C 为正确答案。

《民事诉讼法》第 225 条第 1 款规定，债权人请求债务人给付金钱、有价证券，符合下列条件的，可以向有管辖权的基层人民法院申请支付令：（1）债权人与债务人没有其他债务纠纷的；（2）支付令能够送达债务人的。据此，债权人请求债务人给付金钱、有价证券，符合条件可申请支付令，合同纠纷并不当然排斥支付令的适用，选项 B 错误。

《民诉解释》第 23 条规定，债权人申请支付令，适用《民事诉讼法》第 22 条规定，由债务人住所地基层人民法院管辖。同法第 427 条第 3 款规定，基层人民法院受理申请支付令案件，不受债权金额的限制。据此，督促程序不受案件标的额限制，本案应由债务人甲公司住所地的 A 区法院管辖，不予受理的理由错误。选项 D 错误。

2. ［答案］D　　［难度］中
［考点］支付令异议的提出

［命题和解题思路］督促程序已连续八年命题考查，本属"小众程序"却实现了华丽转身，由此可见法考命题考查面广的鲜明特点，复习时应予留意。为避免试题重复，本题采用"组合拳"形式命制，将债务人的两种无效异议形式组合命题。本题看似情节曲折、难度较大，实则属于法条识记类试题。解题时根据案情表述按步推进、逐一判断即可。即首先判断债务人要求 3 个月后还款是否属于有效异议，再判断向其他法院起诉是否构成异议，两类情形均有《民诉解释》的明文规定，只要熟悉相关条文得分易如反掌。

［选项分析］《民诉解释》第 436 条第 1 款规定，债务人对债务本身没有异议，只是提出缺乏清偿能力、延缓债务清偿期限、变更债务清偿方式等异议的，不影响支付令的效力。据此，==王某第一次提出的异议对债务本身并无异议，意在延缓债务清偿期限，不影响支付令的效力==。又根据《民诉解释》第 431 条规定，债务人在收到支付令后，未在法定期间提出书面异议，而向其他人民法院起诉的，不影响支付令的效力。据此，虽然

王某收到支付令后在法定期间提出过书面异议，但并不构成有效异议，视为未提出异议。而后王某向乙法院起诉李某，亦不影响支付令的效力。选项 D 为正确答案，其余选项均错误。

3. ［答案］AC　　［难度］中
［考点］支付令的发出（支付令的送达与效力）

［命题和解题思路］本属"小众"程序的督促程序，却在司考和法考中连续七年命题。从命题规律看，前几年频繁考查支付令的送达方式、异议的法律后果等热门知识点，近两年则主要围绕《民诉解释》有关督促程序未命题的新增规定予以考查，试图以"偏"增加试题难度。本题考查支付令对担保人的约束力，《民诉解释》有明确的规定，考生还可根据督促程序的非讼性特点作答。选项设计两两互斥，这客观上降低了试题难度。

［选项分析］《民诉解释》第 434 条第 1 款规定，对设有担保的债务的主债务人发出的支付令，对担保人没有拘束力。据此，债权人乙公司申请法院向主债务人甲公司发出支付令，==该支付令仅对甲公司有拘束力，对担保人丙公司没有拘束力==。选项 A 正确，选项 B 错误。

《民诉解释》第 434 条第 2 款规定，债权人就担保关系单独提起诉讼的，支付令自人民法院受理案件之日起失效。据此，债权人乙公司申请支付令后，又就保证责任单独起诉丙公司，这会导致支付令失效。选项 C 正确，选项 D 错误。

4. ［答案］D　　［难度］中
［考点］特殊地域管辖、支付令的申请

［命题和解题思路］督促程序本非传统重点内容，但命题人对其青睐有加，在司考和法考时代已连续 6 年命题考查。但本题命题角度与以往试题不同，主要考查债权人申请支付令后又起诉的法律后果以及申请支付令的管辖法院，还涉及对借款合同纠纷的管辖法院。选项 D 运用"偷梁换柱"之法，将"终结"替换为"中止"设置陷阱。了解《民诉解释》的规定，熟悉债权人申请支付令后再起诉将导致支付令失效的法律后果固然可以正确解题。如果不熟悉相关规定，运用非讼程序基本原理亦可正确答题，==即相较于非讼程序，诉讼程序才能解决民事纠纷，如果启动诉讼==

程序，则应终结非讼程序。

[选项分析]《民诉解释》第 23 条规定，债权人申请支付令，由债务人住所地基层人民法院管辖。据此，债权人齐某应向债务人钟某住所地的甲区法院申请支付令，选项 A 正确，不当选。

本案为借款合同纠纷，根据《民事诉讼法》规定，应由被告住所地和合同履行地法院管辖。《民诉解释》第 18 条第 2 款规定，合同对履行地点没有约定或者约定不明确，争议标的为给付货币的，接收货币一方所在地为合同履行地。据此，本案的诉讼管辖法院应为被告住所地的甲区和合同履行地的乙区。选项 B 正确，不当选。

《民诉解释》第 430 条规定，有下列情形之一的，人民法院应当裁定终结督促程序，已发出支付令的，支付令自行失效：（1）人民法院受理支付令申请后，债权人就同一债权债务关系又提起诉讼的；（2）人民法院发出支付令之日起 30 日内无法送达债务人的；（3）债务人收到支付令前，债权人撤回申请的。据此，债权人齐某申请支付令，法院签发支付令后，又就该借款纠纷向法院提起诉讼，该支付令自行失效，甲区法院应裁定终结督促程序。选项 C 正确，不当选；甲区法院应终结而非中止督促程序，选项 D 错误，当选。

易混淆点解析

债权人申请支付令后，不同主体起诉后的法律后果不同。具体如下：

适用情形	法律后果
债权人起诉	支付令自行失效，督促程序终结
债务人向发出支付令的法院起诉	视为提出异议，支付令失效，督促程序终结
债务人向其他法院起诉	不构成异议，支付令有效

5. [答案] AC　　[难度] 中

[考点] 支付令的发出（支付令的送达与效力）、支付令异议的提出与审查（提出支付令异议的条件）

[命题和解题思路] 自 2013 年起督促程序已连续五年命题考查，并非传统重点内容的督促程序居然获此殊荣，令人颇感意外。《民诉解释》新增规定了支付令对担保人有无约束力的条款，命题人以此为新素材，对支付令的送达、支付令效力的拘束对象、支付令送达后债务人向另一法院起诉的效力认定等知识点进行综合考查。命题人在选项 B 中运用"无中生有"之计，将不存在的"中止督促程序"情形作为解题干扰信息。

[选项分析]《民诉解释》第 429 条规定，向债务人本人送达支付令，债务人拒绝接收的，人民法院可以留置送达。选项 A 正确。

债务人对支付令提出合法有效的异议，法院审查后应当裁定终结督促程序。督促程序根本就不存在中止的情形。选项 B 错误。

《民诉解释》第 431 条第 1 款规定，债务人在收到支付令后，未在法定期间提出书面异议，而向其他人民法院起诉的，不影响支付令的效力。A 市 B 县法院向甲公司发出支付令后，甲公司在法定期间未提出异议，却向 A 市 C 区法院提起诉讼。其起诉行为并不影响支付令的效力。《民事诉讼法》第 227 条第 3 款规定，债务人在支付令异议期间内不提出异议又不履行支付令的，债权人可以向人民法院申请执行。选项 C 正确。

《民诉解释》第 434 条第 1 款规定，对设有担保的债务的主债务人发出的支付令，对担保人没有拘束力。据此，A 市 B 县法院向债务人甲公司发出的支付令，对担保人丙公司没有拘束力，乙公司不可依支付令向法院申请执行丙公司的担保财产。选项 D 错误。

易混淆点解析

债务人接到支付令后未提出异议，但向支付令签发法院提起诉讼，视为对支付令提出异议，督促程序终结。

6. [答案] AB　　[难度] 中

[考点] 支付令的发出（支付令的送达与效力）、支付令异议的提出与审查（提出支付令异议的条件）

[命题和解题思路] 严格来说，督促程序并不是考试的重点内容。但命题人对其情有独钟，连续四年命题考查，可见认真钻研历年真题绝对是

备战的"捷径"。命题人以案例题形式，对支付令的送达方式、效力、支付令异议的有效形式等知识点进行综合考查。考查内容与往年考题简单重复，也未设置有效的干扰信息，难度较低。考生熟悉法律规定，或者认真做好历年考题，当可轻松得分。债务人异议有效，则支付令失效、终结督促程序；债务人异议无效，支付令可成为执行根据。因此，选项 B 和选项 C、D 互斥，本题还可用互斥解题技巧辅助判断。

[选项分析]《民诉解释》第 429 条规定，向债务人本人送达支付令，债务人拒绝接收的，人民法院可以留置送达。M 法院的留置送达行为合法，选项 A 正确。

《民事诉讼法》第 227 条第 3 款规定，债务人自收到支付令之日起 15 日内不提出异议又不履行支付令的，债权人可以向人民法院申请执行。卢某在法定异议期内，既未履行，又未提出异议，单某可以依支付令向法院申请强制执行。选项 B 正确。

《民诉解释》第 431 条第 1 款规定，债务人在收到支付令后，未在法定期间提出书面异议，而向其他人民法院起诉的，不影响支付令的效力。卢某向 N 法院的起诉行为，不影响 M 法院签发支付令的效力，M 法院也不应裁定终结督促程序。选项 C 和 D 均错误。需要指出，即便卢某向 M 法院起诉，也不构成对支付令的异议。因为卢某起诉时间已经超过了 15 天的法定异议期。

易混淆点解析

债务人自收到支付令之日起 15 日内提出书面异议或者向签发支付令的法院提起诉讼，都是有效的异议形式。

---

7. [答案] C   [难度] 中

[考点] 支付令异议的提出与审查、异议成立的法律后果

[命题和解题思路]《民诉解释》新增规定支付令对担保人有无约束力的条款，本题是"逢新必考"的产物。命题人以小案例形式，考查当事人对支付令未提出异议却向另一法院起诉行为的效力、支付令效力的拘束对象。试题考查面窄，未设计答题陷阱，选项内容基本是对司法解释规定的简单重复，难度不高。终结督促程序是债

人对支付令异议的法律后果之一，AB 两个选项如果选择其一必然要选另外一个，本题是单选题，据此可以排除 AB 两个选项。选项 C 又与 AB 两个选项存在互斥关系，根据互斥选项解题技巧，可推断正确答案是 C 选项。

[选项分析] ABC 三个选项均考查当事人对支付令未提出异议，向其他法院起诉行为的认定。《民诉解释》第 431 条第 1 款规定，债务人在收到支付令后，未在法定期间提出书面异议，而向其他人民法院起诉的，不影响支付令的效力。该规定的潜台词是债务人向其他法院起诉，不视为对支付令的异议，当然也不会产生终结督促程序的法律效果。案例中法院发出支付令后，债务人甲以借款不成立为由向另一法院提起诉讼，不视为对支付令提出的异议，也不会导致终结督促程序。选项 A 和 B 均错误，选项 C 正确。

选项 D 考查支付令效力的拘束对象。《民诉解释》第 434 条第 1 款规定，对设有担保的债务的主债务人发出的支付令，对担保人没有拘束力。法院向债务人甲发出的支付令，对担保人丙没有拘束力。选项 D 说法错误。

8. [答案] D   [难度] 中

[考点] 支付令的发出（支付令的送达与效力）、支付令异议的提出与审查（提出支付令异议的条件）、异议成立的法律后果

[命题和解题思路] 2012 年《民事诉讼法》修正时增加了督促程序与诉讼程序的衔接机制，这为本题命制提供了新素材。命题人以小案例形式，对督促程序的三个考点进行综合考查。试题虽然考查范围广，但均属于对法条的简单运用，难度不高。AB 两个选项直接看表述即可作出判断，相对简单。CD 两个选项需要结合题干案例表述进行判断。注意：民事诉讼法涉及考查期间记忆的试题不多，但在复习中对于上诉期、申请再审期限、支付令异议期等重要的期间还是应当牢记。

[选项分析]《民诉解释》第 429 条规定，向债务人本人送达支付令，债务人拒绝接收的，人民法院可以留置送达。案例中法官的送达行为有效，选项 A 错误。

《民事诉讼法》第 227 条第 2 款规定，债务人应当自收到支付令之日起 15 日内清偿债务，或者

向人民法院提出书面异议。支付令异议期是 10 天的表述错误，陈某的异议有效。选项 B 错误。

选项 C 是重点干扰项。《民诉解释》第 436 条第 1 款规定，债务人对债务本身没有异议，只是提出缺乏清偿能力、延缓债务清偿期限、变更债务清偿方式等异议的，不影响支付令的效力。易言之，如果债务人对债务本身提出异议，则支付令失效。题干中陈某提出已经归还借款，黄某与陈某之间的债权债务关系因清偿而消灭。陈某是对两人之间的债权债务关系提出了异议，此时支付令失效。选项 C 错误。

根据《民事诉讼法》第 228 条第 2 款规定，支付令失效的，转入诉讼程序，但申请支付令的一方当事人不同意提起诉讼的除外。支付令因陈某异议已失效，且黄某希望法院彻底解决自己与陈某的借款问题，明显不反对转入诉讼程序解决纠纷，因此法院应当将本案转为诉讼程序审理。选项 D 为正确答案。

9. [答案] BD　　[难度] 中

[考点] 调解的开始、异议成立的法律后果

[命题和解题思路] 2012 年《民事诉讼法》修正时规定了督促程序与诉讼程序的衔接机制，"督促程序与诉讼程序的转换"顺理成章被列入 2013 年新增考点。命题人以此为素材对调解的适用范围、支付令异议的法律后果进行综合考查。本题采用"移花接木"之法，将选项 A 完全正确的表述放入题干非讼案例之中巧妙设置命题陷阱。考生在笃定排除 A 选项之后，完全可以运用技巧作答。选项 C 和 D 互斥，两者中只能有一个正确答案。本题为多选题，因此 B 选项必然正确。

[选项分析] 选项 A 是重点干扰项。法院调解在促进民事纠纷解决方面扮演重要角色，法院在一审、二审、再审等不同程序中均可以组织当事人进行调解，但这并不意味着调解程序在民事诉讼中可以"畅通无阻"。根据《民诉解释》第 143 条规定，适用特别程序、督促程序、公示催告程序的案件，婚姻等身份关系确认案件以及其他根据案件性质不能进行调解的案件，不得调解。本案适用的是督促程序，不允许调解。选项 A 说法错误。即便忘记上述条文规定，考生根据法院调解的功能和督促程序的特点也可作出判断。督促程序属于非讼程序，其制度建构以当事人无实体争议为预设前提。如有实体纠纷，只能终结督促程序，通过诉讼方式解决。因此，作为民事纠纷解决方式的法院调解在督促程序中自无适用的空间。

选项 B 考查异议成立的法律后果。根据《民事诉讼法》第 228 条第 1 款规定，人民法院收到债务人提出的书面异议后，经审查，异议成立的，应当裁定终结督促程序，支付令自行失效。选项 B 正确。

选项 C 和选项 D 互斥，两者中只能有一个正确答案。《民事诉讼法》第 228 条第 2 款规定，支付令失效的，转入诉讼程序，但申请支付令的一方当事人不同意提起诉讼的除外。据此，选项 C 错误，选项 D 正确。考生熟悉法条规定，固然可以在选项 C 和 D 之间准确选择。根据程序选择权理论也可以准确作答，申请人作为督促程序的启动者享有程序选择权，法律规定的衔接机制本质上是为申请人提供方便，但申请人拒绝选择诉讼渠道解决纠纷，法律理应尊重。考生还可运用常识作出判断，督促程序因债务人提出异议而终结，为避免申请人另行起诉之扰，法律规定案件直接转入诉讼程序，如果债务人不同意就不能转换，那衔接机制岂不是很可能成为摆设。

第二十章　公示催告程序

试 题

1. 张某不慎遗失汇票一张，为防止利益受损，向该汇票支付地的基层法院申请公示催告。因公告期内无人申报权利，经张某申请，法院作出除权判决。关于本案除权判决的性质，下列哪些表述是错误的？（2022 年回忆版）

A. 可作为执行根据

B. 属于非讼程序的判决

C. 属于确认判决

D. 属于形成判决

2. 海昌公司因丢失票据申请公示催告，期间届满无人申报权利，海昌公司遂申请除权判决。在除权判决作出前，家佳公司看到权利申报公告，向法院申报权利。对此，法院下列哪一做法是正确的？（2017-3-48）

A. 因公示催告期满，裁定驳回家佳公司的权利申报

B. 裁定追加家佳公司参加案件的除权判决审理程序

C. 应裁定终结公示催告程序

D. 作出除权判决，告知家佳公司另行起诉

3. 大界公司就其遗失的一张汇票向法院申请公示催告，法院经审查受理案件并发布公告。在公告期间，盘堂公司持被公示催告的汇票向法院申报权利。对于盘堂公司的权利申报，法院实施的下列哪些行为是正确的？（2016-3-83）

A. 应当通知大界公司到法院查看盘堂公司提交的汇票

B. 若盘堂公司出具的汇票与大界公司申请公示的汇票一致，则应当开庭审理

C. 若盘堂公司出具的汇票与大界公司申请公示的汇票不一致，则应当驳回盘堂公司的申请

D. 应当责令盘堂公司提供证明其对出示的汇票享有所有权的证据

4. 甲公司财务室被盗，遗失金额为 80 万元的汇票一张。甲公司向法院申请公示催告，法院受理后即通知支付人 A 银行停止支付，并发出公告，催促利害关系人申报权利。在公示催告期间，甲公司按原计划与材料供应商乙企业签订购货合同，将该汇票权利转让给乙企业作为付款。公告期满，无人申报，法院即组成合议庭作出判决，宣告该汇票无效。关于本案，下列哪些说法是正确的？（2015-3-85）

A. A 银行应当停止支付，直至公示催告程序终结

B. 甲公司将该汇票权利转让给乙企业的行为有效

C. 甲公司若未提出申请，法院可以作出宣告该汇票无效的判决

D. 法院若判决宣告汇票无效，应当组成合议庭

详 解

1. [答案] ACD　　[难度] 难

[考点] 除权判决、确认之诉、变更之诉

[命题和解题思路] 为迎合法考理论化命题趋势，本题以除权判决为切入点，对诉的分类、执行根据的类型予以考查。题目命题角度新颖、考查方式灵活，并无直接的解题依据，需要运用相关法律规定和诉讼理论推导作答，难度颇高。选项 A 涉及除权判决的法律效力，需要借助《民诉解释》的规定推导作出判断，稍有不慎可能会落入命题陷阱；诉的分类理论仅针对诉讼案件，结合公示催告程序的非讼性质，可对选项 B、C、D 作出判断。

[选项分析]《民诉解释》第 451 条规定，判决公告之日起，公示催告申请人有权依据判决向付款人请求付款。付款人拒绝付款，申请人向人民法院起诉，符合《民事诉讼法》第 122 条规定的起诉条件的，人民法院应予受理。据此，除权判决只能成为要求付款人付款的依据，但不能成为执行根据。假设除权判决可作为执行根据，则申请人的支付请求被拒绝后，其救济方式应为向法院申请执行除权判决而非向法院起诉，这显然不符合上述规定。选项 A 表述错误，当选。

公示催告程序属于非讼程序，适用该程序作出的除权判决当然属于非讼程序的判决。当事人不得对除权判决提起上诉，也不能申请再审。选项 B 表述正确，不当选。

诉的分类针对的是诉讼案件，分为给付之诉、形成之诉（变更之诉）和确认之诉，法院对上述类型的诉作出的判决即为给付判决、形成判决和确认判决。公示催告程序属于非讼程序，不适用诉的分类理论，除权判决不属于给付判决、形成判决或者确认判决。虽然除权判决可推定票据权利归申请人所有，在某种程度上具有确权的性质，但其不属于确认判决。选项 C 和 D 均错误，当选。

2. [答案] C　　[难度] 中

[考点] 权利申报（对权利申报的审查及处理）

[命题和解题思路] 2015-2017 年，连续三年命题考查公示催告程序。本题中命题人编制小案例，对权利申报的期限进行考查。题目考点单一，

法律依据明确，难度较低。解题的关键在于明确除权判决作出前均可申报权利，就能轻松排除干扰准确作答。命题人对非讼程序考题常用的设陷附招式是"移花接木"，即将诉讼程序的规定混入非讼程序作为干扰项。考生要常怀警惕之心，擦亮"慧眼"，避免上当。

[选项分析] 虽然《民事诉讼法》第232条第1款规定，利害关系人应当在公示催告期间向人民法院申报，但《民诉解释》第448条将权利申报的期间延展至除权判决作出前。选项A错误。

除权判决是根据申请人的申请，法院作出宣告票据无效的判决。除权判决只有申请人一方，并不存在其他当事人。因此，不能在除权判决中追加申报权利的利害关系人。选项B错误。

《民诉解释》第448条规定，在申报期届满后、判决作出之前，利害关系人申报权利的，人民法院应当裁定终结公示催告程序，并通知申请人和支付人。申请人或者申报人可以向人民法院起诉。选项C为正确答案。

法院作出除权判决应当具备两个条件：（1）申请人在公示催告期间届满之日起1个月内提出申请；（2）除权判决作出前无人申报权利，或者申报被驳回。家佳公司已在除权判决作出前向法院申报权利，此时已经不符合作出除权判决的条件，法院不得作出除权判决。选项D错误。

易混淆点解析

以除权判决作出为界，公示催告程序对利害关系人的救济分为两种方式：（1）**除权判决作出前，利害关系人均可申报权利**。形式审查通过后，法院应裁定终结公示催告程序，当事人可以通过诉讼方式解决纠纷。（2）**除权判决生效后，利害关系人自知道或应当知道判决公告之日起1年内，向作出判决的法院起诉**，法院按票据纠纷适用普通程序审理。

3. [答案] AC　　[难度] 中

[考点] 公示催告程序的概念和特点、申报权利（对权利申报的审查及处理）

[命题和解题思路] 命题人以案例题形式，考查了公示催告程序的非讼性特点以及对权利申报的审查及处理。选项A和C考查的是对权利申报的审查及处理，有明确的法律依据；而选项B和

D涉及公示催告程序的非讼性特点并无法律规定，需要借助于诉讼理论作出判断。公示催告程序经常受到命题人的垂青，该程序可考查点不多，考题基本属于法条识记题，理论性不强，难度较低。考生只要了解公示催告程序的非讼性特点以及每个阶段的具体程序规定，不难正确解答此类试题。

[选项分析]《民诉解释》第449条规定，利害关系人申报权利，人民法院应当通知其向法院出示票据，并通知公示催告申请人在指定的期间查看该票据。公示催告申请人申请公示催告的票据与利害关系人出示的票据不一致的，应当裁定驳回利害关系人的申报。据此，法院应当通知大界公司查看盘堂公司提交的汇票，选项A正确。若盘堂公司出具的汇票与大界公司申请公示的汇票不一致，意味着权利申报不符合要求，应当驳回盘堂公司的申请。选项C正确。

选项B是重点干扰项。因非讼程序以双方不存在实体争议为前提，并不解决当事人之间的民事纠纷。如果盘堂公司出具的汇票与大界公司申请公示的汇票一致，则意味着双方对该汇票的归属存在争议，法院应当裁定终结公示催告程序，告知当事人通过诉讼方式解决该纠纷。公示催告程序属于非讼程序，因此，公示催告案件不存在类似于诉讼案件的开庭前准备、开庭审理等程序阶段。在程序进行中遇有争议事实，即应当终结公示催告程序，当事人无需举证证明争议事实的真实性。在公示催告程序中主要以书面审查和公示方式审理案件。选项B错误。

选项D也是干扰项。在公示催告程序中，法院只对申报权利的利害关系人提供的票据与公示催告的票据是否一致作形式审查，票据一致即可裁定终结公示催告程序，利害关系人无需提供证据证明票据的所有权。只有在诉讼程序中，当事人才需要提供证据证明票据的所有权归属。选项D错误。

4. [答案] AD　　[难度] 中

[考点] 止付与公告（停止支付）、除权判决（申请作出除权判决的条件）

[命题和解题思路] 命题人以案例题形式，对两个考点进行综合考查。选项内容是对法律规定的简单重复，难度不高。非讼案件考题的理论性不强，熟悉法律及司法解释规定很容易得分。

[选项分析] 选项 A 考查法院止付通知的效力。《民事诉讼法》第 231 条第 1 款规定，支付人收到人民法院停止支付的通知，应当停止支付，至公示催告程序终结。据此，A 银行应当停止支付，直至公示催告程序终结。选项 A 为正确答案。

选项 B 考查公示催告期间票据权利能否转让。《民事诉讼法》第 231 条第 2 款规定，公示催告期间，转让票据权利的行为无效。据此，在公示催告期间，甲公司将遗失汇票的权利转让给乙公司的行为无效。选项 B 错误。本选项通过公示催告程序的性质也可判断，甲公司因汇票遗失申请公示催告，意在通过该程序使票据失权，并让申请人获得票据上的权利。欲实现上述目的，必须正常走完公示催告程序，即法院经申请作出除权判决并进行公告。此时，案件还在公示催告期间，申请人尚未获得票据上的权利，其转让行为当然无效。

选项 C 考查除权判决的启动方式。《民事诉讼法》第 233 条规定，没有人申报的，人民法院应当根据申请人的申请，作出判决，宣告票据无效。本案中，甲公司未提出申请，法院不可以作出除权判决。选项 C 错误。

选项 D 考查除权判决的审判组织。《民诉解释》第 452 条规定，适用公示催告程序审理案件，可由审判员一人独任审理；判决宣告票据无效的，应当组成合议庭审理。选项 D 为正确答案。

> **易混淆点解析**
>
> 公示催告程序较为特殊，分为公示催告阶段和除权判决阶段，但除权判决阶段不是公示催告程序的必经阶段。**两个阶段都需要申请人提出申请才能启动；公示催告程序由审判员独任审理，除权判决则由合议庭审理；两个阶段都要发布公告。**

第二十一章　执行程序

试　题

第一节　执行程序中的一般性制度

1. A 市 B 区的甲公司与 C 市 D 区的乙公司签订买卖合同，双方约定如合同履行发生纠纷向位于 A 市的 A 仲裁委员会申请仲裁，仲裁裁决向 A 市 B 区法院申请执行。后因买卖合同纠纷，甲公司向 A 仲裁委员会申请仲裁并获得胜诉仲裁裁决，乙公司未履行。甲公司查到乙公司在 C 市 E 区的仓库有大量财产，拟申请执行。关于本案的执行管辖法院，下列哪一选项是正确的？（2023 年回忆版）

A. C 市 D 区法院或者 C 市 E 区法院

B. C 市 D 区法院

C. C 市 E 区法院

D. A 市 B 区法院

2. 陈某因拖欠王某 100 万元被申请强制执行。执行过程中，王某与陈某达成和解协议，陈某 1 个月内支付王某 90 万元，并由赵某提供保证。赵某向法院承诺，若陈某不履行，可以直接对其强制执行。一个月后，陈某不履行协议。关于对王某的救济方式，下列哪些说法是正确的？（2023 年回忆版）

A. 申请恢复强制执行

B. 就和解协议申请对赵某强制执行

C. 就和解协议起诉赵某

D. 就和解协议起诉陈某

3. 常某因借款合同纠纷向 A 区法院起诉商某，获得生效胜诉判决后，向商某住所地的 B 区法院申请强制执行。商某表示自己没有现金可供执行，但是有一块祖传的玉石可用以抵债，二人遂达成执行和解协议。商某交付玉石后，常某将其摆放在卧室中观赏，后来身体健康状况却出现问题，最后查明该玉石含有放射性元素。关于对常某的救济方式，下列说法正确的是：（2023 年回忆版）

A. 向 B 区法院起诉要求商某赔偿损失

B. 可直接向 B 区法院申请恢复执行

C. 可向 B 区法院起诉撤销执行和解协议

D. 向 B 区法院申请再审

4. 楚某向魏某出借一个价值 5 万元的古董花瓶，约定 10 日后归还。但几个月后魏某仍未返还，楚某将其诉至法院，法院判决魏某向楚某返还花瓶。楚某申请强制执行，经查实该花瓶已被魏某失手打碎，双方达成执行和解协议，约定魏某将其所有的另一个花瓶交付楚某。法院裁定中止执行，之后魏某认为自己的花瓶更值钱，于是反悔拒绝交付。关于本案的处理，下列哪些说法是正确的？（2022年回忆版）

A. 楚某可起诉要求魏某履行和解协议

B. 楚某可申请法院执行和解协议

C. 楚某可申请法院恢复执行原判决

D. 法院可执行魏某5万元其他财产

5. 周某向吴某借款300万元到期未归还，吴某诉请判令周某偿还，其胜诉后请求法院对周某强制执行。周某的财产不足以清偿欠款，但其名下有一家一人有限公司，公司现有200万元财产。吴某遂向法院申请追加该公司为被执行人，执行这笔200万元财产。关于本案的处理，下列哪些说法是正确的？（2020年回忆版）

A. 法院应裁定驳回吴某的请求

B. 法院应裁定追加公司为被执行人

C. 若对裁定有意见，相关当事人可向法院申请复议

D. 若对裁定有意见，相关当事人可提起执行异议之诉

6. 钱某在甲、乙、丙三人合伙开设的饭店就餐时被砸伤，遂以营业执照上登记的字号"好安逸"饭店为被告提起诉讼，要求赔偿医疗费等费用25万元。法院经审理，判决被告赔偿钱某19万元。执行过程中，"好安逸"饭店支付了8万元后便再无财产可赔。对此，法院应采取下列哪一处理措施？（2017-3-49）

A. 裁定终结执行

B. 裁定终结本次执行

C. 裁定中止执行，告知当事人另行起诉合伙人承担责任

D. 裁定追加甲、乙、丙为被执行人，执行其财产

7. 李某与温某之间债权债务纠纷经甲市M区法院审理作出一审判决，要求温某在判决生效后15日内偿还对李某的欠款。双方均未提起上诉。判决履行期内，李某发现温某正在转移财产，温某位于甲市N区有可供执行的房屋一套，故欲申请法院对该房屋采取保全措施。关于本案，下列哪一选项是正确的？（2016-3-43）

A. 此时案件已经审理结束且未进入执行阶段，李某不能申请法院采取保全措施

B. 李某只能向作出判决的甲市M区法院申请保全

C. 李某可向甲市M区法院或甲市N区法院申请保全

D. 李某申请保全后，其在生效判决书指定的履行期间届满后15日内不申请执行的，法院应当解除保全措施

8. 何某依法院生效判决向法院申请执行甲的财产，在执行过程中，甲突发疾病猝死。法院询问甲的继承人是否继承遗产，甲的继承人乙表示继承，其他继承人均表示放弃继承。关于该案执行程序，下列哪一选项是正确的？（2016-3-49）

A. 应裁定延期执行

B. 应直接执行被执行人甲的遗产

C. 应裁定变更乙为被执行人

D. 应裁定变更甲的全部继承人为被执行人

9. 甲诉乙返还10万元借款。胜诉后进入执行程序，乙表示自己没有现金，只有一枚祖传玉石可抵债。法院经过调解，说服甲接受玉石抵债，双方达成和解协议并当即交付了玉石。后甲发现此玉石为赝品，价值不足千元，遂申请法院恢复执行。关于执行和解，下列哪些说法是正确的？（2014-3-85）

A. 法院不应在执行中劝说甲接受玉石抵债

B. 由于和解协议已经即时履行，法院无须再将和解协议记入笔录

C. 由于和解协议已经即时履行，法院可裁定执行中止

D. 法院应恢复执行

10. 下列哪些情况下，法院不应受理当事人的上诉请求？（2013-3-78）

A. 宋某和卢某借款纠纷一案，卢某终审败诉，宋某向区法院申请执行，卢某提出执行管辖异议，区法院裁定驳回卢某异议。卢某提起上诉

B. 曹某向市中院诉刘某侵犯其专利权，要求赔偿损失1元钱，中院驳回其请求。曹某提起上诉

C. 孙某将朱某打伤，经当地人民调解委员会调解达成协议，并申请法院进行了司法确认。后朱某反悔提起上诉

D. 尹某诉与林某离婚，法院审查中发现二人系禁婚的近亲属，遂判决二人婚姻无效。尹某提起上诉

第二节　执行措施

📶 **1.** 甲公司因乙公司拖欠其 100 万元借款，向法院申请支付令。支付令签发后，乙公司未提出异议也未主动履行，法定期间届满后，甲公司未申请执行该支付令。后甲公司无力支付拖欠丙公司的货款 200 万元，丙公司通过胜诉判决确认了对甲公司的债权。关于丙公司的救济方式，下列哪些说法是正确的？（2023 年回忆版）

A. 对乙公司申请支付令

B. 对乙公司提起代位诉讼

C. 申请冻结甲公司对乙公司的债权

D. 申请执行甲公司对乙公司的支付令

📶 **2.** 齐某申请法院强制执行韩某的房屋，法院将该房屋放在网络上进行司法拍卖。牛某以高价拍得该房屋，后来发现韩某注册了账号参与司法拍卖哄抬价格。现牛某欲向法院申请撤销拍卖，可采用下列哪一种方式予以救济？（2023 年回忆版）

A. 向房屋所在地法院起诉韩某

B. 向韩某住所地法院起诉韩某

C. 向执行法院申请执行标的异议

D. 向执行法院申请执行行为异议

📶 **3.** 冯某以 50 万元价格购买陈某的古画，双方约定冯某分期付款，陈某拿到首付款后交付古画，但在冯某付清全部价款前古画仍归陈某所有。收到 10 万元首付款后，陈某交付古画。合同履行过程中，因陈某拖欠蒋某借款被诉至法院，蒋某胜诉后申请法院强制执行，法院对古画进行了扣押。关于对冯某的救济措施，下列哪一表述是正确的？（2021 年回忆版）

A. 提出执行异议之诉，法院应予受理

B. 对扣押行为提出执行异议，法院应予支持

C. 要求继续履行合同，法院应予支持

D. 提供担保后申请解除扣押，法院应予支持

📶 **4.** 肖某和叶某婚后育有一子。后因性格不合，肖某向法院起诉离婚，法院判决两人离婚，儿子由肖某抚养，叶某每月可探望两次。叶某因多次探望被拒，向法院申请强制执行。对此，法院可采取下列哪些强制措施？（2021 年回忆版）

A. 可对肖某拘留

B. 可对肖某罚款

C. 可将孩子带到指定场所探望

D. 可将叶某带到肖某住处探望

📶 **5.** 甲与乙协商向其求购一幅油画，约定价款 100 万元，违约金 50 万元，7 日内全额付款后次日交画。甲付清 100 万元价款后要求乙交付油画，乙听闻甲欲将该油画转卖给自己的仇人，遂拒绝交付。甲将乙诉至法院，法院判决乙履行交付油画义务。判决生效后乙拒绝履行，甲申请法院强制执行。执行期间乙将该油画撕毁，并告知甲愿意返还 100 万元购画款，但甲主张乙必须加付 50 万元违约金。关于本案的处理，下列哪一选项是正确的？（2020 年回忆版）

A. 可执行乙 100 万元，告知甲就违约金另行起诉

B. 裁定中止执行，等待甲另行起诉的判决结果

C. 裁定终结执行，甲可另行起诉

D. 直接执行乙 150 万元

📶 **6.** 甲获得对乙 20 万元的胜诉判决后申请执行，执行中发现乙并无可供执行的财产，但其对丙享有 10 万元到期债权。甲遂申请法院向丙发出履行债务的通知，丙收到通知后向法院提出异议，声称该笔欠款已经归还；丁亦向法院提出异议，主张自己受让了乙对丙享有的 10 万元债权。关于本案，下列表述正确的是：（2019 年回忆版）

A. 法院可以依照甲的申请对丙公司强制执行

B. 法院不可依照甲的申请对丙公司强制执行

C. 丁的异议被驳回后应申请再审

D. 丁的异议被驳回后应提起执行异议之诉

📶 **7.** 郝某向余某借款 100 万元未归还，余某胜诉后申请法院强制执行，法院查封了郝某名下一套房屋。查封后，邱某向法院主张该房屋为两人共有。法院经审查，确认该房为郝某和邱某共有。关于该共有房屋的执行，下列哪些表述是正确的？（2019 年回忆版）

A. 法院可查封该房屋

B. 经余某同意，郝某和邱某可协议分割该房屋

C. 余某可对该房屋提起析产诉讼

D. 法院可不经查封，直接裁定拍卖该房屋

8. 龙前铭申请执行郝辉损害赔偿一案，法院查扣了郝辉名下的一辆汽车。查扣后，郝辉的两个哥哥向法院主张该车系三兄弟共有。法院经审查，确认该汽车为三兄弟共有。关于该共同财产的执行，下列哪些表述是正确的？（2017-3-84）

A. 因涉及案外第三人的财产，法院应裁定中止对该财产的执行

B. 法院可查扣该共有财产

C. 共有人可对该共有财产协议分割，经债权人同意有效

D. 龙前铭可对该共有财产提起析产诉讼

9. 田某拒不履行法院令其迁出钟某房屋的判决，因钟某已与他人签订租房合同，房屋无法交给承租人，使钟某遭受损失，钟某无奈之下向法院申请强制执行。法院受理后，责令田某15日内迁出房屋，但田某仍拒不履行。关于法院对田某可以采取的强制执行措施，下列哪些选项是正确的？（2016-3-84）

A. 罚款

B. 责令田某向钟某赔礼道歉

C. 责令田某双倍补偿钟某所受到的损失

D. 责令田某加倍支付以钟某所受损失为基数的同期银行利息

第三节　执行救济

1. 洪某投资建厂，拖欠肖某工程款100万元，双方协商将洪某名下部分厂房转给肖某抵债，双方未办理过户手续。后洪某因拖欠周某借款500万元被起诉，周某获得生效胜诉判决后申请执行，法院欲拍卖洪某名下的全部厂房，肖某提出执行异议。洪某向肖某承诺履行还款义务，肖某撤回异议。后因洪某不履行承诺，肖某再次向执行法院提出异议，被以重复异议为由裁定驳回。关于对肖某的救济，下列哪一表述是正确的？（2022年回忆版）

A. 向执行法院提起执行异议之诉

B. 向上一级法院提起执行异议之诉

C. 向执行法院申请复议

D. 向上一级法院申请复议

2. 田某被判决向程某支付借款本金和利息300万元，但未及时履行，程某申请强制执行。执行法院查封了田某名下的A房屋，田父向房屋所在

地法院提起诉讼，要求确认A房屋为其所有，法院判决支持田父的诉讼请求。关于本案，下列说法正确的有：（2019年回忆版）

A. 田父可直接向法院提起执行异议之诉

B. 执行法院可对A房屋继续执行

C. 田父可就A房屋的查封向执行法院提起异议

D. 因田父胜诉，执行法院应解除对A房屋的查封

3. 易某依法院对王某支付其5万元损害赔偿金之判决申请执行。执行中，法院扣押了王某的某项财产。案外人谢某提出异议，称该财产是其借与王某使用的，该财产为自己所有。法院经审查，认为谢某异议理由成立，遂裁定中止对该财产的执行。关于本案的表述，下列哪一选项是正确的？（2017-3-41）

A. 易某不服该裁定提起异议之诉的，由易某承担对谢某不享有该财产所有权的证明责任

B. 易某不服该裁定提起异议之诉的，由谢某承担对其享有该财产所有权的证明责任

C. 王某不服该裁定提起异议之诉的，由王某承担对谢某不享有该财产所有权的证明责任

D. 王某不服该裁定提起异议之诉的，由王某承担对其享有该财产所有权的证明责任

4. 甲向法院申请执行郭某的财产，乙、丙和丁向法院申请参与分配，法院根据郭某财产以及各执行申请人债权状况制定了财产分配方案。甲和乙认为分配方案不合理，向法院提出了异议，法院根据甲和乙的意见，对分配方案进行修正后，丙和丁均反对。关于本案，下列哪一表述是正确的？（2016-3-48）

A. 丙、丁应向执行法院的上一级法院申请复议

B. 甲、乙应向执行法院的上一级法院申请复议

C. 丙、丁应以甲和乙为被告向执行法院提起诉讼

D. 甲、乙应以丙和丁为被告向执行法院提起诉讼

5. 对于甲和乙的借款纠纷，法院判决乙应归还甲借款。进入执行程序后，由于乙无现金，法院扣押了乙住所处的一架钢琴准备拍卖。乙提出

钢琴是其父亲的遗物，申请用一台价值与钢琴相当的相机替换钢琴。法院认为相机不足以抵偿乙的债务，未予同意。乙认为扣押行为错误，提出异议。法院经过审查，驳回该异议。关于乙的救济渠道，下列哪一表述是正确的？（2014-3-49）

A. 向执行法院申请复议

B. 向执行法院的上一级法院申请复议

C. 向执行法院提起异议之诉

D. 向原审法院申请再审

详 解

第一节　执行程序中的一般性制度

1. ［答案］A　　［难度］难

［考点］执行程序中的一般性制度（执行管辖）

［命题和解题思路］本题取材于 2016 年第 9 期最高人民法院公报案例，对执行程序能否适用协议管辖予以考查。本题并无明确的解题依据，只能根据案例裁判要旨或者诉讼理论推导作答，难度颇高。解题的关键在于判断协议管辖能否适用于执行程序，为避免双方的约定干扰执行。根据最高人民法院的裁判要旨，双方当事人只能在与执行存在连接点的法院之间进行选择。据此判断本案的协议管辖无效，应根据司法解释规定确定案件管辖法院。需要强调的是，本题问的是执行管辖法院，并非当事人向何地法院提出执行申请，若是后者应为 C 市中级法院。

［选项分析］根据《最高人民法院公报》2016 年第 9 期刊载的"大庆筑安建工集团有限公司、大庆筑安建工集团有限公司曲阜分公司与中煤第六十八工程有限公司施工合同纠纷案"的裁判要旨，法律和司法解释对仲裁案件执行的级别管辖和地域管辖作出的明确规定，具有强制约束力。关于仲裁裁决的执行，其确定管辖的连接点只有两个：一是被执行人住所地，二是被执行的财产所在地。《民事诉讼法》属于公法性质的法律规范，法律没有赋予权利即属禁止。虽然《民事诉讼法》没有明文禁止当事人协商执行管辖法院，但对当事人就执行案件管辖权的选择限定于上述两个连接点之间，当事人只能依法选择向其中一个有管辖权的法院提出执行申请。《民事诉讼法》有关应诉管辖的规定适用于诉讼程序，不适用于

执行程序。因此，当事人通过协议方式选择，或通过不提管辖异议、放弃管辖异议等默认方式自行确定向无管辖权的法院申请执行的，不予支持。据此，本案中双方约定仲裁裁决向申请执行人甲公司住所地的 A 市 B 区法院申请执行，该协议管辖违反了法定的仲裁管辖规定而无效。《最高人民法院关于人民法院办理仲裁裁决执行案件若干问题的规定》第 2 条第 1、2 款规定，当事人对仲裁机构作出的仲裁裁决或者仲裁调解书申请执行的，由被执行人住所地或者被执行的财产所在地的中级人民法院管辖。符合下列条件的，经上级人民法院批准，中级人民法院可以参照《民事诉讼法》第 38 条的规定指定基层人民法院管辖：（1）执行标的额符合基层人民法院一审民商事案件级别管辖受理范围；（2）被执行人住所地或者被执行的财产所在地在被指定的基层人民法院辖区内。据此，本案甲公司应向 C 市中级法院申请执行，符合上诉条件，C 市中级法院可将案件指定由 C 市 D 区法院或者 C 市 E 区法院管辖。选项 A 正确。

2. ［答案］ABCD　　［难度］中

［考点］执行程序中的一般性制度（执行和解）

［命题和解题思路］本题以执行和解协议中约定担保条款为素材，对其法律效果予以考查。题目考点单一，解题依据涉及《执行和解规定》第 18 条和第 9 条的明文规定，难度不高。欲正确解题，应注意被执行人不履行执行和解协议，申请执行人可选择起诉或者申请恢复执行两种方式。《执行和解规定》第 18 条适用的前提是申请恢复执行，不可因此而忽略第 9 条可以起诉的救济方式。

［选项分析］《执行和解规定》第 18 条规定，执行和解协议中约定担保条款，且担保人向人民法院承诺在被执行人不履行执行和解协议时自愿接受直接强制执行的，恢复执行原生效法律文书后，人民法院可以依申请执行人申请及担保条款的约定，直接裁定执行担保财产或者保证人的财产。据此，被执行人陈某到期不履行，申请执行人王某可申请恢复强制执行。选项 A 正确。担保人赵某向法院承诺，被执行人不履行，自愿接受法院强制执行。因此，法院根据王某的申请，可直接裁定执行保证人赵某的财产。选项 B 正确。

《执行和解规定》第9条规定，被执行人一方不履行执行和解协议的，申请执行人可以申请恢复执行原生效法律文书，也可以就履行执行和解协议向执行法院提起诉讼。据此，被执行人陈某不履行和解协议，申请执行人王某也可以向执行法院起诉被执行人陈某或者保证人赵某。选项C、D均正确。

3. [答案]AC [难度]中

[考点]执行程序中的一般性制度（执行和解）

[命题和解题思路]执行和解属于高频考点，本题以执行和解协议瑕疵履行为素材，对申请执行人的救济方式予以考查。解题的关键有二：其一，根据案情表述判断商某属于瑕疵履行造成损害，根据司法解释规定可以起诉救济；其二，应注意执行和解协议已履行完毕，在当事人起诉撤销执行和解协议前，不能申请恢复执行。

[选项分析]《执行和解规定》第15条规定，执行和解协议履行完毕，申请执行人因被执行人迟延履行、瑕疵履行遭受损害的，可以向执行法院另行提起诉讼。据此，商某交付的玉石具有放射性元素，属于瑕疵履行，常某可向执行法院起诉要求商某赔偿损失。选项A正确。

《执行和解规定》第16条第1款规定，当事人、利害关系人认为执行和解协议无效或者应予撤销的，可以向执行法院提起诉讼。执行和解协议被确认无效或者撤销后，申请执行人可以据此申请恢复执行。据此，因执行和解协议已经履行完毕，如果不起诉撤销执行和解协议，申请人不能申请恢复执行。选项B错误；选项C正确。

当事人只能针对法院生效判决、裁定和调解书申请再审，对执行和解协议不能申请再审。选项D错误。

4. [答案]AC [难度]中

[考点]执行中的一般性制度（执行和解）、对财产的执行措施

[命题和解题思路]执行制度向来是法考命题的重点，本题对特定物执行与执行和解制度搭配考查。解题有明确的法律依据，难度不高。了解执行和解协议不履行可以起诉，但其不能直接成为执行根据，据此可确定A选项，排除选项B；根据"审执分离"原则，执行必须以生效法律文书为依据，这就要求若被执行的特定物灭失，只能协商赔偿或另诉获得新的执行根据，而不能擅自替换为其他财产的执行，据此可识别D选项的干扰。

[选项分析]《执行和解规定》第9条规定，被执行人一方不履行执行和解协议的，申请执行人可以申请恢复执行原生效法律文书，也可以就履行执行和解协议向执行法院提起诉讼。据此，双方达成执行和解协议后，魏某反悔不履行，首先，申请执行人楚某可以就执行和解协议的履行起诉，但执行和解协议不能直接成为执行根据。选项A正确，选项B错误。其次，楚某还可申请执行法院恢复执行原判决，选项C正确。

《民诉解释》第492条规定，执行标的物为特定物的，应当执行原物。原物确已毁损或者灭失的，经双方当事人同意，可以折价赔偿。双方当事人对折价赔偿不能协商一致的，人民法院应当终结执行程序。申请执行人可以另行起诉。据此，本案原判决的执行标的物古董花瓶属于特定物，该花瓶已被打碎，双方可以协商折价赔偿；协商不成，法院应终结执行程序，楚某可就赔偿问题另行起诉，但法院不能直接执行魏某5万元的其他财产。选项D错误。

5. [答案]AD [难度]中

[考点]执行程序中的一般性制度（执行承担）

[命题和解题思路]本题以自然人不能偿还欠款时能否追加其名下一人公司为被执行人为切入点，考查执行承担的具体适用情形和救济方式。解答本题的关键在于理解追加被执行人的法定主义原则，若无法律明文规定，不得擅自追加被执行人。再结合一人公司作为独立民事主体地位的规定，对AB选项不难作出准确判断。申请复议主要适用于执行当事人失去权利能力或者债权移转的情形，并不需要结合实体法作出判断，而本题显然需要结合实体法作出判断，应适用诉讼方式解决，据此可排除选项C的干扰。

[选项分析]执行程序中追加被执行人，意味着直接通过执行程序确定由生效法律文书列明的被执行人以外的人承担实体责任，对各方当事人的实体和程序权利将产生极大影响。因此，追加被执行人必须遵循法定主义原则，具言之，必

须符合《最高人民法院关于民事执行中变更、追加当事人若干问题的规定》的追加情形。该规定第20条规定，若被执行人为一人有限责任公司，股东不能证明公司财产独立于自己的财产，可追加该股东为被执行人。但该司法解释并未规定股东为被执行人，可以追加一人公司为被执行人。据此，吴某申请追加一人公司为被执行人，法院应裁定驳回其请求。选项A正确，选项B错误。

是否应当追加一人公司为被执行人使其承担清偿责任，需要结合实体法相关规定予以明确认定，应当通过诉讼渠道解决。选项C错误，选项D正确。

6. [答案] D　　　[难度] 中

[考点] 执行程序中的一般性制度（执行承担）

[命题和解题思路] 命题人编制小案例，表面上考查执行承担制度，实则还涉及对其他组织性质的认定。本题考点连续两年考查，命题人通过变换执行承担的适用情形，实现"常考常新"。解答本题的难点在于准确判断考点，考生应首先能过题干案例表述，判断命题人的考查意图，再结合《民诉解释》的明文规定，不难排除选项干扰准确作答。

[选项分析] 题干仅交代甲、乙、丙三人合伙开饭店，应首先判断属于个人合伙还是合伙企业。个人合伙以全体合伙人作为共同诉讼人，而原告钱某以营业执照上登记的字号"好安逸"饭店为被告提起诉讼，可见本案不属于个人合伙，应当是合伙企业，且为普通合伙企业。根据《民诉解释》第52条第2项规定，依法登记领取营业执照的合伙企业，属于《民事诉讼法》第51条规定的其他组织。执行过程中，作为其他组织的"好安逸"饭店支付了8万元后便再无财产可赔，根据《民诉解释》第471条规定，其他组织在执行中不能履行法律文书确定的义务的，人民法院可以裁定执行对该其他组织依法承担义务的法人或者公民个人的财产。《合伙企业法》第2条规定，普通合伙企业的合伙人对合伙企业债务承担无限连带责任。因此，法院可以裁定执行对该合伙企业承担无限连带责任的甲、乙、丙这三个合伙人的个人财产。选项D为正确答案，其他选项均错误。

易混淆点解析

个人合伙，无论是否有字号，均应以全体合伙人为共同诉讼人；依法登记领取营业执照的合伙企业属于其他组织，应以合伙企业名称为当事人。

7. [答案] C　　　[难度] 中

[考点] 财产保全的相关问题、执行程序中的一般性制度（执行管辖）

[命题和解题思路] "财产保全的相关问题"是2015年增加的考点，命题人以《民诉解释》执行前保全制度的新增规定为素材命制本题。题目名义上考查的是执行前保全制度，实际上还顺带考查了执行管辖制度，两个考点环环相扣，难度较高。B和C选项互斥，可利用互斥选项答题技巧辅助作答。D选项涉及对期间的考查，这对考生的记忆精确度要求颇高，此类试题虽然考查频率较低，也要予以重视。命题人如果将选项D的时间改为30日，将其与诉前保全制度相混淆，迷惑性将会更大。

[选项分析] 《民诉解释》第163条规定，法律文书生效后，进入执行程序前，债权人因对方当事人转移财产等紧急情况，不申请保全将可能导致生效法律文书不能执行或者难以执行的，可以向执行法院申请采取保全措施。债权人在法律文书指定的履行期间届满后5日内不申请执行的，人民法院应当解除保全。据此，案件审结后进入执行程序前，债权人可以申请财产保全。选项A错误。债权人应在法律文书指定的履行期间届满后5日内申请执行，不是15日。选项D错误。

申请保全的管辖法院是执行法院，根据《民事诉讼法》第235条第1款规定，发生法律效力的民事判决、裁定，以及刑事判决、裁定中的财产部分，由第一审人民法院或者与第一审人民法院同级的被执行的财产所在地人民法院执行。本案的一审法院是甲市M区法院，被执行财产所在地是房屋所在的甲市N区，两地均为执行法院。因此选项B错误，选项C为正确答案。

易混淆点解析

民事诉讼法在不同的程序阶段均规定了保全制度，其目的均在于确保生效法律文书得以执行，但也存在诸多不同点。

不同点	诉前保全	诉讼中保全	执行前保全
申请时间	提起诉讼或者申请仲裁前	诉讼过程中	法律文书生效后，进入执行程序前
启动主体	利害关系人	当事人/法院	债权人
管辖法院	被保全财产所在地、被申请人住所地或者对案件有管辖权的法院	一审、上诉案件报送到二审法院前为案件的一审审理法院	执行法院
担保	应当提供担保	可以责令提供担保	可以不要求提供担保
裁定与执行时限	应在 48 小时内作出裁定，并立即执行	5 日内作出裁定，5 日内执行；情况紧急时，应在 48 小时内作出保全裁定，并立即开始执行	/
解除条件	法院采取保全措施后 30 日内不依法提起诉讼或者申请仲裁	财产纠纷案件，被申请人提供担保	债权人在法律文书指定的履行期间届满后 5 日内不申请执行

8. ［答案］C　　［难度］中

［考点］执行程序中的一般性制度（执行承担）

［命题和解题思路］命题人以案例题形式，对执行承担的法律后果作出考查。试题考点单一，未设计干扰信息，难度较低。考生熟悉《民诉解释》有关被执行人死亡后执行承担的程序规定，即可作出准确选择。

［选项分析］《民事诉讼法》第 267 条第 3 项规定，作为一方当事人的公民死亡，需要等待继承人继承权利或者承担义务的，人民法院应当裁定中止执行。据此，被执行人甲死亡，应当裁定中止执行，而非延期执行。选项 A 错误。另外，如果考生熟悉民事执行制度，执行中只有暂缓执行，并无延期执行制度，据此也可以排除本选项。

《民诉解释》第 473 条规定，继承人放弃继承的，人民法院可以直接执行被执行人的遗产。据此，只有当全部继承人均放弃继承时，法院才应当直接执行被执行人的遗产。选项 B 错误。

《民诉解释》第 473 条规定，作为被执行人的公民死亡，其遗产继承人没有放弃继承的，人民法院可以裁定变更被执行人，由该继承人在遗产的范围内偿还债务。据此，被执行人甲死亡后，只有继承人乙表示继承遗产，那法院应当裁定变更被执行人为乙。选项 C 为正确答案。除乙之外

的其余继承人均表示放弃继承，放弃继承权的继承人不应被列为被执行人。选项 D 错误。

易混淆点解析

中止执行和暂缓执行均属于阻却执行的情形，但两者也存在明显的区别。

不同点	中止执行	暂缓执行
适用情形	申请人表示可以延期执行；案外人对执行标的提出确有理由的异议；作为一方当事人的公民死亡，需要等待继承人继承权利或者承担义务；作为一方当事人的法人或者其他组织终止，尚未确定权利义务承受人；人民法院认为应当中止执行的其他情形	因执行担保或者司法监督引发暂缓执行
性质	较为客观，自由裁量空间小	主观性较强，自由裁量空间大

续表

不同点	中止执行	暂缓执行
效力	中断整个执行程序	暂时停止执行措施，执行程序并未中断
恢复执行期限能否确定	无法确定，有可能转变为执行终结	一般能够确定恢复执行时间

9. ［答案］AD ［难度］中

［考点］调解的开始、执行程序中的一般性制度（执行和解）

［命题及解题思路］2012 年《民事诉讼法》修正时对执行和解后恢复执行的情形作出修改，本题对其隔年考查仍符合"逢新必考"规律。命题人采用小案例形式，分别对执行和解的处理程序、法律后果、恢复执行情形以及法院调解的适用范围进行综合考查。命题人在案例表述中运用"无中生有"之计巧设陷阱，将执行程序中法院主持调解作为干扰情节，如果不了解执行程序不适用法院调解，很容易落入命题人布设的圈套。考生只要熟悉相关法律规定，不难对 BCD 三个选项作出判断。

［选项分析］选项 A 是重点干扰项。《民事诉讼法》并未明确规定执行程序不适用调解，考生需要结合法院调解以及执行程序的性质和功能作出判断。执行程序并不解决纠纷，只是确保生效的具有给付内容的执行根据得以实现。而法院调解是一种纠纷解决方式，也是法院行使审判权的特殊形式。因此，执行程序中法院不能调解。选项 A 正确。

根据《民事诉讼法》第 241 条第 1 款规定，在执行中，双方当事人自行和解达成协议的，执行员应当将协议内容记入笔录，由双方当事人签名或者盖章。无论是否已经即时履行，法院都应当将协议内容记入笔录。选项 B 错误。

经法院确认的执行和解协议具有中止本案执行程序的效力，法院也可根据当事人的申请，裁定中止执行或终结执行。《执行案件立案、结案意见》第 15 条规定，当事人达成执行和解协议，且执行和解协议履行完毕，可以以"执行完毕"方

式结案。甲乙达成和解协议，并当即交付了玉石，和解协议已经履行完毕。此时，法院可以以"执行完毕"方式结案，而非中止执行。选项 C 错误。

《民事诉讼法》第 241 条第 2 款规定，申请执行人因受欺诈、胁迫与被执行人达成和解协议，或者当事人不履行和解协议的，人民法院可以根据当事人的申请，恢复对原生效法律文书的执行。据此，乙提供的玉石是赝品，申请执行人甲受到了欺诈，甲向法院申请恢复执行，法院应当准许。选项 D 正确。

易混淆点解析

执行和解是当事人行使处分权的产物，和解协议不具有强制执行效力，也不能变更原生效法律文书的执行力。执行和解后，出现恢复执行的情形，法院不得依职权恢复执行。法院恢复执行的执行根据是原生效法律文书，而非执行和解协议。当事人申请恢复执行，适用申请执行期间（2 年）的规定，期间自执行和解协议约定履行期间的最后一日起计算。逾期未提出申请，不得向法院申请执行，也不能重新起诉。

10. ［答案］AC ［原答案为 ACD，依据《民法典婚姻家庭编解释（一）》第 11 条，本题答案调整为 AC］ ［难度］难

［考点］执行程序中的一般性制度（执行管辖）、小额诉讼程序的适用范围、特别程序的概念和特点、无效婚姻（确认婚姻无效的程序）

［命题和解题思路］本题命题人思路开阔，干扰项设计巧妙，从形式到内容上均有较高难度。表面上看本题考查的是两审终审之例外规定，实则命题人以是否允许上诉为主线，对执行管辖异议的救济方式、小额诉讼程序的适用范围、特别程序的审级制度、确认婚姻无效的具体程序等知识点进行综合考查。本题从形式上看，命题人采取一题多问的命题形式以及否定式设问的考查方式，这无形中增加了试题的难度。这是对实体法知识和程序法知识结合考查的有益尝试，应对此类考题要求考生在复习时要跨越部门法局限对相关知识点进行归纳总结。考生阅读选项的小案例后，要首先判断命题人的考查意图和具体考点，随后根据掌握的知识作出准确选择。

［选项分析］选项 A 是对执行管辖异议救济方

式的考查。根据《执行程序解释》第3条第2款的规定，执行管辖异议不成立的，裁定驳回，当事人对裁定不服的，可以向上一级人民法院申请复议。因此，卢某不服法院驳回执行异议的裁定，只能向该区法院的上一级人民法院申请复议，卢某提出上诉，法院不应当受理。选项A为正确答案。

选项B是重点干扰项，1元钱是主要干扰信息。如果考生看到"1元钱"的表述立即联想到小额诉讼程序，而小额诉讼程序一审终审，那真是"聪明反被聪明误"，极有可能误选B项。曹某提起的是诉讼案件，根据民事诉讼法的规定，不适用两审终审制的诉讼案件包括最高人民法院审理的一审案件以及小额诉讼案件。依据选项表述可以轻松排除前者，又因本案的管辖法院是中级法院，小额诉讼程序一般由基层法院及其派出法庭适用（唯一的例外是海事法院，但海事法院不受理专利权纠纷），因此该中院审理本案不可能适用小额诉讼程序。由此，曹某诉刘某一案该市中院应当适用民事普通程序审理，当事人可以通过上诉救济。选项B错误。

选项C在性质上是确认调解协议案件，审理该案法院应适用民事特别程序。根据《民事诉讼法》第185条的规定，依照特别程序审理的案件，实行一审终审。这就意味着所有的特别程序案件均不能通过上诉渠道进行救济。对于朱某的上诉案件，法院不应当受理。选项C为正确答案。

双方存在合法的婚姻关系是离婚的前提，法院在审理离婚案件时也要对双方是否存在合法的婚姻关系进行确认。尹某的诉讼请求虽然是离婚，但如果法院审查发现存在认定双方婚姻无效的法定情形，根据《民法典婚姻家庭编解释（一）》第12条的规定，人民法院受理离婚案件后，经审理确属无效婚姻的，应当将婚姻无效的情形告知当事人，并依法作出确认婚姻无效的判决。易言之，法院可以超出当事人的诉讼请求范围，依职权判决认定婚姻关系无效。此时法院作出的判决不是离婚判决，而是认定婚姻关系无效判决。《民法典婚姻家庭编解释（一）》第11条已将原《婚姻法解释（一）》第9条关于婚姻效力判决一审终审的规定删除。据此，有关婚姻效力的判决可以上诉救济。选项D错误。

易混淆点解析

当事人在审判程序和执行程序中均可以对管辖权提出异议，管辖权异议和执行管辖异议的不同点如下：

不同点	管辖权异议	执行管辖异议
提出的时间	提交答辩状期间	收到执行通知书之日起10日内
异议成立的法律后果	裁定将案件移送有管辖权的法院审理或者裁定驳回起诉	撤销执行案件，告知当事人向有管辖权的人民法院申请执行
异议不成立的救济方式	10日内向上一级法院提出上诉	向上一级法院申请复议
是否影响诉讼活动	异议审查和上诉期间，法院不得对案件行使审判权	异议审查和复议期间，不停止执行

第二节 执行措施

1. [答案] BC　　[难度] 难

[考点] 支付令的申请、执行开始的方式、代位执行、债权人代位权

[命题和解题思路] 本题以债务人对第三人享有债权为素材，对代位权诉讼以及代位申请执行的适用情形、能否代位申请支付令、生效支付令的申请主体等知识点予以综合考查。题目陷阱设计巧妙，考查面广，难度颇高。了解支付令仅适用于有直接债权债务关系的债权人和债务人之间，据此可排除选项A；知晓执行的申请主体限于生效法律文书确定的权利人或其继承人、权利承受人，据此可排除选项D。

[选项分析]《民事诉讼法》第225条第1款规定，债权人请求债务人给付金钱、有价证券，符合下列条件的，可以向有管辖权的基层人民法院申请支付令：（1）债权人与债务人没有其他债务纠纷的；（2）支付令能够送达债务人的。据此，支付令仅适用于债权人和债务人之间金钱和有价证券的给付，丙公司和乙公司之间并无直接的债权债务关系，丙公司不能对乙公司申请支付令。

选项 A 错误。

《民法典》第 535 条第 1 款规定，因债务人怠于行使其债权或者与该债权有关的从权利，影响债权人的到期债权实现的，债权人可以向人民法院请求以自己的名义代位行使债务人对相对人的权利，但是该权利专属于债务人自身的除外。据此，因债务人甲公司怠于行使对乙公司的债权，影响了债权人丙公司的债权实现，丙公司可对乙公司提起代位权诉讼。选项 B 正确。

《民诉解释》第 499 条第 1 款规定，人民法院执行被执行人对他人的到期债权，可以作出冻结债权的裁定，并通知该他人向申请执行人履行。据此，丙公司对甲公司获得胜诉判决，若丙公司申请对甲公司执行，可以申请冻结甲公司对乙公司的债权。C 选项正确。

《最高人民法院关于人民法院执行工作若干问题的规定（试行）》第 16 条第 1 款第 2 项规定，人民法院受理执行案件应当符合下列条件：申请执行人是生效法律文书确定的权利人或其继承人、权利承受人。据此，丙公司既非生效支付令确定的权利人甲公司，亦非甲公司的权利承受人，因此丙公司无权申请甲公司对乙公司的支付令。选项 D 错误。

2. [答案] D　　[难度] 中
[考点] 对财产的执行措施

[命题和解题思路] 本题取材于最高法院第 125 号指导案例，对当事人认为拍卖行为违法的救济措施予以命题。解题的关键在于确认牛某主张救济的原因是认为法院拍卖行为程序违法，应通过执行行为异议救济。需要指出，根据司法解释规定，被执行人可以参加竞买，竞买人对拍卖标的物的价值认识存在偏差，其主张很难获得法院支持。

[选项分析]《执行异议和复议规定》第 7 条第 1 款第 1 项规定，当事人、利害关系人认为执行过程中或者执行保全、先予执行裁定过程中的拍卖行为违法提出异议的，人民法院应当依照《民事诉讼法》第 236 条规定进行审查：查封、扣押、冻结、拍卖、变卖、以物抵债、暂缓执行、中止执行、终结执行等执行措施。《民事诉讼法》第 236 条规定，当事人、利害关系人认为执行行为违反法律规定的，可以向负责执行的人民法院

提出书面异议。当事人、利害关系人提出书面异议的，人民法院应当自收到书面异议之日起 15 日内审查，理由成立的，裁定撤销或者改正；理由不成立的，裁定驳回。当事人、利害关系人对裁定不服的，可以自裁定送达之日起 10 日内向上一级人民法院申请复议。据此，牛某认为法院拍卖行为违法，这属于执行程序性异议，应当向执行法院提出执行行为异议。选项 D 当选。

3. [答案] C　　[难度] 中
[考点] 对财产的执行措施

[命题和解题思路] 2020 年底《查封、扣押、冻结规定》作出修正，对所有权保留买卖合同中标的物的执行作出修改。本题遵循"逢新必考"规律，考查法院执行被执行人出卖给第三人所有权保留的财产时对第三人的救济措施。本题 A、B 选项采用"移花接木"之法，以"法院执行被执行人购买第三人所有权保留的财产时第三人的救济措施"作为解题干扰信息。本题虽解题依据明确，但对新修正规定的记忆精确度要求较高。

[选项分析]《查封、扣押、冻结规定》第 14 条规定，被执行人将其财产出卖给第三人，第三人已经支付部分价款并实际占有该财产，但根据合同约定被执行人保留所有权的，人民法院可以查封、扣押、冻结；第三人要求继续履行合同的，向人民法院交付全部余款后，裁定解除查封、扣押、冻结。据此，陈某作为被执行人，法院可以扣押其保留所有权的古画，冯某可以要求继续履行合同。选项 C 为正确答案，其余选项均错误。

4. [答案] AB　　[难度] 中
[考点] 对行为的执行措施

[命题和解题思路] 本题以探望权的执行为切入点，考查法院对不可替代行为的强制执行措施。本题若了解《民法典婚姻家庭编解释（一）》的规定固然可以轻松得分；还可从探望权的性质入手亦可借助理论推导作答，探望属于不可替代的行为，只能运用罚款、拘留等间接强制措施予以实现，无法直接予以执行，据此可排除选项 CD 的干扰。

[选项分析]《民法典婚姻家庭编解释（一）》第 68 条规定，对于拒不协助另一方行使探望权的有关个人或者组织，可以由人民法院依法采取拘留、罚款等强制措施，但是不能对子女的人身、

探望行为进行强制执行。据此，只能对肖某采取拘留、罚款等强制措施，不能对探望行为和子女人身强制执行。选项 A、B 为正确答案，其余选项均错误。

5. ［答案］C　　［难度］中

［考点］对财产的执行措施

［命题和解题思路］执行是每年必考的内容，本题考查对特定物的强制执行措施，特殊之处在于特定物已被毁损。考查着眼点很细致，但《民诉解释》第 492 条有明确解题依据，难度不高。若不了解上述规定，本题亦可运用原理推导作答，即原则上应"判什么执行什么"，本案法院判令乙交付油画，原物毁损后双方不能就赔偿达成一致，法院不能将其直接转为对金钱的执行，据此可排除 AD 两项；执行程序并不解决纠纷，作为执行标的的原物被毁损，若双方对赔偿存在争议，应通过另行起诉方式解决，另行起诉胜诉后再依据新的执行根据去申请执行，而不应让原来的执行程序中止，因为这是两个不同的案件，据此可排除选项 B。

［选项分析］《民诉解释》第 492 条规定，执行标的物为特定物的，应当执行原物。原物确已毁损或者灭失的，经双方当事人同意，可以折价赔偿。双方当事人对折价赔偿不能协商一致的，人民法院应当终结执行程序。申请执行人可以另行起诉。据此，甲申请法院强制执行的标的物为购买的油画，这属于特定物，因油画已被乙毁损，可折价赔偿，但双方对赔偿数额（违约金）存在争议，法院应裁定终结执行程序，甲可就赔偿问题另行起诉。选项 C 为正确答案，其余选项均错误。

6. ［答案］BD　　［难度］中

［考点］代位执行

［命题和解题思路］本题考查代位申请执行中对两类不同主体提出异议的不同处理方式，《民诉法解释》第 499 条虽有明文规定，但考查内容以往从未涉及，属于冷门考点，且上述规定还需要借助于案外人申请再审和执行异议之诉的识别方可准确判断，难度相对较高。庆幸的是选项两两互斥的设计，客观上降低了题目难度。本题提醒考生，民诉法客观考查范围越来越广，复习时不要"挑肥拣瘦"，甚至对于以往的冷门考点也应

当投入应有的关注。

［选项分析］《民诉解释》第 499 条第 2 款规定，该他人对到期债权有异议，申请执行人请求对异议部分强制执行的，人民法院不予支持。据此，丙声称到期欠款已归还，对到期债权有异议，申请执行人请求强制执行，法院不予支持。选项 A 错误，选项 B 正确。

《民诉解释》第 499 条第 2 款规定，利害关系人对到期债权有异议的，人民法院应当按照《民事诉讼法》第 238 条规定处理。据此，丁提出自己已受让债权，属于利害关系人，其异议应通过《民事诉讼法》第 238 条处理。又根据《民事诉讼法》第 238 条规定，执行过程中，案外人对执行标的的提出书面异议的，人民法院应当自收到书面异议之日起 15 日内审查，理由成立的，裁定中止对该标的的执行；理由不成立的，裁定驳回。案外人、当事人对裁定不服，认为原判决、裁定错误的，依照审判监督程序办理；与原判决、裁定无关的，可以自裁定送达之日起 15 日内向人民法院提起诉讼。据此，丁的异议被驳回后，需要判断应通过再审救济还是执行异议之诉救济。两者的关键区别在于是否与原裁判有关，原裁判是甲对乙的债权胜诉判决，丁当然与其无关。因此应通过执行异议之诉救济。选项 C 错误，选项 D 正确。

7. ［答案］ABC　　［难度］中

［考点］对财产的执行措施（查封、扣押、拍卖、变卖被执行人的财产）

［命题和解题思路］本题考查的是对共有财产的执行措施。题目考点虽单一，但相对冷僻，近十年中仅考查过一次，解题法律依据是不常命题的《查封、扣押、冻结规定》。解答本题的关键是了解共有物分割分为协议分割和诉讼分割两种方式，要准确把握两者的适用条件和主体。

［选项分析］《查封、扣押、冻结规定》第 12 条第 1 款规定，对被执行人与其他人共有的财产，人民法院可以查封、扣押、冻结，并及时通知共有人。据此，法院有权查封郝某名下的共有房产。选项 A 正确。

《查封、扣押、冻结规定》第 12 条第 2 款规定，共有人协议分割共有财产，并经债权人认可的，人民法院可以认定有效。查封、扣押、冻结的效力及于协议分割后被执行人享有份额内的财

产; 对其他共有人享有份额内的财产的查封、扣押、冻结, 人民法院应当裁定予以解除。据此, 共有人郝某和邱某协议分割该共有房屋, 因涉及对债权人利益的维护, 需经债权人余某同意才有效。选项 B 正确。

《查封、扣押、冻结规定》第 12 条第 3 款规定, 共有人提起析产诉讼或者申请执行人代位提起析产诉讼的, 人民法院应当准许。据此, 余某作为申请执行人, 可以代位提起析产诉讼。选项 C 正确。

《民诉解释》第 484 条规定, 对被执行的财产, 人民法院非经查封、扣押、冻结不得处分。据此, 法院不得不经查封, 直接对该房产予以拍卖执行。选项 D 错误。

8. [答案] BCD　　[难度] 中

[考点] 对财产的执行措施 (查封、扣押、拍卖、变卖被执行人的财产)

[命题和解题思路] 命题人编制小案例, 对共有财产的执行措施进行考查。题目考点单一, 法律依据明确, 但因考点相对冷僻, 历年考试很少涉及。考生复习时想必主要精力集中于《民事诉讼法》和《民诉解释》, 对于其他司法解释可能关注较少。而本题则另辟蹊径, 以不常考的《查封、扣押、冻结规定》作为命题依据。本题提醒考生在复习中不要 "挑肥拣瘦", 对考试大纲附录的法律法规均应予以关注。

[选项分析] 选项 A 是重点干扰项。《查封、扣押、冻结规定》第 12 条第 3 款规定, 析产诉讼期间中止对该财产的执行。本案并未言明是否已提起析产诉讼, "法院应裁定中止对该财产的执行" 的说法过于绝对。选项 A 错误。

《查封、扣押、冻结规定》第 12 条第 1 款规定, 对被执行人与其他人共有的财产, 人民法院可以查封、扣押、冻结, 并及时通知共有人。据此, 法院可查扣该共有财产, 选项 B 正确。

《查封、扣押、冻结规定》第 12 条第 2 款规定, 共有人协议分割共有财产, 并经债权人认可的, 人民法院可以认定有效。查封、扣押、冻结的效力及于协议分割后被执行人享有份额内的财产; 对其他共有人享有份额内的查封、扣押、冻结, 人民法院应当裁定予以解除。据此, 共有人协议分割共有财产, 因涉及对债权人利益

的维护, 需经债权人同意才有效。选项 C 正确。

《查封、扣押、冻结规定》第 12 条第 3 款规定, 共有人提起析产诉讼或者申请执行人代位提起析产诉讼的, 人民法院应当准许。据此, 龙前铭作为申请执行人, 可以代位提起析产诉讼。选项 D 正确。

9. [答案] AC　　[难度] 难

[考点] 对行为的执行措施 (强制被执行人履行法律文书指定的行为)、保障性执行措施 (强制被执行人支付迟延履行期间的债务利息及迟延履行金)

[命题和解题思路] 《民诉解释》对不可替代履行行为的间接强制执行作出修正, 这为本题的命制提供了新素材。命题人以案例题形式, 对行为履行的强制执行措施和迟延履行责任进行考查。命题人对选项 B 采用 "鱼目混珠" 之法, 将承担侵权责任的方式混入强制执行措施作为干扰项。执行对象的类型不同, 法院采取的执行措施也有所差异, 因此, 考生解答执行措施类试题, 应首先确定案件的执行对象。题干中 "法院令其迁出钟某房屋的判决" 是解题关键信息, 意味着本案考查的是对行为履行义务的执行, 明确此点即可排除选项 D。选项 C 和 D 互斥, 别忘了互斥解题技巧。

[选项分析] 《民诉解释》第 503 条第 1 款规定, 被执行人不履行法律文书指定的行为, 且该项行为只能由被执行人完成的, 人民法院可以依照《民事诉讼法》第 114 条第 1 款第 6 项规定处理。《民事诉讼法》第 114 条第 1 款第 6 项规定, 拒不履行人民法院已经发生法律效力的判决、裁定的, 人民法院可以根据情节轻重予以罚款、拘留; 构成犯罪的, 依法追究刑事责任。据此, 田某拒不履行法院生效判决, 法院可以对其罚款。选项 A 正确。

选项 B 是重点干扰项。赔礼道歉是承担侵权责任的方式之一, 适用于给被侵权人造成精神损害的侵权行为。赔礼道歉可能成为判决书主文确定的给付内容, 但它不属于强制执行措施。选项 B 错误。

《民诉解释》第 505 条规定, 被执行人未按判决、裁定和其他法律文书指定的期间履行非金钱给付义务的, 无论是否已给申请执行人造成损失,

都应当支付迟延履行金。已经造成损失的，双倍补偿申请执行人已经受到的损失；没有造成损失的，迟延履行金可以由人民法院根据具体案件情况决定。据此，法院可以责令田某双倍补偿钟某所受到的损失。选项 C 正确。

《民事诉讼法》第 264 条规定，被执行人未按判决、裁定和其他法律文书指定的期间履行给付金钱义务的，应当加倍支付迟延履行期间的债务利息。被执行人未按判决、裁定和其他法律文书指定的期间履行其他义务的，应当支付迟延履行金。本案是行为给付，可以适用迟延履行金，但不能适用加倍支付迟延履行期间的债务利息。选项 D 错误。

> **易混淆点解析**
> 《民事诉讼法》规定对金钱履行和非金钱履行的迟延履行责任不同。加倍支付迟延履行期间的债务利息适用于金钱给付义务；而迟延履行金适用于非金钱给付义务。

第三节　执行救济

1. ［答案］A　　　［难度］中

［考点］案外人异议、案外人异议之诉

［命题和解题思路］执行救济制度一向是命题的重点，几乎每年必考。本题并未重复以往的命题套路，而是另辟蹊径，对案外人重复提出执行标的异议被裁定驳回的救济方式予以考查。本题并无明确的解题依据，只能通过类推适用《民事诉讼法》第 238 条规定作答。解题的关键在于通过题干表述判断肖某提出执行异议的性质，若属于执行行为异议，则应向上一级法院复议；若属于执行标的的异议，则通过再审或执行异议之诉予以救济。

［选项分析］《民事诉讼法》第 238 条规定，执行过程中，案外人对执行标的提出书面异议的，人民法院应当自收到书面异议之日起 15 日内审查，理由成立的，裁定中止对该标的的执行；理由不成立的，裁定驳回。案外人、当事人对裁定不服，认为原判决、裁定错误的，依照审判监督程序办理；与原判决、裁定无关的，可以自裁定送达之日起 15 日内向人民法院提起诉讼。据此，法院审查后认为案外人主张对执行标的的享有足以排除强制执行的理由不成立，裁定驳回后，案外

人可通过申请再审或提起执行异议之诉方式救济。本题中肖某因主张对作为执行标的的部分厂房享有所有权而提出异议，其性质属于执行标的的异议。肖某因重复提出异议而被法院裁定驳回，为维护其合法权益，可参照适用《民事诉讼法》第 238 条规定因异议理由不成立而被裁定驳回的方式予以救济。案外人肖某与原判决无关，其可向执行法院提起执行异议之诉。选项 A 为正确答案，其余选项均错误。

2. ［答案］BC　　　［难度］难

［考点］案外人异议、案外人异议之诉

［命题和解题思路］本题考查执行中案外人未提出执行标的异议，却另行提起确权诉讼的法律后果。题目考点绝对是常规重点，是本学科考查频率最高的考点，但本题不走寻常路，命题角度既偏又细，成了一道典型的陷阱题。选项 A 实则考查确权诉讼与执行异议之诉衔接的条件，有考生认为考查执行异议是执行异议之诉的前置程序，也会歪打正着准确作答。如果不了解《执行异议和复议规定》的内容，很容易排除选项 B 而误选选项 D。选项 B 和选项 D 互斥设计，对解题并无助益。掌握以下原理有助于解题：案外人想让执行中止，要么提供充分、有效的担保，要么提出执行标的的异议，如被驳回则提起执行异议之诉救济，而另行提起确权诉讼无此效果。

［选项分析］《执行异议和复议规定》第 26 条第 4 款规定，申请执行人或者案外人不服人民法院依照本条第 1、2 款规定作出的裁定，可以依照《民事诉讼法》第 238 条规定提起执行异议之诉。据此，如果田父依据胜诉判决向执行法院提出排除执行异议被法院裁定驳回，田父才可以提起执行异议之诉，田父不能直接向法院提出执行异议之诉。选项 A 错误。

《执行异议和复议规定》第 26 条第 2 款规定，金钱债权执行中，案外人依据执行标的被查封、扣押、冻结后作出的另案生效法律文书提出排除执行异议的，人民法院不予支持。据此，既然案外人另行获得胜诉判决不影响法院执行，执行法院可对 A 房屋继续执行，不应解除对 A 房屋的查封。选项 B 正确，选项 D 错误。

《民事诉讼法》第 238 条规定，执行过程中，案外人对执行标的提出书面异议的，人民法院应当

自收到书面异议之日起 15 日内审查，理由成立的，裁定中止对该标的的执行；理由不成立的，裁定驳回。据此，因为田父对执行标的主张享有所有权，为阻止法院对田某名下房屋的执行，田父应向执行法院提出书面的执行异议。选项 C 正确。

3. ［答案］B　　　　［难度］中
［考点］案外人异议之诉、许可执行之诉
［命题和解题思路］《民诉解释》对执行异议之诉予以专章规定，这为本题的命制提供了新素材。命题人采用案例题形式，对执行异议之诉的提起主体和涉案财产的证明责任分配进行考查。试题考点单一，法律依据明确，没有答题干扰信息，难度不高。考生解答本题，应当首先了解我国执行异议之诉的类型；其次，案外人对作为执行标的的财产主张所有权，可根据证明责任分配的一般原理予以确定。

［选项分析］《民诉解释》第 307 条规定，申请执行人对中止执行裁定未提起执行异议之诉，被执行人提起执行异议之诉的，人民法院告知其另行起诉。据此，被执行人王某无权提起执行异议之诉。选项 C、D 直接排除。

《民诉解释》第 309 条规定，案外人或者申请执行人提起执行异议之诉的，案外人应当就其对执行标的享有足以排除强制执行的民事权益承担举证证明责任。因此，案外人谢某应承担对其享有该财产所有权的证明责任。选项 A 排除，选项 B 为正确答案。本题也可通过证明责任分配一般原理作出选择，既然案外人主张对法院执行的财产享有所有权，自然应当由案外人承担其享有该财产所有权的证明责任。

> **易混淆点解析**
> 在我国，执行异议之诉分为两种类型：申请执行人提起的许可执行之诉和案外人提起的案外人异议之诉，而被执行人无权提起执行异议之诉。

4. ［答案］D　　　　［难度］中
［考点］分配方案异议之诉
［命题和解题思路］命题人以案例题形式，考查参与分配中分配方案异议之诉的当事人确定。法院根据当事人对原分配方案的异议修正分配方案后，如有当事人提出反对意见，只能通过诉讼方式解决。据此可轻松排除 AB 两项。CD 两项主要考查分配方案异议之诉的当事人确定，注意异议人是原告，反对修正分配方案者是被告。据此可排除 C 选项。本题考点单一，题干案例是对法条规定的简单重复，未设置答题干扰信息，难度较低。考生只要熟悉《民诉解释》的规定，不难作出正确选择。

［选项分析］《民诉解释》第 510 条第 1 款和第 2 款规定，债权人或者被执行人对分配方案提出书面异议的，执行法院应当通知未提出异议的债权人、被执行人。未提出异议的债权人、被执行人自收到通知之日起 15 日内未提出反对意见的，执行法院依异议人的意见对分配方案审查修正后进行分配；提出反对意见的，应当通知异议人。异议人可以自收到通知之日起 15 日内，以提出反对意见的债权人、被执行人为被告，向执行法院提起诉讼；异议人逾期未提起诉讼的，执行法院按照原分配方案进行分配。据此，对原分配方案提出异议的甲、乙，应当以反对修正分配方案的丙、丁为被告向执行法院提起诉讼。选项 D 为正确答案，其余选项错误。

5. ［答案］B　　　　［难度］难
［考点］执行行为异议
［命题和解题思路］本题表面上考查的是乙异议行为的救济手段，实则是命题人以小案例的形式，对乙异议行为的性质作出考查。考生要在执行行为异议和执行标的的异议中准确作出判断。对此，考生可以从两个角度排除执行标的的异议。首先，题干中"乙认为扣押行为错误"的表述，直接表明乙是对法院的执行行为而非执行标的的提出异议；其次，通过本案提出异议的主体进行间接判断。本案并无案外人，只是当事人乙提出异议，因此乙的异议不可能是执行标的的异议。考生准确判断考点后，不难根据法律规定作出正确选择。

［选项分析］从题干表述和提起主体均可判断，乙的异议属于执行行为异议。根据《民事诉讼法》第 236 条规定，当事人、利害关系人认为执行行为违反法律规定的，可以向负责执行的人民法院提出书面异议。当事人、利害关系人提出书面异议的，人民法院应当自收到书面异议之日起 15 日内审查，理由成立的，裁定撤销或者改正；理由不成立的，裁定驳回。当事人、利害关

系人对裁定不服的，可以自裁定送达之日起 10 日内向上一级人民法院申请复议。因此，乙只能向执行法院的上一级人民法院申请复议。选项 B 为正确答案，其余选项均错误。

易混淆点解析

《民事诉讼法》第 236 条的执行行为异议与第 238 条的执行标的异议存在诸多相似之处，两者都是在执行过程中向执行法院书面提出，法院应自收到书面异议之日起 15 日内审查后作出处理。两者也存在明显的区别：

不同点	执行行为异议	执行标的异议
异议主体	当事人、利害关系人	案外人
异议事由	法院执行行为程序性违法	执行行为损害案外人实体权利

续表

不同点	执行行为异议	执行标的异议
异议结果	理由成立，裁定撤销或者改正；理由不成立，裁定驳回	理由成立，裁定中止对该标的的执行；理由不成立，裁定驳回
异议结果的救济方式	自裁定送达之日起 10 日内向上一级人民法院申请复议	原判决、裁定错误，依照审判监督程序办理；与原判决、裁定无关，可以自裁定送达之日起 15 日内向人民法院提起案外人异议之诉或许可执行之诉

第二十二章　涉外民事诉讼程序

试　题

1. 2012 年 1 月，中国甲市公民李虹（女）与美国留学生琼斯（男）在中国甲市登记结婚，婚后两人一直居住在甲市 B 区。2014 年 2 月，李虹提起离婚诉讼，甲市 B 区法院受理了该案件，适用普通程序审理。关于本案，下列哪些表述是正确的？（2014-3-84）

A. 本案的一审审理期限为 6 个月

B. 法院送达诉讼文书时，对李虹与琼斯可采取同样的方式

C. 不服一审判决，李虹的上诉期为 15 天，琼斯的上诉期为 30 天

D. 美国驻华使馆法律参赞可以个人名义作为琼斯的诉讼代理人参加诉讼

2. 关于涉外民事诉讼管辖的表述，下列哪一选项是正确的？（2013-3-47）

A. 凡是涉外诉讼与我国法院所在地存在一定实际联系的，我国法院都有管辖权，体现了诉讼与法院所在地实际联系原则

B. 当事人在不违反级别管辖和专属管辖的前提下，可以约定各类涉外民事案件的管辖法院，体现了尊重当事人原则

C. 中外合资经营企业与其他民事主体的合同纠纷，专属我国法院管辖，体现了维护国家主权原则

D. 重大的涉外案件由中级以上级别的法院管辖，体现了便于当事人诉讼原则

详　解

1. ［答案］BD　　［难度］中

［考点］涉外民事诉讼中的期间、涉外民事诉讼中的送达、涉外民事诉讼程序的一般原则（委托中国律师代理诉讼的原则）

［命题和解题思路］琼斯是美国留学生，本案具有涉外因素，审理本案应当适用涉外民事诉讼程序。命题人以小案例形式对涉外民事诉讼的期间、送达和代理等三个考点进行综合考查，考查范围广，难度较高。考生首先要根据题干表述判断案件性质，然后根据涉外民事诉讼程序的相关法律规定逐一作出判断。

［选项分析］选项 A 考查涉外民事诉讼是否适用审限。《民事诉讼法》第 287 条明确规定，法院审理涉外民事案件不适用审限制度。本案是涉外

案件，不受国内民事诉讼一审案件 6 个月审理期限的限制。选项 A 错误。

选项 B 考查涉外民事诉讼的送达方式选择。**涉外民事诉讼中，当事人在我国领域内居住，送达时适用我国民事诉讼法的一般规定；当事人在我国领域内没有住所，按照涉外民事诉讼程序的特别规定送达。**李虹与琼斯两人一直居住在甲市 B 区，法院对两人送达时均适用我国民事诉讼法的一般规定。选项 B 正确。

选项 C 考查涉外民事诉讼的期间确定。《民事诉讼法》第 286 条规定，在中华人民共和国领域内没有住所的当事人，不服第一审人民法院判决、裁定的，有权在判决书、裁定书送达之日起 30 日内提起上诉。本案中，琼斯一直居住在甲市 B 区，其上诉期应和李虹一样是 15 日。选项 C 错误。

选项 D 考查涉外民事诉讼聘请代理人规则。《民事诉讼法》第 274 条规定，外国人、无国籍人、外国企业和组织在人民法院起诉、应诉，需要委托律师代理诉讼的，必须委托中华人民共和国的律师。我国的诉讼代理人不仅限于律师，美国驻华使馆法律参赞以个人名义作为琼斯的诉讼代理人符合法律规定。选项 D 正确。

易混淆点解析

涉外案件的送达方式和期间确定不考虑当事人的国籍，而是看当事人是否在我国领域内居住。国内民事案件和涉外民事案件的送达方式存在一定差异，具体送达方式如下：

国内民事案件的送达方式	涉外民事案件的送达方式
直接送达；留置送达；转交送达；委托送达；邮寄送达；电子送达；公告送达	依条约规定方式送达；通过外交途径送达；由我国驻外国使、领馆代为送达；向受送达人委托的人送达；向受送达人设在我国的代表机构送达；邮寄送达；电子送达；公告送达

---

2. [答案] A　　[难度] 难

[考点] 涉外民事诉讼管辖的原则、协议管辖（条件）、涉外民事诉讼管辖的种类（专属管辖）

[命题和解题思路] 2012 年《民事诉讼法》

修正时结束了协议管辖的"双轨制"局面，将国内协议管辖和涉外协议管辖合并规定。命题人借此契机，以涉外民事诉讼管辖原则为主线，对协议管辖的条件、涉外专属管辖等制度进行综合考查。本题采用一题多问的表述题形式，部分考点相对冷僻，又涉及具体细致的制度规定，难度颇高。考生解题时，首先要甄别选项前半部分对涉外民事诉讼管辖制度的表述是否准确，然后再对具体制度与后半部分的涉外管辖原则是否匹配作出判断。如果不熟悉选项 A 表述，可以用排除法作答。本题选项 B 以协议管辖适用的案件类型作为答题陷阱，考查了协议管辖的条件。

[选项分析] 选项 A 考查的是诉讼与法院所在地实际联系原则的内涵。具言之，凡是与我国法院有一定实际联系的涉外诉讼，我国法院都有管辖权。选项 A 为正确答案。

选项 B 是重点干扰项，考查的是涉外协议管辖的案件类型。选项表述中并未出现"协议"字样，而是以"约定"替代，考生要透过文字表述准确识别本选项考查的知识点。协议管辖制度并轨后，根据《民事诉讼法》第 35 条规定，无论是涉外案件还是国内案件，当事人仅能对合同或者其他财产权益纠纷约定管辖法院，对各类涉外案件协议管辖的表述错误。选项 B 不选。

选项 C 也是干扰项，考查涉外专属管辖的适用范围。根据《民事诉讼法》第 279 条第 3 项规定，因在中华人民共和国领域内履行中外合资经营企业合同、中外合作经营企业合同、中外合作勘探开发自然资源合同发生纠纷提起的诉讼，由人民法院专属管辖。**中外合资经营企业、中外合作经营企业与其他民事主体发生的民事纠纷，不适用涉外专属管辖规定。**涉外专属管辖充分体现了维护国家主权原则，但本选项对涉外专属管辖的适用范围表述错误，选项 C 不选。

选项 D 考查的是便于当事人诉讼原则的具体体现。顾名思义，便于当事人诉讼原则，是指确定管辖时应尽可能方便当事人起诉、应诉。一般而言，案件管辖法院级别越低，与当事人的物理距离更近，诉讼成本也相对低廉，越便利于当事人参与诉讼。基于此，我国《民事诉讼法》规定一审民事案件原则上由基层法院管辖。重大涉外案件由中级以上法院管辖，这与便于当事人诉讼原则相悖，选项 D 错误。

第二十三章　仲裁协议

1. 住所在甲县的大江公司与住所在乙县的长河公司签订一份建筑工程施工合同，工程地在丙县，双方约定如因合同履行发生纠纷向丁仲裁委员会申请仲裁。双方又就工程款支付等事项达成补充协议，该协议未约定仲裁条款。后因工程款支付事项，双方发生纠纷。对此，下列哪一部门对案件享有管辖权？（2023 年回忆版）

　A. 甲县法院　　　　　B. 乙县法院

　C. 丙县法院　　　　　D. 丁仲裁委员会

2. A 市甲公司与 B 市乙公司签订建设工程施工合同，合同约定，合同履行发生纠纷可向 A 仲裁委员会申请仲裁或者由 B 仲裁委员会调解。合同发生纠纷后，甲公司向仲裁委员会申请仲裁，乙公司请求确认仲裁协议无效。关于本案，下列表述正确的是：（2022 年回忆版）

　A. 甲公司可向 A 仲裁委员会申请仲裁

　B. 甲公司可向 B 仲裁委员会申请仲裁

　C. 乙公司可向 A 仲裁委员会申请确认仲裁协议效力

　D. 乙公司可向 B 市中级法院申请确认仲裁协议效力

3. 章某与唐某签订家具买卖合同，合同中约定合同履行发生纠纷，可向 B 地的仲裁委员会申请仲裁，实际上 B 地有甲、乙两家仲裁机构。后因家具质量双方发生纠纷，章某向 B 地的甲仲裁委员会申请仲裁，唐某在仲裁庭首次开庭时对仲裁协议效力提出异议。关于本案，下列说法错误的有：（2019 年回忆版）

　A. 若唐某向 B 地中级法院申请确认仲裁协议无效，应受理

　B. 双方并未选择明确唯一的仲裁机构，仲裁协议无效

　C. 当事人达成仲裁条款，章某可选择其中之一申请仲裁

　D. 因唐某提出异议，甲仲裁委员会无权仲裁本案

4. 住所在北京市 C 区的甲公司与住所在北京市 H 区的乙公司在天津市 J 区签订了一份买卖合同，约定合同履行发生争议，由北京仲裁委员会仲裁或者向 H 区法院提起诉讼。合同履行过程中，双方发生争议，甲公司到北京仲裁委员会申请仲裁，仲裁委员会受理并向乙公司送达了甲公司的申请书副本。在仲裁庭主持首次开庭的答辩阶段，乙公司对仲裁协议的效力提出异议。仲裁庭对此作出了相关的意思表示。此后，乙公司又向法院提出对仲裁协议的效力予以认定的申请。下列哪些选项是正确的？（2017-3-85）

　A. 双方当事人约定的仲裁协议原则有效

　B. 仲裁庭对案件管辖权作出决定应有仲裁委员会的授权

　C. 仲裁庭对乙公司的申请应予以驳回，继续审理案件

　D. 乙公司应向天津市中级法院申请认定仲裁协议的效力

5. 住所地在 H 省 K 市 L 区的甲公司与住所地在 F 省 E 市 D 区的乙公司签订了一份钢材买卖合同，价款数额为 90 万元。合同在 B 市 C 区签订，双方约定合同履行地为 W 省 Z 市 Y 区，同时约定如因合同履行发生争议，由 B 市仲裁委员会仲裁。合同履行过程中，因钢材质量问题，甲公司与乙公司发生争议，甲公司欲申请仲裁解决。因 B 市有两个仲裁机构，分别为丙仲裁委员会和丁仲裁委员会（两个仲裁委员会所在地都在 B 市 C 区），乙公司认为合同中的仲裁条款无效，欲向有关机构申请确认仲裁条款无效。依据法律和司法解释的规定，乙公司可以向有关机构申请确认仲裁条款无效。关于确认的机构，下列选项正确的是：（2016-3-95）

　A. 丙仲裁委员会　　　B. 丁仲裁委员会

　C. B 市中级法院　　　D. B 市 C 区法院

6. 甲市 L 区居民叶某购买了住所在乙市 M 区的大亿公司开发的位于丙市 N 区的商品房一套，合同中约定双方因履行合同发生争议可以向位于丙市的仲裁委员会（丙市仅有一家仲裁机构）申请仲裁。

因大亿公司迟迟未按合同约定交付房屋，叶某向仲裁委员会申请仲裁。大亿公司以仲裁机构约定不明，向仲裁委员会申请确认仲裁协议无效。经审查，仲裁委员会作出了仲裁协议有效的决定。在第一次仲裁开庭时，大亿公司声称其又向丙市中级法院请求确认仲裁协议无效，申请仲裁庭中止案件审理。在仲裁过程中仲裁庭组织调解，双方达成了调解协议，仲裁庭根据协议内容制作了裁决书。后因大亿公司不按调解协议履行义务，叶某向法院申请强制执行，而大亿公司则以调解协议内容超出仲裁请求为由，向法院申请不予执行仲裁裁决。大亿公司向丙市中级法院请求确认仲裁协议无效，对此，正确的做法是：（2016-3-98）

A. 丙市中级法院应予受理并进行审查

B. 丙市中级法院不予受理

C. 仲裁庭在法院就仲裁协议效力作出裁定之前，应当中止仲裁程序

D. 仲裁庭应继续开庭审理

7. 大成公司与华泰公司签订投资合同，约定了仲裁条款：如因合同效力和合同履行发生争议，由 A 仲裁委员会仲裁。合作中双方发生争议，大成公司遂向 A 仲裁委员会提出仲裁申请，要求确认投资合同无效。A 仲裁委员会受理。华泰公司提交答辩书称，如合同无效，仲裁条款当然无效，故 A 仲裁委员会无权受理本案。随即，华泰公司向法院申请确认仲裁协议无效，大成公司见状，向 A 仲裁委员会提出请求确认仲裁协议有效。关于本案，下列哪一说法是正确的？（2015-3-50）

A. A 仲裁委员会无权确认投资合同是否有效

B. 投资合同无效，仲裁条款即无效

C. 仲裁条款是否有效，应由法院作出裁定

D. 仲裁条款是否有效，应由 A 仲裁委员会作出决定

详　解

1. ［答案］D　　［难度］中

［考点］仲裁协议的法律效力

［命题和解题思路］本题以主合同约定的仲裁条款能否适用于补充协议为素材，对仲裁和专属管辖的适用关系予以考查。解题依据并无法律明文规定，需要借助最高人民法院公报案例的裁判观点。正确解答本题，首先应了解主合同约定的

仲裁条款能否适用于补充协议，判断的标准是主合同与补充协议之间是否具有可分性。如果补充协议是对主合同内容的补充，必须依附于主合同而存在，则主合同所约定的仲裁条款也适用于补充协议。其次应把握仲裁和专属管辖的适用关系，合法有效的仲裁排斥诉讼。因此本案仲裁解决纠纷，不适用专属管辖。

［选项分析］根据《最高人民法院公报》2016 年第 8 期刊载的"湖南华厦建筑有限责任公司与常德工艺美术学校不服执行裁定申诉案"的裁判要旨，当事人在主合同中约定其争议纠纷由仲裁机构解决，对于没有约定争议纠纷解决方式的补充协议可否适用该约定，其关键在于主合同与补充协议之间是否具有可分性。如果主合同与补充协议之间相互独立且可分，在没有特别约定的情况下，对于两个完全独立且可分的合同或协议，其争议解决方式应按合同或补充协议约定处理。如果补充协议是对主合同内容的补充，必须依附于主合同而不能独立存在，则主合同所约定的争议解决条款也适用于补充协议。据此，本案主合同是建筑工程施工合同，补充协议涉及工程款支付等事项，显然补充协议是对主合同内容的补充，必须依附于主合同而不能独立存在，因此主合同约定发生纠纷向丁仲裁委员会仲裁也适用于补充协议，合法有效的仲裁排斥诉讼，本案应由丁仲裁委员会管辖。选项 D 当选。

2. ［答案］ACD　　［难度］难

［考点］请求仲裁的意思表示、仲裁协议效力的确认机构及程序

［命题和解题思路］仲裁协议效力的确认机构及程序是仲裁部分考查频次最高的考点，本题以"既约定仲裁又约定另一仲裁机构调解"为切入点，对仲裁协议的内容、确认仲裁协议效力的主体等知识点予以考查。本题命题角度新颖，相关情节以往从未考查。解题的关键是把握仲裁不同于调解，有效的仲裁协议必须有请求仲裁的意思表示；了解仲裁委员会和法院均有权确认仲裁协议的效力，申请人住所地和被申请人住所地法院均享有管辖权，可对选项 C、D 作出判断。

［选项分析］《仲裁法》第 16 条第 2 款规定，仲裁协议应当具有下列内容：（1）请求仲裁的意思表示；（2）仲裁事项；（3）选定的仲裁委员

会。据此，除了选定具体的仲裁委员会，还必须有请求仲裁的意思表示才是有效的仲裁协议。根据题干表述，双方约定向 A 仲裁委员会申请仲裁或者由 B 仲裁委员会调解，仲裁不同于调解，双方只有向 A 仲裁委员会有申请仲裁的意思表示，并无向 B 仲裁委员会申请仲裁的意思表示。因此，甲公司可向 A 仲裁委员会申请仲裁，但不能向 B 仲裁委员会申请仲裁。选项 A 正确，选项 B 错误。

《仲裁法》第 20 条第 1 款规定，当事人对仲裁协议的效力有异议的，可以请求仲裁委员会作出决定或者请求人民法院作出裁定。一方请求仲裁委员会作出决定，另一方请求人民法院作出裁定的，由人民法院裁定。据此，乙公司可以向 A 仲裁委员会申请确认仲裁协议效力，选项 C 正确。

《最高人民法院关于审理仲裁司法审查案件若干问题的规定》第 2 条第 1 款规定，申请确认仲裁协议效力的案件，由仲裁协议约定的仲裁机构所在地、仲裁协议签订地、申请人住所地、被申请人住所地的中级人民法院或者专门人民法院管辖。据此，B 市作为申请人乙公司的住所地，B 市中级法院对申请确认仲裁协议效力案件享有管辖权。选项 D 正确。

3. ［答案］ABCD ［难度］中

［考点］选定的仲裁委员会、仲裁协议效力的确认机构及程序

［命题和解题思路］确认仲裁协议效力是仲裁法中考查频率最高的考点，本题遵循"重者恒重"规律，以"选择地有两家仲裁机构"为切入点，对仲裁协议是否有效以及仲裁协议效力的确认时间和确认主体等知识点予以综合考查。解答本题的关键点有二：首先，要注意唐某异议的提出时间；其次，要了解一个仲裁基本原理，仲裁协议虽有瑕疵，只要可以通过补充协议等方式予以明确，均不应认定仲裁协议无效。

［选项分析］《仲裁法解释》第 13 条规定，依照《仲裁法》第 20 条第 2 款的规定，当事人在仲裁庭首次开庭前没有对仲裁协议的效力提出异议，而后向人民法院申请确认仲裁协议无效的，人民法院不予受理。据此，唐某向 B 地中级法院申请确认仲裁协议无效，法院不予受理。选项 A 错误，当选。

《仲裁法解释》第 5 条规定，仲裁协议约定两个以上仲裁机构的，当事人可以协议选择其中的

一个仲裁机构申请仲裁；当事人不能就仲裁机构选择达成一致的，仲裁协议无效。据此，双方约定的 B 地有两家仲裁机构，双方可以协议选择其中一个仲裁机构申请仲裁，只有不能达成一致意见时，仲裁协议才无效。选项 B 错误，当选。章某和唐某可以协议选择甲乙之中任何一个仲裁机构申请仲裁，章某无权单独作出选择，选项 C 错误，当选。

《仲裁法》第 20 条第 2 款规定，当事人对仲裁协议的效力有异议，应当在仲裁庭首次开庭前提出。据此，唐某在仲裁庭首次开庭时才对仲裁协议效力提出异议，不符合时间要求，甲仲裁委员会有权继续仲裁本案。选项 D 错误，当选。

4. ［答案］BC ［难度］中

［考点］请求仲裁的意思表示、仲裁协议效力的确认机构及程序

［命题和解题思路］《北仲规则》是 2015 年大纲增加的法律法规，但 2015 年、2016 年考题对此均未涉及。命题人编制案例，以"既约定仲裁委员会又约定管辖法院"的特殊情形为切入点，对仲裁协议的效力、确认仲裁协议效力的主体、仲裁案件管辖权的决定主体等知识点进行综合考查。题目考查范围广，难度较高。考生如果不熟悉《北仲规则》，也未能从宏观上把握我国仲裁制度的缺陷，对选项 B 可能难以作出判断，建议使用排除法作答。

［选项分析］《仲裁法解释》第 7 条规定，当事人约定争议可以向仲裁机构申请仲裁也可以向人民法院起诉的，仲裁协议无效。但一方向仲裁机构申请仲裁，另一方未在仲裁庭首次开庭前提出异议的除外。据此，除了但书条款规定的情形外，甲乙两公司约定的仲裁协议原则上无效。选项 A 错误。

《北仲规则》第 6 条第 4 项规定，本会或者本会授权的仲裁庭有权就仲裁案件的管辖权作出决定。仲裁庭的决定可以在仲裁程序进行中作出，也可以在裁决书中作出。据此，我国不同于国际上的通行做法，原则上由仲裁委员会对仲裁协议的存在、效力以及仲裁案件的管辖权作出决定。仲裁庭必须经仲裁委员会授权才能对管辖权作出决定。选项 B 正确。

当事人提出异议的时间是仲裁庭首次开庭前。甲公司到北京仲裁委员会申请仲裁，在仲裁庭主持首次开庭的答辩阶段，乙公司才对仲裁协议的

效力提出异议。乙公司的申请超过了《仲裁法解释》第 7 条规定的仲裁庭首次开庭前的法定期间，北京仲裁委员会对本案有权进行仲裁，对乙公司的申请应当予以驳回，继续审理该案。选项 C 正确。

《仲裁法解释》第 13 条第 2 款规定，仲裁机构对仲裁协议的效力作出决定后，当事人向人民法院申请确认仲裁协议效力或者申请撤销仲裁机构的决定的，人民法院不予受理。据此，法院和仲裁委员会虽然均为仲裁协议效力的确认机构，但本案中仲裁委员会对仲裁协议效力已经作出了相关的意思表示，当事人再向法院申请确认仲裁协议效力，法院应当不予受理。换言之，乙公司不应再向天津市中级法院申请认定仲裁协议的效力，选项 D 错误。

> **易混淆点解析**
> 当事人约定争议可以向仲裁机构申请仲裁也可以向人民法院起诉时，原则上仲裁协议无效，案件不能用仲裁程序解决。但当事人的约定如果符合协议管辖的规定，管辖协议有效，约定法院对案件享有管辖权。

5. ［答案］ABC ［难度］难
［考点］仲裁协议效力的确认机构及程序、选定的仲裁委员会
［命题和解题思路］本题表面上考查的是仲裁协议效力的确认机构，实际上还隐含着对当事人约定两个以上仲裁委员会的法律效力的考查。仲裁协议的确认机构作为仲裁部分的重点考点，经常获得命题人的青睐，考生在复习时想必也一定会重点关注。本题中命题人采取"声东击西"之计，以当事人选定两个仲裁机构时何者作为仲裁协议效力的确认主体作为考查角度。《仲裁法》对此并无明文规定，需要考生推断作答，题目难度颇高。
［选项分析］《仲裁法》第 20 条第 1 款规定，当事人对仲裁协议的效力有异议的，可以请求仲裁委员会作出决定或者请求人民法院作出裁定。据此，在我国，法院和仲裁委员会都是仲裁协议效力的确认主体。但当事人约定了两个仲裁机构时该如何处理，《仲裁法解释》第 6 条规定，仲裁协议约定由某地的仲裁机构仲裁且该地仅有一个仲裁机构的，该仲裁机构视为约定的仲裁机构。该地有两个以上仲裁机构的，当事人可以协议选

择其中的一个仲裁机构申请仲裁；当事人不能就仲裁机构选择达成一致的，仲裁协议无效。据此，仲裁协议约定两个以上仲裁机构的，当事人可以在其中作出选择，仲裁协议并不当然无效。因此，理论上丙丁两个仲裁机构都可以确认仲裁协议效力。选项 A 和 B 均正确。

《仲裁司法审查规定》第 2 条第 1 款规定，申请确认仲裁协议效力的案件，由仲裁协议约定的仲裁机构所在地、仲裁协议签订地、申请人住所地、被申请人住所地的中级人民法院或者专门人民法院管辖。根据题干表述，对本案享有管辖权的法院包括 F 省 E 市中院、H 省 K 市中院和 B 市中院。选项 C 为正确答案，选项 D 错误。考生如果熟悉确认仲裁协议效力的级别管辖，也可轻松排除选项 D。

> **易混淆点解析**
> 当事人约定两个以上仲裁委员会，各仲裁委员会均有权确认仲裁协议效力。

6. ［答案］BD ［难度］中
［考点］仲裁协议效力的确认机构及程序
［命题和解题思路］命题人以案例题形式，考查仲裁协议效力确认机构的序位选择。试题考点单一，案例基本是对法条规定的简单重述，没有答题干扰信息，难度不高。该考点已经连续两年命题，复习中认真研究历年真题的考生，不难作出正确选择。本题 AB 和 CD 选项两两互斥，且 A 和 C、B 和 D 选项分别是前后相继关系，因此本题答案只可能是 AC 或者 BD，这无疑进一步降低了试题难度。
［选项分析］本题可以从两个角度作出判断。首先，从仲裁效力确认机构的选择序位作出判断。《仲裁法》第 20 条第 1 款规定，当事人对仲裁协议的效力有异议的，可以请求仲裁委员会作出决定或者请求人民法院作出裁定。一方请求仲裁委员会作出决定，另一方请求人民法院作出裁定的，由人民法院裁定。而《仲裁法解释》第 13 条第 2 款进一步规定，仲裁机构对仲裁协议的效力作出决定后，当事人向人民法院申请确认仲裁协议效力或者申请撤销仲裁机构的决定的，人民法院不予受理。据此，法院和仲裁委员会虽然均为仲裁协议效力的确认机构，但本案中仲裁委员会已经作出了仲裁协议有效的决定，当事人再向法院申

请确认仲裁协议效力，法院应当不予受理，仲裁庭继续审理本案。选项 B、D 为正确答案。

其次，根据申请确认仲裁协议的时间作选择。《仲裁法》第 20 条第 2 款规定，当事人对仲裁协议的效力有异议，应当在仲裁庭首次开庭前提出。大亿公司向丙市中级法院请求确认仲裁协议无效时，仲裁庭已经开庭。申请时间不符合要求，丙市中院应不予受理，仲裁庭继续开庭审理该案。

> **易混淆点解析**
> 仲裁委员会和法院对仲裁协议效力均享有确认权。当事人分别向两者提出申请，原则上应由法院进行确认，但仲裁机构已经先作出确认决定的除外。

7. ［答案］C　　［难度］中

［考点］仲裁协议的类型（仲裁条款）、仲裁协议效力的确认机构及程序、仲裁条款独立性原则的适用

［命题和解题思路］本题表面上考查了仲裁条款独立性和仲裁协议效力的确认机构，实际上还附带考查了仲裁协议类型。命题人以案例题形式对上述三个考点综合考查，虽考查范围较宽，但选项内容基本是对《仲裁法》规定的重述，未设置有效的答题干扰信息，难度不高。选项 C 和 D 互斥，根据互斥选项解题技巧，正确答案应当二者择一。

［选项分析］选项 A 考查仲裁庭是否有权确认合同效力。《仲裁法》第 19 条第 2 款规定，仲裁庭有权确认合同的效力。选项 A 错误。

选项 B 考查仲裁条款的独立性。仲裁协议可以是合同仲裁条款，也可以是独立的仲裁协议书，不因表现形式不同而影响其效力。《仲裁法》第 19 条第 1 款规定，仲裁协议独立存在，合同的变更、解除、终止或者无效，不影响仲裁协议的效力。因此，即便投资合同无效，也不影响仲裁条款的效力。选项 B 错误。

选项 C 和 D 均考查仲裁协议效力的确认机构。《仲裁法》第 20 条第 1 款规定，当事人对仲裁协议的效力有异议的，可以请求仲裁委员会作出决定或者请求人民法院作出裁定。一方请求仲裁委员会作出决定，另一方请求人民法院作出裁定的，由人民法院裁定。据此，A 仲裁委员会和法院都是仲裁协议效力的确认机构，当事人分别向两者提出确认申请，此时仲裁委员会尚未作出决定，应由法院作出裁定。选项 C 为正确答案，选项 D 错误。

> **易混淆点解析**
> 法院和仲裁委员会均有权确认仲裁协议效力，双方当事人分别向两者提出确认申请，判断由谁处理的关键点在于仲裁委员会是否已作出决定。仲裁委员会先于法院接受申请并已作出决定，法院不予受理；除此之外，应由法院裁定，仲裁委员会无权处理。

第二十四章　仲裁程序

试　题

📶 **1.** 郭某与贺某签订药材买卖合同，双方约定合同履行发生纠纷向甲仲裁委员会申请仲裁。因贺某供应的药材质量不合格，郭某就赔偿事宜向甲仲裁委员会申请仲裁。仲裁过程中，经仲裁庭调解，双方达成调解协议。关于仲裁调解，下列哪一表述是正确的？（2021 年回忆版）

　　A. 如贺某不履行调解协议，郭某可以向仲裁机构所在地法院申请执行

　　B. 如调解达成协议后贺某即时向郭某履行，仲裁庭无须制作调解书

　　C. 仲裁庭可根据调解协议制作仲裁裁决书

　　D. 仲裁庭应根据调解协议制作仲裁调解书

📶 **2.** 甲区黄某是乙区吕某的债权人，吕某享有对丙区洪某的到期债权不予主张，黄某向丙区法院代位起诉洪某。在一审开庭前，洪某反诉黄某，提出其与吕某之间订立有仲裁协议，应按照仲裁协议申请仲裁。对此，丙区法院的下列哪一做法是正确的？（2021 年回忆版）

　　A. 继续审理本案

　　B. 移交仲裁庭审理

　　C. 裁定驳回起诉

　　D. 通知仲裁庭立案

3. 甲公司与乙公司因合同纠纷向某仲裁委员会申请仲裁，第一次开庭后，甲公司的代理律师发现合议庭首席仲裁员苏某与乙公司的老总汪某在一起吃饭，遂向仲裁庭提出回避申请。关于本案仲裁程序，下列哪一选项是正确的？（2016-3-50）

　　A. 苏某的回避应由仲裁委员会集体决定

　　B. 苏某回避后，合议庭应重新组成

　　C. 已经进行的仲裁程序应继续进行

　　D. 当事人可请求已进行的仲裁程序重新进行

4. 甲市 L 区居民叶某购买了住所在乙市 M 区的大亿公司开发的位于丙市 N 区的商品房一套，合同中约定双方因履行合同发生争议可以向位于丙市的仲裁委员会（丙市仅有一家仲裁机构）申请仲裁。因大亿公司迟迟未按合同约定交付房屋，叶某向仲裁委员会申请仲裁。大亿公司以仲裁机构约定不明，向仲裁委员会申请确认仲裁协议无效。经审查，仲裁委员会作出了仲裁协议有效的决定。在第一次仲裁开庭时，大亿公司声称其又向丙市中级法院请求确认仲裁协议无效，申请仲裁庭中止案件审理。在仲裁过程中仲裁庭组织调解，双方达成了调解协议，仲裁庭根据协议内容制作了裁决书。后因大亿公司不按调解协议履行义务，叶某向法院申请强制执行，而大亿公司则以调解协议内容超出仲裁请求为由，向法院申请不予执行仲裁裁决。双方当事人在仲裁过程中达成调解协议，仲裁庭正确的结案方式是：（2016-3-99）

　　A. 根据调解协议制作调解书

　　B. 应当依据调解协议制作裁决书

　　C. 将调解协议内容记入笔录，由双方当事人签字后即发生法律效力

　　D. 根据调解协议的结果制作裁决书

5. 甲县的佳华公司与乙县的亿龙公司订立的烟叶买卖合同中约定，如果因为合同履行发生争议，应提交 A 仲裁委员会仲裁。佳华公司交货后，亿龙公司认为烟叶质量与约定不符，且正在霉变，遂准备提起仲裁，并对烟叶进行证据保全。关于本案的证据保全，下列哪些表述是正确的？（2014-3-77）

　　A. 在仲裁程序启动前，亿龙公司可直接向甲县法院申请证据保全

　　B. 在仲裁程序启动后，亿龙公司既可直接向甲县法院申请证据保全，也可向 A 仲裁委员会申请证据保全

　　C. 法院根据亿龙公司申请采取证据保全措施时，可要求其提供担保

　　D. A 仲裁委员会收到保全申请后，应提交给烟叶所在地的中级法院

详　解

1. ［答案］C　　［难度］中

［考点］仲裁和解与调解

［命题和解题思路］本题对仲裁调解的文书制作与执行法院予以考查，题目考点单一，解题依据明确。为增加难度，选项 A 采用"移花接木"手法，将撤销仲裁裁决的管辖法院作为干扰信息；选项 B 将法院调解规定设计为答题陷阱。==解答本题的关键是准确把握诉讼调解和仲裁调解的程序差别==。

［选项分析］《仲裁法解释》第 29 条规定，当事人申请执行仲裁裁决案件，由被执行人住所地或者被执行的财产所在地的中级人民法院管辖。据此，贺某不履行依据调解协议制作的仲裁裁决书或仲裁调解书，应向郭某所在地或者被执行的财产所在地法院提出申请。选项 A 错误。

《仲裁法》第 51 条第 2 款规定，调解达成协议的，仲裁庭应当制作调解书或者根据协议的结果制作裁决书。调解书与裁决书具有同等法律效力。据此，仲裁调解达成协议，必须制作调解书或裁决书，选项 B 错误。调解后既可制作仲裁调解书，又可制作仲裁裁决书。选项 C 正确，选项 D 错误。

2. ［答案］A　　［难度］中

［考点］仲裁当事人

［命题和解题思路］本题以代位权诉讼中债务人和次债务人约定仲裁协议为素材，考查仲裁协议的约束对象。把握住==仲裁协议原则上仅约束签订的双方当事人==，即可排除干扰准确作答。

［选项分析］《民法典合同编通则解释》第 36 条规定，债权人提起代位权诉讼后，债务人或者相对人以双方之间的债权债务关系订有仲裁协议为由对法院主管提出异议的，人民法院不予支持。但是，债务人或者相对人在首次开庭前就债务人与相对人之间的债权债务关系申请仲裁的，人民法院可以依法中止代位权诉讼。据此，原则上仲裁只对仲裁协议的双方当事人发生约束力，本案中仲裁协议由次债务人洪某与债务人吕某订立，

该仲裁协议对债权人黄某并无约束力。因此，黄某有权直接向丙区法院起诉次债务人洪某，法院应继续审理本案。选项 A 正确，其余选项均错误。

3. ［答案］D　　　［难度］中

［考点］仲裁员的回避与更换（仲裁员的回避）

［命题和解题思路］命题人采用案例题形式，对仲裁员的回避程序以及回避的法律后果作出考查。试题考点单一，案情表述直白，难度不高。选项 B 中命题人运用"偷梁换柱"之计，将"重新选定或者指定仲裁员"改换为"合议庭重新组成"迷惑考生。考生欲正确解题，应了解不同身份仲裁员回避的决定主体，还要深入把握仲裁员回避的两个法律后果：一是仲裁重新确定；二是仲裁庭决定回避前已进行的程序效力，当事人仅可请求程序重新进行。

［选项分析］选项 A 考查仲裁员回避的决定主体。《仲裁法》第 36 条规定，仲裁员是否回避，由仲裁委员会主任决定；仲裁委员会主任担任仲裁员时，由仲裁委员会集体决定。据此，只有苏某是仲裁委员会主任，其回避才应由仲裁委员会集体决定。苏某的身份并未交代，选项 A 说法太过绝对，错误。

选项 B 是重点干扰项。《仲裁法》第 37 条第 1 款规定，仲裁员因回避或者其他原因不能履行职责的，应当依照本法规定重新选定或者指定仲裁员。"重新选定或者指定仲裁员"绝不等同于"合议庭重新组成"，重新组成合议庭意味着合议庭原来的组成人员全部更换，而本案中只需要更换首席仲裁员苏某。选项 B 错误。

《仲裁法》第 37 条第 2 款规定，因回避而重新选定或者指定仲裁员后，当事人可以请求已进行的仲裁程序重新进行，是否准许，由仲裁庭决定；仲裁庭也可以自行决定已进行的仲裁程序是否重新进行。据此，仲裁员回避后仲裁程序是否重新进行，当事人可以请求重新进行，但只有仲裁庭才享有决定权。选项 C 错误，选项 D 正确。

┌─────────────────────────────┐

易混淆点解析

重新确定仲裁员和合议庭重新组成完全是两个概念，重新确定仲裁员是指需要回避的仲裁员退出合议庭后，由其他仲裁员替代其参加合议庭。而合议庭重新组成则意味着合议庭原有组成人员均退出合议庭，由其他仲裁员另行组成合议庭。

└─────────────────────────────┘

4. ［答案］AD　　　［难度］中

［考点］仲裁和解与调解

［命题和解题思路］诉讼调解是考试中不折不扣的重点，本题中命题人却另辟蹊径，考查仲裁调解制度。题目考点单一，考查范围较窄，选项内容基本是对法条规定的简单重述，难度不高。命题人在选项 C 中运用"偷梁换柱"之计，将诉讼调解的规定放入仲裁调解作为答题干扰信息。"应当"一词使得选项 B 和 D 形成互斥关系，考生只要粗略了解仲裁调解结案的两种有效形式即可轻松排除 B 选项。诉讼与仲裁中的调解制度有其共通之处，也存在着显著的差别，考生在复习中可以将两种调解制度对比记忆。

［选项分析］《仲裁法》第 51 条第 2 款规定，调解达成协议的，仲裁庭应当制作调解书或者根据协议的结果制作裁决书。调解书与裁决书具有同等法律效力。因此，选项 A 和 D 均正确。当事人在仲裁中达成调解协议，并非只能制作裁决书，制作调解书和裁决书都是有效的仲裁调解结案形式。选项 B 表述错误。

选项 C 是重点干扰项。《民事诉讼法》第 101 条规定了诉讼中四种达成调解协议后可以不制作调解书的情形，而《仲裁法》及其司法解释对此并无规定。这就意味着，仲裁调解结案的有效形式只能是制作调解书或者裁决书。选项 C 说法错误。

┌─────────────────────────────┐

易混淆点解析

诉讼调解和仲裁调解在文书种类和生效形式等方面存在明显的区别，复习时需要对比记忆。

不同点	诉讼调解	仲裁调解
结案的文书种类	原则上应当制作调解书。除了无民事行为能力人的离婚案件和涉外案件，不能依据调解协议制作判决书	制作调解书或者裁决书
调解的生效形式	双方签收调解书或者在记载调解协议的调解笔录上签字	双方签收调解书

└─────────────────────────────┘

5. ［答案］AC　　　［难度］中

［考点］仲裁证据保全（程序）

[命题和解题思路] 2012 年《民事诉讼法》修正时明确规定了诉前（仲裁前）证据保全的管辖法院，命题人以此为素材，全面考查了仲裁前和仲裁中证据保全的申请对象、担保和实施法院，题目具有相当的综合性，考生需要熟练掌握《民事诉讼法》《仲裁法》和《民诉解释》等相关规定，才能准确答题，难度较高。

[选项分析] 选项 A 考查仲裁前证据保全的申请对象。根据《民事诉讼法》第 84 条第 2 款规定，因情况紧急，在证据可能灭失或者以后难以取得的情况下，利害关系人可以在提起诉讼或者申请仲裁前向证据所在地、被申请人住所地或者对案件有管辖权的人民法院申请保全证据。甲县法院是被申请人佳华公司的住所地，亿龙公司在仲裁程序启动前，可以向甲县法院申请证据保全。选项 A 正确。

选项 B 考查仲裁中证据保全的申请对象。《仲裁法》第 46 条规定，在证据可能灭失或者以后难以取得的情况下，当事人可以申请证据保全。当事人申请证据保全的，仲裁委员会应当将当事人的申请提交证据所在地的基层人民法院。据此，仲裁程序启动后，当事人只能向仲裁委员会申请证据保全。选项 B 错误。

选项 C 考查证据保全的担保。《民诉解释》第 98 条第 2 款规定，证据保全可能对他人造成损失的，人民法院应当责令申请人提供相应的担保。据此，证据保全是否提供担保，要看证据保全能否对他人造成损失，其裁量权掌握在法院手中。

因此，法院采取证据保全可以而非应当要求申请人亿龙公司提供担保。选项 C 正确。

选项 D 考查仲裁中证据保全的实施法院。《仲裁法》第 46 条规定，国内仲裁的当事人申请证据保全，仲裁委员会应当将当事人的申请提交证据所在地的基层人民法院。该法第 68 条规定，涉外仲裁的当事人申请证据保全的，涉外仲裁委员会应当将当事人的申请提交证据所在地的中级人民法院。据此，国内仲裁和涉外仲裁的证据保全管辖法院级别不同。本案并无涉外因素，应提交给烟叶所在地的基层法院进行证据保全。选项 D 错误。

易混淆点解析

《仲裁法》第 46 条既适用于仲裁程序启动前，又适用于仲裁程序启动后。因此，**仲裁程序启动前当事人申请证据保全，可以向法院或者仲裁委员会提出**；**仲裁程序启动后当事人申请证据保全，当事人只能向仲裁委员会提出。无论当事人向哪个机关申请证据保全，最终作出裁定并实施的主体只能是法院。**

财产保全和行为保全是否需要提供担保，要视采取保全的时间而定。诉前财产保全和诉前行为保全应当提供担保；诉讼中财产保全和诉讼中行为保全可以提供担保。而**证据保全是否需要提供担保，主要看是否会对他人造成损失**。无论是诉前还是诉讼中证据保全，可能对他人造成损失时，需要提供担保。

第二十五章　申请撤销仲裁裁决

试　题

📶 **1.** 甲公司与乙公司签订设备购销合同，双方约定发生纠纷向 H 仲裁委员会申请仲裁。后因设备质量发生争议，甲公司向 H 仲裁委员会申请仲裁。本案仲裁标的额为 50 万元，双方约定由三名仲裁员合议仲裁。但 H 仲裁委员会规定，100 万元以下的案件只能由一名仲裁员独任仲裁。H 仲裁委员会安排独任仲裁员裁决支持甲公司的请求后，乙公司申请法院撤销仲裁裁决。关于本案，

下列说法正确的是：（2021 年回忆版）

A. 乙公司可以仲裁庭组成违法为由申请撤销仲裁裁决

B. 因仲裁员独任裁决，法院可安排法官独任审查

C. 法院可直接裁定撤销仲裁裁决

D. 法院可通知仲裁庭重新仲裁

📶 **2.** C 市 B 区的孙某与李某签订租赁合同，约定合同履行发生纠纷向 C 仲裁委员会申请仲裁。后因李某拖欠租金 3 万元，孙某向 C 仲裁委员会申请仲裁，仲裁裁决支持了孙某的请求。随后李某

以仲裁程序违法为由，申请 C 市中级法院撤销仲裁裁决。法院审查后，裁定撤销该仲裁裁决。关于对孙某的救济方式，下列哪一表述是正确的？（2020 年回忆版）

A. 可向 C 市中级法院申请再审

B. 可向 B 区法院起诉要求李某支付租金

C. 可向省检察院申请抗诉

D. 可依原仲裁条款重新申请仲裁

3. G 省 S 市的甲公司与 F 省 H 市的乙公司签订《代销协议》，约定如合同履行发生纠纷，提交 Z 仲裁委员会（位于 Z 省 L 市）仲裁解决。在合同履行过程中，乙公司认为甲公司的产品质量不合格，要求甲公司解除协议并退还保证金。甲公司拒绝后，乙公司向 Z 仲裁委员会申请仲裁，Z 仲裁委员会裁决支持乙公司请求。甲公司遂向法院申请撤销该仲裁裁决。关于本案，下列说法正确的是：（2018 年回忆版）

A. 甲公司应当向 S 市中院或者 H 市中院提出申请

B. 应将 Z 仲裁委员会列为无独立请求权第三人

C. 法院无须上报审核可直接裁定驳回甲公司申请

D. 法院拟撤销仲裁裁决，应由最高法院审核同意

4. B 市的京发公司与 T 市的蓟门公司签订了一份海鲜买卖合同，约定交货地在 T 市，并同时约定"涉及本合同的争议，提交 S 仲裁委员会仲裁。"京发公司收货后，认为海鲜等级未达到合同约定，遂向 S 仲裁委员会提起解除合同的仲裁申请，仲裁委员会受理了该案。在仲裁规则确定的期限内，京发公司选定仲裁员李某作为本案仲裁庭的仲裁员，蓟门公司未选定仲裁员，双方当事人也未共同选定第三名仲裁员，S 仲裁委主任指定张某为本案仲裁庭仲裁员、刘某为本案首席仲裁员，李某、张某、刘某共同组成本案的仲裁庭，仲裁委向双方当事人送达了开庭通知。

开庭当日，蓟门公司未到庭，也未向仲裁庭说明未到庭的理由。仲裁庭对案件进行了审理并作出缺席裁决。在评议裁决结果时，李某和张某均认为蓟门公司存在严重违约行为，合同应解除，而刘某认为合同不应解除，拒绝在裁决书上签名。最终，裁决书上只有李某和张某的签名。S 仲裁委

员会将裁决书向双方当事人进行送达时，蓟门公司拒绝签收，后蓟门公司向法院提出撤销裁决的申请。关于蓟门公司撤销仲裁裁决的申请，下列表述正确的是：（2014-3-100）

A. 蓟门公司应向 S 仲裁委所在地中院提出申请

B. 法院应适用普通程序审理该撤销申请

C. 法院可以适用法律错误为由撤销 S 仲裁委的裁决

D. 法院应以缺席裁决违反法定程序为由撤销 S 仲裁委的裁决

详　解

1. [答案] A　　[难度] 中

[考点] 仲裁庭的组成程序、申请撤销仲裁裁决的理由、撤销仲裁裁决、通知仲裁庭重新仲裁

[命题和解题思路] 本题以仲裁委员会规定与当事人约定的仲裁庭组成形式不一致为素材，对撤销仲裁裁决的理由、报核程序、通知重新仲裁等考点予以综合考查。解答本题，应首先根据仲裁中双方合意优先的基本原理认定仲裁庭组成违法，属于可撤销仲裁裁决的法定情形；再结合撤销仲裁裁决的审查、报核程序规则依次排除干扰项后准确作答。

[选项分析] 仲裁庭由 3 名仲裁员组成还是 1 名仲裁员组成，应由双方当事人约定。而 H 仲裁委员会违背双方当事人的意愿，强行规定由独任仲裁员裁决违反了《仲裁法》第 31 条的规定。《仲裁法》第 58 条第 1 款第 3 项规定，仲裁庭的组成或者仲裁的程序违反法定程序的，当事人可以向仲裁委员会所在地的中级人民法院申请撤销裁决。据此，选项 A 正确。

《仲裁法解释》第 24 条规定，当事人申请撤销仲裁裁决的案件，人民法院应当组成合议庭审理，并询问当事人。据此，法院不应安排法官独任审查撤销仲裁裁决案件。选项 B 错误。

《仲裁司法审查报核规定》第 2 条第 2 款规定，各中级人民法院或者专门人民法院办理非涉外涉港澳台仲裁司法审查案件，经审查拟认定仲裁协议无效，不予执行或者撤销我国内地仲裁机构的仲裁裁决，应当向本辖区所属高级人民法院报核；待高级人民法院审核后，方可依高级人民法院的审核意见作出裁定。据此，中级法院不能直接裁定撤销仲裁裁决，应履行报核手续。选项 C 错误。

《仲裁法解释》第 21 条第 1 款规定，当事人申请撤销国内仲裁裁决的案件属于下列情形之一的，人民法院可以依照《仲裁法》第 61 条的规定通知仲裁庭在一定期限内重新仲裁：（1）仲裁裁决所根据的证据是伪造的；（2）对方当事人隐瞒了足以影响公正裁决的证据的。据此，本案案情表述并未涉及证据问题，法院不能通知仲裁庭重新仲裁。选项 D 错误。

2. ［答案］B　　　［难度］易

［考点］撤销仲裁裁决

［命题和解题思路］仲裁的司法审查是命题的重点，本题表面上考查的是仲裁裁决被撤销后申请人的救济方式，实则是对法院撤销仲裁裁决法律效力的考查。本题考查方式直白，解题依据单一明确，属于送分题。解题的关键在于把握法院撤销仲裁裁决后原仲裁协议失效的法律后果，既然仲裁协议已失效，若当事人继续适用仲裁，则必须重新达成仲裁协议，或者弃用仲裁，直接向有管辖权的法院起诉解决。

［选项分析］《仲裁法》第 9 条第 2 款规定，裁决被人民法院依法裁定撤销或者不予执行的，当事人就该纠纷可以根据双方重新达成的仲裁协议申请仲裁，也可以向人民法院起诉。据此，仲裁裁决被法院撤销后，原仲裁协议失效，孙某可以向被告李某所在的 B 区法院起诉。选项 B 为正确答案，其余选项均错误。

3. ［答案］C　　　［难度］中

［考点］申请撤销仲裁裁决的条件、撤销仲裁裁决

［命题和解题思路］《仲裁司法审查报核规定》明确了认定仲裁协议无效、不予执行或者撤销仲裁裁决的报核程序，2021 年该司法解释修正对报核程序作出调整。本题遵循"逢新必考"规律，主要考查撤销仲裁裁决的管辖法院、当事人确定以及报核程序等知识点。选项 A 采用"偷梁换柱"之法设置陷阱，将确认仲裁协议效力与撤销仲裁裁决的管辖法院予以混淆；选项 B 属于"无中生有"之术，考生乍看撤销仲裁裁决中出现无独三可能因疑惑而中招，但只要根据无独三的内涵作出具体分析，很容易排除干扰。本题提醒考生，在法考时代"逢新必考"规律并未过时。

［选项分析］《仲裁法》第 58 条规定，当事人

申请撤销仲裁裁决，向仲裁委员会所在地的中级人民法院申请。据此，甲公司申请撤销仲裁裁决，应向 L 市中院提出申请，而 S 市和 H 市中院并无管辖权。选项 A 错误。

选项 B 是主要干扰项。**仲裁委员会作为民事纠纷解决主体，仲裁裁决是否被撤销与其并无法律上的利害关系**，因此，当事人申请撤销仲裁裁决，仅需列明申请人和被申请人即可，并无第三人。据此，甲公司向法院申请撤销仲裁裁决，不能将 Z 仲裁委员会列为无独立请求权的第三人。选项 B 错误。

《仲裁司法审查报核规定》第 2 条第 2 款规定，各中级人民法院或者专门人民法院办理非涉外涉港澳台仲裁司法审查案件，经审查拟认定仲裁协议无效，不予执行或者撤销我国内地仲裁机构的仲裁裁决，应当向本辖区所属高级人民法院报核；待高级人民法院审核后，方可依高级人民法院的审核意见作出裁定。据此，**如果中级法院拟确认仲裁协议有效，则无需上报审核，可直接作出驳回申请裁定**。本案中，法院驳回甲公司的申请，无需上报审核。选项 C 正确。

《仲裁司法审查报核规定》第 3 条规定，非涉外涉港澳台仲裁司法审查案件，高级人民法院经审查，拟同意中级人民法院或者专门人民法院以违背社会公共利益为由不予执行或者撤销我国内地仲裁机构的仲裁裁决的，应当向最高人民法院报核，待最高人民法院审核后，方可依最高人民法院的审核意见作出裁定。据此，本案并未提及甲公司以违背社会公共利益为由申请撤销仲裁裁决，因此无须向最高人民法院报核。选项 D 错误。

4. ［答案］A　　　［难度］难

［考点］申请撤销仲裁裁决的条件、撤销仲裁裁决、仲裁裁决（仲裁裁决的种类）

［命题和解题思路］撤销仲裁裁决是仲裁制度的考试重点。命题人以小案例的形式，对撤销仲裁裁决的管辖法院、具体程序、适用情形、缺席仲裁等知识点进行综合考查，题目考查范围广，答题陷阱设置巧妙，难度颇高。在选项 B 中命题人采用"偷梁换柱"之计，将"审查"替换为"审理"迷惑考生；在选项 C 中命题人采用"移花接木"之法设置陷阱，将"适用法律错误"这一当事人申请再审的法定事由作为撤销仲裁裁决

的法定事由，以此考查考生对重点法条的熟悉程度。此类考题对考生知识掌握的精确度要求颇高，稍有不慎就会坠入答题陷阱而失分。

[选项分析] 选项 A 考查撤销仲裁裁决的管辖法院。《仲裁法》第 58 条第 1 款规定，当事人可以向仲裁委员会所在地的中级人民法院申请撤销裁决。本案由 S 仲裁委员会仲裁，因此蓟门公司应当向 S 仲裁委员会所在地的中级人民法院申请撤销仲裁裁决。选项 A 正确。

选项 B 是重点干扰项，考查法院撤销仲裁裁决的程序。申请撤销仲裁裁决，是指对符合法定应予撤销情形的仲裁裁决，经由当事人提出申请，人民法院组成合议庭审查核实，裁定撤销仲裁裁决的行为。需要注意的是，法院撤销仲裁裁决要通过审查核实方式，这完全不同于法院对诉讼案件的审理程序。选项 B 错误。

选项 C 也是干扰项，考查撤销仲裁裁决的事

由。《仲裁法》第 58 条第 1 款规定，当事人申请撤销仲裁裁决的情形包括：（1）没有仲裁协议的；（2）裁决的事项不属于仲裁协议的范围或者仲裁委员会无权仲裁的；（3）仲裁庭的组成或者仲裁的程序违反法定程序的；（4）裁决所根据的证据是伪造的；（5）对方当事人隐瞒了足以影响公正裁决的证据的；（6）仲裁员在仲裁该案时有索贿受贿，徇私舞弊，枉法裁决行为的。适用法律错误不属于法定的撤销仲裁裁决的情形，选项 C 错误。

选项 D 考查缺席裁决的适用条件。《仲裁法》第 42 条第 2 款规定，被申请人经书面通知，无正当理由不到庭或者未经仲裁庭许可中途退庭的，可以缺席裁决。本案中，仲裁委员会已向双方当事人送达了开庭通知，但开庭时被申请人蓟门公司未到庭，也未向仲裁庭说明未到庭的理由。仲裁庭作出缺席裁决符合法律规定，并不违反法定程序。选项 D 错误。

第二十六章　仲裁裁决的执行与不予执行

试　题

甲市 L 区居民叶某购买了住所在乙市 M 区的大亿公司开发的位于丙市 N 区的商品房一套，合同中约定双方因履行合同发生争议可以向位于丙市的仲裁委员会（丙市仅有一家仲裁机构）申请仲裁。因大亿公司迟迟未按合同约定交付房屋，叶某向仲裁委员会申请仲裁。大亿公司以仲裁机构约定不明，向仲裁委员会申请确认仲裁协议无效。经审查，仲裁委员会作出了仲裁协议有效的决定。在第一次仲裁开庭时，大亿公司声称其已向丙市中级法院请求确认仲裁协议无效，申请仲裁庭中止案件审理。在仲裁过程中仲裁庭组织调解，双方达成了调解协议，仲裁庭根据协议内容制作了裁决书。后因大亿公司不按调解协议履行义务，叶某向法院申请强制执行，而大亿公司则以调解协议内容超出仲裁请求为由，向法院申请不予执行仲裁裁决。大亿公司以调解协议超出仲裁请求范围请求法院不予执行仲裁裁决，法院正确的做法是：（2016-3-100）

A. 不支持，继续执行

B. 应支持，并裁定不予执行

C. 应告知当事人申请撤销仲裁裁决，并裁定中止执行

D. 应支持，必要时可通知仲裁庭重新仲裁

详　解

[答案] A　　[难度] 中

[考点] 不予执行仲裁裁决的程序

[命题和解题思路] 命题人编制小案例，表面上考查的是不予执行仲裁裁决的适用情形，实则附带对仲裁调解的性质作出考查。本题答题的法律依据单一，考查范围窄，难度不高。命题人在选项 C 和 D 中运用"浑水摸鱼"之计，人为将撤销仲裁裁决与不予执行仲裁裁决的规定相混淆，试图以此扰乱考生心神。考生准确领悟仲裁调解的处分权性质是解题的关键，考生凭此自然能拨开迷雾，排除干扰。选项 A 和 BD 两项互斥，可运用互斥解题技巧辅助作答。

[选项分析]《仲裁法解释》第 28 条规定，当事人请求不予执行仲裁调解书或者根据当事人之间的和解协议作出的仲裁裁决书的，人民法院不予支持。此外，《民事诉讼法》第 248 条第 2 款规定了六项法定不予执行仲裁裁决的情形，调解超

出仲裁请求范围不在其列。因此，选项 A 为正确答案，选项 B 排除。本题也可以从仲裁调解的性质作出判断。同诉讼调解一样，仲裁调解也是当事人行使处分权的产物。从理论上说，只要双方达成合意，调解协议是可以超出仲裁请求范围的。因此，不得以此理由申请法院不予执行仲裁裁决。

申请撤销仲裁裁决时，未必一定进入执行程序，因此不一定要裁定中止执行。除非法院受理撤销仲裁裁决申请后，另一方当事人申请执行同一仲裁裁决，受理执行申请的法院才应当在受理后裁定中止执行。选项 C 排除。

通知仲裁庭重新仲裁，是法院对当事人申请撤销仲裁裁决的处理结果之一。法院裁定不予执行仲裁裁决后不能通知仲裁庭重新仲裁。选项 D 排除。

易混淆点解析

不予执行仲裁裁决与撤销仲裁裁决都是司法对仲裁监督的表现形式，两者的法定事由完全相同，但两者也存在明显的区别。

不同点	不予执行仲裁裁决	撤销仲裁裁决
申请主体	被申请执行仲裁裁决的一方、案外人	仲裁案件的任何一方当事人
管辖法院	被执行人住所地或者被执行财产所在地的中院	仲裁委员会所在地的中院
申请期限	对方当事人申请执行仲裁裁决后，执行程序执行完毕前	收到仲裁裁决书之日起 6 个月内
处理结果	裁定驳回不予执行申请；裁定不予执行	裁定驳回撤销仲裁裁决申请；通知仲裁庭重新仲裁；裁定撤销仲裁裁决

桑磊法考

2024客观题网络辅导

咨询电话：400-839-3366　　报名通道：扫描下方二维码

以上内容由桑磊法考提供，为广大考生提供服务，有效期截至2024年12月31日。